# 新TOPIK
# 韩检单词
## 躺着背+念整句

邱敏瑶 著

北京理工大学出版社
BEIJING INSTITUTE OF TECHNOLOGY PRESS

# 使用说明
## 사용법

### ❶ 单词范围按照新TOPIK韩语能力考试等级分类

全书以韩语新TOPIK Ⅰ~Ⅱ的精选单词编写：
TOPIK Ⅰ 以新TOPIK 韩语能力一、二级（初级）必考单词范围为基础。
TOPIK Ⅱ 以新TOPIK 韩语能力三、四级（中级）及韩语能力五、六级（高级）必考单词范围为基础。
依照此分类逻辑，将本书划分成初、中、高级三个章节。

### ❷ 循序渐进，打下良好基础

每个级数按照字典形式，以韩语辅音分类。可依照程度学习单词，循序渐进地累积，书中以星号示单词的重要程度。一眼望去便知道要先准备哪个单词。

**以星号标示重要程度**

★☆☆☆ 一颗星表示要有印象。
★★☆☆ 两颗星表示要留意。
★★★☆ 三颗星表示要记住。
★★★★ 四颗星表示常用且非常重要！

### ❸ 全方位学习词汇

除了提供中、韩单词，罗马拼音，词性，韩语常用短句，中文解释等学习项目，另外重点单词还列举同、反义词。单词取材范围完全符合韩语能力考试范围，丰富的内容让您不需要买多本参考书就能全部学到相应知识。

使用说明 사용법

### ❹ 躺着就能加强听说能力

韩语是一种会听就会写的语言，而听力考试一直都是中国考生最不擅长的部分。全书所有单词均采用三段式，即"单词分解（语速慢）/完整词汇（语速快）/中文解释"的方式录制。先念出每个单词分解，再念韩语单词，最后再录制韩语常用例句。

### ❺ "3 000单词 + 3 000常用短句"完整收录MP3

独家附赠全长14小时"3 000单词 + 3 000常用短句"完整收录MP3。

★ 本书附赠音频为MP3格式。

### ❻ 单词"学习进度表"

对照学习进度表得知自己的进度，看着进度表上的单词量越来越大，由此产生的成就感会不断促使读者继续努力。只要持之以恒、循序渐进，成功之路并不遥远。

003

# 韩语40音 발음리스트

## 字母表

| | | | | |
|---|---|---|---|---|
| ㅏ | ㅗ | ㅘ | ㄹ | ㅌ |
| a | oe | wa | r / l | t |
| ㅓ | ㅟ | ㅝ | ㅁ | ㅍ |
| eo | wi | wo | m | p |
| ㅗ | ㅑ | ㅙ | ㅂ | ㅎ |
| o | ya | wae | p / b | h |
| ㅜ | ㅋ | ㅞ | ㅅ | ㄲ |
| u | yeo | we | s | kk |
| ㅡ | ㅛ | ㅢ | ㅇ | ㄸ |
| eu | yo | ui | 不发音 / ng | tt |
| ㅣ | ㅠ | ㄱ | ㅈ | ㅃ |
| i | yu | k / g | j | pp |
| ㅐ | ㅒ | ㄴ | ㅊ | ㅆ |
| ae | yae | n | ch | ss |
| ㅖ | ㅖ | ㄷ | ㅋ | ㅉ |
| e | ye | t / d | k | jj |

● 韩语在句中会有变音的情形，本书用最接近实际说话时使用的发音来拼音，因此后文中部分发音标注会与韩国通用标注体系有所出入。读者可搭配随书附赠的MP3，轻松学习韩语。

# TOPIK韩语能力考试
## TOPIK 한국어능력시험

### 测验目的
- 向母语非韩语的旅外韩裔、学习韩语的外国人提供学习方向,并希望达到普及韩语的效果。
- 测试和评价韩国语使用能力,并对韩国大学的入学成绩、韩国企业聘用人才的参考、公共机关就业相关资格的认定,以及永久居留权的取得、结婚移民者签证的发给等有所影响。

### 测验对象
- 母语非韩语的旅外韩裔。
- 学习韩语的外国人。
- 计划留学韩国的学生。
- 欲至韩国企业或公共机关就业的受雇者。
- 就读/毕业于海外学校的驻外韩国公民。
- 申请办理结婚、移民签证的人士。

### 考试题型与时间
- 考试题型:语法词汇、听力、阅读、写作四种题型。
- 考试时间:180 分钟。

목录
목록

## TOPIK I

**初级：以新TOPIK韩语能力考试一、二级必考单词范围为基础** ⋯001

- 一级：在"自我介绍""点餐"等话题中，能够使用与日常生活用语相关的基础词汇以及语法。
- 二级：能够理解日常生活中的"个人相关""熟悉的话题"等方面的文章或句子并加以使用。

## TOPIK II

**中级：以新TOPIK韩语能力考试三、四级必考单词范围为基础** ⋯183

- 三级：一般日常生活对话无太大障碍，能够分辨书面用语以及口语的基本特征。
- 四级：能使用"公共设施"，并进行"社交活动"，并能执行部分一般性的"职场业务"。

**高级：以新TOPIK韩语能力考试五、六级必考单词范围为基础** ⋯367

- 五级：拥有在"专门领域"中进行研究或工作时所需的语言能力，并且能够清楚区分和使用正式／非正式用语、口语／书面语。
- 六级：能够流畅地使用在"专门领域"中进行研究或工作时所需的语言，并且对"政治""经济""社会""文化"等话题都能理解。

# 初级

## 以新 TOPIK 韩语能力考试一、二级必考单词范围为基础

一级：在"自我介绍""点餐"等话题中，能够使用与日常生活用语相关的基础词汇以及语法。

二级：能够理解日常生活中的"个人相关""熟悉的话题"等方面的文章或句子并加以使用。

〔图示说明〕

| 名 名词 | 冠 冠形词 |
|---|---|
| 动 动词 | 代 代词 |
| 副 副词 | 依 依附词 |
| 形 形容词 | 助 助词 |
| 感 感叹词 | 数 数量词 |

〔符号说明〕

★★★★ ················· 必考
★★★☆ ················· 重要
★★☆☆ ················· 较难
★☆☆☆ ················· 专业

新 TOPIK 韩检单词躺着背＋念整句

本书所有单词均采用三段式，即"单词分解（语速慢）/ 完整词汇（语速快）/ 中文解释"的方式录制。
例：춥．다（单词分解）/ 춥다（完整词汇）/ 冷（中文解释）
🎧 符号之后的韩语例句由韩籍老师朗读。

**0001 가게** [ga-ge] ★★★★
名 商店
🎧 동대문에 옷 가게들이 많이 있어요.
[dong-dae-mu-ne ot ga-ge-deu-ri ma-ni i-sseo-yo]
东大门有许多服饰店。

**0002 가격** [ga-gyeok] ★★★★
名 价格
🎧 사과 가격이 싸요.
[sa-gwa ga-gyeo-gi ssa-yo]
苹果价格很便宜。

**0003 가구** [ga-gu] ★★★☆
名 家具，家口，人口
🎧 집에 가구가 너무 많아서 고민이에요.
[ji-be ga-gu-ga neo-mu ma-na-seo go-mi-ni-e-yo]
家里家具太多了，很烦恼。

**0004 가깝다** [ga-kkap-da] ★★★★
形 近的，接近的，亲近的
🎧 여기는 부산에서 가장 가깝고 싼 스키장이에요.
[yeo-gi-neun bu-sa-ne-seo ga-jang ga-kkap-go ssan seu-ki-jang-i-e-yo]
这里是离釜山最近且便宜的滑雪场。

**0005 가끔** [ga-kkeum] ★★★★
副 有时，偶尔
🎧 나는 가끔 학교에 가기 싫어요.
[na-neun ga-kkeum hak-gyo-e ga-gi si-reo-yo]
我有时不想去学校。

**0006 가다** [ga-da] ★★★★
动 去，走
🎧 내일 춘천에 가려고 해요.
[nae-il chun-cheo-ne ga-ryeo-go hae-yo]
我想明天去春川。

**0007 가르치다** [ga-reu-chi-da] ★★★★
动 教
🎧 하루에 세 시간씩 가르치고 있어요.
[ha-ru-e se si-gan-ssik ga-reu-chi-go i-sseo-yo]
每天教三个小时。

**0008 가방** [ga-bang] ★★★★
名 包
🎧 저 빨간색 가방을 사고 싶어요.
[jeo ppal-gan-saek ga-bang-eul sa-go si-peo-yo]
我想买那个红色的包。

## 0009 가볍다
[ga-byeop-da]

形 轻

이 운동화는 가볍고 편해요.
[i-un-dong-hwa-neun ga-byeop-go pyeo-nae-yo]
这双运动鞋很轻而且很舒适。

反 무겁다 重

★★★★

## 0010 가수
[ga-su]

名 歌手

그 가수 때문에 사람들이 박수를 쳤어요.
[geu ga-su ttae-mu-ne sa-ram-deu-ri bak-su-reul chyeo-sseo-yo]
大家都为那位歌手鼓掌。

★★★★

## 0011 가슴
[ga-seum]

名 胸部，心

그녀를 보면 가슴이 뛰어요.
[geu-nyeo-reul bo-myeon ga-seu-mi ttwi-eo-yo]
看到她会心跳。

★★★★

## 0012 가요
[ga-yo]

名 歌谣，歌曲

저는 한국 대중 가요를 좋아해요.
[jeo-neun han-guk dae-jung ga-yo-reul jo-a-hae-yo]
我喜欢韩国流行歌曲。

★★★☆

## 0013 가운데
[ga-un-de]

名 中间，中，过程中

그릇 가운데에 샐러드를 담아 주세요.
[geu-reut ga-un-de-e sael-leo-deu-reul da-ma ju-se-yo]
请帮我在碗里装一些沙拉。

★★★★

## 0014 가위
[ga-wi]

名 剪刀

가위를 사용할 때 조심해야 돼요.
[ga-wi-reul sa-yong-hal ttae jo-sim-hae-ya dwae-yo]
使用剪刀时必须要小心才行。

★★★★

## 0015 가을
[ga-eul]

名 秋天

가을이 오면 예쁜 단풍을 구경할 수 있어요.
[ga-eu-ri o-myeon ye-ppeun dan-pung-eul gu-gyeong-hal su i-sseo-yo]
秋天到了就可以欣赏漂亮的枫叶。

★★★★

## 0016 가장
[ga-jang]

副 最

남한에서 가장 높은 산은 한라산이에요.
[na-ma-ne-seo ga-jang no-peun sa-neun hal-la-sa-ni-e-yo]
韩国最高的山是汉拿山。

同 제일 最

★★★★

| 0017 | **가장** [ga-jang] | 名 家长，嫁妆，伪装，假扮，假装 <br> 집안의 가장은 꼭 남자만 하나요? <br> [ji-ba-ne ga-jang-eun kkok nam-ja-man ha-na-yo] <br> 家中的<u>家长</u>一定只能由男性来担任吗？ | ★★★☆ |
|---|---|---|---|
| 0018 | **가져가다** [ga-jyeo-ga-da] | 动 带去 <br> 축하하는 뜻으로 꽃을 사서 가져가요. <br> [chu-ka-ha-neun tteu-seu-ro kko-cheul sa-seo ga-jyeo-ga-yo] <br> 为表示祝贺，我们买花<u>带</u>去吧。 | ★★★★ |
| 0019 | **가져오다** [ga-jyeo-o-da] | 动 带来 <br> 주스를 가져오세요. <br> [ju-seu-reul ga-jyeo-o-se-yo] <br> 请<u>带</u>果汁来。 | ★★★★ |
| 0020 | **가족** [ga-jok] | 名 家人，家族 <br> 가족이 보고 싶어요. <br> [ga-jo-gi bo-go si-peo-yo] <br> 想念<u>家人</u>。 | ★★★★ |
| 0021 | **가지** [ga-ji] | 名 种类，树枝，茄子 <br> 가지의 보라색 색소는 몸에 좋아요. <br> [ga-ji-e bo-ra-saek saek-so-neun mo-me jo-a-yo] <br> <u>茄子</u>的青花素对身体很好。 | ★★★★ |
| 0022 | **가지** [ga-ji] | 依 种类 <br> 나는 몇 가지의 것들이 필요해요. <br> [na-neun myeot ga-ji-e geot-deu-ri pi-ryo-hae-yo] <br> 我需要几<u>样</u>东西。 | ★★★★ |
| 0023 | **가지다** [ga-ji-da] | 动 带着，拥有，具有 <br> 저는 날마다 학교에 사전을 가지고 다녀요. <br> [jeo-neun nal-ma-da hak-gyo-e sa-jeo-neul ga-ji-go da-nyeo-yo] <br> 我每天<u>带着</u>字典上学。 | ★★★★ |
| 0024 | **간단하다** [gan-dan-na-da] | 形 简单的 <br> 찌개는 간단한 요리 중의 하나예요. <br> [jji-gae-neun gan-da-nan yo-ri jung-e ha-na-ye-yo] <br> 韩式火锅是<u>简单的</u>料理之一。 <br> 近 쉽다 简单的 | ★★★★ |

### 0025 **간단히** [gan-dan-ni]
副 简单地
오늘 점심은 간단히 찌개를 먹었어요.
[o-neul jeom-si-meun gan-da-ni jji-gae-reul meo-geo-sseo-yo]
今天吃午餐时简单地吃了韩式火锅。
★★★☆

### 0026 **간식** [gan-sik]
名 零食，点心
어른보다 유아는 간식이 필요해요.
[eo-reun-bo-da yu-a-neun gan-si-gi pi-ryo-hae-yo]
相较于大人，幼儿需要吃零食。
★★★★

### 0027 **간호사** [ga-no-sa]
名 护士
저의 직업은 간호사예요.
[jeo-e ji-geo-beun ga-no-sa-ye-yo]
我的职业是护士。
★★★★

### 0028 **갈비** [gal-bi]
名 排骨
매장에서 소갈비가 한 근에 얼마예요?
[mae-jang-e-seo so-gal-bi-ga han geu-ne eol-ma-ye-yo]
卖场里一斤牛排多少钱？
★★★★

### 0029 **갈비탕** [gal-bi-tang]
名 排骨汤
갈비탕 한 그릇 주세요.
[gal-bi-tang han geu-reut ju-se-yo]
请给我一碗排骨汤。
★★★★

### 0030 **갈아타다** [ga-ra-ta-da]
动 转乘，换乘
여기에서 2호선으로 갈아타세요.
[yeo-gi-e-seo i-ho-seo-neu-ro ga-ra-ta-se-yo]
请在这里换乘二号线。
★★★★

### 0031 **감기** [gam-gi]
名 感冒
감기에 걸렸어요. 그래서 회사에 못 가요.
[gam-gi-e geol-lyeo-sseo-yo][geu-rae-seo hoe-sa-e mot ga-yo]
我感冒了，不能去上班。
★★★★

### 0032 **감기약** [gam-gi-yak]
名 感冒药
여동생은 감기약을 먹었어요.
[yeo-dong-saeng-eun gam-gi-ya-geul meo-geo-sseo-yo]
妹妹吃了感冒药。
★★★☆

### 0033 감사 [gam-sa] ★★★★
名 感谢
🎧 선생님께 감사하는 뜻으로 꽃을 드렸어요.
[seon-saeng-nim-kke gam-sa-ha-neun tteu-seu-ro kko-cheul deu-ryeo-sseo-yo]
为了对老师表达谢意,我送了花束。

### 0034 감자 [gam-ja] ★★★☆
名 马铃薯,土豆
🎧 그들은 감자 칩 한 봉지를 샀어요.
[geu-deu-reun gam-ja chip han bong-ji-reul sa-sseo-yo]
他们买了一包薯片。

### 0035 값 [gap] ★★★★
名 价格,价值
🎧 요즘 케이크 값이 비싸요.
[yo-jeum ke-i-keu gap-si bi-ssa-yo]
最近蛋糕价格很高。

### 0036 강 [gang] ★★★★
名 江,河
🎧 남자가 그 강을 보고 있어요.
[nam-ja-ga geu gang-eul bo-go i-sseo-yo]
男子正看着那条江。

### 0037 강아지 [gang-a-ji] ★★★★
名 小狗
🎧 우리 집 강아지는 초콜릿도 먹어요.
[u-ri jip gang-a-ji-neun cho-kol-rit-do meo-geo-yo]
我们家的小狗连巧克力都吃。

### 0038 강하다 [gang-ha-da] ★★★★
形 强,强大,强硬
🎧 오늘 밤은 바람이 강해요.
[o-neul ba-meun ba-ra-mi gang-hae-yo]
今天晚上风很大。

### 0039 갖다 [gat-da] ★★★★
动 带,拿,具有
🎧 사람들은 그에게 더 많은 관심을 갖게 되었어요.
[sa-ram-deu-reun geu-e-ge deo ma-neun gwan-si-meul gat-ge doe-eo-sseo-yo]
人们对他更感兴趣了。

### 0040 갖다 [gat-da] ★★★☆
形 各式各样的,各种的
🎧 갖은 색깔의 꽃들이 있어요.
[ga-jeun saek-kka-re kkot-deu-ri i-sseo-yo]
有各种颜色的花朵。

| 0041 | **같다** [gat-da] | 形 一样的，如同<br>🎧 나는 형과 키가 같아요.<br>[na-neun hyeong-gwa ki-ga ga-ta-yo]<br>我和哥哥身高一样。 | ★★★★ |

| 0042 | **같이** [ga-chi] | 副 一起<br>🎧 설 연휴에 같이 영화를 봐요.<br>[seol yeo-nyu-e ga-chi yeong-hwa-reul bwa-yo]<br>春节长假时我们一起去看电影吧。 | ★★★★ |

| 0043 | **개** [gae] | 名 狗，个<br>🎧 고양이는 다리가 네 개고 저는 두 개예요.<br>[go-yang-i-neun da-ri-ga ne gae-go jeo-neun du gae-ye-yo]<br>猫有四条腿，我有两条腿。 | ★★★★ |

| 0044 | **개월** [gae-wol] | 依 个月<br>🎧 3개월 전에 결혼했어요.<br>[sam gae-wol jeo-ne gyeo-ron-hae-sseo-yo]<br>在三个月前结婚了。 | ★★★★ |

| 0045 | **거** [geo] | 依 东西，事物（것的口语）<br>🎧 이 책은 누구 거예요?<br>[i chae-geun nu-gu geo-ye-yo]<br>这本书是谁的? | ★★★★ |

| 0046 | **거기** [goe-gi] | 代 那里<br>🎧 거기에는 백화점이 있어요.<br>[geo-gi-e-neun bae-kwa-jeo-mi i-sseo-yo]<br>那里有百货公司。 | ★★★★ |

| 0047 | **거리** [geo-ri] | 名 街道，距离，材料<br>🎧 명동역 출구에서 도보 10분 거리예요.<br>[myeong-dong-yeok chul-gu-e-seo do-bo sip bun geo-ri-ye-yo]<br>从明洞站出口徒步十分钟的路程。 | ★★★★ |

| 0048 | **거실** [geo-sil] | 名 客厅，居室<br>🎧 그녀는 거실을 청소했어요.<br>[gue-nyeo-neun geo-si-reul cheong-so-hae-sseo-yo]<br>她打扫了客厅。 | ★★★☆ |

## 0049 거울
[geo-ul]
名 镜子
가장 좋은 거울은 친구의 눈이에요.
[ga-jang jo-eun geo-u-reun chin-gu-e nu-ni-e-yo]
最好的镜子是朋友的眼睛。
★★★☆

## 0050 거의
[geo-i]
副 几乎
오늘 숙제를 거의 다 했나 봐요.
[o-neul suk-je-reul geo-i da haet-na bwa-yo]
看来今天的功课几乎都做完了。
★★★★

## 0051 거짓말
[geo-jit-mal]
名 谎言
그의 말은 대부분 거짓말이에요.
[geu-e ma-reun dae-bu-bun geo-jit-ma-ri-e-yo]
他的话大部分是谎言。
★★★★

## 0052 걱정
[geok-jeong]
名 担心，担忧
우리 아이는 공부를 안 해서 걱정이에요.
[u-ri a-i-neun gong-bu-reul an hae-seo geok-jeong-i-e-yo]
我们家孩子不学习，真让人担心。
★★★★

## 0053 걱정하다
[geok-jeong-ha-da]
动 担心
걱정하지 마세요. 오늘은 제가 점심을 낼게요.
[geok-jeong-ha-ji ma-se-yo] [o-neu-reun je-ga jeom-si-meul nael-ge-yo]
别担心，今天午餐我请客。
★★★★

## 0054 건강
[geon-gang]
名 健康
이 과자는 너무 짜요. 건강에 안 좋아요.
[i gwa-ja-neun neo-mu jja-yo] [geon-gang-e an jo-a-yo]
这饼干太咸，对健康不太好。
★★★★

## 0055 건강하다
[geon-gang-ha-da]
形 健康的
매일 운동해야 몸이 건강해요.
[mae-il un-dong-hae-ya mo-mi geon-gang-hae-yo]
每天运动才会身体健康。
★★★★

## 0056 걷다
[geot-da]
动 走路，消散，卷袖子，收
나는 얼음 위를 걷고 싶지 않아요.
[na-neun eo-reum wi-reul geot-go sip-ji a-na-yo]
我不想走在冰面上。
★★★★

## 0057 걸다 [geol-da]

**动** 挂，打电话，勾住，绊 ★★★★

🎧 친구한테 전화를 걸어야 하는데 잊어버렸어요.
[chin-gu-han-te jeon-hwa-reul geo-reo-ya ha-neun-de i-jeo-beo-ryeo-sseo-yo]
应该要给朋友打电话的，我给忘记了。

## 0058 걸리다 [geol-li-da]

**动** 花费，花时间，被挂，犯法，被绊脚，染病 ★★★★

🎧 여기에서 전철 역까지 얼마나 걸려요?
[yeo-gi-e-seo jeon-cheol yeok-kka-ji eol-ma-na geol-lyeo-yo]
从这里到地铁站要多长时间？

## 0059 걸어가다 [geo-reo-ga-da]

**动** 走着去，走路，步行前往 ★★★★

🎧 우리는 내가 생각한 것보다 더 멀리 걸어갔어요.
[u-ri-neun nae-ga saeng-ga-kan geot-bo-da deo meol-li geo-reo-ga-sseo-yo]
我们走的比我想的还要远。

## 0060 걸어오다 [geo-reo-o-da]

**动** 走过来，走着来，走来 ★★★★

🎧 집하고 가까워서 걸어왔어요.
[ji-pha-go ga-kka-wo-seo geo-reo-wa-sseo-yo]
离家很近，所以走路过来的。

## 0061 걸음 [geo-reum]

**名** 脚步，步伐 ★★★☆

🎧 왼쪽으로 두 걸음, 뒤로 한 걸음 가요.
[oen-jjo-geu-ro du geo-reum, dwi-ro han geo-reum ga-yo]
请向左走两步，然后向后走一步。

## 0062 검은색 [geo-meun-saek]

**名** 黑色 ★★★★

🎧 바둑은 검은색과 흰색 돌이 있어요.
[ba-du-geun geo-meun-saek-gwa hin-saek do-ri i-sseo-yo]
围棋有黑色与白色棋子。

## 0063 검정 [geom-jeong]

**名** 黑，黑色，检定 ★★★☆

🎧 나는 검정 스타킹을 신었어요.
[na-neun geom-jeong seu-ta-king-eul si-neo-sseo-yo]
我穿了黑丝袜。

## 0064 것 [geot]

**依** 表示事物 ★★★★

🎧 제 소원은 세계 여행을 가는 것입니다.
[je so-wo-neun se-gye yeo-haeng-eul ga-neun geo-sim-ni-da]
我的愿望是环游世界。

### 0065 겨울 [gyeo-ul]
**名** 冬天 ★★★★
🎧 겨울이 되면 흰 눈이 내려요.
[gyeo-u-ri doe-myeon hin nu-ni nae-ryeo-yo]
冬天到了，会下雪。

### 0066 결혼하다 [gyeo-ron-na-da]
**动** 结婚 ★★★★
🎧 내년에 결혼할 거예요.
[nae-nyeo-ne gyeo-ron-nal geo-ye-yo]
打算明年结婚。

### 0067 경찰 [gyeong-chal]
**名** 警察 ★★★☆
🎧 마이클의 직업은 경찰이에요?
[ma-i-keu-re ji-geo-beun gyeong-cha-ri-e-yo]
麦可的职业是警察吗？

### 0068 경찰서 [gyeong-chal-seo]
**名** 警察局 ★★★☆
🎧 그녀는 경찰서에 실종 신고를 했어요.
[geu-nyeo-neun gyeong-chal-seo-e sil-jong sin-go-reul hae-sseo-yo]
她在警察局报了失踪案。

### 0069 경치 [gyeong-chi]
**名** 风景 ★★★★
🎧 남산의 경치가 아름다워요.
[nam-sa-ne gyeong-chi-ga a-reum-da-wo-yo]
南山的风景很美丽。

### 0070 계단 [gye-dan]
**名** 楼梯 ★★★★
🎧 계단에서 오른쪽으로 가세요.
[gye-da-ne-seo o-reun-jjo-geu-ro ga-se-yo]
请在楼梯处向右走。

### 0071 계란 [gye-ran]
**名** 鸡蛋 ★★★★
🎧 저는 아침에 계란을 하나씩 먹어요.
[jeo-nuen a-chi-me gye-ra-neul ha-na-ssik meo-geo-yo]
我每天早上都会吃一颗鸡蛋。

### 0072 계산 [gye-san]
**名** 计算，结账 ★★★★
🎧 현금으로 계산하시겠어요?
[hyeon-geu-meu-ro gye-san-ha-si-ge-sseo-yo]
您要用现金结账吗？

| 0073 | **계속** [gye-sok] | 副 继续<br>아무리 힘들어도 계속 일해야 해요.<br>[a-mu-ri him-deu-reo-do gye-sok i-rae-ya hae-yo]<br>再怎么辛苦也要继续工作。 | ★★★★ |

| 0074 | **계속** [gye-sok] | 名 继续<br>대학교의 평생교육원에서 계속 교육을 받을 수 있어요.<br>[dae-hak-gyo-e pyeong-saeng-gyo-yu-gwo-ne-seo gye-sok gyo-yu-geul ba-deul su i-sseo-yo]<br>在大学推广教育处可以继续接受教育。 | ★★★★ |

| 0075 | **계시다** [gye-si-da] | 动 在，待着（있다的敬语）<br>안녕히 계십시오.<br>[an-nyeong-hi gye-sip-si-o]<br>请保重（再见）。 | ★★★★ |

| 0076 | **계절** [gye-jeol] | 名 季节<br>어느 계절을 좋아해요? 저는 가을을 가장 좋아해요.<br>[eo-neu gye-jeo-reul jo-a-hae-yo][jeo-neun ga-eu-reul ga-jang jo-a-hae-yo]<br>你喜欢哪个季节？我最喜欢秋天。 | ★★★★ |

| 0077 | **계획** [gye-hoek] | 名 计划<br>저는 여행 계획을 세울 거예요.<br>[jeo-neun yeo-haeng gye-hoe-geul se-ul geo-ye-yo]<br>我打算制订一个旅行计划。 | ★★★★ |

| 0078 | **고급** [go-geup] | 名 高级<br>어제 고급 레스토랑에 가서 식사를 했어요.<br>[eo-je go-geup re-seu-to-rang-e ga-seo sik-sa-reul hae-sseo-yo]<br>昨天去高级餐厅吃饭了。 | ★★★★ |

| 0079 | **고기** [go-gi] | 名 肉<br>돼지 고기 한 근 주세요.<br>[dwae-ji go-gi han geun ju-se-yo]<br>请给我一斤猪肉。 | ★★★★ |

| 0080 | **고등학교** [go-deung-hak-gyo] | 名 高中<br>저는 미술 고등학교에 가려고 해요.<br>[jeo-neun mi-sul go-deung-hak-gyo-e ga-ryeo-go hae-yo]<br>我打算去美术高中。 | ★★★☆ |

| 0081 | **고등학생** [go-deung-hak-saeng] | 名 高中生 🎧 이 책은 고등학생에게는 조금 어려워요. [i chae-geun go-deung-hak-saeng-e-ge-neun jo-geum eo-ryeo-wo-yo] 这本书对高中生来说有点难。 | ★★★☆ |

## 0082 고르다 [go-reu-da]
动 选择，挑选
🎧 저는 좋아하는 음식만 고르고 싶어요.
[jeo-neun jo-a-ha-neun eum-sik-man go-reu-go si-peo-yo]
我只想选自己喜欢的食物。
★★★★

## 0083 고맙다 [go-map-da]
形 感谢，感激的
🎧 힘이 돼 줘서 고마워요.
[hi-mi dwae jwo-seo go-ma-wo-yo]
感谢你带给我力量。
★★★★

## 0084 고모 [go-mo]
名 姑姑
🎧 제 고모는 어제 결혼했어요.
[je go-mo-neun eo-je gyeo-ron-nae-sseo-yo]
我姑姑昨天结婚了。
★★★★

## 0085 고민 [go-min]
名 烦恼，苦闷
🎧 성적 때문에 고민을 많이 했어요.
[seong-jeok ttae-mu-ne go-mi-neul ma-ni hae-sseo-yo]
为了成绩，烦恼了很久。
★★★★

## 0086 고속버스 [go-sok-beo-seu]
名 高速巴士，客运
🎧 저는 고속버스를 타고 가려고 해요.
[jeo-neun go-sok-beo-seu-reul ta-go ga-ryeo-go hae-yo]
我打算坐高速巴士去。
★★★☆

## 0087 고양이 [go-yang-i]
名 猫
🎧 고양이처럼 조용하게 걸을 수 없어요.
[go-yang-i-cheo-reom jo-yong-ha-ge geo-reul su eop-seo-yo]
无法像猫一样安静地走路。
★★★★

## 0088 고장 [go-jang]
名 故障，故乡，地方
🎧 나의 자동차가 요즘 자주 고장이 나요.
[na-e ja-dong-cha-ga yo-jeum ja-ju go-jang-i na-yo]
我的车子最近经常发生故障。
★★★★

## 0089 고추장 [go-chu-jang]
名 辣椒酱 ★★★☆
고추장을 빼고 주세요. 매운 것을 잘 못 먹으니까요.
[go-chu-jang-eul ppae-go ju-se-yo][mae-un geo-seul jal mot meo-geu-ni-kka-yo]
请不要放辣椒酱，我不太能吃辣。

## 0090 고프다 [go-peu-da]
形 肚子饿 ★★★★
배가 고프니까 저녁을 일찍 먹어야겠어요.
[bae-ga go-peu-ni-kka jeo-nyeo-geul il-jjik meo-geo-ya-ge-sseo-yo]
肚子饿了，打算早一点吃晚餐。
反 배가 부르다 肚子饱

## 0091 고향 [go-hyang]
名 故乡 ★★★★
한국을 자신의 제2의 고향으로 생각해요.
[han-gu-geul ja-si-ne je-i-e go-hyang-eu-ro saeng-ga-kae-yo]
把韩国当作自己的第二故乡。

## 0092 곧 [got]
副 马上，立刻 ★★★★
지하철이 곧 들어올 거예요.
[ji-ha-cheo-ri got deu-reo-ol geo-ye-yo]
地铁马上就要进站了。

## 0093 곳 [got]
名 地方，场所 ★★★★
저는 그 곳을 잘 알아요.
[jeo-neun geu go-seul jal a-ra-yo]
我对那个地方很熟。

## 0094 공 [gong]
名 球，数字零，功劳，公事 ★★★★
아이가 공을 던지고 놀아요.
[a-i-ga gong-eul deon-ji-go no-ra-yo]
小孩在丢球玩。

## 0095 공무원 [gong-mu-won]
名 公务员 ★★★☆
시청 공무원이 되려면 무엇을 공부해야 해요?
[si-cheong gong-mu-wo-ni doe-ryeo-myeon mu-eo-seul gong-bu-hae-ya hae-yo]
如果想成为市政府公务员，都要学哪些东西？

## 0096 공부 [gong-bu]
名 学习，念书 ★★★★
저는 프랑스어 공부를 다시 해야겠어요.
[jeo-neun peu-rang-seu-eo gong-bu-reul da-si hae-ya-ge-sseo-yo]
我得重新学法语了。

## 0097 공부하다 [gong-bu-ha-da]
动 念书 ★★★★
어제 도서관에서 공부하고 식당에서 밥을 먹었어요.
[eo-je do-seo-gwa-ne-seo gong-bu-ha-go sik-dang-e-seo ba-beul meo-geo-sseo-yo]
昨天在图书馆看书，然后在餐厅吃了饭。

## 0098 공원 [gong-won]
名 公园 ★★★★
저는 일주일에 공원에서 3번 운동해요.
[jeo-nen il-ju-i-re gong-wo-ne-seo se beon un-dong-hae-yo]
我一周在公园运动三次。

## 0099 공장 [gong-jang]
名 工厂 ★★★☆
공장까지 얼마나 걸려요?
[gong-jang-kka-ji eol-ma-na geol-lyeo-yo]
到工厂要花多长时间？

## 0100 공책 [gong-chaek]
名 笔记本 ★★★★
학교에서 공책 필기를 잘 해야 공부도 잘해요.
[hak-gyo-e-seo gong-chaek pil-gi-reul jal hae-ya gong-bu-do ja-rae-yo]
在学校要做好笔记，这样才能学习好。

## 0101 공항 [gong-hang]
名 机场 ★★★★
고향에서 친구가 오기 때문에 공항에 가야겠어요.
[go-hyang-e-seo chin-gu-ga o-gi ttae-mu-ne gong-hang-e ga-ya-ge-sseo-yo]
有朋友从老家过来，所以得去机场。

## 0102 공휴일 [gong-hyu-il]
名 国家法定节假日，公休日 ★★★★
이 약국은 공휴일에도 문을 열어요.
[i yak-gu-geun gong-hyu-i-re-do mu-neul yeo-reo-yo]
这家药店在国家法定节假日也营业。

## 0103 과일 [gwa-il]
名 水果 ★★★★
저는 식사 후에 과일을 먹는 것을 좋아해요.
[jeo-neun sik-sa hu-e gwa-i-reul meok-neun geo-seul jo-a-hae-yo]
我喜欢饭后吃水果。

## 0104 과자 [gwa-ja]
名 饼干 ★★★★
🎧 이 과자를 먹어도 괜찮아요?
[i gwa-ja-reul meo-geo-do gwaen-cha-na-yo]
我可以吃这饼干吗?

## 0105 관계 [gwan-gye]
名 关系 ★★★☆
🎧 공기와 인간의 관계는 물과 물고기의 관계와 같아요.
[gong-gi-wa in-gan-e gwan-gye-neun mul-gwa mul-go-gi-e gwan-gye-wa ga-ta-yo]
空气与人的关系就如同水与鱼的关系。

## 0106 관광 [gwan-gwang]
名 观光,旅游 ★★★★
🎧 관광 비자를 신청해야 해요.
[gwan-gwang bi-ja-reul sin-cheong-hae-ya hae-yo]
应该要申请旅游签证。

## 0107 관광객 [gwan-gwang-gaek]
名 观光客,游客 ★★★★
🎧 이 호텔에 있는 사람들은 대부분 외국 관광객이에요.
[i ho-te-re it-neun sa-ram-deu-reun dae-bu-bun oe-guk gwan-gwang-gae-gi-e-yo]
这间旅馆中的人大部分是外国游客。

## 0108 관광지 [gwan-gwang-ji]
名 观光景点,旅游胜地 ★★★★
🎧 이 근처에 유명한 관광지가 많아요.
[i geun-cheo-e yu-myeong-han gwan-gwang-ji-ga ma-na-yo]
这附近有很多著名的观光景点。

## 0109 관심 [gwan-sim]
名 关心 ★★★★
🎧 나는 아들의 예능 교육에 관심이 있어요.
[na-neun a-deu-re ye-neung gyo-yu-ge gwan-si-mi i-sseo-yo]
我很关心对儿子的艺术教育。

## 0110 괜찮다 [gwaen-chan-ta]
形 没关系的,不错的 ★★★★
🎧 이 종이 상자를 가져가도 괜찮아요?
[i jong-i sang-ja-reul ga-jyeo-ga-do gwaen-cha-na-yo]
我可以拿走这个纸箱吗?

## 0111 교사 [gyo-sa]
名 教师 ★★★☆
🎧 제 꿈은 영어 교사예요.
[je kku-meun yeong-eo gyo-sa-ye-yo]
我的梦想是当英语教师。

| 0112 | **교수** [gyo-su] | 名 教授 <br> 저는 대학 교수가 되고 싶어요. <br> [jeo-neun dae-hak gyo-su-ga doe-go si-peo-yo] <br> 我想成为大学教授。 | ★★★☆ |

0112 **교수** [gyo-su] — 名 教授 ★★★☆
저는 대학 교수가 되고 싶어요.
[jeo-neun dae-hak gyo-su-ga doe-go si-peo-yo]
我想成为大学教授。

0113 **교실** [gyo-sil] — 名 教室 ★★★★
공책을 교실에 잊고 갔어요.
[gong-chae-geul gyo-si-re it-go ga-sseo-yo]
我把笔记本忘在教室里了。

0114 **교육** [gyo-yuk] — 名 教育 ★★★★
애들 교육 때문에 이사를 했어요.
[ae-deul gyo-yuk ttae-mu-ne i-sa-reul hae-sseo-yo]
为了孩子的教育搬家了。

0115 **교통** [gyo-tong] — 名 交通 ★★★★
이 지역은 교통이 편리해요.
[i ji-yeo-geun gyo-tong-i pyeon-ri-hae-yo]
这个地区交通很便利。

0116 **교통비** [gyo-tong-bi] — 名 交通费 ★★★☆
교통비는 한 달에 5만 원이에요.
[gyo-tong-bi-neun han da-re o ma nwon-i-e-yo]
交通费是一个月五万韩元。

0117 **교통사고** [gyo-tong-sa-go] — 名 交通事故，车祸 ★★★☆
한 달 전에 교통사고가 났어요.
[han dal jeo-ne gyo-tong-sa-go-ga na-sseo-yo]
一个月前出了车祸。

0118 **구** [gu] — 数 九 ★★★★
제 구과 회화 내용을 보세요.
[je gu-gwa hoe-hwa nae-yong-eul bo-se-yo]
请看第九课的会话内容。
🔄 아홉 九

0119 **구** [gu] — 名 区，球，勾，狗，口，旧，句，救 ★★★★
강남구는 서울특별시의 남동부에 있어요.
[gang-nam-gu-neun seo-ul-teuk-byeol-si-e nam-dong-bu-e i-sseo-yo]
江南区位于首尔特别市的东南部。

### 0120 **구경** [gu-gyeong]
名 参观，观看，观赏，逛 ★★★★
제주도에서 여기저기 **구경**했어요.
[je-ju-do-e-seo yeo-gi-jeo-gi gu-gyeong-hae-sseo-yo]
在济州岛四处游览。

### 0121 **구두** [gu-du]
名 皮鞋 ★★★★
이 **구두** 사이즈가 얼마예요?
[i gu-du sa-i-jeu-ga eol-ma-ye-yo]
这双皮鞋的尺寸是多少？

### 0122 **구름** [gu-reum]
名 云 ★★★★
하늘에 **구름**이 많아요.
[ha-neu-re gu-reu-mi ma-na-yo]
天空多云。

### 0123 **구십** [gu-sip]
数 九十 ★★★★
100점 만점에 **구십** 점 정도예요.
[baek jeom man-jeo-me gu-sip jeom jeong-do-ye-yo]
满分一百分，我大约是九十分。
近 아흔 九十

### 0124 **구월** [gu-wol]
名 九月 ★★★★
작년 **구월**에 자동차를 샀어요.
[jak-nyeon gu-wo-re ja-dong-cha-reul sa-sseo-yo]
去年九月买了汽车。

### 0125 **국** [guk]
名 汤 ★★★★
**국**이나 찌개를 손에 들고 마시지 마세요.
[gu-gi-na jji-gae-reul so-ne deul-go ma-si-ji ma-se-yo]
不要把汤或火锅汤端在手里喝。

### 0126 **국내** [guk-nae]
名 国内 ★★★★
저는 아이들과 함께 **국내** 여행을 갈 거예요.
[jeo-neun a-i-deul-gwa ham-kke guk-nae yeo-haeng-eul gal geo-ye-yo]
我打算和孩子们一起进行一趟国内旅行。

### 0127 **국수** [guk-su]
名 面，面条 ★★★☆
이 집 **국수**는 언제 먹어도 맛있어요.
[i jip guk-su-neun eon-je meo-geo-do ma-si-sseo-yo]
这家店的面什么时候吃都好吃。

017

| 0128 | **국적** [guk-jeok] | 名 国籍 ★★★★<br>그분의 국적은 대한민국이에요.<br>[geu-bu-ne guk-jeo-geun dae-han-min-gu-gi-e-yo]<br>他的国籍是韩国。 |
|---|---|---|
| 0129 | **군인** [gu-nin] | 名 军人 ★★★★<br>제 여자 친구는 직업 군인이에요.<br>[je yeo-ja chin-gu-neun ji-geop gu-ni-ni-e-yo]<br>我的女朋友是职业军人。 |
| 0130 | **굽다** [gup-da] | 动 烤 ★★★★<br>그 친구는 부엌에서 고기를 굽고 있어요.<br>[geu chin-gu-neun bu-eo-ge-seo go-gi-reul gup-go i-sseo-yo]<br>他 / 她正在厨房烤肉。 |
| 0131 | **굽다** [gup-da] | 形 弯的，驼背 ★★★★<br>할머니는 허리가 많이 굽으셨어요.<br>[hal-meo-ni-neun heo-ri-ga ma-ni gu-beu-syeo-sseo-yo]<br>奶奶的腰弯得很严重。 |
| 0132 | **궁금하다** [gung-geu-ma-da] | 形 想知道 ★★★★<br>그 남자에 대해 궁금해요.<br>[geu nam-ja-e dae-hae gung-geu-mae-yo]<br>对那个男生很感兴趣。 |
| 0133 | **권** [gwon] | 名 本，卷，册 ★★★★<br>책 한 권에 얼마예요?<br>[chaek han gwo-ne eol-ma-ye-yo]<br>一本书多少钱？ |
| 0134 | **귀** [gwi] | 名 耳朵 ★★★★<br>나는 귀가 잘 안 들려요.<br>[na-neun gwi-ga jal an deul-lyeo-yo]<br>我耳朵听不清。 |
| 0135 | **귀걸이** [gwi-geo-ri] | 名 耳环 ★★★★<br>제가 귀걸이를 하고 싶어요.<br>[je-ga gwi-geo-ri-reul ha-go si-peo-yo]<br>我想戴耳环。 |

## 0136 귀여워하다
[gwi-yeo-wo-ha-da]

动 喜爱，疼爱 ★★★★

이 남자는 그의 강아지를 귀여워해요.
[i nam-ja-neun geu-e gang-a-ji-reul gwi-yeo-wo-hae-yo]
这名男子很疼爱他的狗。

## 0137 귀엽다
[gwi-yeop-da]

形 可爱的 ★★★★

그는 귀엽고 노래를 잘해요.
[geu-neun gwi-yeop-go no-rae-reul ja-rae-yo]
他很可爱而且很会唱歌。

## 0138 귤
[gyul]

名 橘子 ★★★☆

저는 사과를 좋아해요. 그리고 귤도 좋아해요.
[jeo-neun sa-gwa-reul jo-a-hae-yo][geu-ri-go gyul-do jo-a-hae-yo]
我喜欢苹果，而且也喜欢橘子。

## 0139 그
[geu]

代 他，那 ★★★★

그 일은 어느 비 오는 날에 일어났어요.
[geu i-reun eo-neu bi o-neun na-re i-reo-na-sseo-yo]
那件事发生在某个雨天。

## 0140 그거
[geu-geo]

代 那个（그것的口语） ★★★★

그거는 수영 씨의 한국어 책이에요.
[geu-geo-neun su-yeong ssi-e han-gu-geo chae-gi-e-yo]
那是秀英的韩语书。

## 0141 그것
[geu-geot]

代 那个 ★★★★

그것은 매우 중요한 일입니다.
[geu-geo-seun mae-u jung-yo-han i-rim-ni-da]
那是件很重要的事。

## 0142 그곳
[geu-got]

代 那个地方 ★★★★

그곳은 일곱 시에 문을 열어요.
[geu-go-seun il-gop si-e mu-neul yeo-reo-yo]
那个地方七点开始营业。

## 0143 그날
[geu-nal]

名 那一天 ★★★★

그는 그날 아침에 일찍 일어났어요.
[geu-neun geu-nal a-chi-me il-jjik i-reo-na-sseo-yo]
那天早上他很早起床。

## 0144 그냥 [geu-nyang]
副 只是 ★★★★
안 어지러워요. 그냥 좀 열이 나요.
[an eo-ji-reo-wo-yo] [geu-nyang jom yeo-ri na-yo]
不头晕，只是有点发烧。

## 0145 그대로 [geu-dae-ro]
副 原样，原原本本地，就那样 ★★★★
건강한 과일을 자연 그대로 사용했어요.
[geon-gang-han gwa-i-reul ja-yeon geu-dae-ro sa-yong-hae-sseo-yo]
使用了没有经过加工的健康水果。

## 0146 그동안 [geu-dong-an]
名 那段期间 ★★★☆
그동안 매일 운동했어요.
[geu-dong-an mae-il un-dong-hae-sseo-yo]
那段期间每天都运动。

## 0147 그때 [geu-ttae]
名 届时，到时候 ★★★★
그때 같이 숙제를 해요.
[geu-ttae ga-chi suk-je-reul hae-yo]
到时候一起写作业吧。

## 0148 그래 [geu-rae]
感 对啊 ★★★☆
그래 맞아, 네 말이 맞아.
[geu-rae ma-ja, ne ma-ri ma-ja]
对，没错，你说得对。

## 0149 그래서 [geu-rae-seo]
副 所以 ★★★★
오늘 밖에 추워요. 그래서 저는 옷을 따뜻하게 입을 거예요.
[o-neul bak-e chu-wo-yo] [geu-rae-seo jeo-neun o-seul tta-tteu-ta-ge i-beul geo-ye-yo]
今天外面很冷，所以我会穿暖和一点的衣服。

## 0150 그러나 [geu-reo-na]
副 但是，不过 ★★★★
장미는 아름다워요. 그러나 가시가 많아요.
[jang-mi-neun a-reum-da-wo-yo] [geu-reo-na ga-si-ga ma-na-yo]
玫瑰很美，但是有很多刺。

### 0151 그러니까 [geu-reo-ni-kka]
副 因此 ★★★★
오늘 회의는 중요해요. 그러니까 늦게 가면 안 돼요.
[o-neul hoe-i-neun jung-yo-hae-yo][geu-reo-ni-kka neut-ge ga-myeon an dwae-yo]
今天的会议很重要，因此不可以迟到。

### 0152 그러면 [geu-reo-myeon]
副 那么，那样的话 ★★★★
그러면 어떻게 해야 되죠?
[geu-reo-myeon eo-tteo-ke hae-ya doe-jyo]
那么，该怎么办呢？

### 0153 그러므로 [geu-reo-meu-ro]
副 因此，故此 ★★★☆
그러므로 열심히 공부해야 합니다.
[geu-reo-meu-ro yeol-si-mi gong-bu-hae-ya hap-ni-da]
因此必须认真学习。

### 0154 그런 [geu-reon]
冠 那样的 ★★★★
그런 속담이 있어요.
[geu-reon sok-da-mi i-sseo-yo]
有那样的俗语。

### 0155 그런데 [geu-reon-de]
副 但是 ★★★★
그런데 거기에 어떻게 가요?
[geu-reon-de geo-gi-e eo-tteo-ke ga-yo]
但是要怎么去那里？

### 0156 그럼 [geu-reom]
副 那么，那样的话 ★★★★
그럼 어떻게 해야 할까요?
[geu-reom eo-tteo-ke hae-ya hal-kka-yo]
那么，该怎么办呢？

### 0157 그럼 [geu-reom]
感 当然，可不是，是啊 ★★★★
그럼요, 그럴 리가 없어요.
[geu-reom-yo, geu-reol ri-ga eop-seo-yo]
当然了，不会那样的。

### 0158 그렇다 [geu-reo-ta]
形 那样的 ★★★★
요즘 잘 지내요? 그저 그렇죠.
[yo-jeum jal ji-nae-yo][geu-jeo geu-reo-chyo]
最近过得好吗？还好，就那样。

## 0159 그렇지만
[geu-reo-chi-man]
副 不过 ★★★★
화내서 미안해요. 그렇지만 당신의 태도는 정말 불쾌했어요.
[hwa-nae-seo mi-a-nae-yo] [geu-reo-chi-man dang-si-ne tae-do-neun jeong-mal bul-kwae-hae-sseo-yo]
抱歉对你生气。不过话说回来，你的态度真令人不愉快。

## 0160 그릇
[geu-reut]
名 碗 ★★★★
비빔밥 두 그릇 주세요.
[bi-bim-bap du geu-reut ju-se-yo]
请给我两碗韩式拌饭。

## 0161 그리고
[geu-ri-go]
副 还有，而且，然后 ★★★★
어제 화장품을 샀어요. 그리고 영화를 봤어요.
[eo-je hwa-jang-pu-meul sa-sseo-yo] [geu-ri-go yeong-hwa-reul bwa-sseo-yo]
我昨天买了化妆品，还看了电影。

## 0162 그리다
[geu-ri-da]
动 画，描绘，描写 ★★★★
나는 그림을 그리는 것을 좋아해요.
[na-neun geu-ri-meul geu-ri-neun geo-seul jo-a-hae-to]
我喜欢画画。

## 0163 그림
[geu-rim]
名 图画 ★★★★
미술관에서 그림을 구경해요.
[mi-sul-gwa-ne-seo geu-ri-meul gu-gyeong-hae-yo]
在美术馆欣赏图画。

## 0164 그분
[geu-bun]
代 那位 ★★★★
그분은 너무 빨리 말해요.
[geu-bu-neun neo-mu ppal-li ma-rae-yo]
那位说得太快了。

## 0165 그저께
[geu-jeo-kke]
名 前天 ★★★★
그저께 너무 피곤해서 샤워를 안 하고 잤다.
[geu-jeo-kke neo-mu pi-go-nae-seo sya-wo-reul a na-go jat-da]
前天太累，没冲澡就睡了。

| 0166 | **그쪽** [geu-jjok] | 代 那边 <br> 이 버스도 그쪽으로 가는 거예요. <br> [i beo-seu-do geu-jjo-geu-ro ga-neun geo-ye-yo] <br> 这趟公交也往那边去。 | ★★★★ |
|---|---|---|---|
| 0167 | **극장** [geuk-jang] | 名 剧院，电影院 <br> 나는 내일 극장에서 친구를 만날 거예요. <br> [na-neun nae-il geuk-jang-e-seo chin-gu-reul man-nal geo-ye-yo] <br> 我明天会在电影院和朋友见面。 | ★★★★ |
| 0168 | **근** [geun] | 名 斤，根，近 <br> 딸기 두 근을 살 거예요. <br> [ttal-gi du geu-neul sal geo-ye-yo] <br> 我打算买两斤草莓。 | ★★★☆ |
| 0169 | **근처** [geun-cheo] | 名 附近 <br> 이 근처에 수영장이 있어요? <br> [i geun-cheo-e su-yeong-jang-i isseo-yo] <br> 这附近有游泳池吗？ | ★★★★ |
| 0170 | **글** [geul] | 名 文章，字 <br> 저는 글을 쓰는 것을 좋아해요. <br> [jeo-neun geu-reul sseu-neun geo-seul jo-a-hae-yo] <br> 我喜欢写文章。 | ★★★★ |
| 0171 | **글쎄요** [geul-sse-yo] | 感 这个嘛 <br> 몇 사람 있어요? 글쎄요, 잘 몰라요. <br> [myeot sa-ram i-sseo-yo][geul-sse-yo, jal mol-la-yo] <br> 有几个人呢？这个嘛，我不知道。 | ★★★★ |
| 0172 | **글자** [geul-ja] | 名 字，文字 <br> 제 한국 친구들의 이름은 보통 세 글자예요. <br> [je han-guk chin-gu-deu-re i-reu-meun bo-tong se geul-ja-ye-yo] <br> 我的韩国朋友们的名字通常是三个字。 | ★★★☆ |
| 0173 | **금방** [geum-bang] | 副 刚刚，马上 <br> 그는 금방 돌아올 거예요. <br> [geu-neun geum-bang do-ra-ol geo-ye-yo] <br> 他马上就会回来。 | ★★★★ |

## 0174 금요일
[geum-yo-il]
名 星期五　★★★★
🎧 금요일 저녁에 한국어 수업이 있어요.
[geum-yo-il jeo-nyeo-ge han-gu-geo su-eo-bi i-sseo-yo]
星期五晚上有韩语课。

## 0175 기간
[gi-gan]
名 期间　★★★☆
🎧 이 컴퓨터의 보증 기간은 1년이다.
[i keom-pyu-teo-e bo-jeung gi-ga-neun il nyeo-ni-da]
这电脑的保修期是一年。

## 0176 기다리다
[gi-da-ri-da]
动 等待　★★★★
🎧 백화점에서 친구를 기다려요.
[bae-kwa-jeo-me-seo chin-gu-reul gi-da-ryeo-yo]
在百货公司等朋友。

## 0177 기름
[gi-reum]
名 油，脂肪　★★★☆
🎧 자동차에 기름이 떨어져서 주유소에 갔다.
[ja-dong-cha-e gi-reu-mi tteo-reo-jyeo-seo ju-yu-so-e gat-da]
车子没油了，所以去了加油站。

## 0178 기분
[gi-bun]
名 心情　★★★★
🎧 어제 기분이 나빴어요.
[eo-je gi-bu-ni na-ppa-sseo-yo]
我昨天心情不好。

## 0179 기말시험
[gi-mal-si-heom]
名 期末考　★★★☆
🎧 기말시험을 잘 봤어요?
[gi-mal-si-heo-meul jal bwa-sseo-yo]
期末考考得好吗？

## 0180 기분
[gi-bun]
名 心情，情绪　★★★★
🎧 그는 하루 종일 기분이 안 좋아요.
[geu-neun ha-ru jong-il gi-bu-ni an jo-a-yo]
他一整天都心情不好。

## 0181 기뻐하다
[gi-ppeo-ha-da]
动 感到高兴，感到欢喜　★★★★
🎧 그녀는 아들의 성공을 기뻐했어요.
[geu-nyeo-neun a-deu-re seong-gong-eul gi-ppeo-hae-sseo-yo]
她为儿子的成功感到高兴。

| 单词进度表 | 학습스케줄 |

---

**0182 기쁘다**
[gi-ppeu-da]
形 高兴的，欣喜的
그 기쁜 소식을 들었어요.
[geu gi-ppeun so-si-geul deu-reo-sseo-yo]
听到了那个令人高兴的消息。
★★★★

**0183 기쁨**
[gi-ppeum]
名 高兴，欣喜，欢乐
그들은 슬픔과 기쁨을 함께 나눴어요.
[geu-deu-reun seul-peum-gwa gi-ppeu-meul ham-kke na-nwo-sseo-yo]
他们一起分享了悲伤与欢乐。
★★★☆

**0184 기사**
[gi-sa]
名 司机，骑士，技师，新闻内容，记事
그녀의 아버지 직업은 버스 기사예요.
[geu-nyeo-e a-beo-ji ji-geo-beun beo-seu gi-sa-ye-yo]
她父亲的职业是公交车司机。
★★★★

**0185 기숙사**
[gi-suk-sa]
名 宿舍
기숙사까지 어떻게 가요?
[gi-suk-sa-kka-ji eo-tteo-ke ga-yo]
怎么去宿舍？
★★★☆

**0186 기온**
[gi-on]
名 气温
해안은 사막보다 낮과 밤의 기온 변화가 적어요.
[hae-a-neun sa-mak-bo-da nat-gwa ba-me gi-on byeon-hwa-ga jeo-geo-yo]
比起沙漠，海边的日夜气温变化比较小。
★★★★

**0187 기자**
[gi-ja]
名 记者
방송 기자가 되려면 어떤 학과를 나와야 해요?
[bang-song gi-ja-ga doe-ryeo-myeon eo-tteon hak-gwa-reul na-wa-ya hae-yo]
如果想当电视记者，应该学什么专业？
★★★★

**0188 기차**
[gi-cha]
名 火车
기차를 타고 친구들을 만나러 가요.
[gi-cha-reul ta-go chin-gu-deu-reul man-na-reo ga-yo]
坐火车去见朋友们。
★★★★

**0189 기차역**
[gi-cha-yeok]
名 火车站
기차역은 백화점 근처에 있어요.
[gi-cha-yeo-geun bae-kwa-jeom geun-cheo-e i-sseo-yo]
火车站在百货公司附近。
★★★★

025

## 0190 기차표
[gi-cha-pyo]

名 火车票
🎧 부산행 기차표를 사려고 해요.
[bu-san-haeng gi-cha-pyo-reul sa-ryeo-go hae-yo]
我想买去釜山的火车票。

★★★☆

## 0191 기침
[gi-chim]

名 咳嗽
🎧 기침을 멈출 수가 없네요.
[gi-chi-meul meom-chul su-ga eom-ne-yo]
无法停止咳嗽。

★★★★

## 0192 기타
[gi-ta]

名 吉他，其他
🎧 연습실에 가서 기타 연습을 해요.
[yeon-seup-si-re ga-seo gi-ta yeon-seu-beul hae-yo]
去练习室练习吉他。

★★★★

## 0193 긴장
[gin-jang]

名 紧张
🎧 나는 긴장을 하면 땀이 나요.
[na-neun gin-jang-eul ha-myeon tta-mi na-yo]
我一紧张就会出汗。

★★★★

## 0194 길
[gil]

名 路
🎧 눈 때문에 길이 미끄러워요.
[nun ttae-mu-ne gi-ri mi-kkeu-reo-wo-yo]
因为下雪路很滑。

★★★★

## 0195 길다
[gil-da]

形 长的
🎧 이곳 겨울은 밤이 길고 낮이 짧아요.
[i-got gyeo-u-reun ba-mi gil-go na-ji jjal-ba-yo]
这个地方的冬季昼短夜长。

★★★★

## 0196 길이
[gi-ri]

名 长度
🎧 치마 길이가 어때요?
[chi-ma gi-ri-ga eo-ttae-yo]
裙子长度如何？

★★★★

## 0197 김
[gim]

名 海苔
🎧 김을 구워서 먹었어요.
[gi-meul gu-wo-seo meo-geo-sseo-yo]
吃了烤海苔。

★★★☆

## 0198 김밥 [gim-bap]
名 紫菜包饭，紫菜饭团 ★★★☆
저는 삼각 김밥을 싸서 먹고 싶어요.
[jeo-neun sam-gak gim-ba-beul ssa-seo meok-go si-peo-yo]
我想做三角饭团来吃。

## 0199 김치 [gim-chi]
名 泡菜 ★★★★
한국 사람들은 김치를 아주 좋아해요.
[han-guk sa-ram-deu-reun gim-chi-reul a-ju jo-a-hae-yo]
韩国人很喜欢泡菜。

## 0200 김치찌개 [gim-chi-jji-gae]
名 泡菜火锅 ★★★☆
저는 김치찌개를 끓여서 먹고 싶어요.
[jeo-neun gim-chi-jji-gae-reul kkeu-ryeo-seo meok-go si-peo-yo]
我想煮泡菜火锅吃。

## 0201 깊다 [gip-da]
形 深，深沉，深厚 ★★★★
'깊다'의 반대말은 '얕다'예요.
['gip-da'-e ban-dae-ma-reun 'yat-da'-ye-yo]
"深"的反义词是"浅"。

## 0202 까만색 [kka-man-saek]
名 黑色 ★★★★
그 친구는 까만색을 좋아해요.
[geu chin-gu-neun kka-man-sae-geul jo-a-hae-yo]
那个朋友喜欢黑色。

## 0203 까맣다 [kka-ma-ta]
形 黑的 ★★★☆
그는 피부 까맣고 뚱뚱한 여자를 안 좋아해요.
[geu-neun pi-bu kka-ma-ko ttong-ttong-han yeo-ja-reul an jo-a-hae-yo]
他不喜欢皮肤黑又胖的女生。

## 0204 깎다 [kkak-da]
动 削，剪，剃，讲价 ★★★★
가격을 깎지 마세요.
[ga-gyeo-geul kkak-ji ma-se-yo]
请不要讲价。

## 0205 깨끗하다 [kkae-kkeu-ta-da]
形 干净 ★★★★
사장님의 사무실이 아주 깨끗해요.
[sa-jang-ni-me sa-mu-si-ri a-ju kkae-kkeu-tae-yo]
社长的办公室很干净。

## 0206 깨다 [kkae-da]
动 醒，觉悟，打破，碰破，孵 ★★★★
그녀는 새 소리에 잠이 깼다.
[geu-nyeo-neun sae so-ri-e ja-mi kkaet-da]
她被鸟的叫声吵醒了。

## 0207 꺼내다 [kkeo-nae-da]
动 掏出，拿出，说出 ★★★★
가방에서 물건을 다 꺼냈어요.
[ga-bang-e-seo mul-geo-neul da kkeo-na-sseo-yo]
从包里拿出了所有的东西。

## 0208 껌 [kkeom]
名 口香糖 ★★★☆
그 친구는 입에 껌 하나를 넣었어요.
[geu chin-gu-neun i-be kkeom ha-na-reul neo-eo-sseo-yo]
他/她把一颗口香糖放进了嘴里。

## 0209 꼭 [kkok]
副 一定要 ★★★★
부모님이 반대해도 두 사람은 꼭 결혼할 거예요.
[bu-mo-ni-mi ban-dae-hae-do du sa-ra-meun kkok gyeo-ron-hal geo-ye-yo]
即使父母反对，两人也一定会结婚。

## 0210 꽃 [kkot]
名 花 ★★★★
저는 꽃을 좋아해요. 자주 백과서에서 꽃 이름을 찾아봐요.
[jeo-neun kko-cheul jo-a-hae-yo] [ja-ju baek-gwa-seo-e-seo kkot i-reu-meul cha-ja-bwa-yo]
我很喜欢花，经常会在百科全书里找花名来看。

## 0211 꽃다발 [kkot-da-bal]
名 花束 ★★★☆
여자 친구에게 꽃다발을 선물하고 싶어요.
[yeo-ja chin-gu-e-ge kkot-da-ba-reul seon-mu-ra-go si-peo-yo]
想要送花给女朋友。

## 0212 꽃병 [kkot-byeong]
名 花瓶 ★★★☆
책상 위에 꽃병을 놓아요.
[chaek-sang wi-e kkot-byeong-eul no-a-yo]
把花瓶放在书桌上。

| 0213 | **꽃집** [kkot-jip] | 名 花店 <br> 🎧 이 근처에 꽃집 있어요? <br> [i geun-cheo-e kkot-ji bi-sseo-yo] <br> 这附近有花店吗? | ★★★☆ |

0213 **꽃집** [kkot-jip]
名 花店
🎧 이 근처에 꽃집 있어요?
[i geun-cheo-e kkot-ji bi-sseo-yo]
这附近有花店吗?
★★★☆

0214 **꾸다** [kku-da]
动 做梦，借贷
🎧 좋은 꿈을 꾸세요.
[jo-eun kku-meul kku-se-yo]
祝你有个好梦。
★★★☆

0215 **꿈** [kkum]
名 梦，梦想
🎧 변호사가 되는 것은 저의 꿈이에요.
[byeo-no-sa-ga doe-neun geo-seun jeo-e kku-mi-e-yo]
成为律师是我的梦想。
★★★★

0216 **끄다** [kkeu-da]
名 关
🎧 오늘 아침에 시계의 알람을 들었지만 끄고 잤어요.
[o-neul a-chi-me si-gye-e al-la-meul deu-reot-ji-man kkeu-go ja-sseo-yo]
今天早上虽然听到了闹铃声，但是关掉后继续睡了。
★★★★

0217 **끊다** [kkeun-ta]
动 剪断，断，戒除
🎧 그녀는 친구와 모든 연락을 끊었어요.
[geu-nyeo-neun chin-gu-wa mo-deun yeon-ra-geul kkeu-neo-sseo-yo]
她断绝了和朋友的所有联系。
★★★★

0218 **끓다** [kkeul-ta]
动 沸腾，发热
🎧 100도가 되면 물이 끓어요.
[baek-do-ga doe-myeon mu-ri kkeu-reo-yo]
水到100度就会沸腾。
★★★★

0219 **끝** [kkeut]
名 末端，最后
🎧 걱정하지 마세요. 끝까지 책임을 질게요.
[geok-jeong-ha-ji ma-se-yo] [kkeut-kka-ji chae-gi-meul jil-ge-yo]
别担心，我会负责到最后的。
★★★★

0220 **끝나다** [kkeut-na-da]
动 结束（自动词）
🎧 오늘 회의가 언제 끝나요?
[o-neul hoe-i-ga eon-je kkeut-na-yo]
今天的会议什么时候结束?
★★★★

## 0221 끝내
[kkeot-nae]

**副** 终究，到最后 ★★★☆

🎧 이번 회의에서 **끝내** 합의하지 못했어요.
[i-beon hoe-i-e-seo kkeut-nae ha-bi-ha-ji mo-tae-sseo-yo]
这次会议终究还是没能达成协议。

## 0222 끝내다
[kkeut-nae-da]

**动** 结束（他动词） ★★★★

🎧 시간이 없어서 서둘러 회의를 **끝내**려고 해요.
[si-ga-ni eop-seo-seo seo-dul-leo hoe-i-reul kkeut-nae-ryeo-go hae-yo]
因为没时间，所以想赶快结束会议。

**MEMO**                                T O P I K

## MEMO

TOPIK

로마는 하루 아침에 만들어지지 않았다.
罗马不是一天建成的。

本书所有单词均采用三段式，即"单词分解（语速慢）/完整词汇（语速快）/中文解释"的方式录制。
例：춥．다（单词分解）/ 춥다（完整词汇）/ 冷（中文解释）
🎧符号之后的韩语例句由韩籍老师朗读。

---

**0223 나** [na]  名 我  ★★★★
🎧 나는 운전할 수 있어요.
[na-neun un-jeo-nal su i-sseo-yo]
我会开车。
近 저 我

**0224 나가다** [na-ga-da]  动 出去  ★★★★
🎧 매일 8시에 집에서 나가요.
[mae-il yeo-deol si-e ji-be-seo na-ga-yo]
每天八点从家里出门。

**0225 나누다** [na-nu-da]  动 分享，除  ★★★☆
🎧 우리는 의자에 앉아 이야기를 나누고 있어요.
[u-ri-neun ui-ja-e an-ja i-ya-gi-reul na-nu-go i-sseo-yo]
我们正坐在椅子上聊天。

**0226 나다** [na-da]  动 出，生，长  ★★★★
🎧 오늘 열이 나고 목이 아파요.
[o-neul yeo-ri na-go mo-gi a-pa-yo]
今天发烧而且喉咙很痛。

**0227 나라** [na-ra]  名 国家  ★★★★
🎧 그분은 자기 나라로 돌아갈 거예요.
[geu-bu-neun ja-gi na-ra-ro do-ra-gal geo-ye-yo]
他将要回自己的国家了。

**0228 나머지** [na-meo-ji]  名 剩余，其余，余数  ★★★☆
🎧 어서 나머지 일을 하세요.
[eo-seo na-meo-ji i-reul ha-se-yo]
请赶快把剩余的事情做完。

**0229 나무** [na-mu]  名 树木  ★★★☆
🎧 정원에 나무 한 그루가 있어요.
[jeong-wo-ne na-mu han geu-ru-ga i-sseo-yo]
庭院里有一棵树。

**0230 나쁘다** [na-ppeu-da]  形 不好，坏  ★★★★
🎧 스마트폰을 자주 사용하면 눈에 나빠요.
[seu-ma-teu-po-neul ja-ju sa-yong-ha-myeon nu-ne na-ppa-yo]
经常使用智能手机对眼睛不好。

| 0231 | **나오다** [na-o-da] | 动 出来<br>아침에 목소리가 안 나와요.<br>[a-chi-me mok-so-ri-ga an na-wa-to]<br>早上说不出话来。 | ★★★★ |

| 0232 | **나이** [na-i] | 名 年纪，年龄<br>그 여자는 나이가 많지만 젊어 보여요.<br>[geu yeo-ja-neun na-i-ga man-chi-man jeol-meo bo-yeo-yo]<br>那名女子虽然年纪大，但是看起来年轻。 | ★★★★ |

| 0233 | **나중** [na-jung] | 名 后来，以后<br>나중에 다시 전화할게요.<br>[na-jung-e da-si jeo-nwa-hal-ge-yo]<br>以后再给您打电话。 | ★★★ |

| 0234 | **나타나다** [na-ta-na-da] | 动 出现，显出，产生，发生<br>목감기 증상이 나타났어요.<br>[mok-gam-gi jeung-sang-i na-ta-na-sseo-yo]<br>出现喉咙不适的感冒症状。 | ★★★★ |

| 0235 | **낚시** [nak-si] | 名 钓鱼<br>제 취미는 낚시를 하는 것입니다.<br>[je chwi-mi-neun nak-si-reul ha-neun geo-sip-ni-da]<br>我的兴趣是钓鱼。 | ★★★ |

| 0236 | **날** [nal] | 名 天，天气，日子，刀刃<br>달력을 봤어요. 오늘은 이사하기 좋은 날이에요.<br>[dal-lyeo-geul bwa-sseo-yo][o-neu-reun i-sa-ha-gi jo-eun na-ri-e-yo]<br>我看了日历，今天是适合搬家的日子。 | ★★★★ |

| 0237 | **날다** [nal-da] | 动 飞<br>새처럼 날 수 없어요.<br>[sae-cheo-reom nal su eop-seo-yo]<br>无法像鸟一样飞翔。 | ★★★★ |

| 0238 | **날씨** [nal-ssi] | 名 天气<br>오늘 날씨가 참 좋아요.<br>[o-neul nal-ssi-ga cham jo-a-yo]<br>今天天气很好。 | ★★★★ |

### 0239 날씬하다 [nal-ssi-na-da]
形 苗条 ★★★★
그녀는 날씬해서 무슨 옷을 입어도 잘 어울려요.
[geu-nyeo-neun nal-ssi-nae-seo mu-seun o-seul i-beo-do jal eo-ul-lyeo-yo]
她很苗条，穿什么衣服都很合适。

### 0240 날짜 [nal-jja]
名 日期 ★★★★
이번 행사 날짜를 빨리 정하세요.
[i-beon haeng-sa nal-jja-reul ppal-li jeong-ha-se-yo]
请赶快定下这次活动的日期。

### 0241 남 [nam]
名 别人，男，南 ★★★★
남이 말할 때 끼어 들지 마세요.
[na-mi ma-ral ttae kki-eo deul-ji ma-se-yo]
别人说话的时候请不要插嘴。

### 0242 남녀 [nam-nyeo]
名 男女 ★★★★
이 바지는 남녀 모두 입을 수 있어요.
[i ba-ji-neun nam-nyeo mo-du i-beul su i-sseo-yo]
这条裤子男女都可以穿。

### 0243 남대문 [nam-dae-mun]
名 南大门 ★★★☆
안산에서 남대문 시장까지 어떻게 가요?
[an-sa-ne-seo nam-dae-mun si-jang-kka-ji eo-tteo-ke ga-yo]
请问从安山怎么去南大门市场？

### 0244 남동생 [nam-dong-saeng]
名 弟弟 ★★★★
제 남동생은 운동하는 것을 좋아해요.
[je nam-dong-saeng-eun un-dong-ha-neun geo-seul jo-a-hae-yo]
我弟弟喜欢运动。

### 0245 남산 [nam-san]
名 南山 ★★★☆
오늘 저녁에 남산 케이블카로 N서울타워에 갔어요.
[o-neul jeo-nyeo-ge nam-san ke-i-beul-ka-ro N seo-ul-ta-wo-e ga-sseo-yo]
今天晚上乘坐南山缆车去了 N 首尔塔。

### 0246 남자 [nam-ja]
名 男子 ★★★★
그 남자는 은행에 가는 길을 몰라요.
[geu nam-ja-neun eu-naeng-e ga-neun gi-reul mol-la-yo]
那男子不知道怎么去银行。

| 0247 | **남쪽** [nam-jjok] | 名 南边，南方<br>비행기가 남쪽 방향으로 날아갔어요.<br>[bi-haeng-gi-ga nam-jjok bang-hyang-eu-ro na-ra-ga-sseo-yo]<br>飞机向南飞走了。 | ★★★★ |
|---|---|---|---|
| 0248 | **남편** [nam-pyeon] | 名 丈夫<br>시내에 가서 남편 선물을 사요.<br>[si-nae-e ga-seo nam-pyeon seon-mu-reul sa-yo]<br>去市区给丈夫买礼物。 | ★★★★ |
| 0249 | **남학생** [na-mak-saeng] | 名 男学生<br>그 학교에는 남학생이 몇 명이에요?<br>[geu hak-gyo-e-neun na-mak-saeng-i myeot myeong-i-e-yo]<br>那所学校有多少男学生？ | ★★★☆ |
| 0250 | **낮** [nat] | 名 白天<br>오늘 낮 기온이 몇 도예요?<br>[o-neul nat gi-o-ni myeot do-ye-yo]<br>今天白天气温有几度？ | ★★★★ |
| 0251 | **낮다** [nat-da] | 形 低的，矮的<br>그들의 생활 수준은 아주 낮아요.<br>[geu-deu-re saeng-hwal su-ju-neun a-ju na-ja-yo]<br>他们的生活水平很低。 | ★★★★ |
| 0252 | **낮잠** [nat-jam] | 名 午觉<br>지난 토요일 오후에 낮잠을 잤어요.<br>[ji-nan to-yo-il o-hu-e nat-ja-meul ja-sseo-yo]<br>上周六下午睡了午觉。 | ★★★★ |
| 0253 | **내** [nae] | 代 我（与主格助词连用），我的<br>내가 많이 연습해야 돼.<br>[nae-ga ma-ni yeon-seu-pae-ya dwae]<br>我应该多多练习。 | ★★★★ |
| 0254 | **내과** [nae-gwa] | 名 内科<br>그는 내과 의사로 일하고 있어요.<br>[geu-neun nae-gwa ui-sa-ro i-ra-go i-sseo-yo]<br>他是内科医生。 | ★★★☆ |

| 0255 | **내년** [nae-nyeon] | 名 明年 <br> 🎧 내년에 한국에 가고 싶어요. <br> [nae-nyeo-ne han-gu-ge ga-go si-peo-yo] <br> 明年我想去韩国。 | ★★★★ |

| 0256 | **내다** [nae-da] | 动 抽空，出，出题 <br> 🎧 시간을 내서 스키장에 놀러 가요. <br> [si-ga-neul nae-seo seu-ki-jan-e nol-leo ga-yo] <br> 抽空去滑雪场玩吧。 | ★★★★ |

| 0257 | **내려가다** [nae-ryeo-ga-da] | 动 下去，下滑，下降，下跌 <br> 🎧 이번 시험에서 성적이 좀 내려갔어요. <br> [i-beon si-heo-me-seo seong-jeo-gi jom nae-ryeo-ga-sseo-yo] <br> 这次考试成绩有些下滑。 | ★★★★ |

| 0258 | **내려오다** [nae-ryeo-o-da] | 动 下来，传下来，降临 <br> 🎧 여자가 계단을 걸어 내려오고 있어요. <br> [yeo-ja-ga gye-da-neul geo-reo nae-ryeo-o-go i-sseo-yo] <br> 女子正从楼梯走下来。 | ★★★★ |

| 0259 | **내리다** [nae-ri-da] | 动 下，降落 <br> 🎧 눈이 내리고 있어요. <br> [nu-ni nae-ri-go i-sseo-yo] <br> 正在下雪。 | ★★★★ |

| 0260 | **내용** [nae-yong] | 名 内容 <br> 🎧 책 내용이 어때요? <br> [chaek nae-yong-i eo-ttae-yo] <br> 书的内容如何？ | ★★★★ |

| 0261 | **내일** [nae-il] | 名 明天 <br> 🎧 내일은 꼭 버스를 타고 출근할 거예요. <br> [nae-i-reun kkok beo-seu-reul ta-go chul-geu-nal geo-ye-yo] <br> 明天一定要坐公交车去上班。 | ★★★★ |

| 0262 | **냄새** [naem-sae] | 名 气味 <br> 🎧 설거지를 안 해서 지금 집안에 냄새가 심하게 나요. <br> [seol-geo-ji-reul a nae-seo ji-geum ji-ba-ne naem-sae-ga si-ma-ge na-yo] <br> 因为没洗碗，现在屋里有很大的味道。 | ★★★☆ |

| 0263 | **냉면** [naeng-myeon] | 名 冷面<br>저도 냉면을 아주 좋아해요.<br>[jeo-do naeng-myeo-neul a-ju jo-a-hae-yo]<br>我也很喜欢冷面。 | ★★★ |
|---|---|---|---|
| 0264 | **냉장고** [naeng-jang-go] | 名 冰箱<br>냉장고 안에 많은 과일이 있어요.<br>[naeng-jang-go an-ne ma-neun gwa-i-ri i-sseo-yo]<br>冰箱里有很多水果。 | ★★★ |
| 0265 | **너** [neo] | 代 你<br>난 너에게 물어보고 싶어.<br>[nan neo-e-ge mu-reo-bo-go si-peo]<br>我想问你。 | ★★★★ |
| 0266 | **너무** [neo-mu] | 副 太，非常<br>그 친구에게 너무 미안해요.<br>[geu chin-gu-e-ge neo-mu mi-a-nae-yo]<br>对那个朋友感到非常抱歉。 | ★★★★ |
| 0267 | **너무나** [neo-mu-na] | 副 太，非常（比너무更具强调的语气）<br>가격이 너무나 비싸서 포기했어요.<br>[ga-gyeo-gi neo-mu-na bi-ssa-seo po-gi-hae-sseo-yo]<br>价格太高，所以放弃了。 | ★★★ |
| 0268 | **너희** [neo-hi] | 代 你们（听者是朋友或晚辈时使用）<br>너희 아버지 요즘 많이 힘드실 거야.<br>[neo-hi a-beo-ji yo-jeum ma-ni him-deu-sil geo-ya]<br>你们的父亲最近会很辛苦。 | ★★★★ |
| 0269 | **넓다** [neol-da] | 形 宽广的，宽的<br>이 교실이 넓고 깨끗해요.<br>[i gyo-si-ri neol-go kkae-kkeu-tae-yo]<br>这间教室宽敞又干净。 | ★★★★ |
| 0270 | **넣다** [neo-ta] | 动 放，放进<br>해물전을 만들 때 새우를 많이 넣어요.<br>[hae-mul-jeo-neul man-deul ttae sae-u-reul ma-ni neo-eo-yo]<br>做海鲜煎饼时放很多虾。 | ★★★★ |

**0271 네** [ne]
代 你，你的
🎧 네가 질문해. 내가 대답할게.
[ne-ga jil-mu-nae] [nae-ga dae-da-pal-ge]
你问问题吧，我来回答。
★★★★

**0272 네** [ne]
感 是，咦（表疑问的感叹词）
🎧 우리 아이스크림을 먹을까요? 네, 좋아요.
[u-ri a-i-seu-keu-rim-eul meo-geul-kka-yo] [ne, jo-a-yo]
我们要不要吃点冰淇淋？嗯，好。
★★★★

**0273 넥타이** [nek-ta-i]
名 领带
🎧 이 넥타이 좀 바꿀 수 있어요?
[i nek-ta-i jom ba-kkul su i-sseo-yo]
可以换别的领带吗？
★★★☆

**0274 넷** [net]
数 四
🎧 고모는 딸 넷을 낳았어요.
[go-mo-neun ttal ne-seul na-a-sseo-yo]
姑姑生了四个女儿。
★★★★

**0275 넷째** [net-jjae]
数 第四
🎧 넷째 시간의 국어를 셋째 시간으로 바꿨어요.
[net-jjae si-ga-ne gu-geo-reul set-jjae si-ga-neu-ro ba-gwo-sseo-yo]
语文课从第四节换到第三节了。
★★★★

**0276 년** [nyeon]
名 年
🎧 저는 3년 동안 한국어를 공부했어요
[jeo-neun sam nyeon dong-an han-gu-geo-reul gong-bu-hae-sseo-yo]
我学了三年韩语。
★★★★

**0277 노란색** [no-ran-saek]
名 黄色
🎧 이 나라의 택시 색은 노란색이에요.
[i na-ra-e taek-si sae-geun no-ran-sae-gi-e-yo]
这个国家的出租车的颜色是黄色。
★★★★

**0278 노랗다** [no-ra-ta]
形 黄色的
🎧 시장에서 노랗고 싱싱한 바나나를 샀어요.
[si-jan-e-seo no-ra-ko sing-sing-han ba-na-na-reul sa-sseo-yo]
在市场买了鲜黄又新鲜的香蕉。
★★★☆

### 0279 노래 [no-rae]
名 歌曲 ★★★★
요즘 유행하는 한국 노래를 배우고 싶어요.
[yo-jeum yu-haeng-ha-neun han-guk no-rae-reul bae-u-go si-peo-yo]
我想学最近流行的韩国歌曲。

### 0280 노래방 [no-rae-bang]
名 练歌房（KTV） ★★★★
오늘 밤에 같이 노래방에 가서 노래해요.
[o-neul ba-me ga-chi no-rae-bang-e ga-seo no-rae-hae-yo]
今晚一起去KTV唱歌吧。

### 0281 노래하다 [no-rae-ha-da]
动 唱歌 ★★★★
한국 가요의 매력은 노래하고 춤추는 아이돌입니다.
[han-guk ga-yo-e mae-ryeo-geun no-rae-ha-go chum-chu-neun a-i-dol-ip-ni-da]
韩国流行歌曲的魅力在于又唱又跳的偶像们。

### 0282 노력 [no-ryeok]
名 努力 ★★★★
우리는 문제를 해결하려고 노력했어요.
[u-ri-neun mun-je-reul hae-gyeol-ha-ryeo-go no-ryeo-kae-sseo-yo]
我们为了解决问题尽了很大努力。

### 0283 노인 [no-in]
名 老人 ★★★★
그 노인은 부산으로 가는 기차표를 샀어요.
[geu no-i-neun bu-sa-neu-ro ga-neun gi-cha-pyo-reul sa-sseo-yo]
那个老人买了前往釜山的火车票。

### 0284 노트 [no-teu]
名 做笔记，笔记本，船速单位 ★★★☆
계산기는 노트 옆에 있어요.
[gye-san-gi-neun no-teu yeo-pe i-sseo-yo]
计算器在笔记本旁边。

### 0285 노트북 [no-teu-buk]
名 笔记本电脑 ★★★☆
제 책상에 노트북 한 대가 있어요.
[je chaek-sang-e no-teu-buk han dae-ga i-sseo-yo]
我的书桌上有一台笔记本电脑。

### 0286 녹색 [nok-saek]
名 绿色 ★★★★
녹색은 자연의 색과 매우 비슷해요.
[nok-sae-geun ja-yeo-ne saek-gwa mae-u bi-seu-tae-yo]
绿色和大自然的颜色十分相似。

### 0287 녹차 [nok-cha]
**名** 绿茶 ★★★☆
🎧 하루에 녹차 한 잔을 마셔요. 몸에 아주 좋아요.
[ha-ru-e nok-cha han ja-neul ma-syeo-yo] [mo-me a-ju jo-a-yo]
一天喝一杯绿茶，对身体很好。

### 0288 놀다 [nol-da]
**动** 玩耍 ★★★★
🎧 아이가 공원에서 놀아요.
[a-i-ga gong-wo-ne-seo no-ra-yo]
小孩在公园玩耍。

### 0289 놀라다 [nol-la-da]
**动** 吃惊 ★★★★
🎧 너무 놀라서 말이 안 나와요.
[neo-mu nol-la-seo ma-ri an na-wa-yo]
惊讶到说不出话来。

### 0290 놀랍다 [nol-lap-da]
**形** 吃惊的，惊慌的，惊奇的 ★★★★
🎧 매우 놀랍고 재미있는 일이에요.
[mae-u nol-lap-go jae-mi-it-neun i-ri-e-yo]
这是一件令人惊奇又有趣的事情。

### 0291 놀이 [no-ri]
**名** 游戏，玩耍，游乐，把戏 ★★★★
🎧 저는 놀이 기구를 타기 위해 20분 기다렸어요.
[jeo-neun no-ri gi-gu-reul ta-gi wi-hae i-sip bun gi-da-ryeo-sseo-yo]
我为了乘坐游乐设施，等了二十分钟。

### 0292 농구 [nong-gu]
**名** 篮球 ★★★☆
🎧 제가 농구를 좋아해요.
[je-ga nong-gu-reul jo-a-hae-yo]
我喜欢打篮球。

### 0293 농담 [nong-dam]
**名** 玩笑，笑话 ★★★★
🎧 지금은 농담할 때가 아니에요.
[ji-geu-meun nong-dam-hal ttae-ga a-ni-e-yo]
现在不是开玩笑的时候。

### 0294 높다 [nop-da]
**形** 高的 ★★★★
🎧 여름 기온이 높아요.
[yeo-reum gi-o-ni no-pa-yo]
夏天气温高。

## 0295 놓다 [no-ta]
动 放置，设置，放
컴퓨터를 책상 위에 놓아요.
[keom-pyu-teo-reul chaek-sang wi-e no-a-yo]
把电脑放在书桌上。
★★★★

## 0296 누구 [nu-gu]
代 谁
누구한테서 노래를 배워요?
[nu-gu-han-te-seo no-rae-reul bae-wo-yo]
你是在跟谁学唱歌？
★★★★

## 0297 누나 [nu-na]
名 姐姐（男生的姐姐）
저의 누나는 미인이에요.
[jeo-e nu-na-neun mi-i-ni-e-yo]
我姐姐是个美女。
★★★★

## 0298 누르다 [nu-reu-da]
动 压，按，抑制
그는 전화기의 버튼을 누르고 있어요.
[geu-neun jeo-nwa-gi-e beo-teu-neul nu-reu-go i-sseo-yo]
他正在按电话键。
★★★☆

## 0299 눈 [nun]
名 雪，眼睛
눈이 오니까 밖에서 기다리지 마세요.
[nu-ni o-ni-kka ba-kke-seo gi-da-ri-ji ma-se-yo]
正在下雪，不要在外面等了。
★★★★

## 0300 눈물 [nun-mul]
名 眼泪
그녀는 진짜 눈물을 흘렸어요.
[geu-nyeo-neun jin-jja nun-mu-reul heul-lyeo-sseo-yo]
她真的流下了眼泪。
★★★☆

## 0301 뉴스 [nyu-seu]
名 新闻
제가 매일 인터넷 뉴스를 봐요.
[je-ga mae-il in-teo-net nyu-seu-reul bwa-yo]
我每天看网络新闻。
★★★★

## 0302 느리다 [neu-ri-da]
形 缓慢的
경치가 너무 좋네. 느리게 걷자!
[gyeong-chi-ga neo-mu jot-ne] [neu-ri-ge geot-ja]
风景真好，我们慢慢走吧！
反 빠르다 快速的
★★★★

| 0303 | 늘 [neul] | 副 经常，时时 🎧 맛있는 음식도 늘 먹으면 싫어요. [ma-sit-neun eum-sik-do neul meo-geu-myeon si-reo-yo] 美味的食物常吃也会腻。 | ★★★★ |

| 0304 | 늙다 [neuk-da] | 形 衰老的，年纪大的 🎧 몸은 늙었지만 마음은 젊어요. [mo-meun neul-geot-ji-man ma-eu-meun jeol-meo-yo] 虽然身体衰老，但内心是年轻的。 | ★★★★ |

| 0305 | 능력 [neung-ryeok] | 名 能力 🎧 그 학생은 학습 능력이 낮아요. [geu hak-saeng-eun hak-seup neung-ryeo-gi na-ja-yo] 那名学生的学习能力差。 | ★★★★ |

| 0306 | 늦다 [neut-da] | 形 迟的，晚的 🎧 방세를 늦게 드려서 죄송합니다. [bang-se-reul neut-ge deu-ryeo-seo joe-song-hap-ni-da] 很抱歉这么晚交房租。 | ★★★★ |

| 0307 | 늦다 [neut-da] | 动 迟，缓慢 🎧 한 시간 늦으셨어요. [han si-gan neu-jeu-syeo-sseo-yo] 迟到了一个小时。 | ★★★★ |

| 单词进度表 | 학습스케줄

**MEMO**          T O P I K

세상만사 마음먹기에 달렸다.
天下无难事，只怕有心人。

# ㄷ

本书所有单词均采用三段式，即"单词分解（语速慢）/ 完整词汇（语速快）/ 中文解释"的方式录制。
例：ㅊ，ㅏ（单词分解）/ 차（完整词汇）/ 冷（中文解释）
🎧 符号之后的韩语例句由韩籍老师朗读。

---

**0308 다** [da]　副 都，全，完全　★★★★
🎧 우리는 그 음식을 다 먹었어요.
[u-ri-neun geu eum-si-geul da meo-geo-sseo-yo]
我们将那些食物都吃完了。

**0309 다** [da]　名 全部　★★★★
🎧 그냥 하기 싫어, 그게 다야.
[geu-nyang ha-gi si-reo, geu-ge da-ya]
就是不想做，没别的。

**0310 다니다** [da-ni-da]　动 来往　★★★★
🎧 여기 초등학교를 다니는 학생 모두가 영어를 잘해요.
[yeo-gi cho-deung-hak-gyo-reul da-ni-neun hak-saeng mo-du-ga yeong-eo-reul ja-rae-yo]
上这所小学的学生英语都很好。

**0311 다르다** [da-reu-da]　形 不同的　★★★★
🎧 두 사람이 성격이 다르고 좋아하는 음식도 달라요.
[du sa-ra-mi seong-gyeo-gi da-reu-go jo-a-ha-neun eum-sik-do dal-la-yo]
两人性格不同，而且喜欢的食物也不同。

**0312 다리** [da-ri]　名 桥，腿　★★★☆
🎧 이 근처에 다리 3개가 있어요.
[i geun-cheo-e da-ri se gae-ga i-sseo-yo]
这附近有三座桥。

**0313 다리미** [da-ri-mi]　名 熨斗　★★★☆
🎧 매일 다리미를 사용해요.
[mae-il da-ri-mi-reul sa-yong-hae-yo]
每天使用熨斗。

**0314 다섯** [da-seot]　数 五　★★★★
🎧 두 사람은 토요일 오후 다섯 시에 만나려고 해요.
[du sa-ra-meun to-yo-il o-hu da-seot si-e man-na-ryeo-go hae-yo]
两个人打算星期六下午五点见面。

**0315 다섯째** [da-seot-jjae]　数 / 冠 / 名 第五　★★★★
🎧 그는 회장의 다섯째 아들이에요.
[geu-neun hoe-jang-e da-seot-jjae a-deu-ri-e-yo]
他是会长的第五个儿子。

| 0323 | 单词进度表 | 학습스케줄

### 0316 **다시** [da-si]
副 再，又
독후감을 다시 한 번 써 주세요.
[do-ku-ga-meul da-si han beon sseo ju-se-yo]
请再写一遍读后感。
★★★★

### 0317 **다음** [da-eum]
名 下次，之后
다음에는 제가 비빔밥을 만들어 줄게요.
[da-eu-me-neun je-ga bi-bim-ba-beul man-deu-reo jul-ge-yo]
下次我来做韩式拌饭。
★★★★

### 0318 **다음날** [da-eum-nal]
名 隔天，次日
다음날에 만나요.
[da-eum-na-re man-na-yo]
隔天见面。
★★★★

### 0319 **닦다** [dak-da]
动 擦拭，刷，钻研
그 선수는 수건으로 얼굴의 땀을 닦고 있어요.
[geu seon-su-neun su-geo-neu-ro eol-gu-re tta-meul dak-go i-sseo-yo]
那名选手正在用毛巾擦拭脸上的汗水。
★★★★

### 0320 **단어** [da-neo]
名 单词
이 단어의 뜻이 뭐죠?
[i da-neo-e tteu-si mwo-jyo]
这个单词的意思是什么？
★★★★

### 0321 **단추** [dan-chu]
名 纽扣
첫 단추를 잘 채워야 해요.
[cheot dan-chu-reul jal chae-wo-ya hae-yo]
俗话说，第一个纽扣一定要扣好。（比喻做事第一步最重要。）
★★★☆

### 0322 **단풍** [dan-pung]
名 枫树，枫叶
저는 작년에 설악산 단풍을 처음 구경했어요.
[jeo-neun jak-nyeo-ne seo-rak-san dan-pung-eul cheo-eum gu-gyeong-hae-sseo-yo]
我去年第一次观赏到雪岳山枫叶。
★★★☆

### 0323 **닫다** [dat-da]
动 关
창문을 꼭 닫아 주세요.
[chang-mu-neul kkok da-da ju-se-yo]
请务必关窗户。
★★★★

初级
다~닫다

| 0324 | **달** [dal] | 名 月 ★★★★ |
|---|---|---|
| | | 🎧 다음 달 아들 생일에 케이크를 살 거예요. |
| | | [da-eum da ra-deul saeng-i-re ke-i-keu-reul sal geo-ye-yo] |
| | | 下个月儿子生日时打算买个蛋糕。 |

| 0325 | **달걀** [dal-gyal] | 名 鸡蛋 ★★★★ |
|---|---|---|
| | | 🎧 올해 달걀의 가격이 작년보다 비싸요. |
| | | [o-rae dal-gya-re ga-gyeo-gi jak-nyeon-bo-da bi-ssa-yo] |
| | | 今年鸡蛋的价格比去年贵。 |

| 0326 | **달다** [dal-da] | 形 甜 ★★★★ |
|---|---|---|
| | | 🎧 이 사탕이 너무 달아요. |
| | | [i sa-tang-i neo-mu da-ra-yo] |
| | | 这糖果太甜了。 |

| 0327 | **달러** [dal-leo] | 名 美金，美元（dollar） ★★★★ |
|---|---|---|
| | | 🎧 가격은 하루에 50달러예요. |
| | | [ga-gyeo-geun ha-ru-e o-sip dal-leo-ye-yo] |
| | | 价格是一天五十美元。 |

| 0328 | **달력** [dal-lyeok] | 名 日历 ★★★★ |
|---|---|---|
| | | 🎧 벽걸이 달력에 기념일을 표시해요. |
| | | [byeok-geo-ri dal-lyeo-ge gi-nyeo-mi-reul pyo-si-hae-yo] |
| | | 在壁挂式日历上标示纪念日。 |

| 0329 | **달리기** [dal-li-gi] | 名 跑步，赛跑 ★★★☆ |
|---|---|---|
| | | 🎧 동생은 대학 때 달리기 선수였어요. |
| | | [dong-saeng-eun dae-hak ttae dal-li-gi seon-su-yeo-sseo-yo] |
| | | 弟弟/妹妹大学时是赛跑选手。 |

| 0330 | **달리다** [dal-li-da] | 动 跑 ★★★☆ |
|---|---|---|
| | | 🎧 말처럼 빠르게 달릴 수 없어요. |
| | | [mal-cheo-reom ppa-reu-ge dal-lil su eop-seo-yo] |
| | | 无法跑得像马一样快。 |

| 0331 | **닭** [dak] | 名 鸡 ★★★★ |
|---|---|---|
| | | 🎧 닭이 먼저예요? 달걀이 먼저예요? |
| | | [da-gi meon-jeo-ye-yo] [dal-gya-ri meon-jeo-ye-yo] |
| | | 是先有鸡，还是先有蛋？ |

**0332 닭고기** [dak-go-gi] ★★★★
名 鸡肉
매일 닭고기와 계란을 먹어요.
[mae-il dak-go-gi-wa gye-ra-neul meo-geo-yo]
每天吃鸡肉和鸡蛋。

**0333 담배** [dam-bae] ★★★☆
名 香烟
공공장소에서 담배를 피우지 마세요.
[gong-gong-jang-so-e-seo dam-bae-reul pi-u-ji ma-se-yo]
请不要在公共场所抽烟。

**0334 대** [dae] ★★★★
名 台,世代,年龄层,辆,架
밖에는 큰 버스가 한 대 있어요.
[ba-ge-neun keun beo-seu-ga han dae i-sseo-yo]
外面有一辆大巴。

**0335 대구** [dae-gu] ★★★☆
名 大邱（地名）
내일은 친구와 대구에 갈 거예요.
[nae-i-reun chin-gu-wa dae-gu-e gal geo-ye-yo]
明天要和朋友去大邱。

**0336 대답** [dae-dap] ★★★★
名 回答
그 사람의 대답을 듣고 싶어요?
[geu sa-ra-me dae-da-beul deut-go si-peo-yo]
想听听那个人的回答吗？

**0337 대답하다** [dae-da-pa-da] ★★★★
动 回答
예, 아니요로 대답해 주세요.
[ye, a-ni-yo-ro dae-da-pae ju-se-yo]
请回答是或不是。

**0338 대리** [dae-ri] ★★★☆
名 代理,副理
김 대리는 회사에서 가장 예의가 바른 사람이다.
[geu dae-ri-neun hoe-sa-e-seo ga-jang ye-ui-ga ba-reun sa-ra-mi-da]
金副理是公司里最有礼貌的人。

**0339 대부분** [dae-bu-bun] ★★★★
名 大部分
우리들 대부분은 그 운동에 참가했어요.
[u-ri-deul dae-bu-bu-neun geu un-dong-e cham-ga-hae-sseo-yo]
我们中大部分都参加了那项运动。

047

| 0340 | **대사관** [dae-sa-gwan] | 名 大使馆<br>🎧 주한 미국 대사관이 어디에 있어요?<br>[ju-han mi-guk dae-sa-gwa-ni eo-di-e i-sseo-yo]<br>美国驻韩大使馆在哪里？ | ★★★★ |
|---|---|---|---|
| 0341 | **대전** [dae-jeon] | 名 大田（地名），大战<br>🎧 대전에 엑스포 과학공원이 있어요.<br>[dae-jeo-ne ek-seu-po gwa-hak-gong-wo-ni i-sseo-yo]<br>大田有个世界博览会科学公园。 | ★★★☆ |
| 0342 | **대학** [dae-hak] | 名 大学，学院<br>🎧 그는 대학에서 명예학위를 받았어요.<br>[geu-neun dae-ha-ge-seo myeong-ye-ha-gwi-reul ba-da-sseo-yo]<br>他在大学拿到了名誉学位。 | ★★★☆ |
| 0343 | **대학교** [dae-hak-gyo] | 名 大学，综合大学<br>🎧 저는 대학교에서 장학금을 신청했어요.<br>[jeo-neun dae-hak-gyo-e-seo jang-hak-geu-meul sin-cheong-hae-sseo-yo]<br>我在大学申请了奖学金。 | ★★★★ |
| 0344 | **대학생** [dae-hak-saeng] | 名 大学生<br>🎧 우리 오빠는 대학생이에요.<br>[u-ri o-ppa-neun dae-hak-saeng-i-e-yo]<br>我哥哥是大学生。 | ★★★★ |
| 0345 | **대학원** [dae-ha-gwon] | 名 研究生院<br>🎧 그는 대학원 석사 학위를 받았어요.<br>[geu-neun dae-hak-won seok-sa ha-gwi-reul ba-da-sseo-yo]<br>他拿到了硕士研究生学位。 | ★★★☆ |
| 0346 | **댁** [daek] | 名 宅，府，大人<br>🎧 박 선생님 댁 맞습니까?<br>[bak seon-saeng-nim daek mat-seum-ni-kka]<br>请问是朴老师家吗？ | ★★★☆ |
| 0347 | **더** [deo] | 副 更，再，更加<br>🎧 한 잔 더 하시겠어요?<br>[han jan deo ha-si-ge-sseo-yo]<br>要再喝一杯吗？ | ★★★★ |

| 0348 | **더럽다** [deo-reop-da] | 形 肮脏的<br>그의 침실은 더러워요.<br>[geu-e chim-si-reun deo-reo-wo-yo]<br>他的卧室很脏。 | ★★★★ |

| 0349 | **더욱** [deo-uk] | 副 更，更加，更为<br>이 책은 저 책보다 더욱 좋아요.<br>[i chae-geun jeo chaek-bo-da deo-uk jo-a-yo]<br>这本书比那本书更好。 | ★★★★ |

| 0350 | **덥다** [deop-da] | 形 热<br>날씨가 덥고 비가 와요.<br>[nal-ssi-ga deop-go bi-ga wa-yo]<br>天气热而且下雨。 | ★★★★ |

| 0351 | **데이트** [de-i-teu] | 名 约会，日期<br>나는 그녀에게 데이트 신청을 하고 싶어요.<br>[na-neun geu-nyeo-e-ge de-i-teu sin-cheong-eul ha-go si-peo-yo]<br>我想跟她约会。 | ★★★☆ |

| 0352 | **도** [do] | 名 度，道<br>30도쯤 될 거예요.<br>[sam-sip do-jjeum doel geo-ye-yo]<br>大概有三十度。 | ★★★★ |

| 0353 | **도로** [do-ro] | 名 道路<br>도로에 많은 표지판이 있어요.<br>[do-ro-e ma-neun pyo-ji-pa-ni i-sseo-yo]<br>道路上有很多标识牌。 | ★★★★ |

| 0354 | **도서관** [do-seo-gwan] | 名 图书馆<br>도서관에서는 조용히 하세요.<br>[do-seo-gwa-ne-seo-neun jo-yong-hi ha-se-yo]<br>在图书馆请保持安静。 | ★★★★ |

| 0355 | **도시** [do-si] | 名 都市，城市<br>이 도시에는 약 300만 명이 살고 있어요.<br>[i do-si-e-neun yak sam-baek-man myeong-i sal-go i-sseo-yo]<br>这城市大约有三百万人居住。 | ★★★★ |

**0356 도와주다** [do-wa-ju-da] — 动 帮忙 ★★★★
서로 도와주면 자연스럽게 친구가 돼요.
[seo-ro do-wa-ju-myeon ja-yeon-seu-reop-ge chin-gu-ga dwae-yo]
互相帮忙的话，自然就会变成朋友。

**0357 도움** [do-um] — 名 帮助 ★★★☆
친구의 도움을 많이 받았어요.
[chin-gu-e do-u-meul ma-ni ba-da-sseo-yo]
得到朋友的很多帮助。

**0358 도착** [do-chak] — 名 到达 ★★★★
보통 몇 시에 집에 도착해요?
[bo-tong myeot si-e ji-be do-cha-kae-yo]
通常几点到家？

**0359 독일** [do-gil] — 名 德国 ★★★☆
그녀는 독일에서 일하고 있어요.
[geu-nyeo-neun do-gi-re-seo i-ra-go i-sseo-yo]
她在德国工作。

**0360 돈** [don] — 名 钱 ★★★★
부자가 되려면 돈을 저축해야 해요.
[bu-ja-ga doe-ryeo-myeon do-neul jeo-chu-kae-ya hae-yo]
想成为有钱人，就要存钱。

**0361 돌** [dol] — 名 石头，围棋子，周岁 ★★★★
그 해변에는 많은 돌이 있어요.
[geu hae-byeo-ne-neun ma-neun do-ri i-sseo-yo]
那个海边有很多石头。

**0362 돌다** [dol-da] — 动 转 ★★★★
왼쪽으로 돌아 누우세요.
[oen-jjo-geu-ro do-ra nu-u-se-yo]
请转向左边躺下来。

**0363 돌아가다** [do-ra-ga-da] — 动 回去 ★★★★
친구가 한국에 돌아갈 거예요.
[chin-gu-ga han-gu-ge do-ra-gal geo-ye-yo]
朋友要回韩国了。

### 0364 **돌아오다** [do-ra-o-da]
动 回来 ★★★★
그는 언제 한국에 돌아와요?
[geu-neun eon-je han-gu-ge do-ra-wa-yo]
他什么时候回韩国？

### 0365 **돕다** [dop-da]
动 帮，有助于，促进 ★★★★
두 사람은 서로 돕고 행복한 시간을 보냈어요.
[du sa-ra-meun seo-ro dop-go haeng-bo-kan si-ga-neul bo-nae-sseo-yo]
两个人互相帮忙，度过了幸福的时光。

### 0366 **동대문** [dong-dae-mun]
名 东大门 ★★★☆
수요일에 동대문에서 쇼핑할 거예요.
[su-yo-i-re dong-dae-mu-ne-seo syo-ping-hal geo-ye-yo]
星期三打算去东大门购物。

### 0367 **동물** [dong-mul]
名 动物 ★★★☆
동물원에 귀엽고 재미난 동물이 아주 많아요.
[dong-mu-rwo-ne gwi-yeop-go jae-mi-nan dong-mu-ri a-ju ma-na-yo]
动物园里有许多可爱有趣的动物。

### 0368 **동물원** [dong-mu-rwon]
名 动物园 ★★★☆
여자 친구하고 동물원에 갔어요.
[yeo-ja chin-gu-ha-go dong-mu-rwo-ne ga-sseo-yo]
和女朋友去动物园了。

### 0369 **동생** [dong-saeng]
名 弟弟妹妹 ★★★★
동생은 부모님께 선물 드렸어요.
[dong-saeng-eun bu-mo-nim-kke seon-mul deu-ryeo-sseo-yo]
弟弟/妹妹给爸妈送了礼物。

### 0370 **동안** [dong-an]
名 期间，童颜，东岸 ★★★★
어제 얼마 동안 잤어요?
[eo-je eol-ma dong-an ja-sseo-yo]
昨天睡了多长时间？

### 0371 **동전** [dong-jeon]
名 硬币 ★★★★
저기 동전 교환기가 있어요.
[jeo-gi dong-jeon gyo-hwan-gi-ga i-sseo-yo]
那边有硬币兑换机。

| 0372 | **동쪽** [dong-jjok] | 名 东边 ★★★★ |

바람이 동쪽에서 불어오고 있어요.
[ba-ra-mi dong-jjo-ge-seo bu-reo-o-go i-sseo-yo]
风正从东边吹来。

| 0373 | **돼지** [dwae-ji] | 名 猪 ★★★★ |

아기 돼지 세 마리가 있어요.
[a-gi dwae-ji se ma-ri-ga i-sseo-yo]
有三只小猪。

| 0374 | **돼지고기** [dwae-ji-go-gi] | 名 猪肉 ★★★☆ |

영수 씨는 돼지고기보다 쇠고기를 더 좋아해요.
[yeong-su ssi-neun dwae-ji-go-gi-bo-da soe-go-gi-reul deo jo-a-hae-yo]
比起猪肉，英秀更喜欢牛肉。

| 0375 | **되다** [doe-da] | 动 可以，行，成为 ★★★★ |

큰 소리로 이야기하면 안 됩니다.
[keun so-ri-ro i-ya-gi-ha-myeon an doem-ni-da]
不可以大声说话。

| 0376 | **된장** [doen-jang] | 名 味噌，豆酱，大酱 ★★★☆ |

그는 전통적인 된장을 만들었어요.
[geu-neun jeon-tong-jeo-gin doen-jang-eul man-deu-reo-sseo-yo]
他制作了传统的大酱。

| 0377 | **된장찌개** [doen-jang-jji-gae] | 名 味噌汤，大酱汤 ★★★☆ |

이 근처에 맛있는 된장찌개를 하는 식당이 있어요.
[i geun-cheo-e ma-sit-neun doen-jang-jji-gae-reul ha-neun sik-dang-i i-sseo-yo]
这附近有一家大酱汤很好吃的餐厅。

| 0378 | **두껍다** [du-kkeop-da] | 形 厚 ★★★★ |

'두껍다'의 반대말은 '얇다'가 됩니다.
['du-kkeop-da'-e ban-dae-ma-reun 'yal-da'-ga doem-ni-da]
"厚"的反义词是"薄"。

| 0379 | **두다** [du-da] | 动 放，留 ★★★★ |

버스에 지갑을 두고 내렸어요.
[beo-seu-e ji-ga-beul du-go nae-ryeo-sseo-yo]
下车时把钱包留在公交车上了。

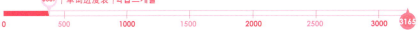

| 0380 | **두부** [du-bu] | 名 豆腐 <br> 🎧 두부찌개는 간단한 두부 요리 중의 하나예요. <br> [du-bu jji-gae-neun gan-da-nan du-bu yo-ri jung-e ha-na-ye-yo] <br> 豆腐锅是简单的豆腐料理之一。 | ★★★☆ |

| 0381 | **둘** [dul] | 数 二 <br> 🎧 비빔밥 둘 하고 냉면 하나 주세요. <br> [bi-bim-bap dul-ha-go naeng-myeon ha-na ju-se-yo] <br> 请给我两碗韩式拌饭和一碗冷面。 | ★★★★ |

| 0382 | **둘째** [dul-jjae] | 数 第二 <br> 🎧 회의의 둘째 날 행사는 취소됐어요. <br> [hoe-ui-e dul-jjae nal haeng-sa-neun chwi-so-dwae-sseo-yo] <br> 会议第二天的活动被取消了。 | ★★★★ |

| 0383 | **뒤** [dwi] | 名 后面，以后 <br> 🎧 우체국이 은행 뒤에 있어요. <br> [u-che-gu-gi eun-haeng dwi-e i-sseo-yo] <br> 邮局在银行后面。 <br> 近 후 后 / 앞 前 | ★★★★ |

| 0384 | **뒤쪽** [dwi-jjok] | 名 后面，后方 <br> 🎧 그는 사무실의 뒤쪽에 앉아요. <br> [geu-neun sa-mu-si-re dwi-jjo-ge an-ja-yo] <br> 他坐在办公室后方。 | ★★★☆ |

| 0385 | **드디어** [deu-di-eo] | 副 终于 <br> 🎧 드디어 우리가 집에 왔어요! <br> [deu-di-eo u-ri-ga ji-be wa-sseo-yo] <br> 我们终于到家了！ | ★★★★ |

| 0386 | **드라마** [deu-ra-ma] | 名 电视剧 <br> 🎧 한국 드라마가 너무 재미있네요. <br> [han-guk deu-ra-ma-ga neo-mu jae-mi-it-ne-yo] <br> 韩国的电视剧很有趣。 | ★★★☆ |

| 0387 | **드리다** [deu-ri-da] | 动 呈上（주다的敬语） <br> 🎧 어머니 생신에 선물을 사 드리고 싶어요. <br> [eo-meo-ni saeng-si-ne seon-mu-reul sa deu-ri-go si-peo-yo] <br> 想在母亲生日时给她买礼物。 | ★★★★ |

| 0388 | **드시다**<br>[deu-si-da] | 动 吃，用餐（먹다的敬语）<br>🎧 할머니들과 같이 드시겠어요?<br>[hal-meo-ni-deul-gwa ga-chi deu-si-ge-sseo-yo]<br>要和奶奶们一起用餐吗？ | ★★★★ |
|---|---|---|---|
| 0389 | **듣다**<br>[deut-da] | 动 听<br>🎧 남동생은 음악을 듣고 있어요.<br>[nam-dong-saeng-eun eu-ma-geul deut-go i-sseo-yo]<br>弟弟正在听音乐。 | ★★★★ |
| 0390 | **들다**<br>[deul-da] | 动 进，举，拿，提，拎，举例，抬，用<br>🎧 이곳 분위기가 마음에 들지 않아요.<br>[i-got bu-nwi-gi-ga ma-eu-me deul-ji a-na-yo]<br>不喜欢这里的气氛。 | ★★★★ |
| 0391 | **들어가다**<br>[deu-reo-ga-da] | 动 进去<br>🎧 교실 안에 들어가요.<br>[gyo-sil a-ne deu-reo-ga-yo]<br>进教室里。 | ★★★★ |
| 0392 | **들어오다**<br>[deu-reo-o-da] | 动 进来<br>🎧 기차가 역으로 들어오고 있어요.<br>[gi-cha-ga yeo-geu-ro deu-reo-o-go i-sseo-yoo]<br>火车正在进站。 | ★★★★ |
| 0393 | **등산**<br>[deung-san] | 名 爬山<br>🎧 오늘 가족들하고 같이 등산을 가려고 해요.<br>[o-neul ga-jok-deul-ha-go ga-chi deung-sa-neul ga-ryeo-go hae-yo]<br>今天想和家人一起去爬山。 | ★★★★ |
| 0394 | **따뜻하다**<br>[tta-tteu-ta-da] | 形 暖和<br>🎧 남자 친구 때문에 내 마음은 너무 따뜻해요.<br>[nam-ja chin-gu ttae-mu-ne nae ma-eu-meun neo-mu tta-tteu-tae-yo]<br>男朋友让我内心很温暖。 | ★★★★ |
| 0395 | **딸**<br>[ttal] | 名 女儿<br>🎧 이 사람은 제 딸이에요.<br>[i sa-ra-meun je tta-ri-e-yo]<br>这个人是我女儿。 | ★★★☆ |

## 0396 딸기 [ttal-gi]
名 草莓
저는 **딸기**와 바나나와 귤을 좋아해요.
[jeo-neun ttal-gi-wa ba-na-na-wa gyu-reul jo-a-hae-yo]
我喜欢草莓、香蕉和橘子。
★★★☆

## 0397 땀 [ttam]
名 汗
그의 **땀** 냄새가 심해요.
[geu-e ttam naem-sae-ga si-mae-yo]
他的汗味很重。
★★★★

## 0398 땅 [ttang]
名 地
그 남자는 **땅**을 팔고 싶어해요.
[geu nam-ja-neun ttang-eul pal-go si-peo-hae-yo]
那个男子想卖土地。
★★★☆

## 0399 때 [ttae]
名 时候，时机，一顿餐，污垢
도착할 **때** 전화할게요.
[do-cha-kal ttae jeo-nwa-hal-ge-yo]
快到的时候给您打电话。
★★★★

## 0400 떠나다 [tteo-na-da]
动 离开，动身前往
오월 달에 휴가를 **떠나**요.
[o-wol da-re hyu-ga-reul tteo-na-yo]
五月去度假。
★★★★

## 0401 떡 [tteok]
名 年糕
**떡**과 야채로 떡볶이를 만들어요.
[tteok-gwa ya-chae-ro tteok-bo-kki-reul man-deu-reo-yo]
用年糕和蔬菜做韩式炒年糕。
★★★☆

## 0402 떡국 [tteok-guk]
名 年糕汤
세배를 하고 **떡국**을 먹어요.
[se-bae-reul ha-go tteok-gu-geul meo-geo-yo]
拜年之后吃年糕汤。
★★★☆

## 0403 떡볶이 [tteok-bo-kki]
名 韩式炒年糕
맛있는 **떡볶이**를 먹고 싶어요.
[ma-sit-neun tteok-bo-kki-reul meok-go si-peo-yo]
想吃美味的韩式炒年糕。
★★★☆

055

### 0404 또 [tto]
**副** 还，又再，又会  
🎧 그리고 또 뭐 할 거예요?  
[geu-ri-go tto mwo hal geo-ye-yo]  
然后还要做什么呢？  
★★★★

### 0405 또는 [tto-neun]
**副** 或  
🎧 토스트, 달걀 또는 케이크를 먹어요.  
[to-seu-teu, dal-gyal tto-neun ke-i-keu-reul meo-geo-yo]  
吃吐司、蛋或者蛋糕。  
★★★★

### 0406 똑똑하다 [ttok-tto-ka-da]
**形** 聪明  
🎧 그 아이가 정말 똑똑해요.  
[geu a-i-ga jeong-mal ttok-tto-kae-yo]  
那孩子真的很聪明。  
★★★★

### 0407 뚱뚱하다 [ttung-ttung-ha-da]
**形** 肥胖的  
🎧 그는 키가 작고 뚱뚱해요.  
[geu-neun ki-ga jak-go ttung-ttung-hae-yo]  
他个子矮而且很胖。  
★★★★

### 0408 뜨겁다 [tteu-geop-da]
**形** 热  
🎧 커피가 뜨거운가 봐요.  
[keo-pi-ga tteu-geo-un-ga bwa-yo]  
咖啡好像很烫。  
★★★★

### 0409 뜻 [tteut]
**名** 意思，意义，意志  
🎧 오늘은 축하하는 뜻으로 제가 저녁을 살게요.  
[o-neu-reun chu-kha-ha-neun tteu-seu-ro je-ga jeo-nyeo-geul sal-ge-yo]  
今天为表示祝贺，我请你吃晚餐。  
★★★

# MEMO

TOPIK

꿩 먹고 알 먹는다.
一举两得，一石二鸟。

本书所有单词均采用三段式，即"单词分解（语速慢）/ 完整词汇（语速快）/ 中文解释"的方式录制。
例：춥．다（单词分解）/ 춥다（完整词汇）/ 冷（中文解释）
🎧符号之后的韩语例句由韩籍老师朗读。

**0410 라디오** [ra-di-o]
名 收音机，无线电，广播 ★★★☆
🎧 라디오로 그 콘서트를 들어요.
[ra-di-o-ro geu kon-seo-teu-reul deu-reo-yo]
用收音机听那场音乐会。

**0411 라면** [ra-myeon]
名 泡面 ★★★★
🎧 라면 1박스에 얼마예요?
[ra-myeon han bak-seu-e eol-ma-ye-yo]
一箱泡面多少钱？

**0412 러시아** [reo-si-a]
名 俄罗斯（Russia） ★★★☆
🎧 러시아의 수도는 모스크바예요.
[reo-si-a-e su-do-neun mo-seu-keu-ba-ye-yo]
俄罗斯的首都是莫斯科。

**0413 레스토랑** [re-seu-to-rang]
名 西餐厅（restaurant） ★★★☆
🎧 집 근처에 괜찮은 레스토랑이 있어요.
[jip geun-cheo-e gwaen-cha-neun re-seu-to-rang-i i-sseo-yo]
我家附近有一间不错的西餐厅。

**0414 로션** [ro-syeon]
名 乳液（lotion） ★★★☆
🎧 저는 로션을 살 거예요.
[jeo-neun ro-syeo-neul sal geo-ye-yo]
我要买乳液。

| 0414 | 单词进度表 | 학습스케줄

## MEMO

TOPIK

初级

라디오~로션

말 한 마디로 천 냥 빚을 갚는다.
一诺千金。

本书所有单词均采用三段式，即"单词分解（语速慢）/完整词汇（语速快）/中文解释"的方式录制。
例：춥．다（单词分解）/ 춥다（完整词汇）/ 冷（中文解释）
🎧 符号之后的韩语例句由韩籍老师朗读。

---

### 0415 **마르다** [ma-reu-da]
动 枯萎，枯瘦，干渴 ★★★☆
🎧 그녀는 마르고 모델 같은 몸매를 가지고 있어요.
[geu-nyeo-neun ma-reu-go mo-del ga-teun mom-mae-reul ga-ji-go i-sseo-yo]
她很瘦，拥有模特儿般的身材。

### 0416 **마리** [ma-ri]
名 头，只（量词） ★★★★
🎧 강아지가 몇 마리 있어요?
[gang-a-ji-ga myeot ma-ri i-sseo-yo]
有几只小狗？

### 0417 **마시다** [ma-si-da]
动 喝 ★★★★
🎧 우유를 마시고 싶어요.
[u-yu-reul ma-si-go si-peo-yo]
想喝牛奶。

### 0418 **마음** [ma-eum]
名 心，心意 ★★★★
🎧 그분은 마음이 좋은 사람이에요.
[geu-bu-neun ma-eu-mi jo-eun sa-ra-mi-e-yo]
他是位心地善良的人。

### 0419 **마트** [ma-teu]
名 卖场，商场，超市 ★★★★
🎧 우리 집 근처에 대형 마트가 있어요.
[u-ri jip geun-cheo-e dae-hyeong ma-teu-ga i-sseo-yo]
我家附近有一个大卖场。

### 0420 **만** [man]
数 万 ★★★★
🎧 이 가방은 만 원밖에 안 해요.
[i ga-bang-eun ma nwon-ba-kke a nae-yo]
这个包只要一万韩元。

### 0421 **마흔** [ma-heun]
数 四十 ★★★★
🎧 나는 곧 마흔 살이에요.
[na-neun got ma-heun sa-ri-e-yo]
我快四十岁了。

### 0422 **막걸리** [mak-geol-li]
名 马格利酒，韩国浊酒 ★★★☆
🎧 나도 막걸리를 마시고 싶어요.
[na-do mak-geol-li-reul ma-si-go si-peo-yo]
我也想喝马格利酒。

| 0423 | **만나다** [man-na-da] | 动 见面<br>신촌에서 친구를 만났어요.<br>[sin-cho-ne-seo chin-gu-reul man-na-sseo-yo]<br>在新村见了朋友。 | ★★★★ |

| 0424 | **만두** [man-du] | 名 饺子<br>만두 일 인분 주세요.<br>[man-du i-rin-bun ju-se-yo]<br>请给我一份饺子。 | ★★★☆ |

| 0425 | **만들다** [man-deul-da] | 动 制作<br>제가 김치 볶음밥을 만들어 줄게요.<br>[je-ga gim-chi bo-kkeum-ba-beul man-deu-reo jul-ge-yo]<br>我给你做泡菜炒饭。 | ★★★★ |

| 0426 | **만화** [ma-nwa] | 名 漫画<br>국제만화축제에서는 여러 나라의 만화를 볼 수 있어요.<br>[guk-je-ma-nwa-chuk-je-e-seo-neun yeo-reo na-ra-e ma-nwa-reul bol su i-sseo-yo]<br>在国际漫画节可以看到各国的漫画。 | ★★★☆ |

| 0427 | **많다** [man-ta] | 形 多<br>인사동에는 볼 것과 먹을 것이 많아요.<br>[in-sa-dong-e-neun bol geot-gwa meo-geul geo-si ma-na-yo]<br>仁寺洞有很多可看和可品尝的东西。 | ★★★★ |

| 0428 | **많이** [ma-ni] | 副 多<br>우리 고향에는 사과가 많이 납니다.<br>[u-ri go-hyang-e-neun sa-gwa-ga ma-ni nam-ni-da]<br>我们故乡盛产苹果。 | ★★★★ |

| 0429 | **말** [mal] | 名 话，马，末<br>그들이 아무 말도 하지 않아요.<br>[geu-deu-ri a-mu mal-do ha-ji a-na-yo]<br>他们什么话也不说。 | ★★★★ |

| 0430 | **말레이시아** [mal-le-i-si-a] | 名 马来西亚<br>말레이시아에 여행을 가고 싶어요.<br>[mal-le-i-si-a-e yeo-haeng-eul ga-go si-peo-yo]<br>想去马来西亚旅行。 | ★★★☆ |

### 0431 말씀 [mal-sseum]
**名** 话（말的敬语） ★★★★
담임 선생님의 **말씀**이 생각나요.
[da-mim seon-saeng-ni-me mal-sseu-mi saeng-gak-na-yo]
想起班主任老师说的话。

### 0432 말씀하다 [mal-sseu-ma-da]
**动** 说话（말하다的敬语） ★★★★
생일 파티에 오실 분은 저에게 미리 **말씀해** 주세요.
[saeng-il pa-ti-e o-sil bu-neun jeo-e-ge mi-ri mal-sseu-mae ju-se-yo]
要来参加生日派对的人，请事先跟我说。

### 0433 말하다 [mal-ha-da]
**动** 说话 ★★★★
목감기 때문에 **말할** 때 목이 너무 아파요.
[mok-gam-gi ttae-mu-ne ma-ral ttae mo-gi neo-mu a-pa-yo]
因为感冒，所以说话的时候嗓子很痛。

### 0434 맑다 [mak-da]
**形** 晴朗，清澈 ★★★☆
이 호수는 물이 아주 **맑**아요.
[i ho-su-neun mu-ri a-ju mal-ga-yo]
这湖水很清澈。

### 0435 맛 [mat]
**名** 味道 ★★★★
저는 이 케이크 **맛**을 아주 좋아해요.
[jeo-neun i ke-i-keu ma-seul a-ju jo-a-hae-yo]
我很喜欢这个蛋糕的味道。

### 0436 맛없다 [ma-deop-da]
**形** 不好吃，不美味的 ★★★★
이것은 **맛없**지만 몸에 좋은 음식이에요.
[i-geo-seun ma-deop-ji-man mo-me jo-eun eum-si-gi-e-yo]
这个食物虽然不好吃，但对身体很好。

### 0437 맛있다 [ma-sit-da]
**形** 好吃的，美味的 ★★★★
저는 **맛있**는 커피를 마시고 싶어요.
[jeo-neun ma-sit-neun keo-pi-reul ma-si-go si-peo-yo]
我想喝好喝的咖啡。

### 0438 맛집 [mat-jip]
**名** 有口碑的餐厅 ★★★☆
서울역 **맛집** 몇 군데를 소개해 주세요.
[seo-u-ryeok mat-jip myeot gun-de-reul so-gae-hae ju-se-yo]
请介绍几家首尔站附近的人气美食店吧。

### 0439 맞다 [mat-da]
**动** 适合，正确，中意，符合 ★★★★
제가 쓴 답이 맞아요?
[je-ga sseun da-bi ma-ja-yo]
我写的答案正确吗？

### 0440 매년 [mae-nyeon]
**名** 每年 ★★★☆
우리는 매년 두 번 박물관을 구경해요.
[u-ri-neun mae-nyeon du beon bang-mul-gwa-neul gu-gyeong-hae-yo]
我们每年去两次博物馆。

### 0441 매달 [mae-dal]
**名** 每月 ★★★☆
집세는 매달 말일까지 내야 해요.
[jip-se-neun mae-dal mal-il-kka-ji nae-ya hae-yo]
房租必须每月月底前交。

### 0442 매우 [mae-u]
**副** 非常，十分 ★★★★
건강 관리가 매우 중요해요.
[geon-gang gwan-ri-ga mae-u jung-yo-hae-yo]
健康管理十分重要。

### 0443 매일 [mae-il]
**名** 每日，每天 ★★★★
매일 수영하면 건강에 좋아요.
[mae-il su-yeong-ha-myeon geon-gang-e jo-a-yo]
每天游泳有益健康。

### 0444 매주 [mae-ju]
**名** 每周，每星期 ★★★★
매주 목요일은 정기 휴일이에요.
[mae-ju mo-gyo-i-reun jeong-gi hyu-i-ri-e-yo]
每个星期四是固定的休息日。

### 0445 매표소 [mae-pyo-so]
**名** 售票处 ★★★☆
그들은 매표소에서 줄을 서서 기다리고 있어요.
[geu-deu-reun mae-pyo-so-e-seo ju-reul seo-seo gi-da-ri-go i-sseo-yo]
他们在售票处排队等候。

### 0446 맥주 [maek-ju]
**名** 啤酒 ★★★★
맥주하고 치킨을 좋아해요.
[maek-ju-ha-go chi-ki-neul jo-a-hae-yo]
喜欢啤酒和炸鸡。

### 0447 맵다 [maep-da]
形 辣 ★★★★
이 김치가 맵지만 두부와 같이 먹으면 어울려요.
[i gim-chi-ga maep-ji-man du-bu-wa ga-chi meo-geu-myeon eo-ul-lyeo-yo]
这泡菜虽然辣，但是很适合和豆腐一起吃。

### 0448 머리 [meo-ri]
名 头，头发 ★★★★
머리가 아프고 몸이 무거워요.
[meo-ri-ga a-peu-go mo-mi mu-geo-wo-yo]
头痛而且感觉身体很沉重。

### 0449 먹다 [meok-da]
动 吃 ★★★★
채소를 너무 안 먹고 고기만 먹어요.
[chae-so-reul neo-mu an meok-go go-gi-man meo-geo-yo]
几乎不吃蔬菜，只吃肉。

### 0450 먼저 [meon-jeo]
副 先 ★★★★
왜 나한테 먼저 물어보지 않았어요?
[wae na-han-te meon-jeo mu-reo-bo-ji a-na-sseo-yo]
为什么不先问问我呢？

### 0451 멀다 [meol-da]
形 远 ★★★★
집에서 학교까지 너무 멀어요.
[ji-be-seo hak-gyo-kka-ji neo-mu meo-reo-yo]
学校离我家太远了。

### 0452 멀리 [meol-li]
副 远远地 ★★★☆
동생보다 더 멀리 걸어갔어요.
[dong-saeng-bo-da deo meol-li geo-reo-ga-sseo-yo]
比弟弟/妹妹走得更远。

### 0453 멋 [meot]
名 英姿，风姿，魅力 ★★★☆
한복은 한국 고유의 멋을 보여 줘요.
[han-bo-geun han-guk go-yu-e meo-seul bo-yeo jwo-yo]
韩服展现了韩国的传统魅力。

### 0454 멋있다 [meo-sit-da]
形 酷的，帅的，有魅力的，精彩的 ★★★★
이 흰 셔츠는 편하고 멋있어요.
[i hin syeo-cheu-neun pyeo-na-go meo-si-sseo-yo]
这件白衬衫舒服又帅气。

## 0455 **메뉴** [me-nyu]

名 菜单（menu）

중국어 메뉴를 주세요.
[jung-gu-geo me-nyu-reul ju-se-yo]
请给我中文菜单。

## **메모** [me-mo]

名 记录，留纸条，便条（memo）

책상 위에 메모지가 있어요.
[chaek-sang wi-e me-mo-ji-ga i-sseo-yo]
书桌上有便笺纸。

## 0456 **메시지** [me-si-ji]

名 讯息（message），短信

오늘 아침에 메시지를 보냈는데 못 받았어요?
[o-neul a-chi-me me-si-ji-reul bo-naet-neun-de mot ba-da-sseo-yo]
今天早上我发了短信，没收到吗？

## 0457 **메일** [me-il]

名 电子邮件（mail）

저는 메일과 인터넷 검색 서비스를 가장 자주 사용해요.
[jeo-neun me-il-gwa in-teo-net geom-saek seo-bi-seu-reul ga-jang ja-ju sa-yong-hae-yo]
我最常使用电子邮件和网络搜索服务。

## 0458 **멜론** [mel-lon]

名 哈密瓜（melon）

어릴 때 멜론 맛 아이스바를 무척 좋아했어요.
[eo-ril ttae mel-lon mat a-i-seu-ba-reul mu-cheok jo-a-hae-sseo-yo]
小时候非常喜欢哈密瓜口味的冰棒。

## 0459 **며칠** [myeo-chil]

名 几日，几天

어버이날이 며칠이에요?
[eo-beo-i-na-ri myeo-chi-ri-e-yo]
双亲节是几月几日？

## 0460 **명** [myeong]

名 名（量词）

학생이 몇 명 있어요?
[hak-saeng-i myeot myeong i-sseo-yo]
有几个学生？

## 0461 **명함** [myeong-ham]

名 名片

만나서 반갑습니다. 제 명함입니다.
[man-na-seo ban-gap-seum-ni-da] [je myeong-ham-im-ni-da]
很高兴认识您，这是我的名片。

065

| 0462 | **몇** [myeot] | 冠 几 ★★★★ |
|---|---|---|
| | | 보통 **몇** 시에 회사에 가요? |
| | | [bo-tong myeot si-e hoe-sa-e ga-yo] |
| | | 一般几点去公司？ |

| 0463 | **모두** [mo-du] | 名 全部，总共 ★★★★ |
|---|---|---|
| | | 가족이 **모두** 여섯 명이에요. |
| | | [ga-jo-gi mo-du yeo-seot myeong-i-e-yo] |
| | | 家里一共有六个人。 |

| 0464 | **모든** [mo-deun] | 冠 所有的 ★★★☆ |
|---|---|---|
| | | 양파는 **모든** 음식에 거의 다 들어갈 수 있는 것 같아요. |
| | | [yang-pa-neun mo-deun eum-si-ge geo-i da deu-reo-gal su it-neun geot ga-ta-yo] |
| | | 几乎所有的食物中都可以放洋葱。 |

| 0465 | **모레** [mo-re] | 名 后天 ★★★☆ |
|---|---|---|
| | | 꽃 값은 **모레**까지 은행에 내면 돼요. |
| | | [kkot gap-seun mo-re-kka-ji eun-haeng-e nae-myeon dwae-yo] |
| | | 花篮的费用只要在后天之前支付即可。 |

| 0466 | **모르다** [mo-reu-da] | 动 不知道，不明白，不认识 ★★★★ |
|---|---|---|
| | | 저는 맥주의 가격을 잘 **모르**겠어요. |
| | | [jeo-neun maek-ju-e ga-gyeo-geul jal mo-reu-ge-sseo-yo] |
| | | 我不知道啤酒的价格。 |

| 0467 | **모자** [mo-ja] | 名 帽子 ★★★★ |
|---|---|---|
| | | 그 옷에 그 야구 **모자**는 이상해요. |
| | | [geu o-se geu ya-gu mo-ja-neun i-sang-hae-yo] |
| | | 那件衣服配上那顶棒球帽，很奇怪。 |

| 0468 | **목** [mok] | 名 喉咙，脖子 ★★★★ |
|---|---|---|
| | | 저는 오늘 **목**이 아파요. |
| | | [jeo-neun o-neul mo-gi a-pa-yo] |
| | | 我今天喉咙痛。 |

| 0469 | **목걸이** [mok-geo-ri] | 名 项链 ★★★☆ |
|---|---|---|
| | | 그 아이는 미아방지 **목걸이**를 하고 있어요. |
| | | [geu a-i-neun mi-a-bang-ji mok-geo-ri-reul ha-go i-sseo-yo] |
| | | 那个孩子戴着防走失项链。 |

0470 **목도리**
[mok-do-ri]
名 围巾 ★★★☆
🎧 그는 사무실에서 목도리를 하고 있어요.
[geu-neun sa-mu-si-re-seo mok-do-ri-reul ha-go i-sseo-yo]
他在办公室里戴着围巾。

0471 **목소리**
[mok-so-ri]
名 说话声音 ★★★☆
🎧 감기 때문에 목이 아파서 목소리가 나오지 않아요.
[gam-gi ttae-mu-ne mo-gi a-pa-seo mok-so-ri-ga na-o-ji a-na-yo]
因为感冒喉咙痛，声音出不来。

0472 **목요일**
[mo-kyo-il]
名 星期四 ★★★★
🎧 목요일에 한국 드라마를 봐요.
[mo-kyo-i-re han-guk deu-ra-ma-reul bwa-yo]
星期四看韩剧。

0473 **몸**
[mom]
名 身体 ★★★★
🎧 몸이 피곤하고 무거울 때 스트레칭을 하세요.
[mo-mi pi-go-na-go mu-geo-ul ttae seu-teu-re-ching-eul ha-se-yo]
感到身体疲倦沉重时，请做伸展运动。

0474 **몹시**
[mop-si]
副 非常 ★★★★
🎧 방안이 몹시 어두워요.
[bang-a-ni mop-si eo-du-wo-yo]
屋子里非常暗。

0475 **못**
[mot]
副 无法，不能 ★★★★
🎧 왜 같이 여행을 못 가요?
[wae ga-chi yeo-haeng-eul mot ga-yo]
为什么不能一起去旅行？

0476 **못생기다**
[mot-saeng-gi-da]
形 长得丑，不好看 ★★★☆
🎧 못생긴 여자는 없어요. 오직 게으른 여자들만 있어요.
[mot-saeng-gin yeo-ja-neun eop-seo-yo][o-jik ge-eu-reun yeo-ja-deul-man i-sseo-yo]
没有丑女人，只有懒女人。

0477 **못하다**
[mo-ta-da]
动 不会，不能，无法 ★★★★
🎧 나는 술을 잘 못해요.
[na-neun su-reul jal mo-tae-yo]
我不太会喝酒。

🎧 067

| 0478 | **무겁다** [mu-geop-da] | 形 沉重的　★★★★<br>🎧 가방이 무겁거나 시간이 없을 때 택시를 타요.<br>[ga-bang-i mu-geop-geo-na si-ga-ni eop-seul ttae taek-si-reul ta-yo]<br>包很重或者时间来不及的时候我会坐出租车。<br>反 가볍다 轻 |
|---|---|---|
| 0479 | **무료** [mu-ryo] | 名 免费，无聊　★★★★<br>🎧 여기는 무료 주차장이에요.<br>[yeo-gi-neun mu-ryo ju-cha-jang-i-e-yo]<br>这里是免费停车场。 |
| 0480 | **무릎** [mu-reup] | 名 膝盖　★★★☆<br>🎧 저는 지난 주에 무릎을 다쳤어요.<br>[jeo-neun ji-nan ju-e mu-reu-beul da-chyeo-sseo-yo]<br>上周我膝盖受伤了。 |
| 0481 | **무슨** [mu-seun] | 冠 什么的　★★★★<br>🎧 오늘이 무슨 요일이에요?<br>[o-neu-ri mu-seun yo-i-ri-e-yo]<br>今天是星期几？ |
| 0482 | **무엇** [mu-eot] | 代 什么　★★★★<br>🎧 내일 여행을 가요. 무엇을 준비해야 해요?<br>[nae-il yeo-haeng-eul ga-yo][mu-eo-seul jun-bi-hae-ya hae-yo]<br>明天去旅行，需要准备些什么呢？ |
| 0483 | **무척** [mu-cheok] | 副 十分，非常，特别地　★★★☆<br>🎧 할 일이 없어서 하루 종일 무척 심심했어요.<br>[hal i-ri eop-seo-seo ha-ru jong-il mu-cheok sim-si-mae-sseo-yo]<br>没事可做，一整天都非常无聊。 |
| 0484 | **문** [mun] | 名 门　★★★★<br>🎧 문을 열어 주세요.<br>[mu-neul yeo-reo ju-se-yo]<br>请开门。 |
| 0485 | **문법** [mun-beop] | 名 语法　★★★★<br>🎧 이 문법이 너무 중요해요. 꼭 외우세요.<br>[i mun-beo-bi neo-mu jung-yo-hae-yo][kkok oe-u-se-yo]<br>这语法很重要，一定要背下来。 |

## 0486 문제 [mun-je]

名 问题，题目 ★★★★

🎧 지난번 시험 문제는 어려웠지만 이번 시험 문제는 쉬워요.
[ji-nan-beon si-heom mun-je-neun eo-ryeo-wot-ji-man i-beon si-heom mun-je-neun swi-wo-yo]
上次考试题目很难，但这次考试题目很简单。

近 질문 询问

## 0487 묻다 [mut-da]

动 埋，埋葬，沾染 ★★★★

🎧 학생들이 자주 묻는 질문들이에요.
[hak-saeng-deu-ri ja-ju mut-neun jil-mun-deu-ri-e-yo]
这是学生们经常询问的问题。

## 0488 물 [mul]

名 水 ★★★★

🎧 따뜻한 물 좀 주세요.
[tta-tteu-tan mul jom ju-se-yo]
请给我一些温水。

## 0489 물건 [mul-geon]

名 东西，物品 ★★★★

🎧 주머니에 있는 물건들을 다 꺼내요.
[ju-meo-ni-e it-neun mul-geon-deu-reul da kkeo-nae-yo]
把口袋里的东西都掏出来。

## 0490 물고기 [mul-go-gi]

名 鱼 ★★★☆

🎧 물고기를 기르는 방법은 간단해요.
[mul-go-gi-reul gi-reu-neun bang-beo-beun gan-da-nae-yo]
养鱼的方法很简单。

## 0491 물어보다 [mu-reo-bo-da]

动 问，打听 ★★★★

🎧 길을 몰라서 사람들한테 길을 물어보려고 해요.
[gi-reul mol-la-seo sa-ram-deul-han-te gi-reul mu-reo-bo-ryeo-go hae-yo]
因为不知道怎么走，所以想找人问路。

## 0492 뭐 [mwo]

代 什么（무엇的缩写） ★★★★

🎧 이름이 뭐예요?
[i-reu-mi mwo-ye-yo]
你叫什么名字？

🎧 069

| 0493 | **미국** [mi-guk] | 名 美国 <br> 저는 미국 친구 한 명이 있어요. <br> [jeo-neun mi-guk chin-gu han myeong-i i-sseo-yo] <br> 我有一个美国朋友。 | ★★★☆ |

| 0494 | **미래** [mi-rae] | 名 未来 <br> 저는 미래에 창업가가 되고 싶어요. <br> [jeo-neun mi-rae-e chang-eop-ga-ga doe-go si-peo-yo] <br> 我未来想当创业者。 | ★★★★ |

| 0495 | **미술** [mi-sul] | 名 美术 <br> 미술 공부는 어렵지만 재미있어요. <br> [mi-sul gong-bu-neun eo-ryeop-ji-man jae-mi-i-sseo-yo] <br> 学习美术虽然很难，但很有趣。 | ★★★☆ |

| 0496 | **미술관** [mi-sul-gwan] | 名 美术馆 <br> 오늘 저는 미술관에 가지만 동생은 안 가요. <br> [o-neul jeo-neun mi-sul-gwa-ne ga-ji-man dong-saeng-eun an ga-yo] <br> 今天我要去美术馆，但妹妹/弟弟不去。 | ★★★★ |

| 0497 | **미안하다** [mi-a-na-da] | 形 对不起，感到抱歉的 <br> 늦어서 미안해요. <br> [neu-jeo-seo mi-a-nae-yo] <br> 对不起我迟到了。 | ★★★★ |

| 0498 | **미용실** [mi-yong-sil] | 名 美容院 <br> 그녀는 미용실에 가서 파마를 했어요. <br> [geu-nyeo-neun mi-yong-si-re ga-seo pa-ma-reul hae-sseo-yo] <br> 她去美容院烫了头发。 | ★★★☆ |

| 0499 | **미터** [mi-teo] | 名 米 <br> 저것은 몇 평방 미터예요? <br> [jeo-geo-seun myeot pyeong-bang mi-teo-ye-yo] <br> 那个是几平方米呢? | ★★★★ |

| 0500 | **밑** [mit] | 名 下面，底 <br> 그 상자는 책상 밑에 있어요. <br> [geu sang-ja-neun chaek-sang mi-te i-sseo-yo] <br> 那个箱子在书桌下面。 | ★★★★ |

# MEMO

TOPIK

티끌 모아 태산.
积沙成塔。

本书所有单词均采用三段式，即"单词分解（语速慢）/完整词汇（语速快）/中文解释"的方式录制。
例：춥．다（单词分解）/ 춥다（完整词汇）/ 冷（中文解释）
🎧符号之后的韩语例句由韩籍老师朗读。

0501 **바나나** [ba-na-na]
名 香蕉 ★★★☆
🎧 오늘 아침에 바나나 한 개를 먹었어요.
[o-neul a-chi-me ba-na-na han gae-reul meo-geo-sseo-yo]
今天早上吃了一根香蕉。

0502 **바다** [ba-da]
名 海 ★★★★
🎧 오늘 아침에 바다에 갔어요.
[o-neul a-chi-me ba-da-e ga-sseo-yo]
今天早上去了海边。

0503 **바람** [ba-ram]
名 风，气势，希望 ★★★★
🎧 바람이 세게 불어서 나무가 쓰러졌어요.
[ba-ra-mi se-ge bu-reo-seo na-mu-ga sseu-reo-jyeo-sseo-yo]
风太大，把树吹倒了。

0504 **바로** [ba-ro]
副 正好 ★★★★
🎧 식당이 백화점 바로 뒤에 있어요.
[sik-dang-i bae-kwa-jeom ba-ro dwi-e i-sseo-yo]
餐厅就在百货公司后面。

0505 **바쁘다** [ba-ppeu-da]
形 忙 ★★★★
🎧 요즘 바빠요?
[yo-jeum ba-ppa-yo]
最近忙吗？

0506 **바지** [ba-ji]
名 裤 ★★★★
🎧 그 아이는 가끔 빨간 바지를 입어요.
[geu a-i-neun ga-kkeum ppal-gan ba-ji-reul i-beo-yo]
那孩子偶尔会穿红色裤子。

0507 **박물관** [bak-mul-gwan]
名 博物馆 ★★★☆
🎧 이 박물관에는 매일 많은 사람들이 와요.
[i bang-mul-gwa-ne-neun mae-il ma-neun sa-ram-deu-ri wa-yo]
这家博物馆每天有很多人来。

0508 **박스** [bak-seu]
名 盒，箱，匣，包厢，电话亭（box） ★★★★
🎧 딸기 1박스에 만 원이에요.
[ttal-gi han bak-seu-e ma nwo-ni-e-yo]
草莓一盒一万韩元。

| 0517 | **밤** [bam] | 名 夜晚，栗子<br>🎧 보통 밤 11시에 자요.<br>[bo-tong bam yeo-ran si-e ja-yo]<br>我一般晚上十一点睡。 | ★★★★ |
|---|---|---|---|
| 0518 | **밥** [bap] | 名 饭<br>🎧 오늘 어디에서 밥을 먹어요?<br>[o-neul eo-di-e-seo ba-beul meo-geo-yo]<br>今天在哪里吃饭？ | ★★★★ |
| 0519 | **방** [bang] | 名 房间，房，屋，放，次<br>🎧 2일부터 4일까지 호텔 방 예약을 했어요.<br>[i-il-bu-teo sa-il-kka-ji ho-tel bang ye-ya-geul hae-sseo-yo]<br>预约了二号到四号的旅馆房间。 | ★★★★ |
| 0520 | **방금** [bang-geum] | 副 刚才，刚刚<br>🎧 방금 지나간 사람은 누구예요?<br>[bang-geum ji-na-gan sa-ra-meun nu-gu-ye-yo]<br>刚才走过去的人是谁？ | ★★★☆ |
| 0521 | **방문** [bang-mun] | 名 房门，访问，拜访<br>🎧 그는 지난달에 친척을 방문했어요.<br>[geu-neun ji-nan-da-re chin-cheo-geul bang-mu-nae-sseo-yo]<br>他上个月拜访了亲戚。 | ★★★★ |
| 0522 | **방세** [bang-se] | 名 房租<br>🎧 방세는 한 달에 30만 원이에요.<br>[bang-se-neun han da-re sam-sip ma nwo-ni-e-yo]<br>房租是一个月三十万韩元。 | ★★★☆ |
| 0523 | **방학** [bang-hak] | 名 放假<br>🎧 여름 방학 때 제주도에 여행을 갈 거예요.<br>[yeo-reum bang-hak ttae je-ju-do-e yeo-haeng-eul gal geo-ye-yo]<br>暑假打算去济州岛旅行。 | ★★★★ |
| 0524 | **방향** [bang-hyang] | 名 方向<br>🎧 새가 북쪽 방향으로 날아갔어요.<br>[sae-ga buk-jjok bang-hyang-eu-ro na-ra-ga-sseo-yo]<br>小鸟飞向北方了。 | ★★★★ |

## 0525 배 [bae]
名 肚子，梨，船 ★★★★
🎧 배는 오전에만 아프고 오후는 그렇게 아프지 않아요.
[bae-neun o-jeo-ne-man a-peu-go o-hu-neun geu-reo-ke a-peu-ji a-na-yo]
肚子只是早上疼，下午就不怎么疼了。

## 0526 배고프다 [bae-go-peu-da]
形 肚子饿 ★★★★
🎧 이미 많이 먹었지만 아직 배고프네요.
[i-mi ma-ni meo-geo-ji-man a-jik bae-go-peu-ne-yo]
已经吃了很多，但还是肚子饿。

## 0527 배달 [bae-dal]
名 送货，递送，外卖 ★★★☆
🎧 우리 가게는 배달 서비스를 제공해요.
[u-ri ga-ge-neun bae-dal seo-bi-seu-reul je-gong-hae-yo]
我们店提供外卖服务。

## 0528 배우 [bae-u]
名 演员，明星，配偶 ★★★☆
🎧 그는 이 한국 드라마에서 유명한 배우들과 함께 일해요.
[geu-neun i han-guk deu-ra-ma-e-seo yu-myeong-han bae-u-deul-gwa ham-kke i-rae-yo]
他在这部韩剧中和有名的演员们一起工作。

## 0529 배우다 [bae-u-da]
动 学习 ★★★★
🎧 요리도 배우고 수영도 배울 거예요.
[yo-ri-do bae-u-go su-yeong-do bae-ul geo-ye-yo]
我要学做料理，也要学游泳。

## 0530 배추 [bae-chu]
名 白菜 ★★★☆
🎧 그는 배추 열 포기를 샀어요.
[geu-neun bae-chu yeol po-gi-reul sa-sseo-yo]
他买了十棵白菜。

## 0531 백 [baek]
名 百，白，背包，后面 ★★★★
🎧 종이 백 장 주세요.
[jong-i baek jang ju-se-yo]
请给我一百张纸。

| | | | |
|---|---|---|---|
| 0532 | **백만** [baek-man] | 名 百万 <br> 🎧 제 통장에 **백만** 원이 있어요. <br> [je tong-jang-e baeng-ma nwo-ni i-sseo-yo] <br> 我的存折里有一百万韩元。 | ★★★☆ |
| 0533 | **백화점** [bae-kwa-jeom] | 名 百货商场 <br> 🎧 회사에서 **백화점**까지 시간이 얼마나 걸려요? <br> [hoe-sa-e-seo bae-kwa-jeom-kka-ji si-ga-ni eol-ma-na keol-lyeo-yo] <br> 从公司到百货商场需要多长时间？ | ★★★★ |
| 0534 | **뱀** [baem] | 名 蛇 <br> 🎧 그녀는 **뱀**을 몹시 무서워해요. <br> [geu-nyeo-neun bae-meul mop-si mu-seo-wo-hae-yo] <br> 她非常怕蛇。 | ★★★☆ |
| 0535 | **버리다** [beo-ri-da] | 动 丢弃，扔掉，抛弃，毁掉 <br> 🎧 그는 여자친구를 **버리고** 도망갔어요. <br> [geu-neun yeo-ja-chi-gu-reul beo-ri-go do-mang-ga-sseo-yo] <br> 他抛弃女朋友逃跑了。 | ★★★★ |
| 0536 | **버섯** [beo-seot] | 名 香菇，蘑菇 <br> 🎧 **버섯** 1박스에 얼마예요? <br> [beo-seot han bak-seu-e eol-ma-ye-yo] <br> 香菇一盒多少钱？ | ★★★☆ |
| 0537 | **버스** [beo-seu] | 名 公交车 <br> 🎧 몇 시에 **버스**가 있어요? <br> [myeot si-e beo-seu-ga isseo-yo] <br> 什么时候有公交车？ | ★★★★ |
| 0538 | **번** [beon] | 名 次，班，号 <br> 🎧 방을 한 **번** 더 보려고 해요. <br> [bang-eul han beon deo bo-ryeo-go hae-yo] <br> 我想再看一次房间。 | ★★★★ |
| 0539 | **번호** [beo-no] | 名 号码 <br> 🎧 제가 **번호**를 바꿨어요. <br> [je-ga beo-no-reul ba-kkwo-sseo-yo] <br> 我换了号码。 | ★★★★ |

## 0540 벌다 [beol-da]

动 赚，自找，张开，伸展
🎧 이것저것을 하고 용돈을 벌었어요.
[i-geot-jeo-geo-seul ha-go yong-do-neul beo-reo-sseo-yo]
做各种事赚零用钱。
★★★★

## 0541 벌써 [beol-sseo]

副 已经，早就
🎧 배운 노래인데 벌써 잊어버렸어요?
[bae-un no-rae-in-de beol-sseo i-jeo-beo-ryeo-sseo-yo]
这是学过的歌曲，已经忘了吗？
★★★★

## 0542 벗다 [beot-da]

动 脱，推脱，卸，拿下
🎧 겨울 외투를 벗고 봄 옷을 입어요.
[gyeo-ul oe-tu-reul beot-go bom o-seul i-beo-yo]
脱掉冬季的外套，穿上春天的衣服吧。
★★★★

## 0543 베트남 [be-teu-nam]

名 越南（Vietnam）
🎧 베트남 여행을 가고 싶어요.
[be-teu-nam yeo-haeng-eul ga-go si-peo-yo]
想去越南旅行。
★★★☆

## 0544 벽 [byeok]

名 墙，壁，障碍
🎧 제가 벽에 시계를 걸었어요.
[je-ga byeo-ge si-gye-reul geo-reo-sseo-yo]
是我把时钟挂在了墙上。
★★★☆

## 0545 변호사 [byeo-no-sa]

名 律师
🎧 그분은 친절한 변호사예요.
[geu-bu-neun chin-jeo-ran byeo-no-sa-ye-yo]
他是一位亲切的律师。
★★★★

## 0546 병 [byeong]

名 病，瓶，丙
🎧 맥주 네 병에 만 원이에요.
[maek-ju ne byeong-e ma nwo-ni-e-yo]
四瓶啤酒的价格是一万韩元。
★★★★

## 0547 병원 [byeong-won]

名 医院
🎧 폴 씨 집은 병원 앞에 있어요.
[pol ssi ji-beun byeong-won a-pe i-sseo-yo]
保罗家在医院前面。
★★★★

| | | |
|---|---|---|
| 0548 | **보내다**<br>[bo-nae-da] | 动 传送，寄，送走，派人，度过时间<br>🎧 추석 연휴 행복하고 즐겁게 보내세요.<br>[chu-seok yeo-nyu haeng-bo-ka-go jeul-geop-ge bo-nae-se-yo]<br>祝中秋假日过得幸福愉快。 ★★★★ |
| 0549 | **보다**<br>[bo-da] | 动 看，探视<br>🎧 기숙사에서 사니까 부모님을 보고 싶어요.<br>[gi-suk-sa-e-seo sa-ni-kka bu-mo-ni-meul bo-go-si-peo-yo]<br>因为住宿舍，所以很想念父母。 ★★★★ |
| 0550 | **보다**<br>[bo-da] | 副 比较，更加<br>🎧 보다 쉽고 편한 방법으로 하세요.<br>[bo-da swip-go pyeo-nan bang-beo-beu-ro ha-se-yo]<br>请用更加简单、便利的方法去做。 ★★★★ |
| 0551 | **보라색**<br>[bo-ra-saek] | 名 紫色<br>🎧 보라색과 노란색 꽃들을 봤어요.<br>[bo-ra-saek-gwa no-ran-saek kkot-deu-reul bwa-sseo-yo]<br>看到了紫色和黄色的花。 ★★★☆ |
| 0552 | **보이다**<br>[bo-i-da] | 动 看到，看见，被看，展现，看起来<br>🎧 저기 보이는 저 산이 남산이에요?<br>[jeo-gi bo-i-neun jeo sa-ni nam-sa-ni-e-yo]<br>那边看得见的那座山是南山吗? ★★★☆ |
| 0553 | **보통**<br>[bo-tong] | 名 普通，通常<br>🎧 보통 저녁 10시 10분에 집에 와요.<br>[bo-tong jeo-nyeok yeol si sip bu-ne ji-be wa-yo]<br>通常晚上十点十分到家。 ★★★★ |
| 0554 | **복잡하다**<br>[bok-ja-pa-da] | 形 复杂的<br>🎧 너무 복잡하게 이야기하지 마세요. 간단하게 설명해 주세요.<br>[neo-mu bok-ja-pa-ge i-ya-gi-ha-ji ma-se-yo][gan-da-na-ge seol-myeong-hae ju-se-yo]<br>说得不要太复杂，请简单说明。 ★★★★ |
| 0555 | **볶다**<br>[bok-da] | 动 炒，折磨<br>🎧 약한 불로 커피 콩을 볶았어요.<br>[ya-kan bul-ro keo-pi kong-eul bo-kka-sseo-yo]<br>用小火炒了咖啡豆。 ★★★★ |

## 0556 볶음밥 [bo-kkeum-bap]
名 炒饭 ★★★☆
저는 김치 볶음밥을 만들었어요.
[jeo-neun gim-chi bok-kkeum-ba-beul man-deu-reo-sseo-yo]
我做了泡菜炒饭。

## 0557 볼펜 [bol-pen]
名 圆珠笔 ★★★★
볼펜을 책상 위에 놓았어요.
[bol-pe-neul chaek-sang wi-e no-a-sseo-yo]
把圆珠笔放在书桌上。

## 0558 봄 [bom]
名 春天 ★★★★
봄이 왔네요. 곳곳에서 꽃들이 개화하고 있어요.
[bo-mi wat-ne-yo][got-go-se-seo kkot-deu-ri gae-hwa-ha-go it-sseo-yo]
春天来了,到处盛开着花朵。

## 0559 부르다 [bu-reu-da]
动 叫唤,叫,唱,邀请,召集 ★★★★
기타를 치면서 노래를 부르고 있어요.
[gi-ta-reul chi-myeon-seo no-rae-reul bu-reu-go i-sseo-yo]
正在吉他弹唱。

## 0560 부르다 [bu-reu-da]
形 饱,鼓起 ★★★★
밥을 조금만 먹어도 배가 부르네요.
[ba-beul jo-geum-man meo-geo-do bae-ga bu-reu-ne-yo]
吃一点饭就觉得肚子饱了。

## 0561 부모님 [bu-mo-nim]
名 父母 ★★★★
부모님이 제 꿈을 반대하시네요.
[bu-mo-ni-mi je kku-meul ban-dae-ha-si-ne-yo]
父母反对我的梦想。

## 0562 부부 [bu-bu]
名 夫妇 ★★★☆
그들은 극 중에서 신혼 부부로 나와요.
[geu-deu-reun geuk jung-e-seo si-non bu-bu-ro na-wa-yo]
他们在剧中扮演新婚夫妇。

## 0563 부분 [bu-bun]
名 部分 ★★★★
이상한 부분이 많이 있어요.
[i-sang-han bu-bu-ni ma-ni i-sseo-yo]
有很多奇怪的部分。

| | | | |
|---|---|---|---|
| 0564 | **부산**<br>[bu-san] | 名 釜山（地名）<br>🎧 서울에서 부산까지 어떻게 가요?<br>[seo-u-re-seo bu-san-kka-ji eo-tteo-ke ga-yo]<br>怎么从首尔去釜山？ | ★★★☆ |
| 0565 | **부엌**<br>[bu-eok] | 名 厨房<br>🎧 부엌에 가서 설거지를 도와 줘요.<br>[bu-eo-ge ga-seo seol-geo-ji-reul do-wa jwo-yo]<br>去厨房帮忙洗碗吧。 | ★★★★ |
| 0566 | **부인**<br>[bu-in] | 名 夫人，太太，否认<br>🎧 그의 부인이 아들을 낳았어요.<br>[geu-e bu-i-ni a-deu-reul na-a-sseo-yo]<br>他太太生了个儿子。 | ★★★★ |
| 0567 | **부자**<br>[bu-ja] | 名 有钱人，富人<br>🎧 여러분 모두 다 부자 되세요.<br>[yeo-reo-bun mo-du da bu-ja doe-se-yo]<br>祝大家都成为有钱人（财源广进）。 | ★★★★ |
| 0568 | **부장**<br>[bu-jang] | 名 部长，经理<br>🎧 저희 부서 부장님은 밥을 너무 빨리 먹어요.<br>[jeo-hui bu-seo bu-jang-ni-meun ba-beul neo-mu ppal-li meo-geo-yo]<br>我们部门经理吃饭速度太快。 | ★★★★ |
| 0569 | **부족**<br>[bu-jok] | 名 不足，部落<br>🎧 수면 부족 때문에 그녀는 피곤해요.<br>[su-myeon bu-jok ttae-mu-ne geu-nyeo-neun pi-go-nae-yo]<br>睡眠不足让她很疲倦。 | ★★★☆ |
| 0570 | **부치다**<br>[bu-chi-da] | 动 寄，交付，扇风，煎<br>🎧 우체국에 가서 편지를 부치세요.<br>[u-che-gu-ge ga-seo pyeon-ji-reul bu-chi-se-yo]<br>请到邮局去寄信。 | ★★★★ |
| 0571 | **부탁**<br>[bu-tak] | 名 托付，拜托<br>🎧 한 가지 부탁이 있어요.<br>[han ga-ji bu-ta-gi i-sseo-yo]<br>有件事想拜托你。 | ★★★☆ |

| 单词进度表 | 학습스케줄 |

### 0572 북쪽 [bu-jjok]
名 北边，北方 ★★★★
북한산은 서울의 북쪽에 있어요.
[bu-kan-sa-neun seo-u-re buk-jjo-ge i-sseo-yo]
北汉山在首尔的北边。

### 0573 분 [bun]
名 分，位 ★★★★
지금 오후 4시 20분이에요.
[ji-geum o-hu ne si i-sip bu-ni-e-yo]
现在是下午四点二十分。

### 0574 분위기 [bu-nwi-gi]
名 气氛，地球的大气圈 ★★★☆
지금 분위기가 무거워서 아무도 말하고 싶지 않아요.
[ji-geum bu-nwi-gi-ga mu-geo-wo-seo a-mu-do ma-ra-go sip-ji a-na-yo]
现在气氛沉重，没有人想说话。

### 0575 분홍색 [bu-nong-saek]
名 粉红色 ★★★★
그녀는 분홍색 치마를 좋아해요.
[geu-neyo-neun bu-nong-saek chi-ma-reul jo-a-hae-yo]
她喜欢粉红色的裙子。

### 0576 불 [bul]
名 火，灯 ★★★★
창고에 불이 났어요. 119로 빨리 전화하세요.
[chang-go-e bu-ri na-sseo-yo] [il-il-gu-ro ppal-li jeo-nwa-ha-se-yo]
仓库失火了，请赶快拨打119。

### 0577 불고기 [bul-go-gi]
名 韩式烤肉 ★★★★
오늘 점심에 불고기를 먹고 차를 마셨어요.
[o-neul jeom-si-me bul-go-gi-reul meok-go cha-reul ma-syeo-sseo-yo]
今天中午吃了韩式烤肉，然后去喝茶了。

### 0578 불다 [bul-da]
动 吹，刮风 ★★★★
세찬 바람이 불고 있어요.
[se-chan ba-ra-mi bul-go i-sseo-yo]
正在刮着强风。

### 0579 붉다 [buk-da]
形 红的 ★★★☆
그 여자는 붉은색 치마를 입고 있어요.
[geu yeo-ja-neun bul-geun-saek chi-ma-reul ip-go i-sseo-yo]
那女子穿着红色裙子。

| 0580 | **비** [bi] | 名 雨，比例，妃，碑 <br> 🎧 비 때문에 길이 많이 막혔어요. <br> [bi ttae-mu-ne gi-ri ma-ni ma-kyeo-sseo-yo] <br> 因为下雨堵车严重。 | ★★★★ |

| 0581 | **비디오** [bi-di-o] | 名 录影，视讯，影音（video） <br> 🎧 그 가수는 신곡 뮤직 비디오에 직접 출연해요. <br> [geu ga-su-neun sin-gok myu-jik bi-di-o-e jik-jeop chu-ryeo-nae-yo] <br> 那位歌手亲自出演新 MV。 | ★★★☆ |

| 0582 | **비밀** [bi-mil] | 名 秘密 <br> 🎧 비밀 하나 알려 줄게요. <br> [bi-mil ha-na al-lyeo jul-ge-yo] <br> 告诉你一个秘密。 | ★★★★ |

| 0583 | **비빔밥** [bi-bim-bap] | 名 韩式拌饭 <br> 🎧 비빔밥을 만드는 방법은 생각보다 어렵지 않아요. <br> [bi-bim-ba-beul man-deu-neun bang-beo-beun saeng-gak-bo-da eo-ryeop-ji a-na-yo] <br> 做韩式拌饭的方法没想象中那么复杂。 | ★★★★ |

| 0584 | **비상구** [bi-sang-gu] | 名 紧急出口 <br> 🎧 이 근처에 비상구가 있어요? <br> [i geun-cheo-e bi-sang-gu-ga i-sseo-yo] <br> 这附近有紧急出口吗？ | ★★★☆ |

| 0585 | **비슷하다** [bi-seu-ta-da] | 形 相似的 <br> 🎧 네 이야기는 내 이야기와 비슷해. <br> [ne i-ya-gi-neun nae i-ya-gi-wa bi-seu-tae] <br> 你的故事和我的故事很相似。 | ★★★★ |

| 0586 | **비싸다** [bi-ssa-da] | 形 贵的 <br> 🎧 이 스마트폰이 너무 비싸요. <br> [i seu-ma-teu-po-ni neo-mu bi-ssa-yo] <br> 这款智能手机太贵了。 | ★★★★ |

| 0587 | **비행기** [bi-haeng-gi] | 名 飞机 <br> 🎧 내일 몇 시 비행기예요? <br> [nae-il myeot si bi-haeng-gi-ye-yo] <br> 明天几点的飞机？ | ★★★★ |

| 0588 | **빌딩** [bil-ding] | 名 大楼，建筑物<br>그 회사는 빌딩 5층에 있어요.<br>[geu hoe-sa-neun bil-ding o cheung-e i-sseo-yo]<br>那家公司在大楼的五层。 | ★★★★ |

| 0589 | **빠르다** [ppa-reu-da] | 形 快速的<br>영어를 빠르게 배우는 방법을 좀 알려주세요.<br>[yeong-eo-reul ppa-reu-ge bae-u-neun bang-beo-beul jom al-lyeo-ju-se-yo]<br>请告诉我快速学好英语的方法。 | ★★★★ |

| 0590 | **빨간색** [ppal-gan-saek] | 名 红色<br>내일 그 빨간색 책을 읽을 거예요.<br>[nae-il geu ppal-gan-saek chae-geul il-geul geo-ye-yo]<br>明天打算读那本红色的书。 | ★★★★ |

| 0591 | **빨갛다** [ppal-ga-ta] | 形 红<br>눈이 빨갛게 된 이유가 뭐예요?<br>[nu-ni ppal-ga-ke doen i-yu-ga mwo-ye-yo]<br>眼睛是怎么变红的？ | ★★★☆ |

| 0592 | **빨래** [ppal-lae] | 名 要洗的衣物，洗，洗了的衣物<br>빨래를 해주는 하숙집을 소개해요.<br>[ppal-lae-reul hae-ju-neun ha-suk-ji-beul so-gae-hae-yo]<br>介绍一家会帮忙洗衣服的寄宿家庭。 | ★★★☆ |

| 0593 | **빨리** [ppal-li] | 副 快速地<br>시간이 없어요. 빨리 지하철에 타세요.<br>[si-ga-ni eop-seo-yo][ppal-li ji-ha-cheo-re ta-se-yo]<br>没时间了，请赶快上地铁。 | ★★★★ |

| 0594 | **빵** [ppang] | 名 面包<br>빵 한 개에 얼마예요?<br>[ppang han gae-e eol-ma-ye-yo]<br>一个面包多少钱？ | ★★★★ |

| 0595 | **빵집** [ppang-jip] | 名 面包店<br>그는 빵집에서 아주 열심히 일해요.<br>[geu-neun ppang-ji-be-seo a-ju yeol-si-mi i-rae-yo]<br>他在面包店很认真地做事。 | ★★★☆ |

初级

뜨~빵집

# 人

本书所有单词均采用三段式，即"单词分解（语速慢）/完整词汇（语速快）/中文解释"的方式录制。
例：춥.다（单词分解）/ 춥다（完整词汇）/ 冷（中文解释）
🎧 符号之后的韩语例句由韩籍老师朗读。

---

**0596 사** [sa] ★★★★
数 四
🎧 양파 사분의 일을 준비하면 돼요.
[yang-pa sa-bu-ne i-reul jun-bi-ha-myeon dwae-yo]
只要准备四分之一个洋葱即可。
🔄 넷 四

**0597 사거리** [sa-geo-ri] ★★★☆
名 十字路口
🎧 다음 사거리에서 우회전하세요.
[da-eum sa-geo-ri-e-seo u-hoe-jeon-ha-se-yo]
请在下一个十字路口右转。

**0598 사고** [sa-go] ★★★☆
名 事故，思考
🎧 3년 전에 그에게 차 사고가 났었어요.
[sam nyeon jeo-ne geu-e-ge cha sa-go-ga na-sseo-sseo-yo]
三年前他曾发生过车祸。

**0599 사과** [sa-gwa] ★★★★
名 苹果，道歉
🎧 사과가 냉장고 밖에 있어요.
[sa-gwa-ga naeng-jang-go ba-kke i-sseo-yo]
苹果在冰箱外面。

**0600 사다** [sa-da] ★★★★
动 买，自讨，惹
🎧 교통카드를 편의점에서도 살 수 있어요.
[gyo-tong-ka-deu-reul pyeo-ni-jeo-me-seo-do sal su i-sseo-yo]
在便利店也能买得到交通卡。

**0601 사람** [sa-ram] ★★★★
名 人
🎧 나나 씨는 미국 사람이에요.
[na-na ssi-neun mi-guk sa-ram-i-e-yo]
娜娜是美国人。

**0602 사랑** [sa-rang] ★★★☆
名 爱，情感
🎧 저는 아내를 아주 사랑해요.
[jeo-neun a-nae-reul a-ju sa-rang-hae-yo]
我很爱我太太。

**0603 사무실** [sa-mu-sil] ★★★☆
名 办公室
🎧 지금 이 시간에 사무실에서 자면 큰일이에요.
[ji-geum i si-ga-ne sa-mu-si-re-seo ja-myeon keu-ni-ri-e-yo]
这个时间在办公室睡觉很危险。

| 0604 | **사십** [sa-sip] | 数 四十<br>사십 나누기 팔은 오예요.<br>[sa-sip na-nu-gi pa-reun o-ye-yo]<br>四十除以八等于五。<br>近 마흔 四十 | ★★★★ |
|---|---|---|---|
| 0605 | **사용** [sa-yong] | 名 使用<br>저는 인터넷 사전을 사용해요.<br>[jeo-neun in-teo-net sa-jeo-neul sa-yong-hae-yo]<br>我使用网络辞典。 | ★★★★ |
| 0606 | **사월** [sa-wol] | 名 四月<br>사월이 되면 봄꽃들이 활짝 필 거예요.<br>[sa-wo-ri doe-myeon bom-kkot-deu-ri hwal-jjak pil geo-ye-yo]<br>四月一到，春花就会到处绽放。 | ★★★★ |
| 0607 | **사이** [sa-i] | 名 之间，间距，空闲，关系<br>사과는 휴대폰과 공책 사이에 있어요.<br>[sa-gwa-neun hyu-dae-pon-gwa gong-chaek sa-i-e i-sseo-yo]<br>苹果在手机与笔记本之间。 | ★★★★ |
| 0608 | **사이다** [sa-i-da] | 名 汽水，醋酸（cider）<br>저는 일본의 사이다를 한번 마셔 봤어요.<br>[jeo-neun il-bo-ne sa-i-da-reul han-beon ma-syeo bwa-sseo-yo]<br>我曾喝过一次日本汽水。 | ★★★☆ |
| 0609 | **사이즈** [sa-i-jeu] | 名 尺寸，大小（size）<br>이 청바지 사이즈가 좀 작아요.<br>[i cheong-ba-ji sa-i-jeu-ga jom ja-ga-yo]<br>这条牛仔裤的尺寸有点小。 | ★★★☆ |
| 0610 | **사장** [sa-jang] | 名 社长，总经理<br>그녀는 사장의 셋째 딸이에요.<br>[geu-nyeo-neun sa-jang-e set-jjae tta-ri-e-yo]<br>她是总经理的第三个女儿。 | ★★★★ |
| 0611 | **사전** [sa-jeon] | 名 辞典，字典，事前<br>중국어 사전에서 단어의 뜻을 찾아요.<br>[jung-gu-geo sa-jeo-ne-seo da-neo-e tteu-seul cha-ja-yo]<br>在中文字典里查单词的解释。 | ★★★★ |

| 0612 | **사진** [sa-jin] | 名 照片，相片<br>🎧 여기서 사진을 찍어도 돼요?<br>[yeo-gi-seo sa-ji-neul jji-geo-do dwae-yo]<br>可以在这里照相吗？ | ★★★★ |
|---|---|---|---|
| 0613 | **사진기** [sa-jin-gi] | 名 照相机<br>🎧 친구들과 같이 사진을 찍으려고 사진기를 가지고 왔어요.<br>[chin-gu-deul-gwa ga-chi sa-ji-neul jji-geu-ryeo-go sa-jin-gi-reul ga-ji-go wa-sseo-yo]<br>为了和朋友们一起照相，我带了照相机。 | ★★★☆ |
| 0614 | **사탕** [sa-tang] | 名 糖果<br>🎧 저는 사탕을 많이 먹으면 이가 아파요.<br>[jeo-neun sa-tang-eul ma-ni meo-geu-myeon i-ga a-pa-yo]<br>我吃太多糖果会牙疼。 | ★★★★ |
| 0615 | **사흘** [sa-heul] | 名 三天，三日<br>🎧 여기에서 러시아까지 사흘 걸려요.<br>[yeo-gi-e-seo reo-si-a-kka-ji sa-heul geol-lyeo-yo]<br>从这里到俄罗斯要花三天时间。 | ★★★☆ |
| 0616 | **산** [san] | 名 山<br>🎧 저는 산에 피는 꽃을 좋아합니다.<br>[jeo-neun sa-ne pi-neun kko-cheul jo-a-ham-ni-da]<br>我喜欢山里开的花。 | ★★★★ |
| 0617 | **산책** [san-chaek] | 名 散步<br>🎧 날씨가 좋아서 산책하러 갔어요.<br>[nal-ssi-ga jo-a-seo san-chae-ka-reo ga-sseo-yo]<br>天气很好，所以去散步了。 | ★★★★ |
| 0618 | **살** [sal] | 名 岁，肉，栅<br>🎧 나이가 몇 살이에요?<br>[na-i-ga myeot sa-ri-e-yo]<br>请问您几岁？<br>近 세 살 | ★★★★ |

| 0619 | **살다** [sal-da] | 动 生活，住<br>저는 서울에서만 살았어요.<br>[jeo-neun seo-u-re-seo-man sa-ra-sseo-yo]<br>我只在首尔生活过。 | ★★★★ |

| 0620 | **삼** [sam] | 数 三<br>이십 더하기 삼은 이십삼이에요.<br>[i-sip deo-ha-gi sa-meun i-sip-sa-mi-e-yo]<br>二十加三等于二十三。<br>近 셋 三 | ★★★★ |

| 0621 | **삼거리** [sam-geo-ri] | 名 三岔口<br>저기 삼거리에서 좌회전하세요.<br>[jeo-gi sam-geo-ri-e-seo jwa-hoe-jeon-ha-se-yo]<br>请在那边那个三岔路左转。 | ★★★☆ |

| 0622 | **삼겹살** [sam-gyeop-sal] | 名 五花肉，烤五花肉<br>삼겹살을 이 인분 주세요.<br>[sam-gyeop-sa-reul i in-bun ju-se-yo]<br>请给我两人份的烤五花肉。 | ★★★★ |

| 0623 | **삼계탕** [sam-gye-tang] | 名 参鸡汤<br>한국 사람들은 여름에 삼계탕을 많이 먹어요.<br>[han-guk sa-ram-deu-reun yeo-reu-me sam-gye-tang-eul ma-ni meo-geo-yo]<br>韩国人在夏天经常吃参鸡汤。 | ★★★★ |

| 0624 | **삼십** [sam-sip] | 数 三十<br>더 자고 싶어요. 삼십 분이면 돼요.<br>[deo ja-go si-peo-yo][sam-sip bu-ni-myeon dwae-yo]<br>我想再睡一会儿，再睡三十分钟就好。<br>近 서른 三十 | ★★★★ |

| 0625 | **삼월** [sa-mwol] | 名 三月<br>이번 학기는 삼월 초에 개강해요.<br>[i-beon hak-gi-neun sa-mwol cho-e gae-gang-hae-yo]<br>这学期是从三月初开始的。 | ★★★★ |

| 0626 | **삼촌** [sam-chon] | 名 叔叔 ★★★★<br>🎧 우리 **삼촌**은 작년 여름에 호주 여행을 갔어요.<br>[u-ri sam-cho-neun jak-nyeon yeo-reu-me ho-ju yeo-haeng-eul ga-sseo-yo]<br>我叔叔去年夏天去澳洲旅行了。 |
|---|---|---|
| 0627 | **상자** [sang-ja] | 名 箱子 ★★★☆<br>🎧 많은 **상자**들이 비상구를 막고 있어요.<br>[ma-neun sang-ja-deu-ri bi-sang-gu-reul mak-go i-sseo-yo]<br>很多箱子挡住了紧急出口。 |
| 0628 | **새** [sae] | 冠 新的 ★★★☆<br>🎧 나는 오늘 **새** 옷을 입었어요.<br>[na-neun o-neul sae o-seul i-beo-sseo-yo]<br>我今天穿了新衣服。 |
| 0629 | **새** [sae] | 名 鸟 ★★★★<br>🎧 **새** 한 마리가 날아왔어요.<br>[sae han ma-ri-ga na-ra-wa-sseo-yo]<br>飞过来一只鸟。 |
| 0630 | **새벽** [sae-byeok] | 名 清晨，凌晨 ★★★★<br>🎧 하루의 계획은 **새벽**에 있다.<br>[ha-ru-e gye-hoe-geun sae-byeo-ge it-da]<br>一日之计在于晨。 |
| 0631 | **새해** [sae-hae] | 名 新年 ★★★★<br>🎧 **새해** 복 많이 받으세요.<br>[sae-hae bok ma-ni ba-deu-se-yo]<br>新年快乐。 |
| 0632 | **샌드위치** [saen-deu-wi-chi] | 名 三明治（sandwich） ★★★★<br>🎧 나는 보통 아침에 **샌드위치**를 먹어요.<br>[na-neun bo-tong a-chi-me saen-deu-wi-chi-reul meo-geo-yo]<br>我一般在早上吃三明治。 |
| 0633 | **샐러드** [sael-leo-deu] | 名 沙拉（salad） ★★★★<br>🎧 토마토와 상추로 **샐러드**를 만들어요.<br>[to-ma-to-wa sang-chu-ro sael-leo-deu-reul man-deu-reo-yo]<br>用番茄和生菜制作沙拉。 |

| | | | |
|---|---|---|---|
| 0634 | **생각** [saeng-gak] | 名 想，觉得，思考<br>그래서 제 생각은 이렇습니다.<br>[geu-rae-seo je saeng-ga-geun i-reot-sem-ni-da]<br>所以我的想法是这样的。 | ★★★ |
| 0635 | **생선** [saeng-seon] | 名 鱼类，海鲜<br>부산 생선은 싸고 아주 맛있어요.<br>[bu-san saeng-seo-neun ssa-go a-ju ma-si-sseo-yo]<br>釜山的海鲜又便宜又好吃。 | ★★★★ |
| 0636 | **생신** [saeng-sin] | 名 生日（생일的敬语）<br>올해 아버지 생신에 홍삼을 선물하려고 해요.<br>[o-rae a-beo-ji saeng-si-ne hong-sa-meul seon-mul-ha-ryeo-go hae-yo]<br>今年父亲生日，我想送红参给他。 | ★★★ |
| 0637 | **생일** [saeng-il] | 名 生日<br>저의 생일은 다음 달이에요.<br>[jeo-e saeng-i-reun da-eum da-ri-e-yo]<br>我的生日是在下个月。 | ★★★★ |
| 0638 | **생활** [saeng-hwal] | 名 生活<br>직장 생활은 어때요?<br>[jik-jang saeng-hwa-reun eo-ttae-yo]<br>职场生活过得如何？ | ★★★★ |
| 0639 | **샤워** [sya-wo] | 名 淋浴，洗澡<br>열한 시에 샤워를 하고 열두 시에 자요.<br>[yeo-ran si-e sya-wo-reul ha-go yeol-du si-e ja-yo]<br>十一点洗澡，十二点睡觉。 | ★★★★ |
| 0640 | **서다** [seo-da] | 动 站立，立，停，建立<br>그는 대문 옆에 서서 기다리고 있어요.<br>[geu-neun dae-mun yeo-pe seo-seo gi-da-ri-go i-sseo-yo]<br>他正站在大门口等着。 | ★★★★ |
| 0641 | **서랍** [seo-rap] | 名 抽屉<br>책상 서랍에 있는 지갑을 안 가지고 나왔네요.<br>[chaek-sang seo-ra-be it-neun ji-ga-beul an ga-ji-go na-wat-ne-yo]<br>没拿书桌抽屉里的钱包，我就出门了。 | ★★★ |

| 0642 | **서로** [seo-ro] | 副 互相，彼此<br>🎧 우리는 서로 사랑해요.<br>[u-ri-neun seo-ro sa-rang-hae-yo]<br>我们彼此相爱。 | ★★★★ |

| 0643 | **서류** [seo-ryu] | 名 文件，文书<br>🎧 그 서류를 빨리 찾으세요.<br>[geu seo-ryu-reul ppal-li cha-jeu-se-yo]<br>请赶快找到那份文件。 | ★★★☆ |

| 0644 | **서른** [seo-reun] | 数 三十<br>🎧 그녀는 서른 살에 결혼했어요.<br>[geu-nyeo-neun seo-reun sa-re gyeo-ro-nae-sseo-yo]<br>她是在三十岁时结婚的。 | ★★★★ |

| 0645 | **서비스** [seo-bi-seu] | 名 服务，赠送（service）<br>🎧 그 가게가 많은 서비스를 제공해요.<br>[geu ga-ge-ga ma-neun seo-bi-seu-reul je-gong-hae-yo]<br>那家店提供很多服务。 | ★★★☆ |

| 0646 | **서울** [seo-ul] | 名 首尔，首都，京城<br>🎧 서울은 뉴욕보다 14시간이 빠릅니다.<br>[seo-u-reun nyu-yok-bo-da sip-sa si-ga-ni ppa-reum-ni-da]<br>首尔比纽约早十四个小时。 | ★★★★ |

| 0647 | **서점** [seo-jeom] | 名 书店<br>🎧 이 책은 인터넷 서점에서만 팔아요.<br>[i chae-geun in-teo-net seo-jeo-me-seo-man pa-ra-yo]<br>这本书只在网络书店售卖。 | ★★★★ |

| 0648 | **서쪽** [seo-jjok] | 名 西边<br>🎧 인천은 서울 서쪽에 있어요.<br>[in-cheo-neun seo-ul seo-jjo-ge i-sseo-yo]<br>仁川在首尔的西边。 | ★★★★ |

| 0649 | **선물** [seon-mul] | 名 礼物<br>🎧 그 모자는 생일 선물이에요.<br>[geu mo-ja-neun saeng-il seon-mu-ri-e-yo]<br>那顶帽子是生日礼物。 | ★★★★ |

| 0650 | **선배** [seon-bae] | 名 学长，学姐，前辈 ★★★☆ |
| --- | --- | --- |
| | | 🎧 그는 우리 학교의 선배예요. |
| | | [geu-neun u-ri hak-gyo-e seon-bae-ye-yo] |
| | | 他是我们学校的学长。 |

| 0651 | **선생님** [seon-saeng-nim] | 名 老师，先生 ★★★★ |
| --- | --- | --- |
| | | 🎧 선생님은 무슨 말을 하셨어요? |
| | | [seon-saeng-ni-meun mu-seun ma-reul ha-syeo-sseo-yo] |
| | | 老师说什么了？ |

| 0652 | **선수** [seon-su] | 名 选手 ★★★★ |
| --- | --- | --- |
| | | 🎧 농구 선수들은 다 키가 커요. |
| | | [nong-gu seon-su-deu-reun da ki-ga keo-yo] |
| | | 篮球选手的身高都很高。 |

| 0653 | **선풍기** [seon-pung-gi] | 名 电风扇 ★★★☆ |
| --- | --- | --- |
| | | 🎧 그 점원은 선풍기를 찾고 있어요. |
| | | [geu jeo-mwo-neun seon-pung-gi-reul chat-go i-sseo-yo] |
| | | 那个店员正在找电风扇。 |

| 0654 | **설거지** [seol-geo-ji] | 名 洗碗 ★★★☆ |
| --- | --- | --- |
| | | 🎧 부엌 싱크대에서 설거지를 하고 있어요. |
| | | [bu-eok sing-keu-dae-e-seo seol-geo-ji-reul ha-go i-sseo-yo] |
| | | 正在厨房洗碗槽前洗碗。 |

| 0655 | **설날** [seol-nal] | 名 春节，大年初一 ★★★★ |
| --- | --- | --- |
| | | 🎧 구정 설날 아침에는 떡국을 먹어요. |
| | | [gu-jeong seul-nal a-chi-me-neun tteok-gu-geul meo-geo-yo] |
| | | 农历大年初一早上要吃年糕汤。 |

| 0656 | **설렁탕** [seol-leong-tang] | 名 牛骨汤 ★★★★ |
| --- | --- | --- |
| | | 🎧 외국인도 설렁탕을 좋아해요. |
| | | [oe-gu-gin-do seol-leong-tang-eul jo-a-hae-yo] |
| | | 外国人也喜欢牛骨汤。 |

| 0657 | **설탕** [seol-tang] | 名 砂糖，糖 ★★★★ |
| --- | --- | --- |
| | | 🎧 블랙커피는 설탕을 넣지 않아요. |
| | | [beul-laek-keo-pi-neun seol-tang-eul neo-chi a-na-yo] |
| | | 黑咖啡是不加糖的。 |

| 0658 | **성** [seong] | 名 姓，性，省，怒气 ★★★★ |
| --- | --- | --- |
| | | 여러분 나라에는 어떤 성과 이름이 많습니까? |
| | | [yeo-reo-bun na-ra-e-neun eo-tteon seong-gwa i-reu-mi man-seum-ni-kka] |
| | | 请问各位，你们国家的大姓和最常取的名字有哪些？ |

| 0659 | **성공** [seong-gong] | 名 成功 ★★★★ |
| --- | --- | --- |
| | | 노력을 하면 성공할 거예요. |
| | | [no-ryeo-geul ha-myeon seong-gong-hal geo-ye-yo] |
| | | 只要努力就会成功。 |

| 0660 | **세계** [se-gye] | 名 世界 ★★★★ |
| --- | --- | --- |
| | | 이 박물관은 세계 5대 박물관에 속해요. |
| | | [i bang-mul-gwa-neun se-gye o dae bang-mul-gwa-ne-so-kae-yo] |
| | | 这座博物馆是世界五大博物馆之一。 |

| 0661 | **세수** [se-su] | 名 洗脸，税收 ★★★★ |
| --- | --- | --- |
| | | 아침에 세수하고 로션을 발라요. |
| | | [a-chi-me se-su-ha-go ro-syeo-neul bal-la-yo] |
| | | 早上洗脸时抹乳液。 |

| 0662 | **세일** [se-il] | 名 售出，降价，折扣（sale）★★★★ |
| --- | --- | --- |
| | | 그게 세일 가격이에요? |
| | | [geu-ge se-il ga-gyeok-i-e-yo] |
| | | 那是打过折的价格吗？ |

| 0663 | **세탁** [se-tak] | 名 洗，洗衣 ★★★★ |
| --- | --- | --- |
| | | 패딩은 세탁이 쉽지 않아요. |
| | | [pae-ding-eun se-ta-gi swip-ji a-na-yo] |
| | | 羽绒服不容易洗。 |

| 0664 | **세탁기** [se-tak-gi] | 名 洗衣机 ★★★☆ |
| --- | --- | --- |
| | | 신형 드럼 세탁기를 구입하려고 해요. |
| | | [si-nyeong deu-reom se-tak-gi-reul gu-i-pa-ryeo-go hae-yo] |
| | | 我想买新型滚筒式洗衣机。 |

| 0665 | **세탁소** [se-tak-so] | 名 干洗店，洗衣店 ★★★★ |
| --- | --- | --- |
| | | 지난주에 양복을 세탁소에 맡겼어요. |
| | | [ji-nan-ju-e yang-bo-geul se-tak-so-e mat-gyeo-sseo-yo] |
| | | 上周把西装拿到洗衣店洗了。 |

## 0666 **센티미터** [sen-ti-mi-teo]
名 厘米 ★★★☆
눈이 시간당 3센티미터 정도로 내려요.
[nu-ni si-gan-dang se sen-ti-mi-teo jeong-do-ro nae-ryeo-yo]
每小时降雪三厘米左右。

## 0667 **셋** [set]
数 三 ★★★★
이미지 3개 있는데요. 이 셋 중에서 뭐가 제일 좋아요?
[i-mi-ji se gae it-neun-de-yo] [i set jung-e-seo mwo-ga je-il jo-a-yo]
有三张图，这三张图之中哪一张最好？
近 삼 三

## 0668 **셋째** [set-jjae]
数 第三 ★★★★
매월 셋째 주 토요일에 고향에 가요.
[mae-wol set-jjae ju to-yo-i-re go-hyang-e ga-yo]
每个月第三周的周六都会回趟故乡。

## 0669 **소** [so]
名 牛 ★★★☆
한국 속담에도 '소 잃고 외양간 고친다'라는 말이 있어요.
[han-guk sok-da-me-do 'so il-ko oe-yang-gan go-chin-da'-ra-neun ma-ri i-sseo-yo]
韩国也有句俗话叫："亡牛补牢（亡羊补牢）"。

## 0670 **소개** [so-gae]
名 介绍 ★★★★
친구에게 이 식당을 소개하고 싶어요.
[chin-gu-e-ge i sik-dang-eul so-gae-ha-go si-peo-yo]
我想把这家餐厅介绍给朋友。

## 0671 **소고기** [so-go-gi]
名 牛肉 ★★★★
저는 치즈 소고기 김밥을 만들었어요.
[jeo-neun chi-jeu so-go-gi gim-ba-beul man-deu-reo-sseo-yo]
我做了芝士牛肉紫菜包饭。

## 0672 **소금** [so-geum]
名 盐 ★★★☆
소금도 약간 넣으면 맛이 좋아요.
[so-geum-do yak-gan neo-eu-myeon ma-si jo-a-yo]
再放点盐味道会很不错。

### 0673 소리 [so-ri]
名 声音 ★★★★
크게 소리를 내서 먹지 마세요.
[keu-ge so-ri-reul nae-eo-seo meok-ji ma-se-yo]
吃东西时不要出大声。

### 0674 소설 [so-seol]
名 小说 ★★★★
그는 새 소설을 출판했어요.
[geu-neun sae so-seo-reul chul-pa-nae-sseo-yo]
他出版了一本新的小说。

### 0675 소식 [so-sik]
名 消息 ★★★★
그 슬픈 소식을 들었어요.
[geu seul-peun so-si-geul deu-reo-sseo-yo]
听到了那个悲伤的消息。

### 0676 소주 [so-ju]
名 烧酒 ★★★☆
한국인들은 소주를 무척 좋아해요.
[han-gu-gin-deu-reun so-ju-reul mu-cheok jo-a-hae-yo]
韩国人非常喜欢烧酒。

### 0677 소파 [so-pa]
名 沙发 ★★★☆
이 소파는 200만 원에 샀어요.
[i so-pa-neun i-baek ma nwo-ne sa-sseo-yo]
这沙发是花两百万韩元买的。

### 0678 소포 [so-po]
名 包裹 ★★★☆
주소는 소포 상자 위에 있어요.
[ju-so-neun so-po sang-ja wi-e i-sseo-yo]
地址在包裹箱上面。

### 0679 속 [sok]
名 里面，馅 ★★★★
지갑 속에 여러 장의 신용 카드가 있어요.
[ji-gap so-ge yeo-reo jang-e si-nyong ka-deu-ga i-sseo-yo]
钱包里有好几张信用卡。

### 0680 속도 [sok-do]
名 速度 ★★★★
그는 빠른 속도로 차를 운전해요.
[geu-neun ppa-reun sok-do-ro cha-reul un-jeo-nae-yo]
他开车速度很快。

## 0681 손 [son]
名 手，人手，小子，客人
여자는 손을 흔들고 있어요.
[yeo-ja-neun so-neul heun-deul-go i-sseo-yo]
那名女子正在挥手。
★★★★

## 0682 손가락 [son-ga-rak]
名 手指
새끼 손가락을 걸고 약속해요.
[sae-kki son-ga-ra-geul geol-go yak-so-kae-yo]
钩小指作约定。
★★★★

## 0683 손님 [son-nim]
名 客人
저녁에 손님이 오니까 청소해 줘요.
[jeo-nyeo-ge son-ni-mi o-ni-kka cheong-so-hae jwo-yo]
晚上有客人来，帮忙打扫一下吧。
★★★★

## 0684 손수건 [son-su-geon]
名 手帕
젖은 눈을 손수건으로 닦아요.
[jeo-jeun nu-neul son-su-geo-neu-ro da-kka-yo]
用手帕擦拭流泪的眼睛。
★★★☆

## 0685 쇼핑 [syo-ping]
名 购物（shopping）
제 취미는 쇼핑을 하는 것입니다.
[je chwi-mi-neun syo-ping-eul ha-neun geo-sip-ni-da]
我的兴趣是购物。
★★★★

## 0686 수 [su]
名 数，办法，手段，招数，寿，绣，首
1은 모든 수의 시작이고 최초를 의미해요.
[i-reun mo-deun su-e si-ja-gi-go choe-cho-reul ui-mi-hae-yo]
一是所有数字的开始，具有最初的含意。
★★★☆

## 0687 수건 [su-geon]
名 毛巾
저는 수건을 살 거예요.
[jeo-neun su-geo-neul sal geo-ye-yo]
我要买毛巾。
★★★☆

## 0688 수박 [su-bak]
名 西瓜
저는 수박 한 통을 샀어요.
[jeo-neun su-bak han tong-eul sa-sseo-yo]
我买了一个西瓜。
★★★★

### 0689 수업 [su-eop]
**名** 上课 ★★★★
보통 저녁 몇 시부터 몇 시까지 수업을 해요?
[bo-tong jeo-nyeok myeot si-bu-teo myeot si-kka-ji su-eo-beul hae-yo]
通常晚上几点到几点上课？

### 0690 수영 [su-yeong]
**名** 游泳 ★★★★
비가 오니까 수영을 하지 마세요.
[bi-ga o-ni-kka su-yeong-eul ha-ji ma-se-yo]
下雨了，请不要游泳。

### 0691 수영복 [su-yeong-bok]
**名** 泳装 ★★★☆
내일 수영복을 사러 가요.
[nae-il su-yeong-bo-geul sa-reo ga-yo]
明天要去买泳装。

### 0692 수영장 [su-yeong-jang]
**名** 游泳池 ★★★★
저는 수영장에서 수영하고 싶지 않아요.
[jeo-neun su-yeong-jang-e-seo su-yeong-ha-go sip-ji a-na-yo]
我不想在游泳池游泳。

### 0693 수요일 [su-yo-il]
**名** 星期三 ★★★★
수요일에 음악 교실에 가기로 해요.
[su-yo-i-re eu-mak gyo-si-re ga-gi-ro hae-yo]
打算星期三去音乐教室。

### 0694 수첩 [su-cheop]
**名** 小册子，小笔记本 ★★★☆
중학교 동창들의 전화번호를 이 수첩에 다 적었다.
[jung-hak-gyo dong-chang-deu-re jeo-nwa-beo-no-reul i su-cheo-be da jeo-geot-da]
把初中同学们的电话号码都记在这本小册子里了。

### 0695 숙제 [suk-je]
**名** 功课，作业 ★★★★
숙제를 빨리 하는 방법이 없나요?
[suk-je-reul ppal-li ha-neun bang-beo-bi eom-na-yo]
有没有能快速完成作业的方法呢？

### 0696 순두부찌개 [sun-du-bu-jji-gae]
**名** 嫩豆腐锅，韩式豆腐锅 ★★★☆
식당에서 순두부찌개를 주문했어요.
[sik-dang-e-seo sun-du-bu-jji-gae-reul ju-mu-nae-sseo-yo]
在餐厅点了韩式豆腐锅。

**0697 숟가락** [sut-ga-rak] ★★★★
名 汤匙
고추장 한 숟가락을 넣어 주세요.
[go-chu-jang han sut-ga-ra-geul neo-eo ju-se-yo]
请放一汤匙的辣椒酱。

**0698 술** [sul] ★★★★
名 酒
어제 친구하고 같이 술을 마셨어요.
[eo-je chin-gu-ha-go ga-chi su-reul ma-syeo-sseo-yo]
昨天和朋友一起喝酒了。

**0699 숫자** [sut-ja] ★★★★
名 数字
우리 아들도 숫자를 배우고 있어요.
[u-ri a-deul-do sut-ja-reul bae-u-go i-sseo-yo]
我儿子也正在学数字。

**0700 쉬다** [swi-da] ★★★★
动 休息,停歇,放假,喘息,沙哑
머리가 아프기 때문에 좀 쉬어야겠어요.
[meo-ri-ga a-peu-gi ttae-mu-ne jom swi-eo-ya ge-sseo-yo]
头很痛,得休息一下了。

**0701 쉰** [swin] ★★★★
数 五十
학생 쉰 명이 있어요.
[hak-saeng swin myeong-i i-sseo-yo]
有五十名学生。

**0702 쉽다** [swip-da] ★★★★
形 简单的,容易的
토스트를 빠르고 쉽게 만들 수 있어요.
[to-seu-teu-reul ppa-reu-go swip-ge man-deul su i-sseo-yo]
可以快速又简单地做出吐司。
近 간단하다 简单的

**0703 슈퍼마켓** [syu-peo-ma-ket] ★★★☆
名 超市(supermarket)
남자가 슈퍼마켓에서 수박을 사고 있어요.
[nam-ja-ga syu-peo-ma-ke-se-seo su-ba-geul sa-go i-sseo-yo]
男子正在超市买西瓜。

**0704 스물** [seu-mul] ★★★★
数 二十
그 소녀는 스물 다섯 살이에요.
[geu so-nyeo-neun seu-mul da-set sa-ri-e-yo]
那女孩二十五岁。

**0705 스웨터** [seu-we-teo]
名 毛衣（sweater） ★★★☆
🎧 가게에서 몇 시간 걸려 이 스웨터를 골랐어요.
[ga-ge-e-seo myeot si-gan geol-lyeo i seu-we-teo-reul gol-la-sseo-yo]
在店里花了几小时挑选了这件毛衣。

**0706 스카프** [seu-ka-peu]
名 丝巾，头巾（scarf） ★★★☆
🎧 여자가 스카프를 매고 있다.
[yeo-ja-ga seu-ka-peu-reul mae-go it-da]
女子系着丝巾。

**0707 스케이트** [seu-ke-i-teu]
名 滑冰，冰刀，滑冰鞋（skate） ★★★☆
🎧 나는 스케이트 타러 가고 싶지 않다.
[na-neun seu-ke-i-teu ta-reo ga-go sip-ji an-ta]
我不想去滑冰。

**0708 스키** [seu-ki]
名 滑雪（ski） ★★★☆
🎧 스키를 타는 것을 제일 좋아해요.
[seu-ki-reul ta-neun geo-seul je-il jo-a-hae-yo]
我最喜欢滑雪了。

**0709 스키장** [seu-ki-jang]
名 滑雪场 ★★★★
🎧 저는 친구하고 같이 눈사람을 만들고 스키장에 갔어요.
[jeo-neun chin-gu-ha-go ga-chi nun-sa-ra-meul man-deul-go seu-ki-jang-e ga-sseo-yo]
我和朋友一起堆了个雪人，之后去了滑雪场。

**0710 스타** [seu-ta]
名 明星（star） ★★★★
🎧 오늘은 인기 스타를 볼 수 있어요.
[o-neul-eun in-gi seu-ta-reul bol su i-sseo-yo]
今天可以看到大明星。

**0711 스파게티** [seu-pa-ge-ti]
名 意大利面（spaghetti） ★★★★
🎧 저는 스파게티와 샐러드를 주문했어요.
[jeo-neun seu-pa-ge-ti-wa sael-reo-deu-reul ju-mun-hae-sseo-yo]
我点了意大利面和沙拉。

**0712 스포츠** [seu-po-cheu]
名 运动（sports） ★★★★
🎧 저는 스포츠 센터에서 운동하기로 했어요.
[jeo-neun seu-po-cheu sen-teo-e-seo un-dong-ha-gi-ro hae-sseo-yo]
我决定去运动中心做运动。

### 0713 **슬퍼하다** [seul-peo-ha-da]
动 悲伤，难过，伤心
🎧 내가 슬퍼하면 동물도 함께 슬퍼해요.
[nae-ga seul-peo-ha-myeon dong-mul-do ham-kke seul-peo-hae-yo]
如果我悲伤，宠物也会跟着一起悲伤。
★★★★

### 0714 **슬프다** [seul-peu-da]
形 悲伤的，难过的
🎧 제가 어제 슬픈 영화를 봤어요.
[je-ga eo-je seul-peun yeong-hwa-reul bwa-sseo-yo]
我昨天看了一部悲伤的电影。
★★★★

### 0715 **슬픔** [seul-peum]
名 悲伤，难过
🎧 그는 그녀의 슬픔에 신경을 쓰지 않아요.
[geu-neun geu-nyeo-e seul-pu-me sin-gyeong-eul sseu-ji a-na-yo]
他并不在意她的悲伤。
★★★★

### 0716 **시** [si]
名 时，钟点，市，诗
🎧 보통 몇 시에 일어나요?
[bo-tong myeot si-e i-reo-na-yo]
一般几点起床？
★★★★

### 0717 **시간** [si-gan]
名 时间，小时，一节课
🎧 한 시간 동안 그림을 그렸어요.
[han si-gan dong-an geu-ri-meul geu-ryeo-sseo-yo]
画了一个小时的画。
★★★★

### 0718 **시계** [si-gye]
名 时钟，手表
🎧 전통 시계하고 스마트워치, 어느 것이 좋아요?
[jeon-tong si-gye-ha-go seu-ma-teu-wo-chi, eo-neun geo-si jo-a-yo]
传统手表和智能手表，哪一个更好？
★★★★

### 0719 **시끄럽다** [si-kkeu-reop-da]
形 嘈杂的
🎧 시끄러운 음악 소리가 들렸다.
[si-kkeu-reo-un eu-mak so-ri-ga deul-lyeot-da]
听到了嘈杂的音乐声。
★★★★

### 0720 **시내** [si-nae]
名 市区，市内
🎧 햄버거를 빨리 먹고 시내를 더 많이 구경하고 싶어요.
[haem-beo-geo-reul ppal-li meok-go si-nae-reul deo ma-ni gu-gyeong-ha-go si-peo-yo]
我想赶快吃完汉堡，再去市区多逛逛。
★★★★

| 0721 | **시다**<br>[si-da] | 形 酸的，刺眼的<br>🎧 포도주가 시고 쓴 맛이 나요.<br>[po-do-ju-ga si-go sseun ma-si na-yo]<br>葡萄酒有着酸酸苦苦的味道。 | ★★★☆ |

| 0722 | **시어머니**<br>[si-eo-meo-ni] | 名 婆婆<br>🎧 어버이날에 시어머니에게 선물을 하려고 해요.<br>[eo-beo-i-na-re si-eo-meo-ni-e-ge seon-mu-reul ha-ryeo-go hae-yo]<br>打算在双亲节送婆婆礼物。 | ★★★☆ |

| 0723 | **시원하다**<br>[si-wo-na-da] | 形 凉爽<br>🎧 날씨가 맑고 시원해요.<br>[nal-ssi-ga mal-go si-wo-nae-yo]<br>天气晴朗又凉爽。 | ★★★★ |

| 0724 | **시월**<br>[si-wol] | 名 十月<br>🎧 올해 시월에 이사하려고 해요.<br>[o-rae si-wo-re i-sa-ha-ryeo-go hae-yo]<br>打算在今年十月搬家。 | ★★★★ |

| 0725 | **시작**<br>[si-jak] | 名 开始<br>🎧 수업이 9시부터 시작해요.<br>[su-eo-bi a-hop si-bu-teo si-ja-kae-yo]<br>从九点开始上课。 | ★★★★ |

| 0726 | **시장**<br>[si-jang] | 名 市场，市长<br>🎧 오늘 시장에서 수박을 샀어요.<br>[o-neul si-jang-e-seo su-ba-geul sa-sseo-yo]<br>今天在市场买了西瓜。 | ★★★★ |

| 0727 | **시험**<br>[si-heom] | 名 考试<br>🎧 어제 그 시험이 어려웠어요.<br>[eo-je geu si-heo-mi eo-ryeo-wo-sseo-yo]<br>昨天那场考试很难。 | ★★★★ |

| 0728 | **식당**<br>[sik-dang] | 名 餐厅<br>🎧 이 근처에 식당이 있어요?<br>[i geun-cheo-e sik-dang-i i-sseo-yo]<br>这附近有餐厅吗？ | ★★★★ |

## 0729 **식사** [sik-sa]
名 吃饭，用餐 ★★★★
아침 **식사**의 중요성을 알아요.
[a-chim sik-sa-e jung-yo-seong-eul a-ra-yo]
知道早餐的重要性。

## 0730 **신다** [sin-da]
动 穿 ★★★★
양말 두 켤레를 **신**었어요.
[yang-mal du kyeol-le-reul si-neo-sseo-yo]
穿了两双袜子。

## 0731 **신문** [sin-mun]
名 报纸，询问 ★★★★
편의점에서 **신문** 한 부는 얼마예요?
[pyeo-ni-jeo-me-seoo sin-mun han bu-neun eol-ma-ye-yo]
在便利店一份报纸多少钱？

## 0732 **신발** [sin-bal]
名 鞋 ★★★★
아버지의 **신발**이 무거워요.
[a-beo-ji-e sin-ba-ri mu-geo-wo-yo]
爸爸的鞋很重。

## 0733 **신분증** [sin-bun-jeung]
名 身份证 ★★★★
복사기로 **신분증**을 복사해요.
[bok-sa-gi-ro sin-bun-jeung-eul bok-sa-hae-yo]
用复印机复印身份证。

## 0734 **신용카드** [si-nyong-ka-deu]
名 信用卡 ★★★★
**신용카드**로 계산하시겠어요?
[si-nyong-ka-deu-ro gye-san-ha-si-ge-sseo-yo]
要用信用卡结账吗？

## 0735 **신청** [sin-cheong]
名 申请 ★★★★
이번 학기에는 장학금 **신청**을 꼭 할 거예요.
[i-beon hak-gi-e-neun jang-hak-geum sin-cheong-eul kkok hal geo-ye-yo]
这学期一定要申请奖学金。

## 0736 **신호** [si-no]
名 信号 ★★★☆
그는 교통 **신호**를 위반했어요.
[geu-neun gyo-tong si-no-reul wi-ban-hae-sseo-yo]
他违反了交通信号。

| 0737 | **신호등** [si-no-deung] | 名 红绿灯 ★★★☆ |
| --- | --- | --- |
| | | 🎧 두 번째 신호등에서 좌회전하세요. |
| | | [du beon-jjae si-no-deung-e-seo jwa-hoe-jeon-ha-se-yo] |
| | | 请在第二个红绿灯处左转。 |

| 0738 | **실례** [sil-lye] | 名 失礼，实例 ★★★★ |
| --- | --- | --- |
| | | 🎧 실례지만, 명동에 어떻게 가요? |
| | | [sil-lye-ji-man, myeong-dong-e eo-tteo-ke ga-yo] |
| | | 抱歉打扰一下，请问明洞怎么走？ |

| 0739 | **싫어하다** [si-reo-ha-da] | 动 不喜欢，讨厌 ★★★★ |
| --- | --- | --- |
| | | 🎧 나는 목욕하는 것을 싫어해요. |
| | | [na-neun mo-gyok-ha-neun geo-seul si-reo-hae-yo] |
| | | 我不喜欢洗澡。 |

| 0740 | **심다** [sim-da] | 动 种植 ★★★☆ |
| --- | --- | --- |
| | | 🎧 그는 자신의 집 주변에 나무들을 심었어요. |
| | | [geu-neun ja-si-ne jip ju-byeo-ne na-mu-deul-reul si-meo-sseo-yo] |
| | | 他在自己家周围种了些树。 |

| 0741 | **심심하다** [sim-si-ma-da] | 形 无聊的 ★★★★ |
| --- | --- | --- |
| | | 🎧 집에서 혼자 텔레비전을 보면 너무 심심해요. |
| | | [ji-be-seo hon-ja tel-le-bi-jeo-neul bo-myeon neo-mu sim-si-mae-yo] |
| | | 一个人在家看电视很无聊。 |

| 0742 | **십** [sip] | 数 十 ★★★★ |
| --- | --- | --- |
| | | 🎧 삼 곱하기 십은 삼십이에요. |
| | | [sam go-pa-gi si-beun sam-si-bi-e-yo] |
| | | 三乘十等于三十。 |
| | | 近 열 十 |

| 0743 | **십이월** [si-bi-wol] | 名 十二月 ★★★★ |
| --- | --- | --- |
| | | 🎧 작년 십이월에 남자 친구를 처음 만났어요. |
| | | [jak-nyeon si-bi-wo-re nam-ja chin-gu-reul cheo-eum man-na-sseo-yo] |
| | | 我是在去年十二月第一次见到我男朋友的。 |

| 0744 | **십일월** [sip-i-rwol] | 名 十一月 ★★★★ |
| --- | --- | --- |
| | | 🎧 십일월에 첫눈이 내렸어요. |
| | | [si-bi-rwo-re cheot-nu-ni nae-ryeo-sseo-yo] |
| | | 在十一月下了初雪。 |

**0745 싱겁다** [sing-geop-da]
形 味道淡，无聊，寡淡
그 유자차는 맛이 싱겁지만 비싸요.
[geu yu-ja-cha-neun ma-si sing-geop-ja-man bi-ssa-yo]
那柚子茶味道淡，但是贵。

**0746 싸다** [ssa-da]
形 便宜的，猛烈的，快的
요즘 과일 값이 싸요.
[yo-jeum gwa-il gap-si ssa-yo]
最近水果便宜。

**0747 싸다** [ssa-da]
动 打包，包，包围，撒尿
저는 내일 캐나다에 가요. 그러나 아직 짐을 못 쌌어요.
[jeo-neun nae-il kae-na-da-e ga-yo][geu-reo-na a-jik ji-meul mot ssa-sseo-yo]
我明天去加拿大，但还没打包行李。

**0748 싸우다** [ssa-u-da]
动 争吵，打架，战斗
두 남자가 길거리에서 싸우고 있어요.
[du nam-ja-ga gil-geo-ri-e-seo ssa-u-go i-sseo-yo]
两名男子正在路上吵架。
近 다투다 争吵

**0749 쌀** [ssal]
名 大米
그것은 쌀로 만든 간식이에요.
[geu-geo-seun ssal-lo man-deun gan-si-gi-e-yo]
那是用大米做的零食。

**0750 쓰다** [sseu-da]
动 写，使用，戴（帽子），戴（眼镜）
숙제를 쓰고 한국 드라마를 봤어요.
[suk-je-reul sseu-go han-guk deu-ra-ma-reul bwa-sseo-yo]
写完作业后看了韩剧。

**0751 쓰다** [sseu-da]
形 苦的
이 커피는 좀 쓰지만 향기로워요.
[i keo-pi-neun jom sseu-ji-man hyang-gi-ro-wo-yo]
这咖啡虽然有点苦，但是很香。

0752 **씨** [ssi]
名 先生，小姐，种子，种，氏
수영 씨는 지금 사무실에 있어요.
[su-yeong ssi-neun ji-geum sa-mu-si-re i-sseo-yo]
秀英小姐现在在办公室。
★★★★

0753 **씻다** [ssit-da]
动 洗
컵을 좀 씻어 주세요.
[keo-beul jom ssi-seo ju-se-yo]
请帮忙洗一下杯子。
★★★★

# MEMO

**T O P I K**

좋은 시작은 성공의 반이다.
好的开始是成功的一半。

本书所有单词均采用三段式，即"单词分解（语速慢）/完整词汇（语速快）/中文解释"的方式录制。
例：춥．다（单词分解）/ 춥다（完整词汇）/ 冷（中文解释）

符号之后的韩语例句由韩籍老师朗读。

---

**0754 아가씨** [a-ga-ssi]
名 小姐，少奶奶，小姑子
내 뒤에 있는 아가씨를 보세요.
[nae dwi-e it-neun a-ga-ssi-reul bo-se-yo]
请看我后面的那位小姐。
★★★☆

**0755 아기** [a-gi]
名 婴儿
아기가 유모차에서 잘 자고 있어요.
[a-gi-ga yu-mo-cha-e-seo jal ja-go i-sseo-yo]
婴儿正在婴儿车里熟睡着。
近 소아 小孩 / 아가 小宝贝
★★★★

**0756 아까** [a-kka]
名 刚刚
아까 그를 만났어요.
[a-kka geu-reul man-na-sseo-yo]
刚刚和他见过面。
★★★★

**0757 아내** [a-nae]
名 妻子，太太
10년 전에 결혼하면서 아내와 약속했어요.
[sip nyeon jeo-ne gyeo-ron-ha-myeon-seo a-nae-wa yak-so-kae-sseo-yo]
十年前结婚的时候和妻子约定过。
近 처 妻 / 집사람 太太 / 마누라 太太 / 안사람 太太 / 와이프 老婆
★★★★

**0758 아니다** [a-ni-da]
形 不是
일본어 선생님이 아닙니다.
[il-bo-neo seon-saeng-ni-mi a-nip-ni-da]
不是日语老师。
★★★★

**0759 아니요** [a-ni-yo]
感 不是
비가 와요? 아니요, 비가 안 와요.
[bi-ga wa-yo] [a-ni-yo, bi-ga a nwa-yo]
在下雨吗？不，没有下雨。
★★★★

**0760 아들** [a-deul]
名 儿子
아들하고 같이 영화를 보고 쇼핑할 거예요.
[a-deul-ha-go ga-chi yeong-hwa-reul bo-go syo-ping-hal geo-ye-yo]
要和儿子一起逛街看电影。
近 자식 子女
★★★★

| 0761 | **아래** [a-rae] | 名 下面 <br> 🎧 우산이 의자 아래에 있어요. <br> [u-sa-ni ui-ja a-rae-e i-sseo-yo] <br> 雨伞在椅子下面。 | ★★★★ |

| 0762 | **아르바이트하다** [a-reu-bi-i-teu-ha-da] | 动 打工 <br> 🎧 주말에 편의점에서 아르바이트해요. <br> [ju-ma-re pyeo-ni-jeo-me-seo a-reu-ba-i-teu-hae-yo] <br> 周末在便利店打工。 | ★★★★ |

| 0763 | **아름답다** [a-reum-dap-da] | 形 美丽的 <br> 🎧 그 여자는 외모가 아름답고 공부도 잘해요. <br> [geu yeo-ja-neun oe-mo-ga a-reum-dap-go gong-bu-do ja-rae-yo] <br> 那女长得好看，功课也很好。 <br> 近 예쁘다 漂亮 | ★★★★ |

| 0764 | **아마** [a-ma] | 副 可能，大概 <br> 🎧 내일 아마 바쁠 거예요. <br> [nae-il a-ma ba-ppeul geo-ye-yo] <br> 明天可能会很忙。 | ★★★★ |

| 0765 | **아무** [a-mu] | 代 / 冠 任何人，谁，任何的 <br> 🎧 아무도 전화를 안 받았어요. <br> [a-mu-do jeo-nwa-reul an ba-ba-sseo-yo] <br> 没有人接电话。 | ★★★★ |

| 0766 | **아무리** [a-mu-ri] | 副 不管怎样，无论如何，就是 <br> 🎧 나는 아무리 바빠도 아침은 꼭 먹어요. <br> [na-neun a-mu-ri ba-ppa-do a-chi-meun kkok meo-geo-yo] <br> 我无论多忙都会吃早餐。 | ★★★★ |

| 0767 | **아버님** [a-beo-nim] | 名 父亲（아버지的敬语） <br> 🎧 그녀의 아버님이 검정 양복을 입고 계셨어요. <br> [geu-nyeo-e a-beo-ni-mi geom-jeong yang-bo-geul ip-go gye-syeo-sseo-yo] <br> 她的父亲穿着黑色西装。 | ★★★★ |

## 0768 아버지 [a-beo-ji]
名 父亲 ★★★★
🎧 아버지는 키가 작지만 동생은 커요.
[a-beo-ji-neun ki-ga jak-ji-man dong-saeng-eun keo-yo]
虽然父亲个子不高，但是弟弟很高。
近 부친 父亲 / 아빠 爸爸

## 0769 아빠 [a-ppa]
名 爸爸（多用于口语） ★★★★
🎧 아빠는 한국 사람이에요. 그리고 엄마도 한국 사람이에요.
[a-ppa-neun han-guk sa-ra-mi-e-yo][geu-ri-go eom-ma-do han-guk sa-ra-mi-e-yo]
我爸爸是韩国人，妈妈也是韩国人。
近 아버지 父亲

## 0770 아이 [a-i]
名 小孩 ★★★★
🎧 고등학교 여자 아이들은 겨울에도 치마를 입어요?
[go-deung-hak-gyo yeo-ja a-i-deu-reun gyeo-u-re-do chi-ma-reul i-beo-yo]
高中女孩子们在冬天也穿裙子吗？
近 새끼 小子

## 0771 아이스크림 [a-i-seu-keu-rim]
名 冰淇淋 ★★★☆
🎧 그 아이는 아이스크림을 먹고 있어요.
[geu a-i-neun a-i-seu-keu-ri-meul meok-go i-sseo-yo]
那孩子正在吃冰淇淋。

## 0772 아저씨 [a-jeo-ssi]
名 大叔 ★★★★
🎧 이 버스 기사 아저씨는 참 친절해요.
[i beo-seu gi-sa a-jeo-ssi-neun cham chin-jeo-rae-yo]
这位公交车司机大叔真亲切。

## 0773 아주 [a-ju]
副 很，非常 ★★★★
🎧 저는 가을과 겨울을 아주 좋아해요.
[jeo-neun ga-eul-gwa gyeo-u-reul a-ju jo-a-hae-yo]
我很喜欢秋天和冬天。
近 극히 极为 / 너무 太

| 0774 | **아주머니**<br>[a-ju-meo-ni] | 名 婶婶，叔母，大婶（아줌마的敬语）<br>🎧 아주머니, 사과 얼마예요?<br>[a-ju-meo-ni, sa-gwa eol-ma-ye-yo]<br>大婶，苹果多少钱？ | ★★★★ |

| 0775 | **아줌마**<br>[a-jum-ma] | 名 大婶<br>🎧 아줌마, 파인애플 하나 주세요.<br>[a-jum-ma, pa-i-nae-peul ha-na ju-se-yo]<br>大婶，请给我一个菠萝。 | ★★★★ |

| 0776 | **아직**<br>[a-jik] | 副 还，尚<br>🎧 그 식당의 삼계탕을 아직 안 먹어봤어요.<br>[geu sik-dang-e sam-gye-tang-eul a-jik an meo-geo-bwa-sseo-yo]<br>我还没吃过那家餐厅的参鸡汤。<br>近 여태 还 / 여전히 仍然 | ★★★☆ |

| 0777 | **아침**<br>[a-chim] | 名 早上，早餐<br>🎧 아침 9시부터 오후 5시까지 수업이 있어요.<br>[a-chim a-hop si-bu-teo o-hu da-seot si-kka-ji su-eo-bi isseo-yo]<br>从早上九点到下午五点都有课。 | ★★★★ |

| 0778 | **아파트**<br>[a-pa-teu] | 名 公寓大楼（apartment）<br>🎧 여름 방학 동안에 새 아파트로 이사했어요.<br>[yeo-reum bang-hak dong-a-ne sae a-pa-teu-ro i-sa-hae-sseo-yo]<br>暑假我搬进了新的公寓。 | ★★★☆ |

| 0779 | **아프다**<br>[a-peu-da] | 形 痛<br>🎧 오늘 다리가 아프기 때문에 학교에 못 가요.<br>[o-nuel da-ri-ga a-peu-gi ttae-mu-ne hak-gyo-e mot ga-yo]<br>今天腿很疼，没办法去学校。 | ★★★★ |

| 0780 | **아홉**<br>[a-hop] | 数 九<br>🎧 아침 아홉 시 반에 아침을 먹어요.<br>[a-chim a-hop si ba-ne a-chi-meul meo-geo-yo]<br>早上九点半吃早餐。 | ★★★★ |

| 0781 | **아흔**<br>[a-heun] | 数 九十<br>🎧 할아버지는 연세가 아흔이 넘으셨어요.<br>[ha-ra-beo-ji-neun yeon-se-ga a-heu-ni neo-meu-syeo-sseo-yo]<br>爷爷已经九十多岁了。 | ★★★★ |

| 0782 | **악기** [ak-gi] | 名 乐器 <br> 악기를 배우는 아이는 공부도 잘할까요? <br> [ak-gi-reul bae-u-neun a-i-neun gong-bu-do ja-ral-kka-yo] <br> 学乐器的孩子功课也会很好吗？ | ★★★☆ |
|---|---|---|---|
| 0783 | **안** [an] | 名 里面，内 <br> 옷장 안에 중요한 것이 있어요. <br> [ot-jang a-ne jung-yo-han geo-si i-sseo-yo] <br> 衣柜里有重要的东西。 | ★★★★ |
| 0784 | **안** [an] | 副 不 <br> 지금 날씨가 흐려서 사진이 잘 안 나올 거예요. <br> [ji-geum nal-ssi-ga heu-ryeo-seo sa-ji-ni jal an na-ol geo-ye-yo] <br> 现在是阴天，照相效果可能会不太好。 | ★★★★ |
| 0785 | **안개** [an-gae] | 名 雾，雾气 <br> 그 사람은 안개 때문에 길을 잃었어요. <br> [geu sa-ra-meun an-gae ttae-mu-ne gi-reul i-reo-sseo-yo] <br> 那个人因为雾迷路了。 | ★★★☆ |
| 0786 | **안경** [an-gyeong] | 名 眼镜 <br> 안경을 쓰고 있는 그 남자는 누구예요? <br> [an-gyeong-eul sseu-go it-neun geu nam-ja-neun nu-gu-ye-yo] <br> 那个戴眼镜的男子是谁？ | ★★★★ |
| 0787 | **안내** [an-nae] | 名 引导，介绍，指南，询问 <br> 그는 우리를 회의실로 안내했다. <br> [geu-neun u-ri-reul hoe-ui-sil-ro an-nae-haet-da] <br> 他领我们去了会议室。 | ★★★★ |
| 0788 | **안내문** [an-nae-mun] | 名 介绍文，说明文 <br> 병원 입구에 메르스 관련 안내문이 있어요. <br> [byeong-won ip-gu-e me-reu-seu gwan-ryeon an-nae-mu-ni i-sseo-yo] <br> 在医院入口有 MERS 疾病相关的说明文。 | ★★★☆ |
| 0789 | **안녕** [an-nyeong] | 名 安宁，安好 <br> 사회의 안녕을 유지해야 해요. <br> [sa-hoe-e an-nyeong-eul yu-ji-hae-ya hae-yo] <br> 必须维持社会安宁。 | ★★★★ |

### 0790 **안녕하다** [an-nyeong-ha-da]
形 安宁,安好的 ★★★★
할머니, 안녕하세요?
[hal-meo-ni, an-nyeong-ha-se-yo]
奶奶,您好吗?

### 0791 **안녕히** [an-nyeong-hi]
副 平安地 ★★★★
안녕히 가세요.
[an-nyeong-hi ga-se-yo]
请慢走(再见)。

### 0792 **앉다** [an-da]
动 坐 ★★★★
책상 앞에 오래 앉아 있지 말아요.
[chaek-sang a-pe o-rae an-ja it-ji ma-ra-yo]
请不要在书桌前坐太久。

### 0793 **알다** [al-da]
动 知道,认识 ★★★★
이 식당의 주인을 알아요?
[i sik-dang-e ju-i-neul a-ra-yo]
你认识这家餐厅的老板吗?

### 0794 **알맞다** [al-mat-da]
形 适当的,合适的 ★★★☆
알맞은 단어를 골라 쓰세요.
[al-ma-jeun da-neo-reul gol-la sseu-se-yo]
请选出适当的单词写下来。

### 0795 **앞** [ap]
名 前面 ★★★★
약국은 병원 앞에 있어요.
[yak-gu-geun byeong-won a-pe i-sseo-yo]
药房在医院前面。
反 뒤 后 / 전 前

### 0796 **애** [ae]
名 小孩,孩子,心思,操心,爱 ★★★★
나는 그 애들한테 신경을 안 써요.
[na-neun geu ae-deul-han-te sin-gyeong-eul an sseo-yo]
我不在意那些小孩子们。

### 0797 **애인** [ae-in]
名 爱人,情人,恋人 ★★★★
그는 고등학교 때의 애인과 결혼했어요.
[geu-neun go-deung-hak-gyo ttae-e ae-in-gwa gyeo-ron-hae-sseo-yo]
他和高中时的恋人结婚了。

**0798 앨범** [ael-beom]
名 专辑，相册（album） ★★★☆
🎧 그 가수의 앨범을 사고 싶어요.
[geu ga-su-e ael-beo-meul sa-go si-peo-yo]
我想买那名歌手的专辑。

**0799 야구** [ya-gu]
名 棒球 ★★★★
🎧 제 취미는 야구를 하는 것입니다.
[je chwi-mi-neun ya-gu-reul ha-neun geo-sip-ni-da]
我的兴趣是打棒球。

**0800 야채** [ya-chae]
名 蔬菜 ★★★★
🎧 그 아이는 야채를 잘 먹어요.
[geu a-i-neun ya-chae-reul jal meo-geo-yo]
那个孩子很喜欢吃蔬菜。

**0801 약** [yak]
名 药 ★★★★
🎧 식사 후에 약을 드세요.
[sik-sa hu-e ya-geul deu-se-yo]
请饭后服药。

**0802 약** [yak]
冠 大约 ★★★★
🎧 그는 약 5년 전에 눈수술을 했어요.
[geu-neun yak o nyeon jeo-ne nun-su-su-reul hae-sseo-yo]
他大约五年前做了眼睛手术。

**0803 약국** [yak-guk]
名 药房 ★★★★
🎧 약국에 가서 감기약을 사려고 해요.
[yak-gu-ge ga-seo gam-gi-ya-geul sa-ryeo-go hae-yo]
我想去药房买感冒药。

**0804 약속** [yak-sok]
名 约束，约定 ★★★★
🎧 저는 약속 시간보다 일찍 왔어요.
[jeo-neun yak-sok si-gan-bo-da il-jjik wa-sseo-yo]
我比约定时间早来了。

**0805 약속하다** [yak-so-ka-da]
动 约束，约定，约好 ★★★★
🎧 다시는 거짓말을 하지 않을 것을 약속합니다.
[da-si-neun geo-jit-ma-reul ha-ji a-neul geo-seul yak-so-kam-ni-da]
发誓不再说谎。

| 0806 | **양말** [yang-mal] | 名 袜子<br>그 양말을 신을 거예요.<br>[geu yang-ma-reul si-neul geo-ye-yo]<br>打算穿那双袜子。 | ★★★☆ |
|---|---|---|---|
| 0807 | **양복** [yang-bok] | 名 西服，西装<br>남자는 흰 양복을 입고 있어요.<br>[nam-ja-neun hin yang-bo-geul ip-go i-sseo-yo]<br>男子穿着白色西装。 | ★★★☆ |
| 0808 | **양파** [yang-pa] | 名 洋葱<br>요리할 때 양파를 넣으면 맛있어요.<br>[yo-ri-hal ttae yang-pa-reul neo-eu-myeon ma-si-sseo-yo]<br>做菜的时候放洋葱会很好吃。 | ★★★☆ |
| 0809 | **얘기** [yae-gi] | 名 谈话，聊天，故事（이야기的缩语）<br>제 얘기를 좀 들어 보세요.<br>[je yae-gi-reul jom deu-reo bo-se-yo]<br>请听我说。 | ★★★★ |
| 0810 | **어깨** [eo-kkae] | 名 肩膀<br>어깨하고 머리가 좀 아파요.<br>[eo-kkae-ha-go meo-ri-ga jom a-pa-yo]<br>我的肩膀和头有点疼。 | ★★★★ |
| 0811 | **어느** [eo-neu] | 冠 哪一<br>수영 씨는 어느 나라 사람이에요?<br>[su-yeong ssi-neun eo-neu na-ra sa-ra-mi-e-yo]<br>秀英你是哪国人？ | ★★★★ |
| 0812 | **어둡다** [eo-dup-da] | 形 黑暗的，视力不好的<br>이 집 조명이 어둡고 답답해요.<br>[i jip jo-myeong-i eo-dup-go dap-da-pae-yo]<br>这间屋里的灯很暗，感觉闷闷的。 | ★★★★ |
| 0813 | **어디** [eo-di] | 代 哪里<br>지금 어디에 가요?<br>[ji-geum eo-di-e ga-yo]<br>现在要去哪里？ | ★★★★ |

### 0814 어떤 [eo-tteon]
冠 有的，某，什么样的 ★★★★
🎧 이 문제에 대해 사장님은 **어떤** 생각을 가지고 있나요?
[i mun-je-e dae-hae sa-jang-ni-meun eo-tteon saeng-ga-geul ga-ji-go it-na-yo]
对于这个问题，社长有什么想法？

### 0815 어떻다 [eo-tteo-ta]
形 如何，怎么样？ ★★★★
🎧 신촌에서 인천공항까지 **어떻**게 가요?
[sin-cho-ne-seo in-cheon-gong-hang-kka-ji eo-tteo-ke ga-yo]
从新村怎么去仁川机场？

### 0816 어렵다 [eo-ryeop-da]
形 困难 ★★★★
🎧 **어렵**지만 함께 하면 힘이 생겨요.
[eo-ryeop-ji-man ham-kke ha-myeon hi-mi saeng-gyeo-yo]
虽然有困难，但一起做就会有力量。

### 0817 어린이 [eo-ri-ni]
名 儿童 ★★★★
🎧 조카에게 **어린이**날 선물을 사고 싶어요.
[jo-ka-e-ge eo-ri-ni-nal seon-mu-reul sa-go si-peo-yo]
我想给侄子买儿童节礼物。

### 0818 어머니 [eo-meo-ni]
名 母亲 ★★★★
🎧 **어머니** 생신 선물을 준비해요.
[eo-meo-ni saeng-sin seon-mu-reul jun-bi-hae-yo]
我在准备妈妈的生日礼物。

### 0819 어머님 [eo-meo-nim]
名 母亲（어머니的敬语） ★★★★
🎧 우리 **어머님**께서는 정말 좋으신 분이에요.
[u-ri eo-meo-nim-kke-seo jeong-mal jo-eu-sin bu-ni-e-yo]
我母亲人真的很好。

### 0820 어버이날 [eo-beo-i-nal]
名 双亲节 ★★★☆
🎧 **어버이날**은 5월 8일이에요.
[eo-beo-i-na-reun o-wol pa ri-ri-e-yo]
双亲节是五月八号。

### 0821 어서 [eo-seo]
副 赶快 ★★★★
🎧 **어서** 교실에 들어가요.
[eo-seo gyo-si-re deu-reo-ga-yo]
赶快进教室吧。

| 0822 | **어울리다** [eo-ul-li-da] | 动 适合，协调，融洽 |
|---|---|---|
| | | 이 코트는 나한테 잘 어울려요. |
| | | [i ko-teu-neun na-han-te jal eo-ul-lyeo-yo] |
| | | 这件外套很适合我。 |

★★★

| 0823 | **어제** [eo-je] | 名 昨天 |
|---|---|---|
| | | 어제 숙제를 하고 영화를 봤어요. |
| | | [eo-je suk-je-reul ha-go yeong-hwa-reul bwa-sseo-yo] |
| | | 昨天做完作业，然后看了电影。 |

★★★★

| 0824 | **어젯밤** [eo-jet-bam] | 名 昨晚 |
|---|---|---|
| | | 어젯밤에 비가 와서 나뭇잎이 많이 떨어졌어요. |
| | | [eo-jet-ba-me bi-ga wa-seo na-mu-ni-pi ma-ni tteo-reo-jyeo-sseo-yo] |
| | | 昨晚下雨，树叶掉落了很多。 |

★★★★

| 0825 | **언니** [eon-ni] | 名 姐姐（女生的姐姐） |
|---|---|---|
| | | 어제 언니가 한국에 왔어요. |
| | | [eo-je eon-ni-ga han-gu-ge wa-sseo-yo] |
| | | 昨天姐姐来韩国了。 |

★★★★

| 0826 | **언어** [eo-neo] | 名 语言 |
|---|---|---|
| | | 이게 어느 나라 언어예요? |
| | | [i-ge eo-neu na-ra eo-neo-ye-yo] |
| | | 这是哪个国家的语言？ |

★★★★

| 0827 | **언제** [eon-je] | 代 什么时候，何时 |
|---|---|---|
| | | 우리 언제 출발할까요? |
| | | [u-ri eon-je chul-ba-ral-kka-yo] |
| | | 我们什么时候出发呢？ |

★★★★

| 0828 | **언제나** [eon-je-na] | 副 总是，无论何时 |
|---|---|---|
| | | 영수 씨는 우리 반 학생 중 언제나 일찍 오는 사람이에요. |
| | | [yeong-su ssi-neun u-ri ban hak-saeng jung eon-je-na il-jjik o-neun sa-ra-mi-e-yo] |
| | | 英秀是我们班学生之中总是早到的人。 |

★★★★

| 0829 | **얻다** [eot-da] | 动 获得，取得，娶，借到 |
|---|---|---|
| | | 열심히 일하세요. 그러면 더 많이 얻을 거예요. |
| | | [yeol-si-mi i-ra-se-yo][geu-reo-myeon deo ma-ni eo-deul geo-ye-yo] |
| | | 认真工作，那么你会收获更多。 |

★★★★

### 0830 얼굴 [eol-gul] ★★★★
**名** 脸
🎧 세수한 후에 얼굴에 마스크 팩을 붙이세요.
[se-su-han hu-e eol-gu-re ma-seu-keu pae-geul bu-chi-se-yo]
洗完脸后请将面膜敷在脸上。

### 0831 얼마 [eol-ma] ★★★★
**名** 多少
🎧 이 맥주 값이 얼마예요?
[i maek-ju gap-si eol-ma-ye-yo]
这啤酒多少钱?

### 0832 얼마나 [eol-ma-na] ★★★★
**副** 多少,多么地
🎧 여기에서 병원까지 얼마나 걸려요?
[yeo-gi-e-seo byeong-won-kka-ji eol-ma-na geol-lyeo-yo]
从这里到医院要多长时间?

### 0833 엄마 [eom-ma] ★★★★
**名** 妈妈(用于比较不具敬意的情况)
🎧 모레는 우리 엄마의 회갑이에요.
[mo-re-neun u-ri eom-ma-e hoe-ga-bi-e-yo]
后天是我妈妈的六十大寿。
🔁 어머니 母亲

### 0834 없다 [eop-da] ★★★★
**动 / 形** 没有,无,不在
🎧 이 학교에는 외국 학생이 없어요.
[i hak-gyo-e-neun oe-guk hak-saeng-i eop-sseo-yo]
这所学校没有外国学生。

### 0835 에스프레소 [e-seu-peu-re-so] ★★★☆
**名** 意式浓缩咖啡(espresso)
🎧 나는 보통 에스프레소를 하루에 두 잔을 마셔요.
[na-neun bo-tong e-seu-peu-re-so-reul ha-ru-e du ja-neul ma-syeo-yo]
我通常一天喝两杯意式浓缩咖啡。

### 0836 에어컨 [e-eo-keon] ★★★☆
**名** 冷气,空调(air conditioner)
🎧 이 방에는 에어컨이 있어요.
[i bang-e-neun e-eo-keo-ni i-sseo-yo]
这房间有空调。

### 0837 엘리베이터 [el-li-be-i-teo] ★★★☆
**名** 电梯(elevator)
🎧 시계는 엘리베이터 옆에 있어요.
[si-gye-neun el-li-be-i-teo yeo-pe i-sseo-yo]
时钟在电梯旁边。

## 0838 여권 [yeo-gwon]
名 护照 ★★★★
실례지만, **여권** 신청은 어디에서 해야 해요?
[sil-re-ji-man, yeo-gwon sin-cheong-eun eo-di-e-seo hae-ya hae-yo]
打扰一下，请问应该在哪里申请护照？

## 0839 여기 [yeo-gi]
代 这里 ★★★★
**여기**는 여름에 비가 오고 더워요.
[yeo-gi-neun yeo-reu-me bi-ga o-go deo-wo-yo]
这里夏天下雨而且热。

## 0840 여기저기 [yeo-gi-jeo-gi]
名 到处 ★★★★
지난 토요일에 답답한 마음에 **여기저기** 돌아다녔어요.
[ji-nan to-yo-i-re dap-da-pan ma-eu-me yeo-gi-jeo-gi do-ra-da-nyeo-sseo-yo]
上星期六心情烦躁，所以到处逛了逛。

## 0841 여덟 [yeo-deol]
数 八 ★★★★
오늘은 **여덟** 시에 일어났어요.
[o-neu-reun yeo-deol si-e i-reo-na-sseo-yo]
今天是八点起床的。

## 0842 여동생 [yeo-dong-saeng]
名 妹妹 ★★★★
내일 막내 **여동생**과 같이 저녁을 먹을 거예요.
[nae-il mak-nae yeo-dong-saeng-gwa ga-chi jeo-nyeo-geul meo-geul geo-ye-yo]
明天要和最小的妹妹一起吃晚餐。

## 0843 여든 [yeo-deun]
数 八十 ★★★★
우리 학과에는 여학생이 **여든** 명 있어요.
[u-ri hak-gwa-e-neun eyo-hak-saeng-i yeo-deun myeong i-sseo-yo]
我们系有八十个女学生。

## 0844 여러 [yeo-reo]
冠 许多，不少，数个 ★★★★
그들은 **여러** 가지 물건을 팔아요.
[geu-deu-reun yeo-reo ga-ji mul-geo-neul pa-ra-yo]
他们贩卖各种物品。

## 0845 여러분 [yeo-reo-bun]
名 各位 ★★★★
**여러분**은 한국 친구가 있습니까?
[yeo-reo-bu-neun han-guk chin-gu-ga it-seup-ni-kka]
各位有韩国朋友吗？

## 0846 여름 [yeo-reum]
名 夏天
여름이 겨울보다 더 좋아요.
[yeo-reu-mi gyeo-ul-bo-da deo jo-a-yo]
夏天比冬天好。
★★★★

## 0847 여보세요 [yeo-bo-se-yo]
感 喂
여보세요? 이수영 씨 계세요?
[yeo-bo-se-yo, i-su-yeong ssi gye-se-yo]
喂，请问李秀英小姐在吗？
★★★★

## 0848 여섯 [yeo-seot]
数 六
사과는 여섯 개에 오천 원이에요.
[sa-gwa-neun yeo-seot gae-e o-cheon wo-ni-e-yo]
六个苹果五千韩元。
★★★★

## 0849 여자 [yeo-ja]
名 女子，女生
요즘은 여자 아이들도 태권도를 배워요.
[yo-jeu-meun yeo-ja a-i-deul-do tae-gwon-do-reul bae-wo-yo]
最近女孩子也会学跆拳道。
★★★★

## 0850 여학생 [yeo-hak-saeng]
名 女学生
그 여학생은 공부하러 도서관에 갔어요.
[geu yeo-hak-saeng-eun gong-bu-ha-reo do-seo-gwa-ne ga-sseo-yo]
那个女学生去图书馆读书了。
★★★★

## 0851 여행 [yeo-haeng]
名 旅行
여행을 가는 것을 기대해요.
[yeo-haeng-eul ga-neun geo-seul gi-dae-hae-yo]
很期待去旅行。
★★★★

## 0852 역 [yeok]
名 站
다음 역은 어디예요?
[da-eum yeo-geun eo-di-ye-yo]
下一站是哪里？
★★★★

## 0853 연결 [yeon-gyeol]
名 连接
그림을 보고 연결해 보세요.
[geu-ri-meul bo-go yeon-gyeo-rae bo-se-yo]
看图连连看。
★★★☆

| 0854 | **연극** [yeon-geuk] | 名 话剧，舞台剧 <br> 저는 대학로에서 연극을 보려고 해요. <br> [jeo-neun dae-hang-no-e-seo yeon-geu-geul bo-ryeo-go hae-yo] <br> 我想去大学路看话剧。 |  |
|---|---|---|---|
| 0855 | **연습** [yeon-seup] | 名 练习 <br> 토요일에 피아노 연습을 해요. <br> [to-yo-i-re pi-a-no yeon-seu-beul hae-yo] <br> 星期六练习钢琴。 |  |
| 0856 | **연필** [yeon-pil] | 名 铅笔 <br> 볼펜하고 연필을 주세요. <br> [bol-pen-ha-go yeon-pi-reul ju-se-yo] <br> 请给我圆珠笔和铅笔。 |  |
| 0857 | **연휴** [yeo-nyu] | 名 连假，连休 <br> 연휴에 이 컴퓨터를 쓰지 않았어요. <br> [yeo-nyu-e i keom-pyu-teo-reul sseu-ji a-na-sseo-yo] <br> 连休期间没有使用这台电脑。 |  |
| 0858 | **열** [yeol] | 名 十，列，热 <br> 감기에 걸렸어요. 그리고 열도 나요. <br> [gam-gi-e geol-lyeo-sseo-yo] [geu-ri-go yeol-do na-yo] <br> 我感冒还发烧。 |  |
| 0859 | **열다** [yeol-da] | 动 打开，开会 <br> 아파트 문을 열어 주세요. <br> [a-pa-teu mu-neul yeo-reo ju-se-yo] <br> 请帮忙打开公寓大楼的门。 | ★★★★ |
| 0860 | **열쇠** [yeol-soe] | 名 钥匙 <br> 버스에 열쇠를 두고 내렸어요. <br> [beo-seu-e yeol-soe-reul du-go nae-ryeo-sseo-yo] <br> 把钥匙忘在公交车上了。 |  |
| 0861 | **열심히** [yeol-si-mi] | 副 认真地，用心地，勤奋地 <br> 이제부터 일을 열심히 하세요. <br> [i-je-bu-teo i-reul yeol-si-mi ha-se-yo] <br> 请从现在起认真工作。 | ★★★★ |

| 0862 | **열흘** [yeo-reul] | 名 十天 <br> 🎧 사장님은 일본에 열흘 정도 있을 거예요. <br> [sa-jang-ni-meun il-bo-ne yeo-reul jeong-do i-sseul geo-ye-yo] <br> 社长会在日本待十天左右。 | ★★★★ |
|---|---|---|---|
| 0863 | **엽서** [yeop-seo] | 名 明信片 <br> 🎧 여동생은 집으로 엽서를 보냈어요. <br> [yeo-dong-saeng-eun ji-beu-ro yeop-seo-reul bo-nae-sseo-yo] <br> 妹妹往家里寄了明信片。 | ★★★☆ |
| 0864 | **영** [yeong] | 数 零，令，灵，营，永 <br> 🎧 '빵점'은 '영점'의 속된 말입니다. <br> ['ppang-jeo'-meun 'yeong-jeo'-me sok-doen ma-rip-ni-da] <br> "零蛋"是"零分"的俗语。 | ★★★★ |
| 0865 | **영국** [yeong-guk] | 名 英国 <br> 🎧 그는 영국의 유명한 축구 선수예요. <br> [geu-neun yeong-gu-ge yu-myeong-han chuk-gu seon-su-ye-yo] <br> 他是英国著名的足球运动员。 | ★★★☆ |
| 0866 | **영수증** [yeong-su-jeung] | 名 收据 <br> 🎧 병원에 갈 때 영수증을 꼭 받아요. <br> [byeong-wo-ne gal ttae yoeng-su-jeung-eul kkok ba-ba-yo] <br> 去医院时，请记得拿收据。 | ★★★★ |
| 0867 | **영어** [yeong-eo] | 名 英语 <br> 🎧 자기소개를 영어로 해 보세요. <br> [ja-gi-so-gae-reul yeong-eo-ro hae bo-se-yo] <br> 请用英语作一下自我介绍吧。 | ★★★★ |
| 0868 | **영하** [yeong-ha] | 名 零下 <br> 🎧 어제 최저 기온은 영하 10도였어요. <br> [eo-je choe-jeo gi-o-neun yeong-ha sip do-yeo-sseo-yo] <br> 昨天最低气温是零下十度。 | ★★★★ |
| 0869 | **영화** [yeong-hwa] | 名 电影 <br> 🎧 저게 무슨 영화예요? <br> [jeo-ge mu-seun yeong-hwa-ye-yo] <br> 那是什么类型的电影？ | ★★★★ |

## 0870 영화관 [yeong-hwa-gwan]
名 电影院
서울에는 많은 **영화관**이 있어요.
[seo-u-re-neun ma-neun yeong-hwa-gwa-ni i-sseo-yo]
首尔有许多电影院。
★★★★

## 0871 옆 [yeop]
名 旁边
남동생은 어머니 **옆**에 앉았어요.
[nam-dong-saeng-eun eo-meo-ni yeo-pe an-ja-sseo-yo]
弟弟坐在母亲旁边。
★★★★

## 0872 예 [ye]
感 是（肯定的回答词）
나나 씨는 회사원입니까? **예**, 맞습니다.
[na-na ssi-neun hoe-sa-won-ip-ni-kka] [ye, mat-seup-ni-da]
娜娜您是上班族吗？是，没错。
★★★★

## 0873 예쁘다 [ye-ppeu-da]
形 漂亮的
그녀는 인형처럼 **예뻐**요.
[geu-nyeo-neun i-nyeong-cheo-reom ye-ppeo-yo]
她像洋娃娃一样漂亮。
近 아름답다
★★★★

## 0874 예순 [ye-sun]
数 六十
그분은 **예순** 살 때 은퇴했다.
[geu-bu-neun ye-sun sal ttae eun-toe-haet-da]
他是在六十岁退休的。
★★★★

## 0875 예술 [ye-sul]
名 艺术
우리 나라의 유명한 **예술** 작품이에요.
[u-ri na-ra-e yu-myeong-han ye-sul jak-pu-mi-e-yo]
这是我们国家有名的艺术作品。
★★★☆

## 0876 예습 [ye-seup]
名 预习
수업 내용을 미리 **예습**하세요.
[su-eop nae-yong-eul mi-ri ye-seu-pa-se-yo]
请事先预习上课内容。
★★★★

## 0877 예약 [ye-yak]
名 预约
여행을 가기 전에 호텔을 **예약**해야 해요.
[yeo-haeng-eul ga-gi jeo-ne ho-te-reul ye-ya-kae-ya hae-yo]
去旅行之前应该先预订旅馆。
★★★★

| 0878 | **옛** [yet] | 冠 老，旧，古，以前的<br>🎧 저는 오늘 옛 친구를 만났어요.<br>[jeo-neun o-neul yet chin-gu-reul man-na-sseo-yo]<br>我今天遇到了老朋友。 | ★★★☆ |
|---|---|---|---|
| 0879 | **옛날** [yet-nal] | 名 以前，昔日，古时<br>🎧 옛날 옛날에 아기 돼지 삼형제가 살았어요.<br>[yet-nal yet-na-re a-gi dwae-ji sa-myeong-je-ga sa-ra-sseo-yo]<br>很久以前，有三只小猪生活在一起。 | ★★★★ |
| 0880 | **오** [o] | 数 五<br>🎧 어젯밤 아홉 시 오 분쯤에 잤어요.<br>[eo-jet-bam a-hop si o bun-jjeu-me ja-sseo-yo]<br>昨晚九点五分左右睡的。 | ★★★★ |
| 0881 | **오늘** [o-neul] | 名 今天<br>🎧 오늘 저녁에 친구하고 같이 백화점에서 쇼핑해요.<br>[o-neul jeo-nyeo-ge chin-gu-ha-go ga-chi bae-kwa-jeo-me-seo syo-ping-hae-yo]<br>今天晚上和朋友一起去百货公司购物。 | ★★★★ |
| 0882 | **오다** [o-da] | 动 来<br>🎧 이번 토요일에 우리 집에 놀러 오세요.<br>[i-beon to-yo-i-re u-ri ji-be nol-leo o-se-yo]<br>这个星期六来我家里玩吧。 | ★★★★ |
| 0883 | **오뎅** [o-deng] | 名 甜不辣，关东煮<br>🎧 떡볶이와 오뎅을 먹고 싶어요.<br>[tteok-bo-kki-wa o-deng-eul meok-go si-peo-yo]<br>想吃韩式炒年糕和甜不辣。 | ★★★☆ |
| 0884 | **오래** [o-rae] | 副 很久，长久<br>🎧 시간이 오래 걸리겠어요.<br>[si-ga-ni o-rae geol-li-ge-sseo-yo]<br>会花费很久时间。 | ★★★★ |
| 0885 | **오래간만** [o-rae-gan-man] | 名 好久，好久后<br>🎧 오래간만이에요. 요즘 어떻게 지냈어요?<br>[o-rae-gan-ma-ni-e-yo][yo-jeum eo-tteo-ke ji-nae-sseo-yo]<br>好久不见，最近过得如何？ | ★★★★ |

| 0886 | **오랜만** [o-raen-man] | 名 好久，好久后（오래간만的缩写） ★★★★ 정말 **오랜만**에 통화하는 것 같다. [jeong-mal o-raen-ma-ne tong-hwa-ha-neun geot gat-da] 好像很久没这么通电话了。 |

| 0887 | **오랫동안** [o-raet-dong-an] | 名 长久，长时间 ★★★★ 우리는 너무나 **오랫동안** 기다렸어요. [u-ri-neun neo-mu-na o-raet-dong-an gi-da-ryeo-sseo-yo] 我们等了很长时间。 |

| 0888 | **오렌지** [o-ren-ji] | 名 橙子 ★★★☆ 사과 다섯 개하고 **오렌지** 여섯 개를 샀어요. [sa-gwa da-seot gae-ha-go o-ren-ji yeo-seot gae-reul sa-sseo-yo] 买了五个苹果和六个橙子。 |

| 0889 | **오른손** [o-reun-son] | 名 右手 ★★★★ 왼손잡이가 꼭 **오른손**으로 글을 써요? [oen-son-ja-bi-ga kkok o-reun-so-neu-ro geul-reul sseo-yo] 左撇子一定会用右手写字吗？ |

| 0890 | **오른쪽** [o-reun-jjok] | 名 右边 ★★★★ 주차장은 백화점 **오른쪽**에 있어요. [ju-cha-jang-eun bae-kwa-jeom o-reun-jjo-ge i-sseo-yo] 停车场在百货公司右侧。 |

| 0891 | **오빠** [o-ppa] | 名 哥哥（女生的哥哥） ★★★★ 우리 **오빠**는 정말 잘 생겼어요. [u-ri o-ppa-neun jeong-mal jal saeng-gyeo-sseo-yo] 我的哥哥真的长得很帅。 |

| 0892 | **오월** [o-wol] | 名 五月 ★★★★ 저도 친구 중에 **오월**에 결혼하는 친구가 있어요. [jeo-do chin-gu jung-e o-wo-re gyeo-ron-ha-neun chin-gu-ga i-sseo-yo] 我也有朋友在五月结婚。 |

| 0893 | **오이** [o-i] | 名 黄瓜 ★★★☆ 저도 **오이** 김치를 만들고 싶어요. [jeo-do o-i gim-chi-reul man-deul-go si-peo-yo] 我也想做黄瓜泡菜。 |

初级 오~오이

| | | | |
|---|---|---|---|
| 0894 | **오전** [o-jeon] | 名 上午 🎧 오늘 오전에 비가 많이 왔어요. [o-neul o-jeo-ne bi-ga ma-ni wasseo-yo] 今天上午下了好多雨。 | ★★★★ |
| 0895 | **오후** [o-hu] | 名 下午 🎧 내일 오후에 친구하고 같이 영화관에 갈 거예요. [nae-il o-hu-e chin-gu-ha-go ga-chi yeong-hwa-gwa-ne gal geo-ye-yo] 明天下午要和朋友一起去电影院。 | ★★★★ |
| 0896 | **온도** [on-do] | 名 温度 🎧 오늘 온도는 어떻게 돼요? [o-neul on-do-neun eo-tteo-ke dwae-yo] 今天有多少度? | ★★★★ |
| 0897 | **올라가다** [ol-la-ga-da] | 动 上去，升高，涨价 🎧 손을 잡고 그 계단을 올라가 보세요. [so-neul jap-go geu gye-da-neul ol-la-ga bo-se-yo] 手牵手爬上那个楼梯吧。 | ★★★★ |
| 0898 | **올라오다** [ol-la-o-da] | 动 上来，升高，涨价 🎧 저는 어제 시골에서 올라왔어요. [jeo-neun eo-je si-go-re-seo ol-la-wa-sseo-yo] 我是昨天从乡下来的。 | ★★★★ |
| 0899 | **올해** [o-rae] | 名 今年 🎧 올해 소원은 제주도에 가보는 거예요. [o-rae so-wo-neun je-ju-do-e ga-bo-neun geo-ye-yo] 今年的愿望是去济州岛玩。 | ★★★★ |
| 0900 | **옷** [ot] | 名 衣服 🎧 예쁜 옷과 먹을 음식을 준비해요. [ye-ppeun ot-gwa meo-geul eum-si-geul jun-bi-hae-yo] 准备漂亮的衣服和要吃的食物。 | ★★★★ |
| 0901 | **옷장** [ot-jang] | 名 衣柜 🎧 제 방에는 옷장과 책상이 있어요. [je bang-e-neun ot-jang-gwa chaek-sang-i i-sseo-yo] 我的房间里有衣柜和书桌。 | ★★★★ |

| 单词进度表 | 학습스케줄 |

## 0902 **와이셔츠** [wa-i-syeo-cheu]
名 衬衫 ★★★
그는 흰색 와이셔츠를 입었어요.
[geu-neun hin-saek wa-i-syeo-cheu-reul i-beo-sseo-yo]
他穿了一件白衬衫。

## 0903 **왕** [wang]
名 王，国王 ★★★
프랑스 왕은 왕관을 쓰고 있었어요.
[peu-rang-seu wang-eun wang-gwa-neul sseu-go i-sseo-sseo-yo]
法国国王当时戴着王冠。

## 0904 **왜** [wae]
副 为什么 ★★★★
왜 일찍 일어나지 못해요?
[wae il-jjik i-reo-na-ji mo-tae-yo]
为什么不能早一点起床?

## 0905 **외국** [oe-guk]
名 外国 ★★★★
이 책을 읽으면 외국 역사를 알 수 있어요.
[i chae-geul il-geu-myeon oe-guk yeok-sa-reul al su i-sseo-yo]
读这本书可以了解外国历史。

## 0906 **외국어** [oe-gu-geo]
名 外国语 ★★★★
외국어를 잘 배우고 싶으면 어떻게 해야 해요?
[oe-gu-geo-reul jal bae-u-go si-peu-myeon eo-tteo-ke hae-ya hae-yo]
要怎么做才能学好外语呢?

## 0907 **외국인** [oe-gu-gin]
名 外国人 ★★★★
외국인들이 빌딩을 구경하러 북경 와요.
[oe-gu-gin-deu-ri il-gong-il bil-ding-eul gu-gyeong-ha-reo dae-ma-ne wa-yo]
很多外国人为了参观大楼来北京。

## 0908 **외삼촌** [oe-sam-chon]
名 舅舅 ★★★
외삼촌은 지금 해외에서 출장 중이에요.
[oe-sam-cho-neun ji-geum hae-oe-e-seo chul-jang jung-i-e-yo]
舅舅现在在海外出差。

## 0909 **외우다** [oe-u-da]
动 背，背诵 ★★★★
단어의 뜻을 잘 외우세요.
[da-neo-e tteu-seul jal oe-u-se-yo]
请背熟单词的意思。

125

### 0910 **외출** [oe-chul]
名 外出 ★★★☆
🎧 외출을 준비하고 있어요.
[oe-chu-reul jun-bi-ha-go i-sseo-yo]
正在准备出门。

### 0911 **외투** [oe-tu]
名 外套，大衣 ★★★☆
🎧 저는 외투를 입고 수업을 듣고 있어요.
[jeo-neun oe-tu-reul ip-go su-eo-beul deut-go i-sseo-yo]
我穿着外套听课。

### 0912 **왼손** [oen-son]
名 左手 ★★★★
🎧 나는 왼손으로 글을 써요.
[na-neun oen-so-neu-ro geul-reul sseo-yo]
我用左手写字。

### 0913 **왼쪽** [oen-jjok]
名 左边 ★★★★
🎧 교통 사고 후에 왼쪽 어깨가 자꾸 아파요.
[gyo-tong sa-go hu-e oen-jjok eo-kkae-ga ja-kku a-pa-yo]
发生车祸后，左边肩膀经常疼。

### 0914 **요금** [yo-geum]
名 费用 ★★★★
🎧 서울에서 북경까지 비행기 요금이 얼마예요?
[seo-u-re-seo dae-man-kka-ji bi-haeng-gi yo-geu-mi eol-ma-ye-yo]
从首尔到北京的飞机票多少钱？

### 0915 **요리** [yo-ri]
名 料理 ★★★★
🎧 우리 엄마는 요리를 너무 잘해요.
[u-ri eom-ma-neun yo-ri-reul neo-mu ja-rae-yo]
我妈妈很会做菜。

### 0916 **요리사** [yo-ri-sa]
名 厨师 ★★★★
🎧 저는 요리사가 너무 되고 싶어요.
[jeo-neun yo-ri-sa-ga neo-mu doe-go si-peo-yo]
我非常想当个厨师。

### 0917 **요일** [yo-il]
名 星期 ★★★★
🎧 오늘은 몇 월 며칠 무슨 요일이에요?
[o-neu-reun myeo dwol myeo-chil mu-seun yo-i-ri-e-yo]
今天是几月几号星期几？

## 0918 요즘 [yo-jeum]
名 最近 ★★★★
요즘 회사 일 때문에 너무 피곤해요.
[yo-jeum hoe-sa il ttae-mu-ne neo-mu pi-go-nae-yo]
最近因为公司的事很疲惫。

## 0919 용돈 [yong-don]
名 零用金，零用钱 ★★★☆
아빠가 용돈을 주셨어요.
[a-ppa-ga yong-do-neul ju-syeo-sseo-yo]
爸爸给了零用钱。

## 0920 우동 [u-dong]
名 乌龙面 ★★★☆
저는 우동과 초밥을 다 좋아해요.
[jeo-neun u-dong-gwa cho-ba-beul da jo-a-hae-yo]
乌龙面和寿司我都喜欢。

## 0921 우리 [u-ri]
名 我们 ★★★★
우리 집에서 새를 키우고 있어요.
[u-ri ji-be-seo sae-reul ki-u-go i-sseo-yo]
我们在家里养鸟。

## 0922 우산 [u-san]
名 雨伞 ★★★★
밖에 비가 올 것 같으니까 우산을 좀 가져가요.
[ba-ge bi-ga ol geot ga-teu-ni-kka u-sa-neul jom ga-jyeo-ga-yo]
外面好像要下雨了，带着雨伞吧。

## 0923 우유 [u-yu]
名 牛奶 ★★★★
점심 때 우유 한 잔을 마셨어요.
[jeom-sim ttae u-yu han ja-neul ma-syeo-sseo-yo]
午餐时喝了一杯牛奶。

## 0924 우체국 [u-che-guk]
名 邮局 ★★★★
오늘 우체국에 가서 편지를 보내요.
[o-nuel u-che-gu-ge ga-seo pyeon-ji-reul bo-nae-yo]
今天去邮局寄信。

## 0925 우표 [u-pyo]
名 邮票 ★★★★
문방구는 대부분 300원 짜리 우표만 팔고 있어요.
[mun-bang-gu-neun dae-bu-bun sam-bae-gwon jja-ri u-pyo-man pal-go i-sseo-yo]
大部分文具店只卖三百韩元的邮票。

| 0926 | **운동** [un-dong] | 名 运动 ★★★★ |
|---|---|---|
| | | 건강을 위해서 매일 아침 운동을 해요. |
| | | [geon-gang-eul wi-hae-seo mae-il a-chim un-dong-eul hae-yo] |
| | | 为了健康，每天早上做运动。|

| 0927 | **운동선수** [un-dong-seon-su] | 名 运动选手 ★★★★ |
|---|---|---|
| | | 남동생의 꿈은 운동선수가 되는 거예요. |
| | | [nam-dong-saeng-e kku-meun un-dong-seon-su-ga doe-neun geo-ye-yo] |
| | | 弟弟的梦想是成为运动员。|

| 0928 | **운동장** [un-dong-jang] | 名 运动场 ★★★★ |
|---|---|---|
| | | 아이들이 운동장에서 놀고 있어요. |
| | | [a-i-deu-ri un-dong-jang-e-seo nol-go i-sseo-yo] |
| | | 孩子们正在体育场玩。|

| 0929 | **운동화** [un-dong-hwa] | 名 运动鞋 ★★★★ |
|---|---|---|
| | | 편하고 시원하고 가벼운 운동화 한 켤레를 사고 싶어요. |
| | | [pyeo-na-go si-wo-na-go ga-byeo-un un-dong-hwa han kyeol-le-reul sa-go si-peo-yo] |
| | | 想买一双舒适、凉爽又轻盈的运动鞋。|

| 0930 | **운전** [un-jeon] | 名 运转，驾驶，驾车 ★★★★ |
|---|---|---|
| | | 술을 마시면 운전하지 마세요. |
| | | [su-reul ma-si-myeon un-jeo-na-ji ma-se-yo] |
| | | 请不要酒后驾驶。|

| 0931 | **운전면허증** [un-jeon-myeo-neo-jeung] | 名 驾照 ★★★☆ |
|---|---|---|
| | | 운전면허증이 없으면 운전할 수 없어요. |
| | | [un-jeon-myeo-neo-jeung-i oep-seu-myeon un-jeo-nal su eop-seo-yo] |
| | | 没有驾照就不能开车。|

| 0932 | **운전사** [un-jeon-sa] | 名 司机 ★★★★ |
|---|---|---|
| | | 모범 택시 운전사들은 영어를 말할 수 있어요. |
| | | [mo-beom taek-si un-jeon-sa-deu-reun yeong-eo-reul ma-ral su i-sseo-yo] |
| | | 模范出租车司机会讲英语。|

## 0933 운전자
[un-jeon-ja]

名 驾驶人

🎧 운전자 보험과 자동차 보험의 차이점이 뭐예요?
[un-jeon-ja bo-heom-gwa ja-dong-cha bo-heo-me cha-i-jeo-mi mwo-ye-yo]
驾驶人保险与汽车保险有什么差别呢?

★★★☆

## 0934 울다
[ul-da]

动 哭

🎧 동생들이 엄마가 없으면 울어요.
[dong-saeng-deu-ri eom-ma-ga eop-seu-myeon u-reo-yo]
只要妈妈不在，弟弟妹妹们就会哭。

★★★★

## 0935 움직이다
[um-ji-gi-da]

动 移动

🎧 지금은 발을 움직일 수 없어요.
[ji-geu-meun ba-reul um-ji-gil su eop-seo-yo]
现在无法移动脚步。

★★★★

## 0936 웃다
[ut-da]

动 笑

🎧 그 여자는 웃는 표정이 너무 예뻐요.
[geu yeo-ja-neun ut-neun pyo-jeong-i neo-mu ye-ppeo-yo]
那个女生的笑容非常漂亮。

★★★★

## 0937 원
[won]

名 韩元

🎧 이 옷 가격은 30만 원이에요.
[i ot ga-gyeo-geun sam-sip ma nwo-ni-e-yo]
这件衣服的价格是三十万韩元。

★★★★

## 0938 원피스
[won-pi-seu]

名 连衣裙

🎧 그녀는 원피스를 입고 있어요.
[geu-nyeo-neun won-pi-seu-reul ip-go i-sseo-yo]
她穿着一件连衣裙。

★★★☆

## 0939 원하다
[wo-na-da]

动 想要，希望

🎧 원하는 생일 선물이 뭐예요?
[wo-na-neun saeng-il seon-mu-ri mwo-ye-yo]
想要什么生日礼物?

★★★★

## 0940 월
[wol]

名 月

🎧 캐나다 단풍 구경은 몇 월이 좋아요?
[kae-na-da dan-pung gu-gyeong-eun myeo dwo-ri jo-a-yo]
几月份适合在加拿大赏枫呢?

★★★★

🎧 129

| 0941 | **월급** [wol-geup] | 名 月薪<br>그는 200만 원의 월급을 받아요.<br>[geu-neun i-baek ma nwo-ne wol-geu-beul ba-ba-yo]<br>他的月薪是两百万韩元。 | ★★★★ |
|---|---|---|---|
| 0942 | **월요일** [wo-ryo-il] | 名 星期一<br>월요일에 한국어 수업이 있어요.<br>[wo-ryo-i-re han-gu-geo su-eo-bi i-sseo-yo]<br>星期一有韩语课。 | ★★★★ |
| 0943 | **위** [wi] | 名 上面<br>케이크 위에 초가 있어요.<br>[ke-i-keu wi-e cho-ga isseo-yo]<br>蛋糕上面有蜡烛。 | ★★★★ |
| 0944 | **위험** [wi-heom] | 名 危险<br>설탕은 위험해요. 매일 단 것을 많이 먹으면 안 돼요.<br>[seol-tang-eun wi-heo-mae-yo][mae-il dan geo-seul ma-ni meo-geu-myeon an dwae-yo]<br>白糖很危险，不可以每天吃太多甜食。 | ★★★★ |
| 0945 | **유명** [yu-myeong] | 名 有名<br>이 근처의 유명한 식당이에요.<br>[i geun-cheo-e yu-myeong-han sik-dang-i-e-yo]<br>这是附近有名的一家餐厅。 | ★★★★ |
| 0946 | **유월** [yu-wol] | 名 六月<br>그 친구는 유월에 캐나다에 여행갈 거예요.<br>[geu chin-gu-neun yu-wo-re kae-na-da-e yeo-haeng-gal geo-ye-yo]<br>那个朋友打算六月去加拿大旅行。 | ★★★★ |
| 0947 | **유치원** [yu-chi-won] | 名 幼儿园<br>우리 아이의 유치원 원비는 한달에 20만 원이에요.<br>[u-ri a-i-e yu-chi-won won-bi-neun han-da-re i-sip ma nwon-i-e-yo]<br>我家孩子上幼儿园的费用是一个月二十万韩元。 | ★★★☆ |
| 0948 | **유학** [yu-hak] | 名 留学<br>미국에 유학 가기 위해서 영어를 배우고 있다.<br>[mi-guk-e yu-hak ga-gi wi-hae-seo yeong-eo-reul bae-u-go it-da]<br>为了去美国留学，正在学英语。 | ★★★★ |

| 0949 | 육<br>[yuk] | 数 六<br>저는 육 개월 동안 미국에서 살았어요.<br>[jeo-neun yuk gae-wol dong-an mi-gu-ge-seo sa-ra-sseo-yo]<br>我在美国住了六个月。 | ★★★★ |
|---|---|---|---|
| 0950 | 은행<br>[eu-naeng] | 名 银行<br>대학교 후배가 은행에서 일하고 있어요.<br>[dae-hak-gyo hu-bae-ga eu-naeng-e-seo i-ra-go isseo-yo]<br>大学学弟/学妹在银行工作。 | ★★★★ |
| 0951 | 음력<br>[eum-ryeok] | 名 农历<br>음력 4월 8일은 석가탄신일이에요.<br>[eum-ryeok sa-wol pa-ri-reun seok-ga-tan-si-ni-ri-e-yo]<br>农历四月八日是佛诞节。 | ★★★☆ |
| 0952 | 음식<br>[eum-sik] | 名 食物<br>음식을 낭비하지 마세요.<br>[eum-si-geul nang-bi-ha-ji ma-se-yo]<br>请不要浪费食物。 | ★★★★ |
| 0953 | 음식점<br>[eum-sik-jeom] | 名 餐馆，餐厅<br>이 근처에 좋은 프랑스 음식점이 있어요?<br>[i geun-cheo-e jo-eun peu-rang-seu eum-sik-jeo-mi i-sseo-yo]<br>这附近有没有不错的法国餐厅？ | ★★★☆ |
| 0954 | 음악<br>[eu-mak] | 名 音乐<br>음악을 들으면 기분을 전환할 수 있어요.<br>[eu-ma-geul deu-reu-myeon gi-bu-neul jeo-nwan-hal su isseo-yo]<br>听音乐可以转换心情。 | ★★★★ |
| 0955 | 의사<br>[ui-sa] | 名 医生<br>대부분 아이들은 치과 의사 선생님을 무서워해요.<br>[dae-bu-bun a-i-deu-reun chi-gwa ui-sa seon-saeng-ni-meul mu-seo-wo-hae-yo]<br>大部分小孩子都很怕牙科医生。 | ★★★★ |
| 0956 | 의자<br>[ui-ja] | 名 椅子<br>아빠가 나무로 의자를 만들었다.<br>[a-ppa-ga na-mu-ro ui-ja-reul man-deu-reot-da]<br>爸爸用木头做了椅子。 | ★★★★ |

| 0957 | 이 [i] | 名 牙齿 |
|---|---|---|
| | | 식사 후에 이를 닦아요. 좋은 습관이에요. |
| | | [sik-sa hu-e i-reul da-kka-yo] [jo-eun seup-gwa-ni-e-yo] |
| | | 饭后刷牙是很好的习惯。 |

0957 **이** [i] 名 牙齿 ★★★★
식사 후에 이를 닦아요. 좋은 습관이에요.
[sik-sa hu-e i-reul da-kka-yo] [jo-eun seup-gwa-ni-e-yo]
饭后刷牙是很好的习惯。

0958 **이** [i] 代 这个 ★★★★
이 사람은 왜 이래요?
[i sa-ra-meun wae i-rae-yo]
这个人怎么这样?

0959 **이** [i] 数 二 ★★★★
사무실은 이 층에 있어요.
[sa-mu-si-reun i cheung-e i-sseo-yo]
办公室在二楼。

0960 **이거** [i-geo] 代 这个（이것的口语） ★★★★
이거는 나나 씨의 일본어 책이에요.
[i-geo-neun na-na ssi-e il-bo-neo chae-gi-e-yo]
这是娜娜的日语书。

0961 **이것** [i-geot] 代 这个 ★★★★
이것은 매우 좋은 기회예요.
[i-geo-seun mae-u jo-eun gi-hoe-ye-yo]
这是很好的机会。

0962 **이곳** [i-got] 代 这个地方 ★★★★
이곳은 저녁 일곱 시에 문을 닫아요.
[i-go-seun jeo-nyeok il-gop si-e mu-neul da-da-yo]
这个地方晚上七点关门。

0963 **이날** [i-nal] 名 这一天 ★★★★
그 사람은 이날 아침에 여동생을 만났어요.
[geu sa-ra-meun i-nal a-chi-me yeo-dong-saeng-eul man-na-sseo-yo]
那个人在这一天早上去见了妹妹。

0964 **이따가** [i-tta-ga] 副 待会儿，等一下 ★★★★
이따가 가족들하고 같이 식당에서 식사해요.
[i-tta-ga ga-jok-deul-ha-go ga-chi sik-dang-e-seo sik-sa-hae-yo]
待会儿和家人一起去餐厅吃饭。

### 0965 **이때** [i-ttae]
名 这时，这个时候 ★★★★
🎧 지금 이때 아니면 할 수 없어요.
[ji-geum i-ttae a-ni-myeon hal su eop-seo-yo]
如果现在不做，就做不了了。

### 0966 **이렇다** [i-reo-ta]
形 这样的 ★★★★
🎧 여름 방학이 이렇게 빨리 끝났네요.
[yeo-reum bang-ha-gi i-reo-ke ppal-li kkeut-nat-ne-yo]
暑假这么快就结束了。

### 0967 **이름** [i-reum]
名 名字 ★★★★
🎧 아기 이름 때문에 고민을 많이 했어요.
[a-gi i-reum ttae-mu-ne go-mi-neul ma-ni hae-sseo-yo]
为了孩子的名字烦恼了很久。

### 0968 **이마** [i-ma]
名 额头 ★★★★
🎧 그 학생은 이마의 땀을 닦았어요.
[geu hak-saeng-eun i-ma-e tta-meul da-kka-sseo-yo]
那个学生擦了额头上的汗水。

### 0969 **이모** [i-mo]
名 阿姨，姨妈 ★★★★
🎧 제 이모가 정말 한국음식을 좋아해요.
[je i-mo-ga jeong-mal han-guk-eum-si-geul jo-a-hae-yo]
我的阿姨真的很喜欢韩国菜。

### 0970 **이번** [i-beon]
名 这次 ★★★★
🎧 이번 달에 시간이 있어요?
[i-beon da-re si-ga-ni i-sseo-yo]
这个月有时间吗？

### 0971 **이분** [i-bun]
代 这位 ★★★★
🎧 이분은 제 선생님이세요.
[i-bu-neun je seon-saeng-ni-mi-se-yo]
这位是我的老师。

### 0972 **이사하다** [i-sa-ha-da]
动 搬家 ★★★★
🎧 저는 시골 집으로 이사하고 싶어요.
[jeo-neun si-gol ji-beu-ro i-sa-ha-go si-peo-yo]
我想搬到乡下。

🎧 133

| 0973 | **이삿짐** [i-sat-jim] | 名 搬家的行李 <br> 이삿짐을 싸고 있어요. <br> [i-sat-ji-meul ssa-go i-sseo-yo] <br> 正在打包搬家的行李。 | ★★★☆ |
|---|---|---|---|
| 0974 | **이야기** [i-ya-gi] | 名 话，谈话，聊天，传说，故事 <br> 그 일에 대해 자세히 이야기해 주세요. <br> [geu i-re dae-hae ja-se-hi i-ya-gi-hae ju-se-yo] <br> 关于那件事，请仔细跟我说一说。 | ★★★★ |
| 0975 | **이월** [i-wol] | 名 二月 <br> 올해 이월에 미국 여행을 가려고 해요. <br> [o-rae i-wo-re mi-guk yeo-haeng-eul ga-ryeo-go hae-yo] <br> 打算今年二月去美国旅行。 | ★★★★ |
| 0976 | **이유** [i-yu] | 名 理由 <br> 날 돕지 않는 이유를 알고 싶어요. <br> [nal dop-ji an-neun i-yu-reul al-go si-peo-yo] <br> 想知道不帮我的理由。 | ★★★★ |
| 0977 | **이제** [i-je] | 名 现在 <br> 이제부터 한 마디도 안 할게요. <br> [i-je-bu-teo han ma-di-do a nal-ge-yo] <br> 从现在起不会说一句话。 | ★★★★ |
| 0978 | **이틀** [i-teul] | 名 两天 <br> 여기에서 호주까지 이틀 걸려요. <br> [yeo-gi-e-seo ho-ju-kka-ji i-teul geol-lyeo-yo] <br> 从这儿到澳洲要花两天时间。 | ★★★★ |
| 0979 | **인터넷** [in-teo-net] | 名 网上 <br> 인터넷으로 물건을 사 봤어요? <br> [in-teo-ne-seu-ro mul-geo-neul sa bwa-sseo-yo] <br> 试过网上购物吗？ | ★★★★ |
| 0980 | **일** [il] | 名 日，事，工作 <br> 마이클 씨는 무슨 일을 해요? <br> [ma-i-keul ssi-neun mu-seun i-reul hae-yo] <br> 请问麦克做什么工作？ | ★★★★ |

## 0981 **일** [il]
**数** 一 ★★★★
🎧 우리는 일 년에 두 번 가요.
[u-ri-neun il nyeo-ne du beon ga-yo]
我们一年去两次。

## 0982 **일곱** [il-gop]
**数** 七 ★★★★
🎧 어제 일곱 시간 동안 잤어요.
[eo-je il-gop si-gan dong-an ja-sseo-yo]
昨天睡了七小时。

## 0983 **일기** [il-gi]
**名** 日记，天气，一期 ★★★★
🎧 금요일에 일기 쓰기 숙제를 하세요.
[geum-yo-i-re il-gi sseu-gi suk-je-reul ha-se-yo]
请在星期五写日记作业。

## 0984 **일본** [il-bon]
**名** 日本 ★★★★
🎧 저는 일본 식당에서 먹고 싶어요.
[jeo-neun il-bon sik-dang-e-seo meok-go si-peo-yo]
我想在日本餐厅吃饭。

## 0985 **일본어** [il-bo-neo]
**名** 日语 ★★★★
🎧 저는 일본어 공부를 시작할 거예요.
[jeo-neun il-bo-neo gong-bu-reul si-ja-kal geo-ye-yo]
我打算开始学日语。

## 0986 **일식** [il-sik]
**名** 日式，日食，日蚀 ★★★☆
🎧 일식 식당은 비싸지만 맛있어요.
[il-sik sik-dang-eun bi-ssa-ji-man ma-si-sseo-yo]
日式餐厅虽然贵，但很好吃。

## 0987 **일어나다** [i-reo-na-da]
**动** 起床，发生 ★★★★
🎧 일찍 자고 일찍 일어나요.
[il-jjik ja-go il-jjik i-reo-na-yo]
早睡早起。

## 0988 **일요일** [i-ryo-il]
**名** 星期日 ★★★★
🎧 이번 일요일에 뭐 해요?
[i-beon i-ryo-i-re mwo hae-yo]
这个星期日要做什么？

### 0989 일월 [i-rwol]
名 一月 ★★★★
한국에서는 일월이 가장 추워요.
[han-gu-ge-seo-neun i-rwo-ri ga-jang chu-wo-yo]
在韩国，一月最冷。

### 0990 일주일 [il-ju-il]
名 一周 ★★★★
보통 일주일에 세 번 운동해요.
[bo-tong il-ju-i-re se beon un-dong-hae-yo]
一般一周运动三次。

### 0991 일찍 [il-jjik]
副 早早地 ★★★★
왜 일찍 극장에서 나와요?
[wae il-jjik geuk-jang-e-seo na-wa-yo]
为什么早早地从电影院出来？

### 0992 일하다 [i-ra-da]
动 工作 ★★★★
저는 지금 회사에서 일해요.
[jeo-neun ji-geum hoe-sa-e-seo i-rae-yo]
我现在在公司工作。

### 0993 일흔 [i-reun]
数 七十 ★★★★
나의 시어머니도 일흔이 넘으셨어요.
[na-e si-eo-meo-ni-do i-reu-ni neo-meu-syeo-sseo-yo]
我婆婆也已年过七十了。

### 0994 읽다 [ik-da]
动 阅读 ★★★★
내일 무슨 책을 읽을 거예요?
[nae-il mu-seun chae-geul il-geul geo-ye-yo]
明天要看什么书？

### 0995 잃다 [il-ta]
动 遗失 ★★★★
경찰이 잃은 물건을 찾아 줬어요.
[gyeong-cha-ri i-reun mul-geo-neul cha-ja jwo-sseo-yo]
警察帮忙找到了遗失的东西。

### 0996 잃어버리다 [i-reo-beo-ri-da]
动 遗失，丢 ★★★★
제 가방을 잃어버렸어요.
[je ga-bang-eul i-reo-beo-ryeo-sseo-yo]
我的包丢了。

### 0997 입
[ip]

名 嘴巴 ★★★★

마른 오징어를 너무 많이 먹어서 입이 좀 아파요.
[ma-reun o-jing-eo-reul neo-mu ma-ni meo-geo-seo i-bi jom a-pa-yo]
吃了太多鱿鱼丝，嘴有点痛。

### 0998 입구
[ip-gu]

名 入口，门口 ★★★★

저녁 7시에 극장 입구에서 만나요.
[jeo-nyeok il-gop si-e geuk-jang ip-gu-e-seo man-na-yo]
晚上七点在电影院门口见吧。

### 0999 입다
[ip-da]

动 穿 ★★★★

예쁜 옷을 입고 결혼식에 참석해요.
[ye-ppeun o-seul ip-go gyeo-ron-si-ge cham-seo-kae-yo]
穿漂亮的衣服去参加婚礼。

### 1000 있다
[it-da]

动 有 ★★★★

제 방에는 책상과 침대, 옷장이 있어요.
[je bang-e-neun chaek-sang-gwa chim-dae, ot-jang-i i-sseo-yo]
我的房间有书桌、床和衣柜。

### 1001 잊다
[it-da]

动 忘记 ★★★★

슬픈 기억을 잊고 싶어요.
[seul-peun gi-eo-geul it-go si-peo-yo]
我想忘掉悲伤的记忆。

### 1002 잊어버리다
[i-jeo-beo-ri-da]

动 忘掉 ★★★★

그 책의 내용을 다 잊어버렸어요.
[geu chae-ge nae-yong-eul da i-jeo-beo-ryeo-sseo-yo]
那本书的内容我全忘了。

### 1003 잎
[ip]

名 叶子 ★★★☆

가을에는 나무의 잎들이 노란색으로 변해요.
[ga-eu-re-neun na-mu-e ip-deu-ri no-ran-sae-geu-ro byeo-nae-yo]
秋天树叶会变成黄色。

本书所有单词均采用三段式，即"分解单词（语速慢）/ 完整词汇（语速快）/ 中文解释"的方式录制。
例：춥. 다（单词分解）/ 춥다（完整词汇）/ 冷（中文解释）
🎧 符号之后的韩语例句由韩籍老师朗读。

---

**1004 자기** [ja-gi]    名 自己    ★★★★
🎧 그는 **자기**보다 어려운 사람들을 돕고 살아요.
[geu-neun ja-gi-bo-da eo-ryeo-un sa-ram-deu-reul dop-go sa-ra-yo]
他总是帮助比自己更困难的人。

**1005 자다** [ja-da]    动 睡觉    ★★★★
🎧 운동하고 일하고 **자**요.
[un-dong-ha-go i-ra-go ja-yo]
运动，工作，然后睡觉。

**1006 자동차** [ja-dong-cha]    名 汽车    ★★★★
🎧 공항에서 시청까지 **자동차**로 시간이 얼마나 걸려요?
[gong-hang-e-seo si-cheong-kka-ji ja-dong-cha-ro si-ga-ni eol-ma-na geol-lyeo-yo]
从机场到市政府开车需要花多长时间？

**1007 자리** [ja-ri]    名 座位，位置    ★★★★
🎧 다 먹어도 먼저 **자리**에서 일어나지 마세요.
[da meo-geo-do meon-jeo ja-ri-e-seo i-reo-na-ji ma-se-yo]
吃完了也不要先离开座位。

**1008 자세하다** [ja-se-ha-da]    形 仔细的    ★★★★
🎧 방법을 **자세하**게 말해 줄게요.
[bang-beo-beul ja-se-ha-ge ma-rae jul-ge-yo]
我会仔细说明方法的。

**1009 자세히** [ja-se-hi]    副 仔细地    ★★★★
🎧 좀 **자세히** 말해 주세요.
[jom ja-se-hi ma-rae ju-se-yo]
请说得仔细一点。

**1010 자식** [ja-sik]    名 子女，孩子    ★★★☆
🎧 **자식**을 기르는 것은 힘든 일이에요.
[ja-si-geul gi-reu-neun geo-seun him-deun i-ri-e-yo]
养育子女是很辛苦的事。

**1011 자연** [ja-yeon]    名 / 副 自然    ★★★★
🎧 산에 가서 **자연**을 즐기고 싶어요.
[sa-ne ga-seo ja-yeo-neul jeul-gi-go si-peo-yo]
我想去山里享受大自然。

### 1012 **자유** [ja-yu]
名 自由
国民의 자유와 권리를 중시해요.
[guk-mi-ne ja-yu-wa gwon-li-reul jung-si-hae-yo]
重视国民的自由与权利。
★★★★

### 1013 **자장면** [ja-jang-myeon]
名 炸酱面
우리 오빠는 자장면을 아주 좋아해요.
[u-ri o-ppa-neun ja-jang-myeo-neul a-ju jo-a-hae-yo]
我哥哥很喜欢炸酱面。
★★★☆

### 1014 **자전거** [ja-jeon-geo]
名 自行车
자전거로 학교에 가요.
[ja-jeon-geo-ro hak-gyo-e ga-yo]
骑自行车去学校。
★★★★

### 1015 **자주** [ja-ju]
副 常常
직업을 너무 자주 바꾸지 말아요.
[ji-geo-beul neo-mu ja-ju ba-kku-ji ma-ra-yo]
不要经常换工作。
★★★★

### 1016 **자판기** [ja-pan-gi]
名 自动贩卖机
병원에 자판기가 없어요?
[byeong-wo-ne ja-pan-gi-ga eop-seo-yo]
医院没有自动贩卖机吗？
★★★★

### 1017 **작년** [jak-nyeon]
名 去年
요즘은 작년 날씨보다 안 추운 것 같아요.
[yo-jeu-meun jak-nyeon nal-ssi-bo-da an chu-un geot ga-ta-yo]
最近天气似乎没有去年冷。
★★★★

### 1018 **작다** [jak-da]
形 小，身高矮的
나는 키가 크고 말랐고 그는 키가 작고 뚱뚱해요.
[na-neun ki-ga keu-go mal-lat-go geu-neun ki-ga jak-go ttung-ttung-hae-yo]
我高高瘦瘦的，而他矮矮胖胖的。
★★★★

### 1019 **잔** [jan]
名 杯
아메리카노 한 잔 주세요.
[a-me-ri-ka-no han jan ju-se-yo]
请给我一杯美式咖啡。
★★★★

### 1020 잘 [jal]
副 好好地
여행 잘 다녀오세요.
[yeo-haeng jal da-nyeo-o-se-yo]
祝你旅行顺利。
★★★★

### 1021 잘하다 [ja-ra-da]
动 擅长，做得好
그녀는 운전을 잘해요.
[geu-nyeo-neun un-jeo-neul ja-rae-yo]
她开车开得很好。
近 능숙하다 擅长 / 익숙하다 熟练
★★★★

### 1022 잠 [jam]
名 睡觉
어제 잠을 못 잤어요.
[eo-je ja-meul mot ja-sseo-yo]
昨天没睡好。
★★★★

### 1023 잠깐 [jam-kkan]
名 / 副 一会儿，暂时
잠깐만 기다리세요.
[jam-kkan-man gi-da-ri-se-yo]
请等一下。
近 잠시 暂时
★★★★

### 1024 잠시 [jam-si]
名 / 副 暂时
비가 잠시 멈췄지만 밤에 비가 또 올 거예요.
[bi-ga jam-si meom-chwot-ji-man ba-me bi-ga tto ol geo-ye-yo]
虽然雨暂时停了，但是夜里会再下。
近 잠깐 暂时
★★★★

### 1025 잠자다 [jam-ja-da]
动 睡觉
저는 잠자고 싶지 않아요.
[jeo-neun jam-ja-go sip-ji a-na-yo]
我不想睡觉。
★★★★

### 1026 잡다 [jap-da]
动 抓，牵手
경찰이 범인을 잡았어요.
[gyeong-cha-ri beo-mi-neul ja-ba-sseo-yo]
警察抓到了犯人。
★★★★

| 单词进度表 | 학습스케줄

**1027 잡지** [jap-ji] ★★★★
名 杂志
도서관에서 여행 잡지를 봤어요.
[do-seo-gwa-ne-seo yeo-haeng jap-ji-reul bwa-sseo-yo]
在图书馆看了旅游杂志。

**1028 장** [jang] ★★★★
名 张，长，章，场，肠，市集
그 친구와 함께 사진 한 장을 찍었어요.
[geu chin-gu-wa ham-kke sa-jin han jang-eul jji-geo-sseo-yo]
和那个朋友一起照了张相。

**1029 장갑** [jang-gap] ★★★★
名 手套
그 여자는 장갑을 끼고 있어요.
[geu yeo-ja-neun jang-ga-beul kki-go i-sseo-yo]
那名女子戴着手套。

**1030 장난감** [jang-nan-gam] ★★★☆
名 玩具
이거는 장난감 총이에요.
[i-geo-neun jang-nan-gam chong-i-e-yo]
这是玩具枪。

**1031 장미** [jang-mi] ★★★☆
名 玫瑰花，蔷薇花
저는 장미 꽃을 제일 좋아해요.
[jeo-neun jang-mi kko-cheul je-il jo-a-hae-yo]
我最喜欢玫瑰花。

**1032 장소** [jang-so] ★★★★
名 场所，地点
'꽃 지도'에는 꽃이 피는 계절과 장소가 나와 있습니다.
['kkot ji-do'-e-neun kko-chi pi-neun gye-jeol-gwa jang-so-ga na-wa it-seup-ni-da]
"花朵地图"里有花朵盛开的季节与地点。

**1033 재미** [jae-mi] ★★★★
名 趣味，乐趣
일이 힘들지만 재미도 있어요.
[i-ri him-deul-ji-man jae-mi-do i-sseo-yo]
虽然工作辛苦，但很有趣。

**1034 재미없다** [jae-mi-eop-da] ★★★★
形 无趣，没意思
그 책은 매우 재미없어요.
[geu chae-geun mae-u jae-mi-eop-seo-yo]
那本书很无趣。

| 1035 | **재미있다** [jae-mi-it-da] | 形 有趣，有意思 <br> 🎧 그 영화는 너무 재미있어요. <br> [geu yeong-hwa-neun neo-mu jae-mi-i-sseo-yo] <br> 那部电影非常有趣。 <br> 反 재미없다 无趣 | ★★★★ |
|---|---|---|---|
| 1036 | **저** [jeo] | 名 我（比나更加谦卑的语气） <br> 🎧 저는 오늘 아침에 늦잠을 잤어요. <br> [jeo-neun o-neul a-chi-me neut-ja-meul ja-sseo-yo] <br> 我今天早上睡过头了。 | ★★★★ |
| 1037 | **저** [jeo] | 代 那 <br> 🎧 저 남자는 누구예요? <br> [jeo nam-ja-neun nu-gu-ye-yo] <br> 那名男子是谁呢？ | ★★★★ |
| 1038 | **저것** [jeo-geot] | 名 那个（远称） <br> 🎧 저것을 가져오세요. <br> [jeo-geo-seul ga-jyeo-o-se-yo] <br> 请把那个东西拿过来。 | ★★★★ |
| 1039 | **저기** [jeo-gi] | 代 那里（远称） <br> 🎧 저기에서 오른쪽으로 가세요. <br> [jeo-gi-e-seo o-reun-jjo-geu-ro ga-se-yo] <br> 请在那里右转。 | ★★★★ |
| 1040 | **저녁** [jeo-nyeok] | 名 晚餐，晚上 <br> 🎧 같이 저녁을 먹을래요? <br> [ga-chi jeo-nyeo-geul meo-geul-lae-yo] <br> 要一起吃晚餐吗？ | ★★★★ |
| 1041 | **저렇다** [jeo-reo-ta] | 形 那样的 <br> 🎧 저는 저렇게 살고 싶지 않아요. <br> [jeo-neun jeo-reo-ke sal-go sip-ji a-na-yo] <br> 我不想那样生活。 | ★★★★ |
| 1042 | **저분** [jeo-bun] | 代 那位 <br> 🎧 저분도 그 사실을 알고 계신가요? <br> [jeo-bun-do geu sa-si-reul al-go gye-sin-ga-yo] <br> 那位也知道这件事情吗？ | ★★★★ |

## 1043 저쪽 [jeo-jjok]
**名** 那边 ★★★★
🎧 매장은 저쪽에 있어요.
[mae-jang-eun jeo-jjo-ge i-sseo-yo]
卖场在那边。

## 1044 저희 [jeo-hi]
**名** 我们（比우리更加谦卑的语气） ★★★★
🎧 저희 가족을 소개할게요.
[jeo-hi ga-jo-geul so-gae-hal-ge-yo]
来介绍一下我的家人。

## 1045 적다 [jeok-da]
**动** 写，记 ★★★☆
🎧 대학교 동창들의 이름을 다 적었어요.
[dae-hak-gyo dong-chang-deu-re i-reu-meul da jeo-geo-sseo-yo]
记下了所有大学同学的名字。

## 1046 적다 [jeok-da]
**形** 少，低 ★★★★
🎧 그의 월급이 적어요.
[geu-e wol-geu-bi jeo-geo-yo]
他的月薪很少。

## 1047 전 [jeon]
**名** 前，之前，煎，全 ★★★★
🎧 대학교 입학 전에 뭘 해야 해요?
[dae-hak-gyo i-pak jeo-ne mwo rae-ya hae-yo]
大学入学前，要做什么？

## 1048 전자레인지 [jeon-ja-re-in-ji]
**名** 微波炉 ★★★☆
🎧 전자레인지를 사용하면 정말 건강에 안 좋아요?
[jeon-ja-re-in-ji-reul sa-yong-ha-myeon jeong-mal geon-gang-e an jo-a-yo]
使用微波炉真的对健康不好吗？

## 1049 전자사전 [jeon-ja-sa-jeon]
**名** 电子词典 ★★★★
🎧 전자사전을 주문하고 싶어요.
[jeon-ja-sa-jeo-neul ju-mu-na-go si-peo-yo]
我想订购电子词典。

## 1050 전철 [jeon-cheol]
**名** 电车，地铁 ★★★★
🎧 택시나 전철을 타면 돼요.
[taek-si-na jeon-cheo-reul ta-myeon dwae-yo]
坐出租车或地铁就可以了。

| 1051 | **전통** [jeon-tong] | 名 传统 ★★★☆ |
|---|---|---|
| | | 🎧 한국 전통 요리를 배울 거예요. |
| | | [han-guk jeon-tong yo-ri-reul bae-ul geo-ye-yo] |
| | | 打算学习做韩国传统料理。 |

1052 **전혀** [jeo-nyeo]　副 完全不，从不　★★★★
🎧 남동생은 전혀 운동을 하지 않아요.
[nam-dong-saeng-eun jeo-nyeo un-dong-eul ha-ji a-na-yo]
弟弟完全不运动。

1053 **전화** [jeo-nwa]　名 电话　★★★★
🎧 남편한테 전화를 걸어야 해요.
[nam-pyeo-nan-te jeo-nwa-reul geo-reo-ya hae-yo]
要给丈夫打电话。

1054 **전화기** [jeo-nwa-gi]　名 电话机　★★★★
🎧 침대 근처에는 전화기가 있어요.
[chim-dae geun-cheo-e-neun jeo-nwa-gi-ga i-sseo-yo]
床附近有电话。

1055 **전화번호** [jeo-nwa-beo-no]　名 电话号码　★★★★
🎧 회사 전화번호가 몇 번이에요?
[hoe-sa jeo-nwa-beo-no-ga myeot beo-ni-e-yo]
公司电话号码是多少？

1056 **점수** [jeom-su]　名 分数　★★★★
🎧 점수가 70점 정도밖에 안 돼요.
[jeom-su-ga chil-sip jeom jeong-do-ba-kke an dwae-yo]
分数只有七十分左右。

1057 **점심** [jeom-sim]　名 中午，午餐　★★★★
🎧 아침에 운동하고 점심에 친구를 만나고 10시에 자요.
[a-chi-me un-dong-ha-go jeom-si-me chin-gu-reul man-na-go yeol si-e ja-yo]
早上运动，中午去见朋友，然后十点睡觉。

1058 **접시** [jeop-si]　名 盘子　★★★☆
🎧 고기를 접시에 담아요.
[go-gi-reul jeop-si-e da-ma-yo]
把肉装到盘子里。

### 1059 젓가락 [jeot-ga-rak]
名 筷子 ★★★★
남동생은 왼손으로 젓가락을 사용해요.
[nam-dong-saeng-eun oen-so-neu-ro jeot-ga-ra-geul sa-yong-hae-yo]
弟弟用左手拿筷子。

### 1060 정도 [jeong-do]
名 程度，大约 ★★★★
저는 1주일에 세 번 정도 계란을 먹어요.
[jeo-neun il ju-i-re se beon jeong-do gye-ra-neul meo-geo-yo]
我一个星期大约吃三次鸡蛋。

### 1061 정류장 [jeong-ryu-jang]
名 公交车站，车站 ★★★★
세 번째 정류장에서 내려서 5분쯤 걸어가면 돼요.
[se beon-jjae jeong-nyu-jang-e-seo nae-ryeo-seo o-bun-jjeum geo-reo-ga-myeon dwae-yo]
在第三个公交车站下车再走五分钟左右即可。

### 1062 정리 [jeong-ri]
名 整理 ★★★★
서류를 번호대로 정리를 해서 보관해요.
[seo-ryu-reul beo-no-dae-ro jeong-ni-reul hae-seo bo-gwa-nae-yo]
按照号码整理文件进行保管。

### 1063 정말 [jeong-mal]
名 真的 ★★★★
그 말이 정말이에요?
[geu ma-ri jeong-ma-ri-e-yo]
你说的是真的吗？

### 1064 정말 [jeong-mal]
副 真的 ★★★★
제가 정말 미안해요.
[je-ga jeong-mal mi-a-nae-yo]
我真的很抱歉。

### 1065 젖다 [jeot-da]
动 被弄湿，淋，沾染 ★★★☆
젖은 옷을 입으면 옷이 몸에 붙어요.
[jeo-jeun o-seul i-beu-myeon o-si mo-me bu-teo-yo]
穿湿衣服，衣服会黏在身上。

### 1066 제 [je]
代 我的 ★★★★
제 아들은 아직 학생이에요.
[je a-deu-reun a-jik hak-saeng-i-e-yo]
我儿子还是学生。

**1067 제일** [je-il]

副 第一，最

내가 제일 좋아하는 운동은 스키예요.
[nae-ga je-il jo-a-ha-neun un-dong-eun seu-ki-ye-yo]
我最喜欢的运动是滑雪。

近 가장 最

**1068 조금** [jo-geum]

名 一点点

라면 스프에 소금이 많이 들어 있어요. 그래서 스프를 조금만 넣으면 돼요.
[ra-myeon seu-peu-e so-geu-mi ma-ni deu-reo i-sseo-yo][geu-rae-seo seu-peu-reul jo-geum-man neo-eu-myeon dwae-yo]
泡面调味料里有很多盐，所以加一点点调味料即可。

近 약간 一些

**1069 조금** [jo-geum]

副 稍微，有点

머리가 조금 아파서 일찍 자야겠다.
[meo-ri-ga jo-geum a-pa-seo il-jjik ja-ya-get-da]
头有点痛，得早一点睡了。

近 좀 稍微

**1070 조심하다** [jo-si-ma-da]

动 小心

비가 올 때 조심해서 집에 가세요.
[bi-ga ol ttae jo-si-mae-seo ji-be ga-se-yo]
下雨天回家请小心。

**1071 조용하다** [jo-yong-ha-da]

形 安静，平静，文静

방이 너무 조용해요.
[bang-i neo-mu jo-yong-hae-yo]
房间太安静了。

**1072 조용히** [jo-yong-hi]

副 安静地，平静地，文静地

잠시만 조용히 해 주세요.
[jam-si-man jo-yong-hi hae ju-se-yo]
请暂时保持安静。

**1073 졸업** [jo-reop]

名 毕业

졸업 선물로 뭐 주는 것이 좋을까요?
[jo-reop seon-mul-lo mwo ju-neun geo-si jo-eul-kka-yo]
毕业礼物送什么好呢？

| 1074 | **졸업식**<br>[jo-reop-sik] | 名 毕业典礼<br>🎧 그는 바빠서 졸업식에 못 와요.<br>[geu-neun ba-ppa-seo jo-reop-si-ge mo dwa-yo]<br>他太忙了，没办法来参加毕业典礼。 | ★★★ |

| 1075 | **좀**<br>[jom] | 副 稍微<br>🎧 이곳을 좀 소개해 주세요.<br>[i-go-seul jom so-gae-hae ju-se-yo]<br>请介绍一下这个地方。<br>同 조금 稍微 | ★★★★ |

| 1076 | **좁다**<br>[jop-da] | 形 狭窄的<br>🎧 이 방은 아주 좁아요.<br>[i bang-eun a-ju jo-ba-yo]<br>这个房间很狭窄。 | ★★★★ |

| 1077 | **종업원**<br>[jong-eo-bwon] | 名 从业员，员工，服务员<br>🎧 이 간장 공장에 종업원이 몇 명 있어요?<br>[i gan-jang gong-jang-e jong-eo-bwo-ni myeot myeong i-sseo-yo]<br>这家酱油工厂有多少员工？ | ★★★ |

| 1078 | **종이**<br>[jong-i] | 名 纸张<br>🎧 종이에 이름을 쓰세요.<br>[jong-i-e i-reu-meul sseu-se-yo]<br>请在纸上写名字。 | ★★★★ |

| 1079 | **좋다**<br>[jo-ta] | 形 好的<br>🎧 요즘 무슨 한국 노래가 좋아요?<br>[yo-jeum mu-seun han-guk no-rae-ga jo-a-yo]<br>最近有什么好听的韩语歌吗？ | ★★★★ |

| 1080 | **좋아하다**<br>[jo-a-ha-da] | 动 喜欢<br>🎧 한국 음식을 좋아해요.<br>[han-guk eum-si-geul jo-a-hae-yo]<br>喜欢韩国料理。 | ★★★★ |

| 1081 | **죄송하다**<br>[joe-song-ha-da] | 形 抱歉，对不起，愧疚<br>🎧 죄송합니다. 배송을 너무 늦게 해서 죄송해요.<br>[joe-song-hap-ni-da][bae-song-eul neo-mu neut-ge hae-seo joe-song-hae-yo]<br>对不起。这么晚才送到，真是抱歉。 | ★★★★ |

| 1082 | **주** [ju] | 名 周，主，股份，州 <br> 이번 **주**는 너무 바빴어요. <br> [i-beo ju-neun neo-mu ba-ppa-sseo-yo] <br> 这周太忙了。 | ★★★★ |

| 1083 | **주다** [ju-da] | 动 给 <br> 지우개를 좀 **주**세요. <br> [ji-u-gae-reul jom ju-se-yo] <br> 请给我橡皮擦 | ★★★★ |

| 1084 | **주말** [ju-mal] | 名 周末 <br> 다음 주 **주말**에 방을 예약하고 싶어요. <br> [da-eum ju ju-ma-re bang-eul ye-yak-ha-go si-peo-yo] <br> 我想预约下周末的房间。 | ★★★★ |

| 1085 | **주문** [ju-mun] | 名 点餐，订购 <br> 인터넷으로 노트북을 **주문**하고 싶어요. <br> [in-teo-ne-seu-ro no-teu-bu-geul ju-mu-na-go si-peo-yo] <br> 我想在网上订购笔记本电脑。 | ★★★★ |

| 1086 | **주변** [ju-byeon] | 名 周围，四周，周边 <br> 의자 세 개가 탁자 **주변**에 있어요. <br> [ui-ja se gae-ga tak-ja ju-byeo-ne i-sseo-yo] <br> 桌子周围有三张椅子。 | ★★★★ |

| 1087 | **주부** [ju-bu] | 名 主妇 <br> 많은 **주부**들이 설날 전에 대청소해요. <br> [ma-neun ju-bu-deu-reun seol-nal jeo-ne dae-cheong-so-hae-yo] <br> 许多主妇在春节前大扫除。 | ★★★★ |

| 1088 | **주사** [ju-sa] | 名 注射，打针 <br> 동생이 감기에 걸려서 **주사**를 맞고 약을 먹었다. <br> [dong-saeng-i gam-gi-e geol-lyeo-seo ju-sa-reul mat-go ya-geul meo-geot-da] <br> 弟弟因为感冒打针吃药了。 | ★★★☆ |

| 1089 | **주소** [ju-so] | 名 地址，住址 <br> **주소**를 가지고 그 친구의 집을 찾을 수 있을까요? <br> [ju-so-reul ga-ji-go geu chi-gu-e ji-beul cha-jeul su i-sseul-kka-yo] <br> 凭地址找得到那朋友的家吗？ | ★★★★ |

**1090** **주스** [ju-seu]  名 果汁  ★★★★
🎧 생과일 주스는 몸에 좋아요.
[saeng-gwa-il ju-seu-neun mo-me jo-a-yo]
新鲜的果汁有益于身体。

**1091** **주유소** [ju-yu-so]  名 加油站  ★★★★
🎧 주유소에서 아르바이트를 하고 싶어요.
[ju-yu-so-e-seo a-reu-ba-i-teu-reul ha-go si-peo-yo]
想在加油站打工。

**1092** **주인** [ju-in]  名 主人，老板  ★★★★
🎧 주인이 그 말을 듣지 못했어요.
[ju-i-ni geu ma-reul deut-ji mo-tae-sseo-yo]
老板没听到那段话。

**1093** **주일** [ju-il]  名 周  ★★★★
🎧 이번 주일에 주차장 공사를 해요.
[i-beon ju-i-re ju-cha-jang gong-sa-reul hae-yo]
这周停车场施工。

**1094** **주차** [ju-cha]  名 停车  ★★★★
🎧 가게 앞에 주차하지 마세요.
[ga-ge a-pe ju-cha-ha-ji ma-se-yo]
请不要在商店门口停车。

**1095** **주차장** [ju-cha-jang]  名 停车场  ★★★★
🎧 제일 가까운 주차장에 가요.
[je-il ga-kka-un ju-cha-jang-e ga-yo]
去最近的停车场吧。

**1096** **주황색** [ju-hwang-saek]  名 橘色  ★★★★
🎧 당근은 대부분 주황색이에요.
[dang-geu-neun dae-bu-bun ju-hwang-sae-gi-e-yo]
胡萝卜大部分都是橘色的。

**1097** **죽다** [juk-da]  动 死，灭，熄，泄气，丧失  ★★★★
🎧 이번 교통 사고로 많은 사람들이 다치거나 죽었다.
[i-beon gyo-tong sa-go-ro ma-neun sa-ram-deu-ri da-chi-geo-na ju-geot-da]
因为这次交通事故，有很多人受伤或死亡。

### 1098 준비하다 [jun-bi-ha-da] ★★★★
**动** 准备
시험을 **준비하**는 것 때문에 바빠요.
[si-heo-meul jun-bi-ha-neun geot ttae-mu-ne ba-ppa-yo]
在准备考试，所以很忙。

### 1099 중국 [jung-guk] ★★★★
**名** 中国
이 면세점에는 **중국** 관광객들이 많아요.
[i myeon-se-jeo-me-neun jung-guk gwan-gwang-gaek-deu-ri ma-na-yo]
这家免税店里有很多中国游客。

### 1100 중국집 [jung-guk-jip] ★★★☆
**名** 中国餐馆，中餐厅
그 남자는 **중국집**에서 일했어요.
[geu nam-ja-neun jung-guk-ji-be-seo i-rae-sseo-yo]
那名男子曾在中国餐馆工作过。

### 1101 중급 [jung-geup] ★★★★
**名** 中级
**중급** 이상의 한국어 실력이에요.
[jung-geup i-sang-e han-gu-geo sil-lyeo-gi-e-yo]
具有中级以上的韩语实力。

### 1102 중요 [jung-yo] ★★★★
**名** 重要
가족과의 대화가 **중요**하다고 생각해요.
[ga-jok-gwa-e dae-hwa-ga jung-yo-ha-da-go saeng-ga-kae-yo]
我觉得家人间的对话很重要。

### 1103 중학교 [jung-hak-gyo] ★★★☆
**名** 初中
그는 **중학교** 다닐 때 선생님 말씀을 잘 들었어요.
[geu-neun jung-hak-gyo da-nil ttae seon-saeng-nim mal-sseu-meul jal deu-reo-sseo-yo]
他在上初中的时候，很听老师的话。

### 1104 즐겁다 [jeul-geop-da] ★★★★
**形** 愉快的，欢乐的
**즐거운** 크리스마스를 보내세요.
[jeul-geo-un keu-ri-seu-ma-seu-reul bo-nae-se-yo]
祝圣诞节愉快。

### 1105 즐기다 [jeul-gi-da] ★★★★
**动** 喜欢，热爱，享受
사람들이 이 공원에서 휴식을 **즐기**고 있어요.
[sa-ram-deu-ri i gong-wo-ne-seo hyu-si-geul jeul-gi-go i-sseo-yo]
人们喜欢在这个公园休息。

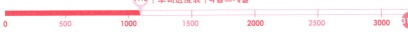

| 1106 | **지각** [ji-gak] | 名 迟到，知觉 ★★★<br>🎧 오늘 학교에 또 지각했어요.<br>[o-neul hak-gyo-e tto ji-ga-kae-sseo-yo]<br>今天上学又迟到了。 |

| 1107 | **지갑** [ji-gap] | 名 钱包，皮夹 ★★★★<br>🎧 제가 지갑을 잃어버렸어요.<br>[je-ga ji-ga-beul i-reo-beo-ryeo-sseo-yo]<br>我遗失了钱包。 |

| 1108 | **지금** [ji-geum] | 名 现在 ★★★★<br>🎧 지금 들어가면 너무 늦어요.<br>[ji-geum deu-reo-ga-myeon neo-mu neu-jeo-yo]<br>现在进去太晚了。 |

| 1109 | **지난달** [ji-nan-dal] | 名 上个月 ★★★★<br>🎧 그는 지난달 20일에 운동회를 참가했어요.<br>[geu-neun ji-nan-dal i-sip i-re un-dong-hoe-reul cham-ga-hae-sseo-yo]<br>他上个月二十号参加了运动会。 |

| 1110 | **지난번** [ji-nan-beon] | 名 上次 ★★★★<br>🎧 지난번 시험은 어려웠지만 이번 시험은 쉬워요.<br>[ji-nan-beon si-heo-meun eo-ryeo-wot-ji-man i-beon si-heo-meun swi-wo-yo]<br>上次考试很难，但这次考试很简单。 |

| 1111 | **지난주** [ji-nan-ju] | 名 上周 ★★★★<br>🎧 저는 지난주 목요일에 영화를 봤어요.<br>[jeo-neun ji-nan-ju mo-gyo-i-re yeong-hwa-reul bwa-sseo-yo]<br>我上周四看了电影。 |

| 1112 | **지난해** [ji-na-nae] | 名 去年，上一年 ★★★★<br>🎧 저는 지난해 말에 이사했어요.<br>[jeo-neun ji-na-nae ma-re i-sa-hae-sseo-yo]<br>我是在去年年底搬家的。 |

| 1113 | **지내다** [ji-nae-da] | 动 过日子 ★★★★<br>🎧 요즘 어떻게 지내요?<br>[yo-jjeum eo-tteo-ke ji-nae-yo]<br>最近过得如何？ |

🎧 151

**1114 지도** [ji-do]
名 地图，指导，地道 ★★★★
전자 지도를 보고 길을 찾아요.
[jeon-ja ji-do-reul bo-go gi-reul cha-ja-yo]
看着电子地图找路。

**1115 지우개** [ji-u-gae]
名 橡皮擦 ★★★★
그림을 그려요. 지우개가 없으면 아주 불편해요.
[geu-ri-meul geu-ryeo-yo][ji-u-gae-ga eop-seu-myeon a-ju bul-pyeo-nae-yo]
我在画图，如果没有橡皮擦会很不方便。

**1116 지우다** [ji-u-da]
动 擦掉，去除 ★★★★
물걸레로 낙서를 지우려고 해요.
[mul-geol-le-ro nak-seo-reul ji-u-ryeo-go hae-yo]
打算用湿抹布擦掉涂鸦。

**1117 지키다** [ji-ki-da]
动 遵守，维持，守护，保持 ★★★★
약속을 지키지 않으면 그분이 화를 낼 거예요.
[yak-so-geul ji-ki-ji a-neu-myeon geu-bu-ni hwa-reul nael geo-ye-yo]
如果不遵守约定，他会生气。

**1118 지하** [ji-ha]
名 地下 ★★★★
차를 지하 2층에 세워요.
[cha-reul ji-ha i cheung-e se-wo-yo]
把车停在地下二层吧。

**1119 지하도** [ji-ha-do]
名 地下通道 ★★★☆
지하철 지하도로 건너세요.
[ji-ha-cheol ji-ha-do-ro geon-neo-se-yo]
请从地铁的地下通道过马路。

**1120 지하철** [ji-ha-cheol]
名 地铁 ★★★★
집에 지하철로 가요.
[ji-be ji-ha-cheol-lo ga-yo]
坐地铁回家。

**1121 지하철역** [ji-ha-cheo-ryeok]
名 地铁站 ★★★★
우리는 지하철역에서 만났어요.
[u-ri-neun ji-ha-cheo-ryeo-ge-seo man-na-sseo-yo]
我们是在地铁站见面的。

## 1122 직업 [ji-geop]
名 职业 ★★★★
제가 좋아하는 **직업**은 영어 선생님이에요.
[je-ga jo-a-ha-neun ji-geo-beun yeong-eo seon-saeng-ni-mi-e-yo]
我喜欢的**职业**是英语老师。

## 1123 직원 [ji-gwon]
名 职员 ★★★★
**직원**이 몇 명이에요?
[ji-gwo-ni myeot myeong-i-e-yo]
有多少**职员**?

## 1124 진짜 [jin-jja]
名 真的 ★★★★
그 이야기가 **진짜**입니까?
[geu i-ya-gi-ga jin-jja-ip-ni-kka]
那件事是**真的**吗?

## 1125 진짜 [jin-jja]
副 真的 ★★★★
저는 영화를 **진짜** 좋아해서 극장에 일주일에 한 번 와요.
[jeo-neun yeong-hwa-reul jin-jja jo-a-hae-seo geuk-jang-e il-ju-i-re han beon wa-yo]
我**真**的很喜欢电影,所以一周去一次电影院。

## 1126 질문 [jil-mun]
名 问,询问,提问,质问 ★★★★
그는 **질문**에 **질문**으로 대답했어요.
[geu-neun jil-mu-ne jil-mu-neu-ro dae-da-pae-sseo-yo]
他用**问**问方式回答了**问题**。

## 1127 짐 [jim]
名 行李,责任,负担 ★★★☆
**짐**을 하나 더 넣어도 돼요.
[ji-meul ha-na deo neo-eo-do dwae-yo]
再放一个**行李**也可以。

## 1128 집 [jip]
名 家,房子,店 ★★★★
저녁 7시 반에 **집**에 가요.
[jeo-nyeok il-gop si ba-ne ji-be ga-yo]
晚上七点半回**家**。

## 1129 짜다 [jja-da]
形 咸 ★★★★
국을 너무 오래 끓이면 **짜**요.
[gu-egul neo-mu o-rae kkeu-ri-myeon jja-yo]
汤煮得太久会很**咸**。

| 1130 | **짜다** [jja-da] | 动 组织，制作，规划，榨，挤 ★★★☆ |
| --- | --- | --- |
| | | 나는 여행 스케줄을 짜고 있어요. |
| | | [na-neun yeo-haeng seu-ke-ju-reul jja-go i-sseo-yo] |
| | | 我正在规划旅行行程。 |

| 1131 | **짧다** [jjal-da] | 形 短的 ★★★★ |
| --- | --- | --- |
| | | 겨울 방학이 너무 짧은 것 같아요. |
| | | [gyeo-ul bang-ha-gi neo-mu jjal-beun geot ga-ta-yo] |
| | | 寒假有点太短了。 |

| 1132 | **짬뽕** [jjam-ppong] | 名 海鲜辣汤面，炒面 ★★★☆ |
| --- | --- | --- |
| | | 자장면 하나하고 짬뽕 하나 주세요. |
| | | [ja-jang-myeon ha-na-ha-go jjam-ppong ha-na ju-se-yo] |
| | | 请给我一碗炸酱面和一碗海鲜辣汤面。 |

| 1133 | **쪽** [jjok] | 名 页，边，方向，方面，碎片，髻 ★★★★ |
| --- | --- | --- |
| | | 그 여자 아이는 시내 쪽으로 가고 있어요. |
| | | [geu yeo-ja a-i-neun si-nae jjo-geu-ro ga-go i-sseo-yo] |
| | | 那个女孩子正在往市区方向走。 |

| 1134 | **찌개** [jji-gae] | 名 韩式火锅 ★★★★ |
| --- | --- | --- |
| | | 우리 아이는 국이나 찌개를 아주 좋아해요. |
| | | [u-ri a-i-neun gu-gi-na jji-gae-reul a-ju jo-a-hae-yo] |
| | | 我们家孩子很喜欢汤和韩式火锅。 |

| 1135 | **찍다** [jjik-da] | 动 照相，捺印，按压，劈，砍，刨，啄，出版 ★★★★ |
| --- | --- | --- |
| | | 어제 아침에 공원에 가서 사진을 많이 찍었어요. |
| | | [eo-je a-chi-me gong-wo-ne ga-seo sa-ji-neul ma-ni jji-geo-sseo-yo] |
| | | 昨天早上去公园照了很多相片。 |

MEMO

TOPIK

천 리 길도 한 걸음부터 시작된다.
千里之行，始于足下。

# ㅊ

本书所有单词均采用三段式，即 "单词分解（语速慢）/ 完整词汇（语速快）/ 中文解释" 的方式录制。
例：춥．다（单词分解）/ 춥다（完整词汇）/ 冷（中文解释）
🎧 符号之后的韩语例句由韩籍老师朗读。

---

**1136 차** [cha]
名 茶，车，时候，差，次  ★★★★
🎧 차 안의 공기가 깨끗해요?
[cha a-ne gong-gi-ga kkae-kkeu-tae-yo]
车内的空气干净吗？

**1137 착하다** [cha-ka-da]
形 善良，乖  ★★★☆
🎧 제 친구들은 제가 착한 사람이라고 해요.
[je chin-gu-deu-reun je-ga cha-kan sa-ra-mi-ra-go hae-yo]
我的朋友们都说我是善良的人。

**1138 참** [cham]
副 真的  ★★★★
🎧 그녀는 참 나쁜 여자야.
[geu-nyeo-neun cham na-ppeun yeo-ja-ya]
她真是个坏女人。

**1139 창문** [chang-mun]
名 窗户  ★★★★
🎧 비가 오니까 창문을 열지 마세요.
[bi-ga o-ni-kka chang-mu-neul yeol-ji ma-se-yo]
下雨了，请不要开窗。

**1140 찾다** [chat-da]
动 寻找  ★★★★
🎧 길을 찾을 수 있나요?
[gi-reul cha-jeul su it-na-yo]
能找到路吗？

**1141 찾아오다** [cha-ja-o-da]
动 来找人，拜访  ★★★★
🎧 그는 때때로 나를 찾아와요.
[geu-neun ttae-ttae-ro na-reul cha-ja-wa-yo]
他偶尔会来找我。

**1142 채소** [chae-so]
名 蔬菜  ★★★☆
🎧 요즘 채소 값이 싸요.
[yo-jeum chae-so gap-si ssa-yo]
最近蔬菜价格便宜。

**1143 책** [chaek]
名 书  ★★★★
🎧 오늘 책을 사고 옷을 구경하고 집으로 돌아왔어요.
[o-neul chae-geul sa-go o-seul gu-gyeong-ha-go ji-beu-ro do-ra-wa-sseo-yo]
我今天买书，逛服装店，然后回家。

| 1144 | **책상** [chaek-sang] | 名 书桌 ★★★★ |
| --- | --- | --- |
| | | 책상 위에 달력이 있어요. |
| | | [chaek-sang wi-e dal-lyeo-gi i-sseo-yo] |
| | | 书桌上面有日历。 |

| 1145 | **책장** [chaek-jang] | 名 书柜 ★★★☆ |
| --- | --- | --- |
| | | 3단 책장 가격은 얼마 정도예요? |
| | | [sam dan chaek-jang ga-gyeo-geun eol-ma jeong-do-ye-yo] |
| | | 三层书柜的价格大概是多少？ |

| 1146 | **처음** [cheo-eum] | 名 第一次，开头 ★★★★ |
| --- | --- | --- |
| | | 저는 작년에 단풍과 눈을 처음 구경했습니다. |
| | | [jeo-neun jang-nyeo-ne dan-pung-gwa nu-neul cheo-eum gu-gyeong-haet-seup-ni-da] |
| | | 我去年第一次观赏了枫叶和雪。 |

| 1147 | **천** [cheon] | 名 千，布，川 ★★★★ |
| --- | --- | --- |
| | | 이 피자는 한 판에 오천 원이에요. |
| | | [i pi-ja-neun han pa-ne o-cheon wo-ni-e-yo] |
| | | 这比萨一盘五千韩元。 |

| 1148 | **천만** [cheon-man] | 名 / 数 千万 ★★★☆ |
| --- | --- | --- |
| | | 천만의 말씀입니다. |
| | | [cheon-ma-ne mal-sseum-im-ni-da] |
| | | 请千万别这么说。（别客气。） |

| 1149 | **천천히** [cheon-cheo-ni] | 副 慢慢地 ★★★★ |
| --- | --- | --- |
| | | 방법을 천천히 생각해 보세요. |
| | | [bang-beo-beul cheon-cheo-ni saeng-ga-kae bo-se-yo] |
| | | 请慢慢想解决的方法。 |

| 1150 | **첫** [cheot] | 冠 第一次，首次，初次 ★★★★ |
| --- | --- | --- |
| | | 회사에서 첫 월급을 받았어요. |
| | | [hoe-sa-e-seo cheot wol-geu-beul ba-da-sseo-yo] |
| | | 在公司领到了第一份薪水。 |

| 1151 | **첫날** [cheot-nal] | 名 第一天 ★★★☆ |
| --- | --- | --- |
| | | 새해 첫날에 뭐 해요? |
| | | [sae-hae cheot-na-re mwo hae-yo] |
| | | 新年第一天要做什么？ |

### 1152 첫째
[cheot-jjae]

数 第一

매월 **첫째** 주 화요일은 시민 걷기의 날이에요.
[mae-wol cheot-jjae ju hwa-yo-i-reun si-min geot-gi-e na-ri-e-yo]
每个月第一个星期二是市民步行日。

★★★★

### 1153 청바지
[cheong-ba-ji]

名 牛仔裤

다음에 같이 **청바지**를 사러 가요.
[da-eu-me ga-chi cheong-ba-ji-reul sa-reo ga-yo]
下次一起去买牛仔裤吧。

★★★☆

### 1154 청소
[cheong-so]

名 清扫，打扫

내일 집에서 **청소**할 거예요.
[nae-il ji-be-seo cheong-so-hal geo-ye-yo]
明天打算在家打扫。

★★★★

### 1155 청소년
[cheong-so-nyeon]

名 青少年

**청소년**은 술을 마실 수 없어요.
[cheong-so-nyeo-neun su-reul ma-sil su eop-seo-yo]
青少年不可以喝酒。

★★★★

### 1156 체크무늬
[che-keu-mu-ni]

名 格子条纹，方格图案

저는 **체크무늬** 바지를 사고 싶어요.
[jeo-neun che-keu-mu-ni ba-ji-reul sa-go si-peo-yo]
我想买格子条纹的裤子。

★★★☆

### 1157 초
[cho]

名 秒，初，醋，蜡烛，草

새 학년은 9월 **초**에 시작해요.
[sae hak-nyeo-neun gu wol cho-e si-ja-kae-yo]
新学期是从九月初开始的。

★★★★

### 1158 초급
[cho-geup]

名 初级

저는 **초급** 한국어 회화 수업을 들어요.
[jeo-neun cho-geup han-gu-geo hoe-hwa su-eo-beul deu-reo-yo]
我在上初级韩语口语课程。

★★★★

### 1159 초등학교
[cho-deung-hak-gyo]

名 小学

이 학생은 **초등학교** 3학년이에요.
[i hak-saeng-eun cho-deung-hak-gyo sa mak-nyeo-ni-e-yo]
这个学生上小学三年级。

★★★☆

| 1160 | **초콜릿** [cho-kol-lit] | 名 巧克力 ★★★☆ |
| --- | --- | --- |
| | | 저는 **초콜릿** 아이스크림을 먹고 싶어요. |
| | | [jeo-neun cho-kol-lit a-i-seu-keu-ri-meul meok-go si-peo-yo] |
| | | 我想吃巧克力冰淇淋。 |

| 1161 | **최고** [choe-go] | 名 最高，最厉害 ★★★★ |
| --- | --- | --- |
| | | 오늘 **최고** 기온이 얼마나 돼요? |
| | | [o-neul choe-go gi-o-ni eol-ma-na dwae-yo] |
| | | 今天最高温度有多少？ |

| 1162 | **최근** [choe-geun] | 名 最近 ★★★☆ |
| --- | --- | --- |
| | | **최근**에는 거기 가지 않았어요. |
| | | [choe-geu-ne-neun geo-gi ga-ji a-na-sseo-yo] |
| | | 最近没有去那里。 |

| 1163 | **추다** [chu-da] | 动 跳舞 ★★★★ |
| --- | --- | --- |
| | | 라틴 댄스를 **추**는 것을 좋아해요. |
| | | [ra-tin daen-seu-reul chu-neun geo-seul jo-a-hae-yo] |
| | | 喜欢跳拉丁舞。 |
| | | 近 춤추다 跳舞 |

| 1164 | **추석** [chu-seok] | 名 中秋 ★★★★ |
| --- | --- | --- |
| | | 저는 **추석** 연휴 때 고향에 갈 거예요. |
| | | [jeo-neun chu-seok yeo-nyu ttae go-hyang-e gal geo-ye-yo] |
| | | 我打算在中秋假期回故乡。 |

| 1165 | **축구** [chuk-gu] | 名 足球 ★★★☆ |
| --- | --- | --- |
| | | 저는 그 **축구** 선수의 팬이에요. |
| | | [jeo-neun geu chuk-gu seon-su-e pae-ni-e-yo] |
| | | 我是那名足球运动员的粉丝。 |

| 1166 | **축하하다** [chu-ka-ha-da] | 动 祝贺 ★★★★ |
| --- | --- | --- |
| | | 어머니, 결혼 기념일을 **축하해**요. |
| | | [eo-meo-ni, gyeo-ron gi-nyeo-mi-reul chu-ka-hae-yo] |
| | | 妈妈，祝您结婚纪念日快乐。 |

| 1167 | **출구** [chul-gu] | 名 出口 ★★★★ |
| --- | --- | --- |
| | | 지하철에서 내리면 5번 **출구**로 나가세요. |
| | | [ji-ha-cheo-re-seo nae-ri-myeon o beon chul-gu-ro na-ga-se-yo] |
| | | 下地铁后，请从五号出口出去。 |

| 1168 | **출근하다** [chul-geu-na-da] | 动 上班<br>그녀는 8시까지 출근해요.<br>[geu-nyeo-neun yeo-deol si-kka-ji chul-geu-nae-yo]<br>她八点上班。 | ★★★★ |

| 1169 | **출발하다** [chul-ba-ra-da] | 动 出发<br>유람선은 몇 시에 출발해요?<br>[yu-ram-seo-neun myeot si-e chul-ba-rae-yo]<br>游轮几点出发？ | ★★★★ |

| 1170 | **출장** [chul-jang] | 名 出差<br>내일 마크 씨가 부산에 출장 갈 거예요.<br>[nae-il ma-keu ssi-ga bu-sa-ne chul-jang gal geo-ye-yo]<br>马克先生明天要去釜山出差。 | ★★★★ |

| 1171 | **출퇴근** [chul-toe-geun] | 名 上下班<br>지금은 출퇴근 시간도 아닌데 왜 이렇게 길이 막혀요?<br>[ji-geu-meun chul-toe-geun si-gan-do a-nin-de wae i-reo-ke gi-ri ma-kyeo-yo]<br>现在不是上下班时间，为什么这么堵？ | ★★★☆ |

| 1172 | **춤** [chum] | 名 舞蹈<br>그 여자는 춤에 재능이 있어요.<br>[geu yeo-ja-neun chu-me jae-neung-i i-sseo-yo]<br>那名女子有跳舞天赋。<br>近 무용 舞蹈 / 무도 舞蹈 / 댄스 舞蹈（dance） | ★★★☆ |

| 1173 | **춤추다** [chum-chu-da] | 动 跳舞<br>클럽에서 그 가수와 같이 춤추고 싶어요.<br>[keul-leo-be-seo geu ga-su-wa ga-chi chum-chu-go si-peo-yo]<br>希望能在俱乐部和那个歌手一起跳舞。<br>近 추다 跳舞 | ★★★☆ |

| 1174 | **춥다** [chup-da] | 形 冷<br>요즘 날씨가 많이 추워요. 감기 조심하세요.<br>[yo-jeum nal-ssi-ga ma-ni chu-wo-yo][gam-gi jo-sim-ha-se-yo]<br>最近天气很冷，请小心感冒。 | ★★★★ |

| 1175 | 취미 [chwi-mi] | 名 兴趣，趣味，爱好<br>제 취미는 한국 요리예요.<br>[je chwi-mi-neun han-guk yo-ri-ye-yo]<br>我的爱好是做韩国料理。 | ★★★★ |

| 1176 | 취소 [chwi-so] | 名 取消<br>비바람 때문에 약속이 취소됐어요.<br>[bi-ba-ram ttae-mu-ne yak-so-gi chwi-so-dwae-sseo-yo]<br>因为风雨的原因，约会取消了。 | ★★★★ |

| 1177 | 층 [cheung] | 名 层，楼<br>9층 건물에 2층에 살고 있어요.<br>[gu cheung geon-mu-re i cheung-e sal-go i-sseo-yo]<br>我住在九层楼的二层。 | ★★★★ |

| 1178 | 치다 [chi-da] | 动 拍打，敲，拍手，打，撒，考试，办<br>저는 탁구를 잘 치지만 테니스를 잘 못 쳐요.<br>[jeo-neun tak-gu-reul jal chi-ji-man te-ni-seu-reul jal mot chyeo-yo]<br>我擅长打乒乓球，但是不太会打网球。 | ★★★★ |

| 1179 | 치마 [chi-ma] | 名 裙子<br>치마 길이 좀 길어요.<br>[chi-ma gi-ri jom gi-reo-yo]<br>裙子有点长。 | ★★★☆ |

| 1180 | 치약 [chi-yak] | 名 牙膏<br>저는 녹차 치약을 사용해 봤어요.<br>[jeo-neun nok-cha chi-ya-geul sa-yong-hae bwa-sseo-yo]<br>我使用过绿茶牙膏。 | ★★★★ |

| 1181 | 치킨 [chi-kin] | 名 炸鸡<br>미국에서도 한국식 치킨을 팔아요.<br>[mi-gu-ge-seo-do han-guk-sik chi-ki-neul pa-ra-yo]<br>在美国也有卖韩式炸鸡的。 | ★★★★ |

| 1182 | 친구 [chin-gu] | 名 朋友<br>여자 친구한테 생일 선물을 줘요.<br>[yeo-ja chi-gu-han-te saeng-il seon-mu-reul jwo-yo]<br>给女朋友生日礼物。 | ★★★★ |

**1183 친절** [chin-jeol]
名 亲切，和气 ★★★★
내 일처럼 친절하게 도와 주셔서 고마워요.
[nae il-cheo-reom chin-jeo-ra-ge do-wa ju-syeo-seo go-ma-wo-yo]
谢谢你如同对待自己的事情那样亲切帮忙。

**1184 칠** [chil]
数 七 ★★★★
사람들은 칠을 행운의 숫자라고 해요.
[sa-ram-deu-reun chi-reul haeng-u-ne sut-ja-ra-go hae-yo]
人们认为七是幸运数字。

**1185 칠월** [chi-rwol]
名 七月 ★★★★
음력 7월 7일은 칠석이에요.
[eum-ryeok chi-rwol chi ri-reun chil-seo-gi-e-yo]
农历七月七日是七夕。

**1186 칠판** [chil-pan]
名 黑板，白板 ★★★☆
회의 내용을 전자 칠판에 썼어요.
[hoe-ui nae-yong-eul jeon-ja chil-pa-ne sseo-sseo-yo]
将会议内容写在电子板上了。

**1187 침대** [chim-dae]
名 床 ★★★★
침실 안에는 몇 개의 침대가 있어요?
[chim-sil a-ne-neun myeot gae-e chim-dae-ga i-sseo-yo]
卧室里有几张床？

**1188 침실** [chim-sil]
名 卧室，寝室 ★★★☆
나의 침실은 깨끗해요.
[na-e chim-si-reun kkae-kkeu-tae-yo]
我的卧室很干净。

**1189 칫솔** [chit-sol]
名 牙刷 ★★★★
칫솔로 이를 닦아요.
[chit-sol-lo i-reul da-kka-yo]
用牙刷刷牙。

# MEMO

TOPIK

위기는 곧 기회다.
危机即是机遇。

本书所有单词均采用三段式，即"单词分解（语速慢）/完整词汇（语速快）/中文解释"的方式录制。
例：춥．다（单词分解）/ 춥다（完整词汇）/ 冷（中文解释）
符号之后的韩语例句由韩籍老师朗读。

---

**1190 카드**
[ke-deu]

名 卡片（card） ★★★★

카드를 다시 대 주십시오.
[ka-deu-reul da-si dae ju-sip-si-o]
请再刷一次卡。

**1191 카메라**
[ka-me-ra]

名 相机，摄影机（camera） ★★★★

회사에도 감시 카메라를 설치할 수 있어요?
[hoe-sa-e-do gam-si ka-me-ra-reul seol-chi-hal su i-sseo-yo]
公司也可以装监控摄像头吗？

**1192 카페**
[ka-pe]

名 咖啡厅，网络社团 ★★★★

오늘 카페에서 친구를 만났어요.
[o-neul ka-pe-e-seo chin-gu-reul man-na-sseo-yo]
今天在咖啡厅见了朋友。

**1193 커피**
[keo-pi]

名 咖啡 ★★★★

커피를 많이 마시면 잠을 잘 못 자요.
[keo-pi-reul ma-ni ma-si-myeon ja-meul jal mot ja-yo]
喝太多咖啡会睡不着。

**1194 커피숍**
[keo-pi-syop]

名 咖啡厅 ★★★★

그는 커피숍에서 친구를 기다리고 있어요.
[geu-neun keo-pi-syo-be-seo chin-gu-reul gi-da-ri-go i-sseo-yo]
他正在咖啡厅等朋友。

**1195 컴퓨터**
[keom-pyu-teo]

名 电脑 ★★★★

우리 아빠는 컴퓨터 회사에 다녀요.
[u-ri a-ppa-neun keom-pyu-teo hoe-sa-e da-nyeo-yo]
我爸爸在电脑公司上班。

**1196 컵**
[keop]

名 杯子 ★★★★

이 컵이 비싼가 봐요.
[i keo-bi bi-ssan-ga bwa-yo]
这杯子好像很贵。

**1197 케이크**
[ke-i-keu]

名 蛋糕 ★★★★

제가 케이크를 만들어서 동생하고 먹었어요.
[je-ga ke-i-keu-reul man-deu-reo-seo dong-saeng-ha-go meo-geo-sseo-yo]
我做了蛋糕和弟弟一起吃。

| 1198 | **켜다** [kyeo-da] | 动 打开，拉弦乐器，锯<br>🎧 가스 불을 켜고 요리를 했어요.<br>[ga-seu bu-reul kyeo-go yo-ri-reul hae-sseo-yo]<br>打开燃气做菜。 | ★★★★ |

**1199 코** [ko]
名 鼻
🎧 감기 때문에 코가 아파요.
[gam-gi ttae-mu-ne ko-ga a-pa-yo]
因为感冒，鼻子很疼。
★★★★

**1200 코끼리** [ko-kki-ri]
名 大象
🎧 코끼리는 코가 길고 귀가 커요.
[ko-kki-ri-neun ko-ga gil-go gwi-ga keo-yo]
大象鼻子长，耳朵大。
★★★☆

**1201 코트** [ko-teu]
名 外套
🎧 이모가 코트를 입었어요.
[i-mo-ga ko-teu-reul i-beo-sseo-yo]
阿姨穿了外套。
★★★☆

**1202 콘서트** [kon-seo-teu]
名 演唱会，音乐会（concert）
🎧 나는 어젯밤에 콘서트를 보러 갔어요.
[na-neun eo-jet-ba-me kon-seo-teu-reul bo-reo ga-sseo-yo]
我昨晚去看了演唱会。
★★★★

**1203 콜라** [kol-la]
名 可乐
🎧 우리는 피자와 콜라를 주문했다.
[u-ri-neun pi-ja-wa kol-la-reul ju-mun-haet-da]
我们点了比萨和可乐。
★★★☆

**1204 크기** [keu-gi]
名 大小，尺寸
🎧 그 상자들은 크기가 모두 같아요.
[geu sang-ja-deu-reun keu-gi-ga mo-du ga-at-yo]
那些箱子大小都一样。
★★★★

**1205 크다** [keu-da]
形 大，（身高）高的
🎧 나는 키가 크고 말랐어요.
[na-neun ki-ga keu-go mal-lat-sseo-yo]
我个子高而且瘦。
★★★★

1206 **크리스마스**
[kue-ri-seu-ma-seu]

名 圣诞节 ★★★☆

즐거운 크리스마스를 보내세요.
[jeul-geo-un kue-ri-seu-ma-seu-reul bo-nae-se-yo]
祝圣诞节快乐。

1207 **키**
[ki]

名 身高，个子 ★★★★

아버지는 키가 커요. 그리고 저도 키가 커요.
[a-beo-ji-neun ki-ga keo-yo][geu-ri-go jeo-do ki-ga keo-yo]
父亲个子高，我个子也高。

**MEMO**         T O P I K

# MEMO

T O P I K

초급

크리스마스~카

하늘은 스스로 돕는 자를 돕는다.
皇天不负有心人。

本书所有单词均采用三段式，即"单词分解（语速慢）/完整词汇（语速快）/中文解释"的方式录制。
例：춥．다（单词分解）/춥다（完整词汇）/冷（中文解释）
🎧符号之后的韩语例句由韩籍老师朗读。

---

**1208 타다** [ta-da]
动 骑，滑冰，滑雪，燃烧，焦，泡咖啡，泡茶 ★★★★
🎧 65세 이상의 노인은 인도에서 자전거를 타도 돼요?
[yuk-sip-o se i-sang-e no-i-neun in-do-e-seo ja-jeon-geo-reul ta-do dwae-yo]
六十五岁以上的老人可以在人行道骑自行车吗？

**1209 탁구** [tak-gu]
名 桌球 ★★★☆
🎧 내일 같이 탁구 치러 가요.
[nae-il ga-chi tak-gu chi-reo ga-yo]
明天一起去打乒乓球吧。

**1210 탁자** [tak-ja]
名 桌子 ★★★★
🎧 탁자는 몇 개 있어요?
[tak-ja-neun myeot gae i-sseo-yo]
有几张桌子？

**1211 태국** [tae-guk]
名 泰国 ★★★☆
🎧 태국 가수가 한국에 와요.
[tae-guk ga-su-ga han-gu-ge wa-yo]
泰国歌手要来韩国。

**1212 태권도** [tae-gwon-do]
名 跆拳道 ★★★☆
🎧 태권도는 몇 살부터 시작하는 것이 좋을까요?
[tae-gwon-do-neun myeot sal-bu-teo si-ja-ka-neun geo-si jo-eul-kka-yo]
几岁开始学跆拳道比较好呢？

**1213 택시** [taek-si]
名 出租车 ★★★★
🎧 여기에 전화하면 택시나 예약을 도와줘요.
[yeo-gi-e jeo-nwa-ha-myeon taek-si-na gi-cha ye-ya-geul do-wa-jwo-yo]
给这里打电话会帮忙预约出租车。

**1214 테니스** [te-ni-seu]
名 网球（tennis） ★★★☆
🎧 저는 테니스를 잘 못 쳐요.
[jeo-neun te-ni-seu-reul jal mot chyeo-yo]
我不太会打网球。

**1215 테니스장** [te-ni-seu-jang]
名 网球场 ★★★☆
🎧 여기에는 테니스장이 있어요.
[yeo-gi-e-neun te-ni-seu-jang-i s-sseo-yo]
这里有网球场。

## 1216 텔레비전
[tel-le-bi-jeon]
名 电视
가족 사진은 텔레비전 위에 있어요.
[ga-jok sa-ji-neun tel-le-bi-jeon wi-e i-sseo-yo]
全家福照片在电视上面。
★★★★

## 1217 토끼
[to-kki]
名 兔子
토끼는 빨간 눈을 가지고 있어요.
[to-kki-neun ppal-gan nu-neul ga-ji-go i-sseo-yo]
兔子有红色的眼睛。
★★★☆

## 1218 토마토
[to-ma-to]
名 番茄，西红柿
샌드위치를 만들 때 치즈와 토마토를 넣어요.
[saen-deu-wi-chi-reul man-deul ttae chi-jeu-wa to-ma-to-reul neo-eo-yo]
做三明治的时候放芝士和西红柿。
★★★☆

## 1219 토요일
[to-yo-il]
名 星期六
다음 주 토요일에 고향에 돌아갈 거예요.
[da-eum ju to-yo-i-re go-hyang-e do-ra-gal geo-ye-yo]
打算下周六回故乡。
★★★★

## 1220 통로
[tong-ro]
名 通道
출입 통로가 막혀 있어요.
[chu-rip tong-ro-ga ma-kyeo i-sseo-yo]
出入通道被阻塞着。
★★★☆

## 1221 퇴근
[toe-geun]
动 下班
몇 시에 퇴근해요?
[myeot si-e toe-geu-nae-yo]
几点下班呢？
★★★★

## 1222 트럭
[teu-reok]
名 卡车
저는 트럭을 운전할 수 있어요.
[jeo-neun teu-reo-geul un-jeon-hal su i-sseo-yo]
我可以开卡车。
★★★★

## 1223 티셔츠
[ti-syeo-cheu]
名 圆领衫，T恤
이 티셔츠 좀 바꿀 수 있어요?
[i ti-syeo-cheu jom ba-kkul su i-sseo-yo]
可以换别的T恤吗？
★★★☆

本书所有单词均采用三段式，即"单词分解（语速慢）/ 完整词汇（语速快）/ 中文解释"的方式录制。
例：춥. 다（单词分解）/ 춥다（完整词汇）/ 冷（中文解释）

🎧 符号之后的韩语例句由韩籍老师朗读。

---

**1224 파란색** [pa-ran-saek] ★★★★
名 蓝色，青绿色
🎧 빨간색하고 파란색 중에서 뭐가 더 좋아요?
[ppal-gan-sae-ka-go pa-ran-saek jung-e-seo mwo-ga deo jo-a-yo]
红色和蓝色当中，更喜欢哪一个？

**1225 파랗다** [pa-ra-ta] ★★★☆
形 蓝，青绿
🎧 어제 하늘이 파랗고 맑았어요.
[eo-je ha-neu-ri pa-ra-ko mal-ga-sseo-yo]
昨天天空湛蓝而且晴朗。

**1226 파이팅** [pa-i-ting] ★★★☆
感 加油
🎧 오늘도 파이팅해요!
[o-neul-do pa-i-ting-hae-yo]
今天也加油吧！
近 화이팅 加油

**1227 파티** [pa-ti] ★★★★
名 派对，聚会
🎧 생일 파티에 가기 전에 케이크를 사야 해요.
[saeng-il pa-ti-e ga-gi jeo-ne ke-i-keu-reul sa-ya hae-yo]
去生日派对前，要先买蛋糕。
近 잔치 宴会

**1228 팔** [pal] ★★★★
名 手臂，数字八
🎧 그녀는 그 아이의 팔을 잡고 있어요.
[geu-nyeo-neun geu a-i-e pa-reul jap-go i-sseo-yo]
她正抓着那个孩子的手臂。

**1229 팔다** [pal-da] ★★★★
动 卖
🎧 그 백화점은 많은 물건을 팔아요.
[geu bae-kwa-jeo-meun ma-neun mul-geo-neul pa-ra-yo]
那个百货商店卖很多东西。

**1230 팔십** [pal-sip] ★★★★
数 八十
🎧 팔십 더하기 이십은 백이에요.
[pal-sip deo-ha-gi i-si-beun bae-gi-e-yo]
八十加二十等于一百。
近 여든 八十

|  |  |  |  |
|---|---|---|---|
| 1231 | **팔월** [pa-rwol] | 名 八月 ★★★★ | 음력 **팔월** 15일은 추석이에요.<br>[eum-ryeok pa-rwol sip-o i-reun chu-seo-gi-e-yo]<br>农历八月十五日是中秋节。 |
| 1232 | **팩스** [paek-seu] | 名 传真 ★★★☆ | **팩스** 번호를 알려 주세요.<br>[paek-seu beo-no-reul al-lyeo ju-se-yo]<br>请告诉我传真号码。 |
| 1233 | **펜** [pen] | 名 笔 ★★★★ | 저는 **펜**을 자주 잃어버려요.<br>[jeo-neun pe-neul ja-ju i-reo-beo-ryeo-yo]<br>我经常弄丢笔。 |
| 1234 | **편안** [pyeo-nan] | 名 安适，舒适 ★★★☆ | **편안**한 여행이 되시기 바랍니다.<br>[pyeo-na-nan yeo-haeng-i doe-si-gi ba-ram-ni-da]<br>祝您有个舒适安全的旅行。 |
| 1235 | **편의점** [pyeo-ni-jeom] | 名 便利店 ★★★★ | 저기 **편의점** 앞에서 세워 주세요.<br>[jeo-gi pyeo-ni-jeom a-pe-seo se-wo ju-se-yo]<br>请在那个便利店前停车。 |
| 1236 | **편지** [pyeon-ji] | 名 信 ★★★★ | 선생님에게 **편지**를 썼어요.<br>[seon-saeng-nim-e-ge pyeon-ji-reul sseo-sseo-yo]<br>给老师写信了。 |
| 1237 | **편하다** [pyeo-na-da] | 形 便利，舒服，舒坦 ★★★★ | **편한** 자세로 앉아 있어요.<br>[pyeo-nan ja-se-ro an-ja i-sseo-yo]<br>以舒服的姿势坐着。 |
| 1238 | **포도** [po-do] | 名 葡萄 ★★★☆ | 이 **포도**는 한 근에 얼마예요?<br>[i po-do-neun han geu-ne eol-ma-ye-yo]<br>这葡萄一斤多少钱？ |

| 1239 | **표** [pyo] | 名 票 <br> 비행기 **표**를 예약하고 싶어요. <br> [bi-haeng-gi pyo-reul ye-ya-ka-go si-peo-yo] <br> 我想预订飞机票。 | ★★★★ |

| 1240 | **푹** [puk] | 副 用力地，沉，充分地 <br> 집에서 **푹** 쉬세요. <br> [ji-be-seo puk swi-se-yo] <br> 请在家好好休息。 | ★★★★ |

| 1241 | **프랑스** [peu-rang-seu] | 名 法国 <br> **프랑스**에 여행을 가고 싶어요. <br> [peu-rang-seu-e yeo-haeng-eul ga-go si-peo-yo] <br> 想去法国旅行。 | ★★★☆ |

| 1242 | **프로그램** [peu-ro-geu-raem] | 名 节目 <br> 이것은 한국인이 가장 좋아하는 티비 **프로그램**이에요. <br> [i-geo-seun han-gu-gi-ni ga-jang jo-a-ha-neun ti-bi peu-ro-geu-rae-mi-e-yo] <br> 这是韩国人最喜欢的电视节目。 | ★★★★ |

| 1243 | **피** [pi] | 名 血，皮 <br> 그녀는 그 사고로 많은 **피**를 흘렸어요. <br> [geu-nyeo-neun geu sa-go-ro ma-neun pi-reul heul-lyeo-sseo-yo] <br> 她因为那场事故流了很多血。 | ★★★★ |

| 1244 | **피곤** [pi-gon] | 名 累，疲倦 <br> 아침 일찍 일어나서 **피곤**해요. <br> [a-chim il-jjik i-reo-na-seo pi-go-nae-yo] <br> 早上起得很早，所以很累。 | ★★★★ |

| 1245 | **피아노** [pi-a-no] | 名 钢琴 <br> 저는 **피아노**를 치는 것을 좋아해요. <br> [jeo-neun pi-a-no-reul chi-neun geo-seul jo-a-hae-yo] <br> 我喜欢弹钢琴。 | ★★★☆ |

| 1246 | **피우다** [pi-u-da] | 动 抽烟，点燃，挑起，闹 <br> 이제부터 담배를 안 **피울** 거예요. <br> [i-je-bu-teo dam-bae-reul an pi-ul geo-ye-yo] <br> 从现在起，我不抽烟了。 | ★★★★ |

| 1247 | **피자** [pi-ja] | 名 比萨 ○ 버섯 피자 라지로 주세요. [beo-seot pi-ja ra-ji-ro ju-se-yo] 请给我一个大号的蘑菇比萨。 | ★★★☆ |
|---|---|---|---|
| 1248 | **필요** [pi-ryo] | 名 需要 ○ 세금 환급시 여권이 필요해요. [se-geum hwan-geup-si yeo-gwo-ni pi-ryo-hae-yo] 退税时需要护照。 | ★★★★ |
| 1249 | **필통** [pil-tong] | 名 笔袋,笔盒 ○ 필통 안에 뭐가 있어요? [pil-tong a-ne mwo-ga i-sseo-yo] 笔袋里有什么东西? | ★★★★ |

**MEMO**　　　　　　　　　　　　T O P I K

## ㅎ

本书所有单词均采用三段式，即"单词分解（语速慢）/ 完整词汇（语速快）/ 中文解释"的方式录制。
例：춥．다（单词分解）／ 춥다（完整词汇）／ 冷（中文解释）
🎧 符号之后的韩语例句由韩籍老师朗读。

---

**1250 하나** [ha-na]  数 一，一个 ★★★★
🎧 비빔밥 하나 주세요.
[bi-bim-bap ha-na ju-se-yo]
请给我一份韩式拌饭。

**1251 하늘** [ha-neul]  名 天空 ★★★★
🎧 하늘이 맑고 깨끗해요.
[ha-neu-ri mal-go kkae-kkeu-tae-yo]
天空清澈干净。

**1252 하다** [ha-da]  动 做，进行 ★★★★
🎧 오늘 공연이 밖에서 하는데 춥지 않을까요?
[o-neul gong-yeo-ni ba-kke-seo ha-neun-de chup-ji a-neul-kka-yo]
今天的表演在外面进行，不会很冷吗？

**1253 하루** [ha-ru]  名 一天 ★★★★
🎧 저는 하루 세 번 식사를 해요.
[jeo-neun ha-ru se beon sik-sa-reul hae-yo]
我一天吃三餐。

**1254 하숙비** [ha-suk-bi]  名 寄宿费 ★★★☆
🎧 이 동네 하숙비는 어디나 다 비슷해요.
[i dong-ne ha-suk-bi-neun eo-di-na da bi-seu-tae-yo]
这附近的寄宿费都差不多。

**1255 하숙집** [ha-suk-jip]  名 寄宿家庭，旅店 ★★★★
🎧 이 하숙집에서는 점심도 줘요?
[i ha-suk-ji-be-seo-neun jeom-sim-do jwo-yo]
这个寄宿家庭提供午餐吗？

**1256 하얀색** [ha-yan-saek]  名 白色 ★★★★
🎧 그녀는 하얀색 원피스를 입었어요.
[geu-nyeo-neun ha-yan-saek won-pi-seu-reul i-beo-sseo-yo]
她穿了一件白色连身裙。

**1257 하얗다** [ha-ya-ta]  形 白 ★★★☆
🎧 그녀는 피부가 하얗고 깨끗해요.
[geu-neyo-neun pi-bu-ga ha-ya-ko kkae-kkeu-tae-yo]
她的皮肤白皙无暇。

## 1258 하지만
[ha-ji-man]

副 但是，然而

하지만 너는 내 말을 듣지 않았어.
[ha-ji-man neo-neun nae ma-reul deut-ji a-na-sseo]
但是你并没有听我的话。

★★★★

## 1259 학교
[hak-gyo]

名 学校

몇 시에 학교에 가요?
[myeot si-e hak-gyo-e ga-yo]
几点去学校？

★★★★

## 1260 학기
[hak-gi]

名 学期

그는 이번 학기에 자주 결석했어요.
[geu-neun i-beon hak-gi-e ja-ju gyeol-seo-kae-sseo-yo]
他这学期经常旷课。

★★★★

## 1261 학년
[hak-nyeon]

名 学年，年级

그는 대학교 3학년 때 교환학생 생활을 했어요.
[geu-neun dae-hak-gyo sa mak-nyeon ttae gyo-hwan-hak-saeng saeng-hwa-reul hae-sseo-yo]
他在大学三年级时当过交换学生。

★★★☆

## 1262 학생
[hak-saeng]

名 学生

학생은 화장할 수 있어요?
[hak-saen-eun hwa-jang-hal su isseo-yo]
学生可以化妆吗？

★★★★

## 1263 학원
[ha-gwon]

名 补习班

대치동에는 서울의 유명한 학원들이 많아요.
[dae-chi-dong-e-neun seo-u-re yu-myeong-han ha-gwon-deu-ri ma-na-yo]
在大峙洞有许多首尔有名的补习班。

★★★☆

## 1264 한
[han]

冠 一个，大约

하루에 한 2시간쯤 공부해요.
[ha-ru-e han du si-gan-jjeum gong-bu-hae-yo]
一天大约读书两个小时。

★★★★

## 1265 한
[han]

名 恨，限度，韩，汉

피해자들이 한을 품고 있어요.
[pi-hae-ja-deu-ri ha-neul pum-go i-sseo-yo]
被害者们都心怀怨恨。

★★★★

| 1266 | **한강** [han-gang] | 名 汉江（河流名） ★★★☆ |
| --- | --- | --- |
| | | 내일 한강에서 배를 타려고 해요. |
| | | [nae-il han-gang-e-seo bae-reul ta-ryeo-go hae-yo] |
| | | 明天打算在汉江乘船。 |

| 1267 | **한국** [han-guk] | 名 韩国 ★★★★ |
| --- | --- | --- |
| | | 내후년에 한국에 가려고 해요. |
| | | [nae-hu-nyeo-ne han-gu-ge ga-ryeo-go hae-yo] |
| | | 后年我想去韩国。 |

| 1268 | **한국어** [han-gu-geo] | 名 韩语 ★★★★ |
| --- | --- | --- |
| | | 오늘은 그녀가 한국어 공부를 시작한 첫 날이에요. |
| | | [o-nue-reun geu-nyeo-ga han-gu-geo gong-bu-reul si-ja-kan cheot na-ri-e-yo] |
| | | 今天是她学习韩语的第一天。 |

| 1269 | **한글** [han-geul] | 名 韩文，韩文字 ★★★★ |
| --- | --- | --- |
| | | 한글은 19개의 자음과 21개의 모음이 있어요. |
| | | [han-geu-reun yeol-a-hop gae-e ja-eum-gwa seu-mul-ha-na gae-e mo-eu-mi i-sseo-yo] |
| | | 韩文有19个辅单和21个元音。 |

| 1270 | **한번** [han-beon] | 名 一次 ★★★★ |
| --- | --- | --- |
| | | 수영 씨도 요가를 한번 배워 보세요. |
| | | [su-yeong ssi-do yo-ga-reul han-beon bae-wo bo-se-yo] |
| | | 秀英你也学一学瑜伽。 |

| 1271 | **한복** [han-bok] | 名 韩服 ★★★★ |
| --- | --- | --- |
| | | 한눈에 봐도 너무나 예쁜 한복이에요. |
| | | [han-nu-ne bwa-do neo-mu-na ye-ppeun han-bo-gi-e-yo] |
| | | 这韩服看上去好漂亮。 |

| 1272 | **한식** [han-sik] | 名 韩式，韩食 ★★★☆ |
| --- | --- | --- |
| | | 떡볶이는 외국인이 좋아하는 한식이에요. |
| | | [tteok-bo-kki-neun oe-gu-gi-ni jo-a-ha-neun han-si-gi-e-yo] |
| | | 韩式炒年糕是外国人很喜欢的韩国料理。 |

| 1273 | **할머니** [hal-meo-ni] | 名 奶奶 ★★★★ |
| --- | --- | --- |
| | | 고모는 할머니를 닮았어요. |
| | | [go-mo-neun hal-meo-ni-reul dal-ma-sseo-yo] |
| | | 姑姑长得像奶奶。 |

| 1274 | **할아버지** [ha-ra-beo-ji] | 名 爷爷 <br> 할아버지는 집에 계십니다. <br> [ha-ra-beo-ji-neun ji-be gye-sip-ni-da] <br> 爷爷在家。 | ★★★★ |

| 1275 | **함께** [ham-kke] | 副 一起，一同 <br> 이 자리에 함께 해 주셔서 정말 감사드립니다. <br> [i ja-ri-e ham-kke hae ju-syeo-seo jeong-mal gam-sa-deu-rin-ni-da] <br> 很感谢大家能够一起来这里为我捧场。 | ★★★★ |

| 1276 | **항상** [hang-sang] | 副 总是，经常 <br> 저는 주말에는 항상 운동을 해요. <br> [jeo-neun ju-ma-re-neun hang-sang un-dong-eul hae-yo] <br> 我周末都会去运动。 | ★★★★ |

| 1277 | **해물전** [hae-mul-jeon] | 名 海鲜煎饼 <br> 김치 해물전은 참 맛있어요. <br> [gim-chi hae-mul-jeo-neun cham ma-si-sseo-yo] <br> 泡菜海鲜煎饼非常美味。 | ★★★☆ |

| 1278 | **해** [hae] | 名 年，太阳，白天，海 <br> 그 전쟁은 그 다음 해에 끝났어요. <br> [geu jeon-jaeng-eun geu da-eum hae-e kkeut-na-sseo-yo] <br> 那场战争是在下一年结束的。 | ★★★★ |

| 1279 | **해외** [hae-oe] | 名 海外，国外 <br> 저는 해외 여행 계획을 세우고 있어요. <br> [jeo-neun hae-oe yeo-haeng gye-hoe-geul se-u-go i-sseo-yo] <br> 我正在策划国外旅行。 | ★★★★ |

| 1280 | **핸드폰** [haen-deu-pon] | 名 手机 <br> 이 핸드폰이 좋은가 봐요. <br> [i haen-deu-po-ni jo-eun-ga-bwa-yo] <br> 这手机好像很不错。 | ★★★★ |

| 1281 | **햄버거** [haem-beo-geo] | 名 汉堡（hamburger） <br> 아침에 샌드위치를 먹거나 햄버거를 먹어요. <br> [a-chi-me saen-deu-wi-chi-reul meok-geo-na haem-beo-geo-reul meo-geo-yo] <br> 早上我都是吃三明治或汉堡。 | ★★★☆ |

| 1282 | **행복** [haeng-bok] | 名 幸福 <br> 🎧 그녀와 쇼핑할 때 행복한 것을 느껴요. <br> [geu-nyeo-wa syo-ping-hal ttae haeng-bo-kan geo-seul neu-kkyeo-yo] <br> 和她逛街时感到很幸福。 | ★★★★ |
|---|---|---|---|
| 1283 | **행사** [haeng-sa] | 名 行使，活动 <br> 🎧 다음날 행사를 준비하고 있었어요. <br> [da-eum-nal haeng-sa-reul jun-bi-ha-go i-sseo-sseo-yo] <br> 那时正准备隔天的活动来着。 | ★★★★ |
| 1284 | **허리** [heo-ri] | 名 腰 <br> 🎧 머리카락을 허리까지 기르고 싶어요. <br> [meo-ri-ka-ra-geul heo-ri-kka-ji gi-reu-go si-peo-yo] <br> 想把头发留长到腰际。 | ★★★★ |
| 1285 | **혀** [hyeo] | 名 舌头 <br> 🎧 혀에는 매운 맛을 느끼는 부분이 없어요. <br> [hyeo-e-neun mae-un ma-seul neu-kki-neun bu-bu-ni eop-seo-yo] <br> 舌头上并没有能够感受辣味的部分。 | ★★★☆ |
| 1286 | **현재** [hyeon-jae] | 名 现在 <br> 🎧 한국 현재 시간은 9시예요. <br> [han-guk hyeon-jae si-ga-neun a-hop si-ye-yo] <br> 现在韩国时间是九点。 | ★★★★ |
| 1287 | **형** [hyeong] | 名 哥哥，兄（男生的哥哥） <br> 🎧 저는 형보다 더 잘 먹어요. <br> [jeo-neun hyeong-bo-da deo jal meo-geo-yo] <br> 我比哥哥更能吃。 | ★★★★ |
| 1288 | **호** [ho] | 名 号 <br> 🎧 101호 교실에 가 보세요. <br> [baek-il ho gyo-si-re ga bo-se-yo] <br> 请到 101 号教室。 | ★★★☆ |
| 1289 | **호주** [ho-ju] | 名 澳洲，澳大利亚 <br> 🎧 얼마 동안 호주에서 살 거예요? <br> [eol-ma dong-an ho-ju-e-seo sal geo-ye-yo] <br> 打算在澳洲生活多久？ | ★★★☆ |

### 1290 호텔 [ho-tel]
名 酒店 ★★★★
그 호텔에서 하룻밤 묵을 거예요.
[geu ho-te-re-seo ha-rut-bam mu-geul geo-ye-yo]
打算在那家酒店住一晚。

### 1291 혹시 [hok-si]
副 或许 ★★★★
혹시 우리 반장님 전화번호 알아요?
[hok-si u-ri ban-jang-nim jeo-nwa-beo-no a-ra-yo]
你或许知道班长的电话号码?

### 1292 혼자 [hon-ja]
名 独自 ★★★★
이 음식을 혼자 다 먹을 수 있어요?
[i eum-si-geul hon-ja da meo-geul su isseo-yo]
你能一个人把这些食物都吃掉吗?

### 1293 홍차 [hong-cha]
名 红茶 ★★★☆
선생님도 홍차를 드시겠어요?
[seon-saeng-nim-do hong-cha-reul deu-si-ge-sseo-yo]
老师您也要喝红茶吗?

### 1294 화 [hwa]
名 火，火气，和，花，祸，图 ★★★★
오늘도 엄마가 화가 많이 났어요.
[o-neul-do eom-ma-ga hwa-ga ma-ni na-sseo-yo]
妈妈今天也非常生气。

### 1295 화나다 [hwa-na-da]
动 生气 ★★★★
그들은 생각할수록 화나요.
[geu-deu-reun saeng-ga-kal-su-rok hwa-na-yo]
他们越想越生气。

### 1296 화내다 [hwa-nae-da]
动 发火，发怒气 ★★★★
저한테 화내지 마세요.
[jeo-han-te hwa-nae-ji ma-se-yo]
请不要对我发火。

### 1297 화요일 [hwa-yo-il]
名 星期二 ★★★★
다음 주 화요일에 시간 있어요?
[da-eum ju hwa-yo-i-re si-gan i-sseo-yo]
下周二有时间吗?

| 1298 | **화이팅** [hwa-i-ting] | 感 加油<br>새로운 마음가짐으로 올해도 화이팅해요.<br>[sae-ro-un ma-eum-ga-ji-meu-ro o-rae-do hwa-i-ting-hae-yo]<br>以崭新的心态，今年也要加油！<br>同 파이팅 加油 | ★★★★ |
|---|---|---|---|
| 1299 | **화장** [hwa-jang] | 名 化妆<br>어제 피곤해서 화장을 지우지 않고 잤어요.<br>[eo-je pi-go-nae-seo hwa-jang-eul ji-u-ji an-ko ja-sseo-yo]<br>昨天太累，没有卸妆就睡了。 | ★★★☆ |
| 1300 | **화장실** [hwa-jang-sil] | 名 洗手间<br>저, 이 근처에 화장실 있어요?<br>[jeo, i geun-cheo-e hwa-jang-sil i-sseo-yo]<br>打扰一下，请问这附近有洗手间吗？ | ★★★★ |
| 1301 | **화장품** [hwa-jang-pum] | 名 化妆品<br>저는 화장품을 살 거예요.<br>[jeo-neun hwa-jang-pu-meul sal geo-ye-yo]<br>我要买化妆品。 | ★★★☆ |
| 1302 | **환영** [hwa-nyeong] | 名 欢迎<br>여러분을 진심으로 환영합니다.<br>[yeo-reo-bu-neul jin-si-meu-ro hwa-nyeong-ham-ni-da]<br>真心欢迎大家。 | ★★★★ |
| 1303 | **환전** [hwan-jeon] | 名 换钱，兑换<br>공항에서도 환전을 할 수 있어요.<br>[gong-hang-e-seo-do hwan-jeo-neul hal su i-sseo-yo]<br>在机场也可以换钱。 | ★★★☆ |
| 1304 | **회** [hoe] | 名 回，集，次，届，会，生鱼片<br>마지막 회는 1월 2일에 방송되었어요.<br>[ma-ji-mak hoe-neun i-rwol-i-i-re bang-song-doe-eo-sseo-yo]<br>最后一集是在1月2日播出的。 | ★★★★ |
| 1305 | **회사** [hoe-sa] | 名 公司<br>그는 회사까지 자동차로 가요.<br>[geu-neun hoe-sa-kka-ji ja-dong-cha-ro ga-yo]<br>他开车去公司。 | ★★★★ |

## 1306 회사원 [hoe-sa-won]
名 上班族，公司职员 ★★★★
그 시간은 회사원들이 회사에서 일하는 시간이에요.
[geu si-ga-neun hoe-sa-won-deu-ri hoe-sa-e-seo i-ra-neun si-ga-ni-e-yo]
那个时间是上班族们在公司工作的时间。

## 1307 회색 [hoe-saek]
名 灰色 ★★★★
이곳에는 많은 아파트들이 크고 회색이에요.
[i-go-se-neun ma-neun a-pa-teu-deu-ri keu-go hoe-sae-gi-e-yo]
这里许多公寓大楼都很高大而且是灰色的。

## 1308 회의 [hoe-i]
名 会议 ★★★★
회의 장소는 어디입니까?
[hoe-i jang-so-neun eo-di-im-ni-kka]
会议地点是哪里？

## 1309 회의실 [hoe-i-sil]
名 会议室 ★★★☆
오늘 모임은 2층 회의실에서 해요.
[o-neul mo-i-meun i cheung hoe-i-si-le-seo hae-yo]
今天的聚会在二楼会议室召开。

## 1310 후 [hu]
名 后，以后 ★★★★
나는 점심을 먹은 후에 잠깐 쉬려고 해요.
[na-neun jeom-si-meul meo-geun hu-e jam-kkan swi-ryeo-go hae-yo]
我打算吃完午餐之后休息一下。
反 뒤 后 / 전 前

## 1311 후배 [hu-bae]
名 学弟妹，晚辈 ★★★★
오늘은 회사 후배 결혼식에 갈 거예요.
[o-neu-reun hoe-sa hu-bae gyeo-ron-si-ge gal geo-ye-yo]
今天要去参加公司晚辈的婚礼。

## 1312 휴대폰 [hyu-dae-pon]
名 手机 ★★★★
오늘 아침에 휴대폰을 안 가지고 나왔어요.
[o-neul a-chi-me hyu-dae-po-neul an ga-ji-go na-wa-sseo-yo]
今天早上我没拿手机就出门了。

## 1313 휴일 [hyu-il]
名 假日，休息日 ★★★★
휴일 때문에 기차표를 미리 사야 해요.
[hyu-il ttae-mu-ne gi-cha-pyo-reul mi-ri sa-ya hae-yo]
因为是假日，所以要事先买好火车票。

## 1314 흐르다
[heu-reu-da]

**动** 流 ★★★★

오늘 날씨가 너무 더워요. 이마에 땀이 줄줄 흐르고 있어요.
[o-neul nal-ssi-ga neo-mu deo-wo-yo][i-ma-e tta-mi jul-jul heu-reu-go i-sseo-yo]
今天天气太热，额头一直在流汗。

## 1315 흐리다
[heu-ri-da]

**形** 阴，阴沉，浑浊 ★★★★

날씨가 흐리고 바람이 많이 부는 날이에요.
[nal-ssi-ga heu-ri-go ba-ra-mi ma-ni bu-neun na-ri-e-yo]
天很阴而且风很大。

## 1316 흔들다
[heun-deul-da]

**动** 摇，摇晃，挥手 ★★★★

사람들이 손을 흔들고 있어요.
[sa-ram-deu-ri so-neul heun-deul-go i-sseo-yo]
人们正在挥手。

## 1317 흘리다
[heul-li-da]

**动** 使流，撒，入迷 ★★★☆

잠을 잘 때 침을 너무 많이 흘리는데 어떻게 할까요?
[ja-meul jal ttae chi-meul neo-mu ma-ni heul-li-neun-de eo-tteo-ke hal-kka-yo]
睡觉时常流口水，怎么办才好呢？

## 1318 흰색
[hin-saek]

**名** 白色 ★★★★

그녀는 흰색 스웨터를 입고 있어요.
[geu-nyeo-neun hin-saek seu-we-teo-reul ip-go i-sseo-yo]
她穿着一件白色毛衣。

## 1319 힘
[him]

**名** 力量，力气 ★★★★

남자는 여자보다 힘이 세요.
[nam-ja-neun yeo-ja-bo-da hi-mi se-yo]
男生的力气比女生大。

## 1320 힘들다
[him-deul-da]

**形** 疲惫，疲劳，费力 ★★★★

회사 일이 아주 힘들었어요. 그래서 술을 좀 마셨어요.
[hoe-sa i-ri a-ju him-deu-reo-sseo-yo][gae-rae-seo su-reul jom ma-syeo-sseo-yo]
公司的活很累，所以稍微喝了点酒。

# 中级

**以新 TOPIK 韩语能力考试三、四级必考单词范围为基础**

三级：一般日常生活对话无太大障碍，能够分辨书面用语以及口语的基本特征。

四级：能使用"公共设施"，并进行"社交活动"，并能执行部分一般性的"职场业务"。

〔图示说明〕

- **名** 名词
- **动** 动词
- **副** 副词
- **形** 形容词
- **感** 感叹词
- **冠** 冠形词
- **代** 代词
- **依** 依附词
- **助** 助词
- **数** 数量词

〔符号说明〕

★★★★ 必考
★★★☆ 重要
★★☆☆ 较难
★☆☆☆ 专业

# ㄱ

本书所有单词均采用三段式,即"单词分解(语速慢)/完整词汇(语速快)/中文解释"的方式录制。
例:춥．다(单词分解)／춥다(完整词汇)／冷(中文解释)
🎧 符号之后的韩语例句由韩籍老师朗读。

**1321 가까이** [ga-kka-i]
副 近,接近地,亲近地 ★★★☆
🎧 우리는 목적지에 가까이 와 있다.
[u-ri-neun mok-jeok-ji-e ga-kka-i wa it-da]
我们快接近目的地了。

**1322 가까이** [ga-kka-i]
名 近处 ★★★☆
🎧 '푸드덕! 푸드덕!' 아주 가까이서 날갯짓 소리가 들려왔다.
['pu-deu-deok pu-deu-deok' a-ju ga-kka-i-seo nal-gaet-jit so-ri-ga deul-lyeo-wat-da]
"啪啦！啪啦！"从近处传来了翅膀拍动的声音。

**1323 가꾸다** [ga-kku-da]
动 装饰,栽种,整治,打扮 ★★☆☆
🎧 여동생은 늘 정원 가꾸기를 아주 좋아해 왔다.
[yeo-dong-saeng-eun neul jeong-won ga-kku-gi-reul a-ju jo-a-hae wat-da]
妹妹一直很喜欢整理庭院。

**1324 가난** [ga-nan]
名 穷困,穷苦,贫穷 ★★★★
🎧 그는 여러 해 동안 가난한 생활을 했다.
[geu-neun yeo-reo hae dong-an ga-nan-han saeng-hwa-reul haet-da]
他过了许多年的穷苦生活。

**1325 가늘다** [ga-neul-da]
形 细的,纤细的,细微的 ★★★☆
🎧 나는 가늘고 탄력 있는 다리 라인을 만들고 싶다.
[na-neun ga-neul-go tan-ryeok it-neun da-ri ra-in-neul man-deul-go sip-da]
我想打造出纤细又有弹性的双腿曲线。

**1326 가능** [ga-neung]
名 可能,尽可能 ★★★★
🎧 용돈을 가능한 알뜰하게 쓰도록 하세요.
[yong-so-neul ga-neung-han al-tteu-ra-ge sseu-do-rok ha-se-yo]
请尽可能节约使用零用钱。

**1327 가능성** [ga-neung-seong]
名 可能性,可发展性 ★★★★
🎧 내일은 강한 소나기가 올 가능성이 있다.
[nae-i-reun gang-han so-na-gi-ga ol ga-neung-seong-i it-da]
明天有可能有强阵雨。

## 1328 가득 [ga-deuk]
副 满满地 ★★★☆
오징어를 **가득** 넣는 해물전은 참 맛있다.
[o-jing-eo-reul ga-deuk neot-neun hae-mul-jeon-eun cham ma-sit-da]
放了很多鱿鱼的海鲜煎饼非常美味。
同 가득히 满满地

## 1329 가득하다 [ga-deu-ka-da]
形 满满的,充满的 ★★★☆
그 집에는 아이들의 웃음소리가 **가득했**다.
[geu ji-be-neun a-i-deu-re u-seum-so-ri-ga ga-deu-kaet-da]
那间屋子里充满了孩子们的笑声。

## 1330 가득히 [ga-deu-ki]
副 满满地,充满地 ★★★☆
반죽에 설탕을 한 스푼 **가득히** 넣어 주세요.
[ban-ju-ge seol-tang-eul han seu-pun ga-deu-ki neo-eo ju-se-yo]
请将满满一勺砂糖放入面团里。
同 가득 满满地

## 1331 가라앉다 [ga-ra-an-da]
动 下沉,沉淀,平息,沉没 ★★☆☆
보통 물에서는 달걀이 **가라앉**는다.
[bo-tong mu-re-seo-neun dal-gya-ri ga-ra-an-neun-da]
鸡蛋在水中一般都会下沉。

## 1332 가로 [ga-ro]
名 横,横向方向,宽度,街道 ★★★★
이 직사각형은 **가로** 9인치, 세로 5인치이다.
[i jik-sa-ga-kyeong-eun ga-ro gu in-chi, se-ro o in-chi-i-da]
这个四边形宽九英尺,长五英尺。

## 1333 가로 [ga-ro]
副 横,左右 ★★★★
큰 나무가 길에 **가로** 놓여 있다.
[keun na-mu-ga gi-re ga-ro no-yeo it-da]
有一棵大树横在路上。

## 1334 가로등 [ga-ro-deung]
名 路灯 ★★★★
**가로등**의 불이 어둠 속에서 은은히 빛났다.
[ga-ro-deung-e bu-ri eo-dum so-ge-seo eu-neu-ni bit-nat-da]
路灯在黑暗中隐隐发光。

| 1335 | **가로막다** [ga-ro-mak-da] | 动 挡，堵，阻挡，阻碍 ★★★☆ |
|---|---|---|
| | | 🎧 그가 호텔을 나가려는데 기자들이 그를 가로막았다. |
| | | [geu-ga ho-te-reul na-ga-ryeo-neun-de gi-ja-deu-ri geu-reul ga-ro-ma-gat-da] |
| | | 他想走出旅馆，但是记者们拦住了他。 |

| 1336 | **가루** [ga-ru] | 名 粉，粉末，细末 ★★★★ |
|---|---|---|
| | | 🎧 그 세제는 가루로도 나오고 액체 형태로도 나온다. |
| | | [geu se-je-neun ga-ru-ro-do na-o-go aek-che hyeong-tae-ro-do na-on-da] |
| | | 这洗衣剂有粉末状的，也有液体状的。 |

| 1337 | **가르다** [ga-reu-da] | 动 分，切，劈，划过，剪断 ★★★☆ |
|---|---|---|
| | | 🎧 번갯불이 하늘을 가르며 번쩍했다. |
| | | [beon-gaet-bu-ri ha-neu-reul ga-reu-myeo beon-jjeo-kaet-da] |
| | | 闪电划过天空发出闪光。 |

| 1338 | **가리키다** [ga-ri-ki-da] | 动 指，指引，示意 ★★★☆ |
|---|---|---|
| | | 🎧 하늘을 가리키는 손을 따라 하늘을 봤다. |
| | | [ha-neu-reul ga-ri-ki-neun so-neul tta-ra ha-neu-reul bwat-da] |
| | | 顺着指向天空的手，看了看天空。 |

| 1339 | **가만** [ga-man] | 副 任由，放任不管，罢手，静静地，不动 ★★★☆ |
|---|---|---|
| | | 🎧 또 거짓말을 하면 가만 두지 않겠다. |
| | | [tto geo-jit-ma-reul ha-myeon ga-man du-ji an-ket-da] |
| | | 如果再说谎，我不会放任不管的。 |
| | | 近 가만히 静静不动 |

| 1340 | **가만있다** [ga-ma-nit-da] | 动 老老实实待着，没有动静，静静地，不动 ★★☆☆ |
|---|---|---|
| | | 🎧 그러나 몇몇 팬들은 가만있지 않을 것이다. |
| | | [geu-reo-na myeot-myeot paen-deu-reun ga-man-it-ji a-neul geo-si-da] |
| | | 但是有些粉丝可能不会没有动静。 |

| 1341 | **가만히** [ga-ma-ni] | 副 悄悄地，偷偷地，静静地，不动 ★★☆☆ |
|---|---|---|
| | | 🎧 이렇게 가만히 앉아 있을 시간이 없다. |
| | | [i-reo-ke ga-ma-ni an-ja i-sseul si-ga-ni eop-da] |
| | | 没有时间这样静静坐着。 |
| | | 近 가만 静静不动 |

### 1342 가뭄 [ga-mum]
名 干旱 ★★★☆
몇 주가 지나도록 가뭄은 계속되었다.
[myeot ju-ga ji-na-do-rok ga-mu-meun gye-sok-doe-eot-da]
干旱已经持续了好几周。

### 1343 가사 [ga-sa]
名 歌词，家事 ★★★★
그 음악은 가사의 의미에 맞아요.
[geu eu-ma-geun ga-sa-e ui-mi-e ma-ja-yo]
那音乐与歌词的含意很搭配。

### 1344 가스 [ga-seu]
名 燃气，液化石油气，气，毒气 ★★★★
가스 누출의 첫째 신호는 냄새이다.
[ga-seu nu-chu-re cheot-jjae si-no-neun naem-sae-i-da]
燃气泄漏的第一个警示信号是气味。

### 1345 가스레인지 [ga-seu-re-in-ji]
名 燃气灶 ★★★☆
그는 가스레인지를 켜 놓고 외출했다.
[geu-neun ga-seu-re-in-ji-reul kyeo no-ko oe-chu-raet-da]
燃气灶还开着，他就外出了。

### 1346 가습기 [ga-seup-gi]
名 加湿机 ★★★☆
많은 가정들은 집안을 촉촉하게 하기 위해 공기 가습기를 사용한다.
[ma-neun ga-jeong-deu-reun ji-ba-neul chok-cho-ka-ge ha-gi wi-hae gong-gi ga-seup-gi-reul sa-yong-han-da]
许多家庭为了让家里湿润一点而使用空气加湿器。

### 1347 가입 [ga-ip]
名 加入 ★★★☆
저는 노래 동아리를 가입하고 싶어요.
[jeo-neun no-rae dong-a-ri-reul ga-i-pa-go si-peo-yo]
我想加入歌唱社团。

### 1348 가입자 [ga-ip-ja]
名 加入者，参加者，用户 ★★★☆
이 사이트는 약 2,200명의 가입자들을 보유하고 있다.
[i sa-i-teu-neun yak i-cheon i-baek myeong-e ga-ip-ja-deu-reul bo-yu-ha-go it-da]
这个网站拥有约 2 200 名用户。

| 1349 | **가전제품** [ga-jeon-je-pum] | 名 家电产品 ★★★☆<br>모회사는 가전제품의 사업 중단을 결정했다.<br>[mo-hoe-sa-neun ga-jeon-je-pu-me sa-eop jung-dan-neul gyeol-jeong-haet-da]<br>某公司决定中断家电产品方面的产业。 |
|---|---|---|
| 1350 | **가정** [ga-jeong] | 名 家庭，家务，假定 ★★★★<br>우리 가정은 일반 가정과 다를 바가 없다.<br>[u-ri ga-jeong-eun il-ban ga-jeong-gwa da-reul ba-ga eop-da]<br>我们家和一般家庭没有两样。 |
| 1351 | **가정주부** [ga-jeong-ju-bu] | 名 家庭主妇 ★★★★<br>우리 어머니는 알뜰한 가정주부이다.<br>[u-ri eo-meo-ni-neun al-tteu-ran ga-jeong-ju-bu-i-da]<br>我母亲是个很节俭的家庭主妇。 |
| 1352 | **가죽** [ga-juk] | 名 皮革，皮 ★★☆☆<br>발목까지 오는 가죽 부츠는 요즘 인기 절정이다.<br>[bal-mok-kka-ji o-neun ga-juk bu-cheu-neun yo-jeum in-gi jeol-jeong-i-da]<br>到脚踝的皮靴是近期最流行的。 |
| 1353 | **가짜** [ga-jja] | 名 假的，冒牌，假货 ★★★★<br>나는 그것들이 가짜인지 몰랐다.<br>[na-neun geu-geot-deu-ri ga-jja-in-ji mol-lat-da]<br>我不知道那些东西是假货。 |
| 1354 | **가치** [ga-chi] | 名 价值 ★★★★<br>그 땅은 2억 원의 가치가 있다.<br>[geu ttang-eun i-eo gwo-ne ga-chi-ga it-da]<br>那块土地有两亿韩元的价值。 |
| 1355 | **각** [gak] | 名 每个，各 ★★☆☆<br>각 층마다 두 개의 비상구가 있다.<br>[gak cheung-ma-da du gae-e bi-sang-gu-ga it-da]<br>每层都有两个紧急出口。 |
| 1356 | **각각** [gak-gak] | 副 各个，各别 ★★☆☆<br>우리는 각각의 의견을 이야기했다.<br>[u-ri-neun gak-ga-ge ui-gyeo-neul i-ya-gi-haet-da]<br>我们说了各自的意见。 |

| 1357 | **각국** [gak-guk] | 名 各国 ★★★☆ |
| --- | --- | --- |
| | | 🎧 **각국**의 많은 요리사들이 이 대회에 참가했다. |
| | | [gak-gu-ge ma-neun yo-ri-sa-deu-ri i dae-hoe-e cham-ga-haet-da] |
| | | 各国的许多厨师都参加了这次大会。 |

| 1358 | **각자** [gak-ja] | 名 / 副 各自 ★★★☆ |
| --- | --- | --- |
| | | 🎧 모두들 **각자** 먹을 걸 가져와서 나눠 먹기로 했다. |
| | | [mo-du-deul gak-ja meo-geul geol ga-jyeo-wa-seo na-nwo meok-gi-ro haet-da] |
| | | 约定所有的人各自带吃的来一起分享。 |

| 1359 | **각종** [gak-jong] | 名 各种，各式各样 ★★★★ |
| --- | --- | --- |
| | | 🎧 그곳에는 **각종** 사람들이 있었다. |
| | | [geu-go-se-neun gak-jong sa-ram-deu-ri i-sseot-da] |
| | | 在那个地方有各式各样的人。 |

| 1360 | **간** [gan] | 名 之间，不管，间，咸味，肝 ★★☆☆ |
| --- | --- | --- |
| | | 🎧 가족 **간**의 화합 없이는 행복할 수 없다. |
| | | [ga-jok ga-ne hwa-hap eop-si-neun haeng-bo-kal su eop-da] |
| | | 家人之间和睦才能幸福。 |

| 1361 | **간격** [gan-gyeok] | 名 间隔 ★★★★ |
| --- | --- | --- |
| | | 🎧 그 두 집 사이에는 **간격**이 충분하지 않다. |
| | | [geu du jip sa-i-e-neun gan-gyeo-gi chung-bu-na-ji an-ta] |
| | | 这两个房子之间的间隔不够宽。 |

| 1362 | **간신히** [gan-si-ni] | 副 艰辛地，好不容易，勉强 ★★☆☆ |
| --- | --- | --- |
| | | 🎧 그는 익사할 뻔한 소녀를 **간신히** 소생시킬 수가 있었다. |
| | | [geu-neun ik-sa-hal ppeo-nan so-nyeo-reul gan-si-ni so-saeng-si-kil su-ga i-sseot-da] |
| | | 他好不容易才将差点溺死的少女给救活。 |

| 1363 | **간장** [gan-jang] | 名 酱油 ★★★☆ |
| --- | --- | --- |
| | | 🎧 남은 **간장**은 보관해 두면 나중에 사용할 수 있다. |
| | | [na-meun gan-jang-eun bo-gwa-nae du-myeon na-jung-e sa-yong-hal su it-da] |
| | | 把剩下的酱油保存起来，以后可以使用。 |

### 1364 간지럽다 [gan-ji-reop-da]
形 痒，刺痒，起鸡皮疙瘩的 ★★★☆
누가 내 이야기를 하는지 귀가 간지럽다.
[nu-ga nae i-ya-gi-reul ha-neun-ji gwi-ga gan-ji-reop-da]
不知是谁在说我，耳朵痒痒的。

### 1365 간판 [gan-pan]
名 招牌 ★★★★
그 건물 옥상에는 큰 간판이 세워져 있다.
[geu geon-mul ok-sang-e-neun keun gan-pa-ni se-wo-jyeo it-da]
在那栋建筑物屋顶上立了一个大招牌。

### 1366 간편하다 [gan-pyeo-na-da]
形 简便的，简单的，方便的 ★★★☆
신용 카드로 지불하는 것은 대단히 간편하다.
[si-nyong ka-deu-ro ji-bu-ra-neun geo-seun dae-da-ni gan-pyeo-na-da]
用信用卡付款非常方便。

### 1367 간호 [ga-no]
名 看护 ★★★☆
병상에 누워 가족의 간호를 받고 있다.
[byeong-sang-e nu-wo ga-jo-ge ga-no-reul bat-go it-da]
躺在病床上，接受家人的看护。

### 1368 갇히다 [ga-chi-da]
动 被关，被困 ★★☆☆
교통 체증에 갇히는 것은 스트레스를 많이 준다.
[gyo-tong che-jeung-e ga-chi-neun geo-seun seu-teu-re-seu-reul ma-ni jun-da]
因交通堵塞被困会给人很大压力。

### 1369 갈다 [gal-da]
动 磨，锉，咬牙，更换 ★★★☆
침대의 시트를 갈았다.
[chim-dae-e si-teu-reul ga-rat-da]
更换了床垫。

### 1370 갈라지다 [gal-la-ji-da]
动 裂，分裂，分歧 ★★☆☆
국토는 둘로 갈라졌다.
[guk-to-neun tul-lo gal-la-jyeot-da]
国土分裂成了两个部分。

### 1371 갈색 [gal-saek]
名 褐色，棕色 ★★★★
마늘을 넣고 엷은 갈색을 띨 때까지 요리한다.
[ma-neu-reul neo-ko yeo-teun gal-sae-geul ttil ttae-kka-ji yo-ri-han-da]
把蒜煮到变淡褐色为止。

| 1372 | **갈수록** [gal-su-rok] | 副 越来越<br>🎧 이 문제는 날이 갈수록 계속 커지고 있다.<br>[i mun-je-neun na-ri gal-su-rok gye-sok keo-ji-go it-da]<br>这个问题变得越来越严重。 | ★★★☆ |
|---|---|---|---|
| 1373 | **갈아입다** [ga-ra-ip-da] | 动 换穿<br>🎧 일이 끝나면 옷을 갈아입고 집으로 돌아가요.<br>[i-ri kkeun-na-myeon o-seul ga-ra-ip-go ji-beu-ro do-ra-ga-yo]<br>工作结束后，换衣服回家。 | ★★★★ |
| 1374 | **감** [gam] | 名 柿子，料子，材料，感觉，灵感<br>🎧 감은 비타민C가 많아 감기 예방에 좋다.<br>[ga-meun bi-ta-min c-ga ma-na gam-gi ye-bang-e jo-ta]<br>柿子富含维生素C，可以预防感冒。 | ★★★☆ |
| 1375 | **감각** [gam-gak] | 名 感觉<br>🎧 우리는 유머 감각이 뛰어난 사람을 좋아한다.<br>[u-ri-neun yu-meo gam-ga-gi ttwi-eo-nan sa-ra-meul jo-a-han-da]<br>我们喜欢有幽默感的人。 | ★★★☆ |
| 1376 | **감다** [gam-da] | 动 闭合，洗，缠绕<br>🎧 너무 바빠서 머리를 감지 못했다.<br>[neo-mu ba-ppa-seo meo-ri-reul gam-ji mo-taet-da]<br>因为太忙没能洗头发。 | ★★★☆ |
| 1377 | **감독** [gam-dok] | 名 监督，监考，导演，总监<br>🎧 유명한 영화 감독이 이 영화를 감독했다.<br>[yu-myeong-han yeong-hwa gam-do-gi i yeong-hwa-reul gam-do-kaet-da]<br>这是著名电影导演所拍摄的电影。 | ★★★☆ |
| 1378 | **감동** [gam-dong] | 名 感动<br>🎧 그 영화를 보고 울다 웃다 했다. 재미도 있고 찡한 감동도 있다.<br>[geu yeong-hwa-reul bo-go ul-da ut-da haet-da][jae-mi-do it-go jjing-han gam-dong-do it-da]<br>那部电影让人又哭又笑的，既有趣又有令人鼻酸的感动。 | ★★★★ |

| 1379 | **감동적** [gam-dong-jeok] | 冠 令人感动的，感人的 ★★★★<br>🎧 그는 나에게 감동적인 이야기를 들려주었다.<br>[geu-neun na-e-ge gam-dong-jeo-gin i-ya-gi-reul deul-lyeo-ju-eot-da]<br>他给我讲了一个很感人的故事。 |
|---|---|---|
| 1380 | **감상** [gam-sang] | 名 欣赏 ★★★★<br>🎧 박물관에서 예술 작품을 감상했다.<br>[bang-mul-gwa-ne-seo ye-sul jak-pu-meul gam-sang-haet-da]<br>在博物馆欣赏了艺术作品。<br>近 구경하다 观赏 |
| 1381 | **감시** [gam-si] | 名 监视 ★★★★<br>🎧 그는 현재 경찰의 감시를 받고 있다.<br>[geu-neun hyeon-jae gyeong-cha-re gam-si-reul bat-go it-da]<br>他目前受警察的监视。 |
| 1382 | **감옥** [ga-mok] | 名 监狱 ★★★★<br>🎧 그는 감옥에서 2년형을 살았다.<br>[geu-neun ga-mo-ge-seo i nyeon-hyeong-eul sa-rat-da]<br>他在监狱服刑两年。 |
| 1383 | **감정** [gam-jeong] | 名 感情，情感，情绪 ★★★★<br>🎧 그는 감정 표현을 거의 하지 않는다.<br>[geu-neun gam-jeong pyo-hyeo-neul geo-i ha-ji an-neun-da]<br>他很少将情感表现出来。 |
| 1384 | **감추다** [gam-chu-da] | 动 隐藏，掩饰 ★★★★<br>🎧 나는 분노를 감출 수 없었다.<br>[na-neun bun-no-reul gam-chul su eop-seot-da]<br>我没能掩饰自己的愤怒。 |
| 1385 | **갑자기** [gap-ja-gi] | 副 突然 ★★★★<br>🎧 그분은 일을 하시다가 갑자기 그만두셨다.<br>[geu-bu-neun i-reul ha-si-da-ga gap-ja-gi geu-man-du-syeot-da]<br>他工作了一段时间后突然辞职了。 |
| 1386 | **값싸다** [gap-ssa-da] | 形 便宜的 ★★★★<br>🎧 이 지역에는 값싼 제품들을 파는 많은 상점들이 있다.<br>[i ji-yeo-ge-neun gap-ssan je-pum-deu-reul pa-neun ma-neun sang-jeom-deu-ri it-da]<br>这个地区有很多卖便宜商品的店。 |

| 1387 | **강도**<br>[gang-do] | 名 强盗，强度，来势 ★★★☆<br>🎧 우리는 그 강도 일당을 붙잡았다.<br>[u-ri-neun geu gang-do il-dang-eul but-ja-bat-da]<br>我们抓到那些强盗了。 |

| 1388 | **강력하다**<br>[gang-ryeo-ka-da] | 形 强力的 ★★★★<br>🎧 기차역 밖에서 강력한 폭발물이 터졌다.<br>[gi-cha-yeok ba-ge-seo gang-ryeo-kan pok-bal-mu-ri teo-jyeot-da]<br>威力强大的爆裂物在火车站外面爆炸了。 |

| 1389 | **강물**<br>[gang-mul] | 名 河水，江水 ★★★★<br>🎧 강물에 빠진 사람을 끌어올렸다.<br>[gang-mu-re ppa-jin sa-ra-meul kkeu-reo-ol-lyeot-da]<br>把掉进河水里的人拉了上来。 |

| 1390 | **강사**<br>[gang-sa] | 名 讲师 ★★★☆<br>🎧 그 강사는 금주 중 매일 밤 강연하기로 되어 있다.<br>[geu gang-sa-neun geum-ju jung mae-il bam gang-yeon-ha-gi-ro doe-eo it-da]<br>那名讲师这个星期每天晚上都有讲座。 |

| 1391 | **강의**<br>[gang-i] | 名 上课，讲课 ★★★★<br>🎧 수업은 강의와 세미나로 한다.<br>[su-eo-beun gang-i-wa se-mi-na-ro han-da]<br>课程包括上课和课堂讨论。 |

| 1392 | **강의실**<br>[gang-i-sil] | 名 教室，上课讲堂 ★★★☆<br>🎧 강의실은 학생들로 꽉 차 있었다.<br>[gnag-i-si-reun hak-saeng-deul-lo kkwak cha i-sseot-da]<br>教室里坐满了学生。 |

| 1393 | **강점**<br>[gang-jeom] | 名 优势，优点，强占，占领 ★★★☆<br>🎧 상대방의 강점과 약점을 아는 것이 중요하다.<br>[sang-dae-bang-e gang-jeom-gwa yak-jeo-meul a-neun geo-si jung-yo-ha-da]<br>了解对方的优点和弱点很重要。 |

| 1394 | **강조**<br>[gang-jo] | 名 强调 ★★★☆<br>🎧 그는 힘 있는 몸짓으로 자신의 주장을 강조했다.<br>[geu-neun hi mit-neun mom-ji-seu-ro ja-si-ne ju-jang-eul gang-jo-haet-da]<br>他用强有力的身体动作强调了自己的主张。 |

| 1395 | **개구리** [gae-gu-ri] | 名 青蛙 ★★★★<br>🎧 개구리 올챙이 적 생각 못한다.<br>[gae-gu-ri ol-chaeng-i jeok saeng-gak mo-tan-da]<br>俗话说，青蛙忘了曾是蝌蚪的时候（比喻有了成就却忘了过去苦难的日子）。 |
|---|---|---|
| 1396 | **개나리** [gae-na-ri] | 名 迎春花 ★★★★<br>🎧 개나리가 활짝 피었다.<br>[gae-na-ri-ga hwal-jjak pi-eot-da]<br>迎春花盛开了。 |
| 1397 | **개다** [gae-da] | 动 放晴，转好，叠整齐，调匀 ★★★★<br>🎧 내일 낮 동안은 하늘이 점차 갤 것이다.<br>[nae-il nat dong-a-neun ha-neu-ri jeom-cha gael geo-si-da]<br>明天白天天空会逐渐放晴。 |
| 1398 | **개미** [gae-mi] | 名 蚂蚁 ★★★★<br>🎧 케이크에 개미가 꾀어 있었다.<br>[ke-i-keu-e gae-mi-ga kkoe-eo i-sseot-da]<br>蛋糕上面聚集了一堆蚂蚁。 |
| 1399 | **개인** [gae-in] | 名 个人 ★★★★<br>🎧 개인적인 질문을 해도 될까요?<br>[gae-in-jeo-gin jil-mu-neul hae-do doel-kka-yo]<br>我可以询问个人问题吗? |
| 1400 | **거꾸로** [geo-kku-ro] | 副 颠倒，反过来，逆着 ★★★★<br>🎧 그녀가 스웨터를 거꾸로 입은 것 같다.<br>[geu-nyeo-ga seu-we-teo-reul geo-kku-ro i-beun geot gat-da]<br>她好像把毛衣穿反了。 |
| 1401 | **거래** [geo-rae] | 名 交易，买卖，做生意，来往 ★★★★<br>🎧 내일 우리는 거래를 중지하겠다.<br>[nae-il u-ri-neun geo-rae-reul jung-ji-ha-get-da]<br>明天我们会终止交易。 |
| 1402 | **거미** [geo-mi] | 名 蜘蛛 ★★★★<br>🎧 많은 사람들이 거미가 곤충이라고 생각한다.<br>[ma-neun sa-ram-deu-ri geo-mi-ga gon-chung-i-ra-go saeng-ga-kan-da]<br>很多人以为蜘蛛属于昆虫类。 |

## 1403 거북이
[geo-bu-gi]

名 乌龟 ★★★☆

거북이는 천천히 걷지만 한 순간이라도 멈추지 않는다.
[geo-bu-gi-neun cheon-cheo-ni geot-ji-man han sun-ga-ni-ra-do meom-chu-ji an-neun-da]
乌龟爬行缓慢，却一刻也不停歇。

## 1404 거스름돈
[geo-seu-reum-don]

名 找回的钱 ★★★☆

영수증과 거스름돈은 여기 있습니다.
[yeong-su-jeung-gwa geo-seu-reum-do-neun yeo-gi it-seum-ni-da]
收据和找回的钱在这里。

## 1405 거절
[geo-jeol]

名 拒绝 ★★★★

나는 불법적인 일에는 단호히 거절한다.
[na-neun bul-beop-jeo-gin i-re-neun da-no-hi geo-jeo-ran-da]
对于违法的事我会断然拒绝。

## 1406 거지
[geo-ji]

名 乞丐 ★★★★

서울역에는 왜 거지나 노숙자들이 많아요?
[seo-ul-yeo-ge-neun wae geo-ji-na no-suk-ja-deu-ri ma-na-yo]
为什么有很多乞丐和露宿者在首尔火车站？

## 1407 거품
[geo-pum]

名 泡沫，气泡，唾沫 ★★★★

스펀지로 비누 거품을 일으켰다.
[seu-peon-ji-ro bi-nu geo-pu-meul i-reu-kyeot-da]
用海绵打出了肥皂泡沫。

## 1408 걱정스럽다
[geok-jeong-seu-reop-da]

形 担心的 ★★★☆

그는 걱정스러운 얼굴을 했다.
[geu-neun geok-jeong-seu-reo-un eol-gu-reul haet-da]
他一脸担心的表情。

## 1409 건너다
[geon-neo-da]

动 渡，涉，过，越过 ★★★☆

지난 주말에 길을 건너가다가 사고가 났다.
[ji-nan ju-ma-re gi-reul geon-neo-ga-da-ga sa-go-ga nat-da]
上周过马路时发生了事故。

## 1410 건너편
[geon-neo-pyeon]

名 对面 ★★★☆

길 건너편에 백화점이 있다.
[gil geon-neo-pyeo-ne bae-kwa-jeo-mi it-da]
在路的对面有家百货商店。

### 1411 건물 [geon-mul]
名 建筑物，地上建筑物 ★★☆☆

민법에서는 부동산을 토지와 건물 등으로 정한다.
[min-beo-be-seo-neun bu-dong-sa-neul to-ji-wa geon-mul deung-eu-ro jeong-han-da]
在民法中，将不动产分为土地与建筑物等。

🔄 건축물 建筑物

### 1412 건설 [geon-seol]
名 建设 ★★★☆

이 다리를 건설하는 데 3년 걸렸다.
[i da-ri-reul geon-seol-ha-neun de sam nyeon geol-lyeot-da]
花了三年时间建设了这座桥梁。

### 1413 건전지 [geon-jeon-ji]
名 干电池，电池 ★★★☆

이 손전등은 건전지가 다 되었다.
[i son-jeon-deung-eun geon-jeon-ji-ga da doe-eot-da]
这个手电筒的电池已经没电了。

### 1414 건조 [geon-jo]
名 干燥 ★★★☆

오늘은 날씨가 건조해서 빨래가 빨리 마를 것이다.
[o-neu-reun nal-ssi-ga geon-jo-hae-seo ppal-lae-ga ppal-li ma-reul geo-si-da]
今天天气干燥，衣服会很容易晾干。

### 1415 건축 [geon-chuk]
名 建筑 ★★☆☆

건물을 신축하기 위해 건축 허가를 받고 공사를 한다.
[geon-mu-reul sin-chu-ka-gi wi-hae geon-chuk heo-ga-reul bat-go gong-sa-reul han-da]
盖新建筑，得先拿到建筑许可才能进行施工。

🔄 세우다 建立 / 짓다 建造

### 1416 건축물 [geon-chuk-mul]
名 建筑物 ★★★☆

전통 건축물 보존은 매우 중요하다.
[jeon-tong geon-chuk-mul bo-jo-neun mae-u jung-yo-ha-da]
传统建筑的保存十分重要。

🔄 건물 建物

### 1417 걸레 [geol-le]
名 抹布 ★★★☆

오늘 아침에 걸레로 마루를 닦았다.
[o-neul a-chi-me geol-le-ro ma-ru-reul da-gat-da]
今天早上用抹布擦了地板。

### 1418 걸치다 [geol-chi-da]
动 披挂，搭，架，跨，接合，落 ★★☆☆
🎧 그녀는 핑크색 외투를 걸치고 있었다.
[geu-nyeo-neun ping-keu-saek oe-tu-reul geol-chi-go i-sseot-da]
她披着一件粉红色的外套。

### 1419 검다 [geom-da]
形 乌黑的，黑暗的 ★★★☆
🎧 한 시간 동안 검은 석탄을 재료로 그렸다.
[han si-gan dong-an geo-meun seok-ta-neul jae-ryo-ro geu-ryeot-da]
用黑色的炭画了一个小时。

### 1420 검사 [geom-sa]
名 检查，检察官 ★★★☆
🎧 그는 내일 신체 검사를 받는다.
[geu-neun nae-il sin-che geom-sa-reul bat-neun-da]
他明天要体检。

### 1421 검색 [geom-saek]
名 搜索，搜寻 ★★★★
🎧 우리는 검색을 넓힐 필요가 있다.
[u-ri-neun geom-sae-geul neol-pil pi-ryo-ga it-da]
我们有必要扩大搜索范围。

### 1422 겁 [geop]
名 胆怯 ★★★☆
🎧 그 친구는 겁이 많은 사람이다.
[geu chin-gu-neun geo-bi ma-neun sa-ra-mi-da]
那位朋友是个胆小的人。

### 1423 겁나다 [geop-na-da]
动 胆怯，害怕 ★★★☆
🎧 그는 집까지 겁나는 속도로 달렸다.
[geu-neun jip-kka-ji geop-na-neun sok-do-ro dal-lyeot-da]
他以令人害怕的速度跑回了家。

### 1424 겉 [geot]
名 外，表面，表皮，外貌 ★★★★
🎧 겉으로 보기에는 집이 좋아 보인다.
[geo-teu-ro bo-gi-e-neun ji-bi jo-a bo-in-da]
从外观看来，这屋子很好。

### 1425 겉모습 [geot-mo-seup]
名 外表，外貌，外形 ★★★☆
🎧 사람을 겉모습을 보고 판단해서는 안 된다.
[sa-ra-meul geot-mo-seu-beul bo-go pan-dan-hae-seo-neun an doen-da]
不可以貌取人。

**1426 겉옷** [geo-dot] 名 外衣 ★★★★
오늘 추워서 두툼한 겉옷을 걸쳤다.
[o-neul chu-wo-seo du-tu-man geo-do-seul geol-chyeot-da]
今天很冷，穿了厚外衣。

**1427 게** [ge] 名 螃蟹 ★★★★
여기는 예전부터 게 요리로 유명한 곳이다.
[yeo-gi-neun ye-jeon-bu-teo ge yo-ri-ro yu-myeong-han go-si-da]
这里从以前就以螃蟹料理闻名。

**1428 게다가** [ge-da-ga] 副 再加上，而且 ★★★★
게다가 그의 아버지는 의사였다.
[ge-da-ga geu-e a-beo-ji-neun ui-sa-yeot-da]
而且他父亲还曾经是医生。

**1429 게시** [ge-si] 名 公告，公布，告示 ★★☆☆
그는 일정을 게시판에 게시했다.
[geu-neun il-jeong-eul ge-si-pa-ne ge-si-haet-da]
他将行程公布于公告栏。

**1430 게시판** [ge-si-pan] 名 公告板，公布栏，告示板 ★★★☆
학교 게시판에 구인 정보가 붙어 있다.
[hak-gyo ge-si-pa-ne gu-in jeong-bo-ga bu-teo it-da]
学校公布栏上贴着招聘信息。

**1431 게으르다** [ge-eu-reu-da] 形 懒惰 ★★★☆
제가 게으르다 보니 전화도 못했네요.
[je-ga ge-eu-reu-da bo-ni jeo-nwa-do mo-taet-ne-yo]
我太懒惰了，连电话也没打。

**1432 게임** [ge-im] 名 游戏 ★★★☆
인터넷 게임은 하루 30분만 하기로 약속했다.
[in-teo-net ge-i-meun ha-ru sam-sip bun-man ha-gi-ro yak-so-kaet-da]
约定每天只玩三十分钟的网络游戏。

**1433 겨우** [gyeo-u] 副 好不容易，勉强，才 ★★★☆
우리는 겨우 6개월 전에 만났다.
[u-ri-neun gyeo-u yuk gae-wol jeo-ne man-nat-da]
我们才认识六个月而已。

### 1434 견디다 [gyeon-di-da]
动 忍受，坚持 ★★☆☆
올 여름에는 에어컨 없이 견뎌 보도록 하겠습니다.
[ol yeo-reu-me-neun e-eo-keon eop-si gyeon-dyeo bo-do-rok ha-get-seup-ni-da]
这个夏天我要忍着不用空调。

### 1435 견학 [gyeo-nak]
名 观摩，参观教学 ★★★☆
오늘은 반친구들과 박물관 견학을 갈 것이다.
[o-neu-reun ban-chin-gu-deul-gwa bak-mul-gwan gyeo-na-geul gal-geo-si-da]
今天要和班上同学去参观博物馆。

### 1436 결과 [gyeol-gwa]
名 结果 ★★★★
다음은 설문 조사 결과를 정리한 표이다.
[da-eu-meun seol-mun jo-sa gyeol-gwa-reul jeong-ri-han pyo-i-da]
下面是整理了问卷调查结果的图表。

### 1437 결국 [gyeol-guk]
名 结果，最后，终究 ★★★☆
열심히 일하면 결국 목적을 달성할 것이다.
[yeol-si-mi i-ra-myeon gyeol-guk mok-jeo-geul dal-seong-hal geo-si-da]
认真工作，终会达成目标的。

### 1438 결론 [gyeol-lon]
名 结论 ★★★☆
우리는 아직 결론을 내리지 않았다.
[u-ri-neun a-jik gyeol-lo-neul nae-ri-ji a-nat-da]
我们尚未下结论。

### 1439 결석 [gyeol-seok]
名 缺席 ★★★★
결석한 친구에게 전화를 했다.
[gyeol-seo-kan chin-gu-e-ge jeo-nwa-reul haet-da]
给缺席的同学打电话了。

### 1440 결심 [gyeol-sim]
名 决心 ★★★☆
그는 그녀에게 진실을 말하지 않기로 결심했다.
[geu-neun geu-nyeo-e-ge jin-si-reul ma-ra-ji an-ki-ro gyeol-si-maet-da]
他决心不对她说出事实真相。

### 1441 결정 [gyeol-jeong]
名 决定，结晶 ★★★★
스스로 판단과 결정을 내려야 한다.
[seu-seu-ro pan-dan-gwa gyeol-jeong-eul nae-ryeo-ya han-da]
应该自己判断作决定。

### 1442 결코 [gyeol-ko]
副 绝对 ★★★☆
나는 그 일을 **결코** 잊지 않을 것이다.
[na-neun geu i-reul gyeol-ko it-ji a-neul geo-si-da]
我**绝对**不会忘了那件事。

### 1443 경고 [gyeong-go]
名 警告 ★★★☆
의사는 술을 많이 마시지 말라고 **경고**했다.
[ui-sa-neun su-reul ma-ni ma-si-ji mal-la-go gyeong-go-haet-da]
医生**警告**不要过量饮酒。

### 1444 경기 [gyeong-gi]
名 竞技，比赛，景气 ★★★★
다음 **경기**는 400미터 달리기다.
[da-eum gyeong-gi-neun sa-baek mi-teo dal-li-gi-da]
下一场**比赛**是 400 米赛跑。

### 1445 경비 [gyeong-bi]
名 经费，警备 ★★☆☆
여행 **경비**는 어머니가 대 주셨다.
[yeo-haeng gyeong-bi-neun eo-meo-ni-ga dae ju-syeot-da]
旅行**经费**是妈妈帮忙出的。

### 1446 경우 [gyeong-u]
名 情况，境遇，牵牛 ★★★☆
그 물건이 1만 달러 이상일 **경우**에는 신고를 해야 한다.
[geu mul-geo-ni il man dal-leo i-sang-il gyeong-u-e-neun sin-go-reul hae-ya han-da]
那个东西如果超过一万美金，必须申报。

### 1447 경쟁 [gyeong-jaeng]
名 竞争 ★★★☆
그들은 생존을 위해 대기업과 **경쟁**해야 한다.
[geu-deu-reun saeng-jo-neul wi-hae dae-gi-eop-gwa gyeong-jaeng-hae-ya han-da]
他们为了生存，要和大企业**竞争**。

### 1448 경험 [gyeong-heom]
名 经验 ★★★★
나는 주식 투자에 **경험**이 좀 있다.
[na-neun ju-sik tu-ja-e gyeong-heo-mi jom it-da]
我在股票投资方面有些**经验**。

| 1449 | **곁** [gyeot] | 名 身边，旁 <br> 🎧 그는 의자를 침대 곁으로 끌어당겼다. <br> [geu-neun ui-ja-reul chim-dae gyeo-teu-ro kkeu-reo-dang-gyeot-da] <br> 他将椅子拉到床边。 | ★★★★ |
|---|---|---|---|
| 1450 | **계곡** [gye-gok] | 名 溪谷，山谷 <br> 🎧 계곡은 두 산 사이의 낮은 지역이다. <br> [gye-go-geun du san sa-i-e na-jeun ji-yeo-gi-da] <br> 溪谷就是两座山之间的低矮地区。 | ★★★★ |
| 1451 | **계산기** [gye-san-gi] | 名 计算器 <br> 🎧 새로운 계산기를 구입할 것이다. <br> [sae-ro-un gye-san-gi-reul gu-i-pal geo-si-da] <br> 我打算购买一个新的计算器。 | ★★★★ |
| 1452 | **계산대** [gye-san-dae] | 名 收银台 <br> 🎧 나는 계산대 뒤에 서 있는 여자에게 물어봤다. <br> [na-neun gye-san-dae dwi-e seo it-neun yeo-ja-e-ge mu-reo-bwat-da] <br> 我询问了站在收银台后面的女子。 | ★★★★ |
| 1453 | **고객** [go-gaek] | 名 顾客 <br> 🎧 인터넷으로 고객에게 좋은 상품을 판매해요. <br> [in-teo-ne-seu-ro go-gaek-e-ge jo-eun sang-pu-meul pan-mae-hae-yo] <br> 在网上向顾客卖优质商品。 | ★★★★ |
| 1454 | **고구마** [go-gu-ma] | 名 地瓜，番薯 <br> 🎧 고구마 잎은 국으로 끓여 먹어도 맛있다. <br> [go-gu-ma i-peun gu-geu-ro kkeu-ryeo meo-geo-do ma-sit-da] <br> 地瓜叶煮成汤也很美味。 | ★★★★ |
| 1455 | **고급** [go-geup] | 名 高级 <br> 🎧 이곳은 이 지역에서 가장 고급스러운 식당이다. <br> [i-goseun i ji-yeo-ge-seo ga-jang go-geup-seu-reo-un sik-dang-i-da] <br> 这是此地区最高级的餐厅。 | ★★★★ |
| 1456 | **고려** [go-ryeo] | 名 考虑，高丽，鼓励，顾虑 <br> 🎧 우리는 모든 구성원을 고려해 봐야 한다. <br> [u-ri-neun mo-deun gu-seong-wo-neul go-ryeo-hae bwa-ya han-da] <br> 我们要考虑到所有的成员。 | ★★★★ |

中级

곁 ~ 고려

| 1457 | **고생** [go-saeng] | 名 辛劳，辛苦 <br> 그 여자가 고생하는 것을 보니 슬프다. <br> [geu yeo-ja-ga go-saeng-ha-neun geo-seul bo-ni seul-peu-da] <br> 看到那名女子辛苦的样子，我心里很难过。 | ★★★☆ |
|---|---|---|---|
| 1458 | **고속** [go-sok] | 名 高速 <br> 그 남자는 고속으로 차를 타는 것을 즐긴다. <br> [geu nam-ja-neun go-so-geu-ro cha-reul ta-neun geo-seul jeul-gin-da] <br> 那名男子喜欢开快车。 | ★★★☆ |
| 1459 | **고추** [go-chu] | 名 辣椒 <br> 작은 고추들은 각각 3등분 정도로 길게 자른다. <br> [ja-geun go-chu-deu-reun gak-gak sam deung-bun jeong-do-ro gil-ge ja-reun-da] <br> 把这些小辣椒都切成三等份。 | ★★★★ |
| 1460 | **고춧가루** [go-chut-ga-ru] | 名 辣椒粉 <br> 배추와 무, 고춧가루, 마늘을 준비해야 한다. <br> [bae-chu-wa mu, go-chut-ga-ru, ma-neu-reul jun-bi-hae-ya han-da] <br> 需要准备白菜、萝卜、辣椒粉和蒜。 | ★★★☆ |
| 1461 | **고치다** [go-chi-da] | 动 修理，修正，修补，改换 <br> 남의 비평을 받아 버릇을 고쳤다. <br> [na-me bi-pyeong-eul ba-da beo-reu-seul go-chyeot-da] <br> 接受别人的批评，改变坏习惯。 | ★★★☆ |
| 1462 | **곡** [gok] | 名 曲子 <br> 그 가수는 자신의 곡을 쓰기 시작했다. <br> [geu ga-su-neun ja-si-ne go-geul sseu-gi si-ja-kaet-da] <br> 那位歌手开始为自己作曲。 | ★★☆☆ |
| 1463 | **곤란** [gon-ran] | 名 困难，为难，难办，难堪 <br> 전화를 너무 많이 쓰시면 곤란해요. <br> [jeo-nwa-reul neo-mu ma-ni sseu-si-myeon gon-ra-nae-yo] <br> 过多使用电话，会让我很难办。 | ★★★☆ |
| 1464 | **곧장** [got-jang] | 副 直直地，一直 <br> 기차는 곧장 서울을 향하여 달렸다. <br> [gi-cha-neun got-jang seo-u-reul hyang-ha-yeo dal-lyeot-da] <br> 火车直达首尔。 | ★★★☆ |

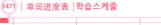

### 1465 골다
[gol-da]
**动** 打呼 ★★☆☆
🎧 어제 남편도 잠잘 때 코를 드르렁드르렁 골았다.
[eo-je nam-pyeon-do jam-jal ttae ko-reul deu-reu-reong-deu-reu-reong go-rat-da]
昨天丈夫也在睡觉时呼噜噜地打鼾了。

### 1466 곱다
[gop-da]
**形** 善良的，漂亮的，好听的 ★★★☆
🎧 가는 말이 고와야 오는 말이 곱다.
[ga-neun ma-ri go-wa-ya o-neun ma-ri gop-da]
出言不逊会遭恶语相报。
近 예쁘다 漂亮的 / 착하다 乖巧的

### 1467 곱하다
[go-pa-da]
**动** 乘 ★★☆☆
🎧 300에 10을 곱하면 얼마나 나오나요?
[sam-baek-e si-beul go-pa-myeon eol-ma-na na-o-na-yo]
三百乘以十是多少？

### 1468 곳곳
[got-got]
**名** 到处 ★★★☆
🎧 전철역 근처 곳곳에서 교통 안내를 했다.
[jeon-cheo-ryeok geun-cheo got-go-se-seo gyo-tong an-nae-reul haet-da]
在地铁站附近各地进行了交通指挥。

### 1469 공공
[gong-gong]
**名** 公共 ★★★☆
🎧 공공장소에서는 목소리를 낮춰야 한다.
[gong-gong-jang-so-e-seo-neun mok-so-ri-reul nat-chwo-ya han-da]
在公共场所应该降低音量说话。

### 1470 공급
[gong-geup]
**名** 供给 ★★☆☆
🎧 가격은 수요와 공급과의 상관관계이다.
[ga-gyeo-geun su-yo-wa gong-geup-gwa-e sang-gwan-gwan-gye-i-da]
价格是需求与供给的相互关系。

### 1471 공기
[gong-gi]
**名** 空气 ★★★★
🎧 아침 저녁으로 공기가 서늘하다.
[a-chim jeo-nyeo-geu-ro gong-gi-ga seo-neu-ra-da]
早晚空气很凉。

中级

골다~공기

### 1472 공부방
[gong-bu-bang]

**名** 书房，读书中心 ★★★☆

우리 집은 거실, 안방, **공부방**, 부엌, 베란다로 되어 있다.
[u-ri ji-beun geo-sil, an-bang, gong-bu-bang, bu-eok, be-ran-da-ro doe-eo-it-da]
我们家有客厅、卧室、书房、厨房、阳台。

### 1473 공사
[gong-sa]

**名** 工程，施工 ★★★☆

저쪽에서 **공사**를 하고 있다.
[jeo-jjo-ge-seo gong-sa-reul ha-go it-da]
那边正在进行施工。

### 1474 공연
[gong-yeon]

**名** 演出，表演 ★★★★

오늘 **공연**이 일곱 시에 시작하지요? 입장시간은 언제인가요?
[o-neul gong-yeo-ni il-gop si-e si-ja-ka-ji-yo][ip-jang-si-ga-neun eon-je-in-ga-yo]
今天的表演是七点开始吧？什么时候开始入场呢？

**近** 연출 演出 / 출연 扮演

### 1475 공연장
[gong-yeon-jang]

**名** 演出场地，剧场 ★★★☆

이 **공연장**은 지은 지 오래됐다.
[i gong-yeon-jang-eun ji-eun ji o-rae-dwaet-da]
这个剧场建成很长时间了。

### 1476 공주
[gong-ju]

**名** 公主 ★★★★

왕자와 **공주**는 오래 오래 행복하게 살다가 죽었다.
[wang-ja-wa gong-ju-neun o-rae o-rae haeng-bo-ka-ge sal-da-ga ju-geot-da]
王子和公主从此过着幸福快乐的日子直到死去。

### 1477 공중전화
[gong-jung-jeo-nwa]

**名** 公共电话 ★★★☆

수영 씨는 **공중전화** 박스 안에서 통화하고 있다.
[su-yeong ssi-neun gong-jung-jeo-nwa bak-seu a-ne-seo tong-hwa-ha-go it-da]
秀英正在公共电话亭里打电话。

### 1478 공짜
[gong-jja]

**名** 不花钱的，免费 ★★★☆

노래 3만 곡을 **공짜**로 제공하는 스마트폰 음악 앱이다.
[no-rae sam man go-geul gong-jja-ro je-gong-ha-neun seu-ma-teu-pon eu-mak ae-bi-da]
这是免费提供三万首歌曲的音乐类手机应用。

### 1479 공포 [gong-po]
名 恐怖，恐惧 ★★★☆
공포 때문에 소녀는 그런 식으로 행동하게 되었다.
[gogn-po ttae-mu-ne so-nyeo-neun geu-reon si-geu-ro haeng-dong-ha-ge doe-eot-da]
因为恐惧，少女才会有那样的行为。

### 1480 과 [gwa]
名 课，科 ★★★★
8과가 이번 시험에 포함된다.
[pal gwa-ga i-beon si-heo-me po-ham-doen-da]
这次考试范围包括第八课。

### 1481 과거 [gwa-geo]
名 过去 ★★★☆
나는 과거에 신경을 쓰지 않는다.
[na-neun gwa-geo-e sin-gyeong-eul sseu-ji an-neun-da]
我不在意过去。

### 1482 과속 [gwa-sok]
名 超速 ★★☆☆
과속은 자살 행위나 다름없다.
[gwa-so-geun ja-sal haeng-wi-na da-reu-meop-da]
超速驾驶和自杀行为没两样。

### 1483 과식 [gwa-sik]
名 暴饮暴食 ★★☆☆
절대로 과식하지 마세요.
[jeol-dae-ro gwa-si-ka-ji ma-se-yo]
请千万不要暴饮暴食。

### 1484 과외 [gwa-oe]
名 家教，课外 ★★☆☆
그는 수학을 전문으로 수업하는 과외 선생님이다.
[geu-neun su-ha-geul jeon-mu-neu-ro su-eo-pa-neun gwa-oe seon-saeng-ni-mi-da]
他是专门教数学的家教老师。

### 1485 과장 [gwa-jang]
名 科长，系主任，夸张 ★★★☆
나는 그 회사에서 과장으로 2년을 일했다.
[na-neun geu hoe-sa-e-seo gwa-jang-eu-ro i nyeo-neul i-raet-da]
我在那家公司做了两年的科长。

### 1486 과정 [gwa-jeong]
名 课程，过程 ★★★☆
이런 과정에서 적절한 좌절을 겪었다.
[i-reon gwa-jeong-e-seo jeok-jeo-ran jwa-jeo-reul gyeo-ggeot-da]
在这过程中经历了适当的挫折。

| 1487 | **관계** [gwan-gye] | 名 关系，缘故，有关方面 ★★★☆ |
| --- | --- | --- |
| | | 🎧 대학교 교육을 못 받은 관계로 취직이 어렵겠군요. |
| | | [dae-hak-gyo gyo-yu-geul mot ba-deun gwan-gye-ro chwi-ji-gi eo-ryeop-get-gun-yo] |
| | | 没受过大学教育，就业可能会有困难。 |

| 1488 | **관리** [gwan-ri] | 名 管理，官吏 ★★★☆ |
| --- | --- | --- |
| | | 🎧 환절기에는 건강 관리를 잘해야 한다. |
| | | [hwan-jeol-gi-e-neun geon-gang gwan-ri-reul ja-rae-ya han-da] |
| | | 换季时要注重健康管理。 |

| 1489 | **관하다** [gwa-na-da] | 动 关于 ★★★☆ |
| --- | --- | --- |
| | | 🎧 한국 풍속에 관한 책을 빌리러 도서관에 갔다. |
| | | [han-huk pung-so-ge gwa-nan chae-geul bil-li-reo do-seo-gwa-ne gat-da] |
| | | 去图书馆借阅有关韩国风俗的书籍。 |

| 1490 | **광고** [gwang-go] | 名 广告 ★★★☆ |
| --- | --- | --- |
| | | 🎧 우리 회사 광고를 하루에 몇 번이나 방송해야 할까요? |
| | | [u-ri hoe-sa gwang-go-reul ha-ru-e myeot beo-ni-na bang-song-hae-ya hal-kka-yo] |
| | | 我们公司的广告一天播几次好呢？ |

| 1491 | **괴로움** [goe-ro-um] | 名 难过，忧郁，痛苦 ★★★☆ |
| --- | --- | --- |
| | | 🎧 때때로 그녀는 괴로움에 휩싸였다. |
| | | [ttae-ttae-ro geu-nyeo-neun goe-ro-u-me hwip-ssa-yeot-da] |
| | | 她有时会沉浸在痛苦中。 |

| 1492 | **괴로워하다** [goe-ro-wo-ha-da] | 动 感到难过，感到忧郁，感到痛苦 ★★☆☆ |
| --- | --- | --- |
| | | 🎧 그녀는 가정문제와 취업문제로 괴로워했다. |
| | | [geu-nyeo-neun ga-jeong-mun-je-wa chwi-eop-mun-je-ro goe-ro-wo-haet-da] |
| | | 她曾因为家庭问题和就业问题很痛苦。 |

| 1493 | **괴롭다** [goe-rop-da] | 形 难受的，难过的，痛苦的 ★★★☆ |
| --- | --- | --- |
| | | 🎧 원통한 일을 겪거나 불쌍한 일을 보면 마음은 아프고 괴롭게 될 것이다. |
| | | [won-tong-han i-reu gyeok-geo-na bul-ssang-han i-reu bo-myeon ma-eu-meun a-peu-go goe-rop-ge doel geo-si-da] |
| | | 被冤枉或看到可怜的事当然会感到难过。 |

## 1494 괴롭히다
[goe-ro-pi-da]

动 使痛苦，烦扰 ★★☆☆

🎧 분노의 감정으로 쓸데없이 자신을 괴롭히지 마세요.
[bun-no-e gam-jeong-eu-ro sseul-de-eop-si ja-si-neul goe-ro-pi-ji ma-se-yo]
请不要因为愤怒的情绪无谓地烦扰自己。

## 1495 굉장하다
[goeng-jang-ha-da]

形 宏伟，巨大，壮观，了不起 ★★★☆

🎧 이 공연 규모는 정말 굉장하다.
[i gong-yeon gyu-mo-neun jeong-mal goeng-jang-ha-da]
这场公演的规模真的很大。

## 1496 굉장히
[goeng-jang-hi]

副 非常地 ★★★☆

🎧 그 여자 배우는 굉장히 인기가 많다.
[geu yeo-ja bae-u-neun goeng-jang-hi in-gi-ga man-ta]
那名女演员非常受欢迎。

## 1497 교과서
[gyo-gwa-seo]

名 教科书 ★★★☆

🎧 교과서에서 배운 내용을 제대로 이해했는지를 확인해 본다.
[gyo-gwa-seo-e-seo bae-un nae-yong-eul je-dae-ro i-hae-haet-neun-ji-reul hwa-gin-hae-bon-da]
确认是否完全理解了从教科书上学到的内容。

## 1498 교시
[gyo-si]

依 课堂，课时 ★★☆☆

🎧 오늘 1교시 수업은 영어 작문이다.
[o-neul il gyo-si su-eo-beun yeong-eo jang-mu-ni-da]
今天第一堂课是英语作文。

## 1499 교재
[gyo-jae]

名 教材 ★★★☆

🎧 이번 학기 교재는 인터넷을 통해 구입하세요.
[i-beon hak-gi gyo-jae-neun in-teo-ne-seul tong-hae gu-i-pa-se-yo]
这学期的教材请在网上购买。

## 1500 교환
[gyo-hwan]

名 交换 ★★★☆

🎧 셔츠를 더 큰 치수로 교환하고 싶다.
[syeo-cheu-reul deo keun chi-su-ro gyo-hwan-ha-go sip-da]
我想将衬衫换成大一点的尺寸。

🎧 207

| 1501 | **교회** [gyo-hoe] | 名 教会 ★★★☆ 교회에서 성경에 대해 목사님께 물어봤다. [gyo-hoe-e-seo seong-gyeong-e dae-hae mok-sa-nim-kke mu-reo-bwat-da] 在教会向牧师请教了有关圣经的问题。|

| 1502 | **구매** [gu-mae] | 名 购买 ★★★☆ 인터넷 공동 구매로 스마트폰을 싸게 샀다. [in-teo-net gong-dong gu-mae-ro seu-ma-teu-po-neul ssa-ge sat-da] 利用网上团购以较低的价格购买了智能手机。|

| 1503 | **구별** [gu-byeol] | 名 区别，分辨 ★★★☆ 그는 나와 수영 씨를 구별하지 못했다. [geu-neun na-wa su-yeong ssi-reul gu-byeo-ra-ji mo-taet-da] 他没有分辨出我和秀英。|

| 1504 | **구분** [gu-bun] | 名 区分 ★★★☆ 친구는 진정한 친구와 그저 아는 사람으로 구분했다. [chin-gu-neun jin-jeong-han chin-gu-wa geu-jeo a-neun sa-ra-meu-ro gu-bun-haet-da] 我将朋友分为真正的好友与认识的人。|

| 1505 | **구석** [gu-seok] | 名 角落 ★★★☆ 방 구석에 기타가 놓여 있었다. [bang gu-seo-ge gi-ta-ga no-yeo i-sseot-da] 房间的角落里放着一把吉他。|

| 1506 | **구입** [gu-ip] | 名 购买，购入，买进 ★★★☆ 새로운 여행 가방을 구입할 것이다. [sae-ro-un yeo-haeng ga-bang-eul gu-i-pal geo-si-da] 打算购买一个新的行李箱。|

| 1507 | **구하다** [gu-ha-da] | 动 救，救济，拯救，寻求，找 ★★☆☆ 이것은 세상을 구하기 위한 투쟁이다. [i-geo-seun se-sang-eul gu-ha-gi wi-han tu-jaeng-i-da] 这是为了拯救世界而作的斗争。|

| 1508 | **국가** [guk-ga] | 名 国家，国歌 ★★★☆ 민주 국가에서는 국민들이 투표할 수 있다. [min-ju guk-ga-e-seo-neun gung-min-deu-ri tu-pyo-hal su it-da] 在民主国家，人民是可以投票的。|

| 单词进度表 | 학습스케줄

**1509 국기** [guk-gi]
名 国旗，国技 ★★★☆
여러 나라 국기들이 깃대에 걸려 있다.
[yeo-reo na-ra guk-gi-deu-ri git-dae-e geol-lyeo it-da]
很多国家的国旗悬挂在旗杆上。

**1510 국물** [guk-mul]
名 汤，汤水 ★★★☆
이 국물은 좀 싱겁다.
[i gung-mu-reun jom sing-geop-da]
这汤有点清淡。

**1511 국민** [guk-min]
名 国民 ★★★☆
정부는 국민의 소리에 귀를 기울여야 한다.
[jeong-bu-neun gung-mi-ne so-ri-e gwi-reul gi-u-ryeo-ya han-da]
政府应该倾听人民的声音。

**1512 국어** [gu-geo]
名 国语 ★★★★
그는 중학교에서 국어를 가르치고 있다.
[geu-neun jung-hak-gyo-e-seo guk-eo-reul ga-reu-chi-go it-da]
他在中学教语文。

**1513 국제** [guk-je]
名 国际 ★★★☆
제가 작년에 국제 면허증을 발급 받았다.
[je-ga jang-nyeo-ne guk-je myeo-neo-jeung-eul bal-geup ba-dat-da]
我去年拿到了国际驾照。

**1514 군대** [gun-dae]
名 军队 ★★★☆
한국 남성들은 18세부터 군대에 가야 할 의무가 있다.
[han-guk nam-seong-deu-reun sip-pal se-bu-teo gun-dae-e ga-ya hal ui-mu-ga it-da]
十八岁以上的韩国男性有服兵役的义务。

**1515 굳다** [gut-da]
形 坚定的，硬的，呆板的 ★★★☆
그는 의지가 대단히 굳다.
[geu-neun ui-ji-ga dae-da-ni gut-da]
他的意志十分坚定。

**1516 굵다** [guk-da]
形 粗重，粗大 ★★☆☆
'굵다'의 반대말은 '가늘다'가 된다.
['guk-da'-e ban-dae-ma-reun 'ga-neul-da'-ga doen-da]
"粗"的反义词是"细"。

| 1517 | **굽** [gup] | 名 鞋跟，蹄，底座 ★★★☆ |
| --- | --- | --- |
| | | 🎧 그녀는 청바지 차림에 굽이 낮은 구두를 신었다. |
| | | [geu-nyeo-neun cheong-ba-ji cha-ri-me gu-bi na-jeun gu-du-reul si-neot-da] |
| | | 她以牛仔裤搭配低跟皮鞋。 |

| 1518 | **귀국** [gwi-guk] | 名 归国，回国 ★★★☆ |
| --- | --- | --- |
| | | 🎧 사정이 있어서 갑자기 미국으로 귀국했다. |
| | | [sa-jeong-i i-sseo-seo gap-ja-gi mi-gu-geu-ro gwi-gu-kaet-da] |
| | | 因为有事突然回美国了。 |

| 1519 | **귀신** [gwi-sin] | 名 鬼 ★★★☆ |
| --- | --- | --- |
| | | 🎧 먹고 죽은 귀신은 때깔도 좋다. |
| | | [meok-go ju-geun gwi-si-neun ttae-kkal-do jo-ta] |
| | | 生前吃饱的鬼，死后连脸色都好看（比喻饮食的重要性）。 |

| 1520 | **규모** [gyu-mo] | 名 规模 ★★★☆ |
| --- | --- | --- |
| | | 🎧 동부에서 규모 3의 지진이 발생했다. |
| | | [dong-bu-e-seo gyu-mo sa-me ji-ji-ni bal-saeng-haet-da] |
| | | 东部地区发生了 3 级地震。 |

| 1521 | **규칙** [gyu-chik] | 名 规则 ★★★☆ |
| --- | --- | --- |
| | | 🎧 농구에 대해서 관심을 가지기 시작했는데 규칙과 기술을 모른다. |
| | | [nong-gu-e dae-hae-seo gwan-si-meul ga-ji-gi si-jak-haet-neun-de gyu-chik-gwa gi-su-reul mo-reun-da] |
| | | 虽然开始对篮球感兴趣，但是不懂规则和技术。 |

| 1522 | **그네** [geu-ne] | 名 秋千 ★★★☆ |
| --- | --- | --- |
| | | 🎧 서너 명의 아이들은 그네를 타며 놀고 있었다. |
| | | [seo-neo myeong-e a-i-deu-reun geu-ne-reul ta-myeo nol-go i-sseot-da] |
| | | 有三四个孩子在荡秋千玩耍。 |

| 1523 | **그다지** [geu-da-ji] | 副 不太，不怎么，那样 ★★☆☆ |
| --- | --- | --- |
| | | 🎧 일본어는 그다지 배우기 어렵지 않다. |
| | | [il-bo-neo-neun geu-da-ji bae-u-gi eo-ryeop-ji an-ta] |
| | | 日语并没有那么难学。 |

1524 **그래도** [geu-rae-do]
副 即使那样，但还是 ★★★☆
🎧 **그래도** 이따가 전화해서 알려 줄 것이다.
[geu-rae-do i-tta-ga jeo-nwa-hae-seo al-lyeo jul geo-si-da]
但等一下还是会打电话告知的。

1525 **그램** [geu-raem]
依 克 ★★★☆
🎧 그것은 거의 대부분 **그램**의 단위로 기록된다.
[geu-geo-seun geo-i dae-bu-bun geu-rae-me da-nwi-ro gi-rok-doen-da]
那东西大部分是以克为单位来记录的。

1526 **그립다** [geu-rip-da]
形 令人怀念的，令人想念的 ★★★☆
🎧 옛날 학교 앞에서 자주 먹던 떡볶이가 **그립다**.
[yet-nal hak-gyo a-pe-seo ja-ju meok-deon tteok-bo-kki-ga geu-rip-da]
很怀念以前在校门口常吃的韩式炒年糕。

1527 **그만** [geu-man]
副 到此为止，停止 ★★★☆
🎧 내일 또 비나 눈이 온대요. 우산은 **그만** 쓰고 싶네요.
[nae-il tto bi-na nu-ni on-dae-yo][u-sa-neun geu-man sseu-go sip-ne-yo]
听说明天又会下雨或雪，真不想再用雨伞了。

1528 **그만두다** [geu-man-du-da]
动 放弃，作罢 ★★★☆
🎧 이 일을 **그만두**고 싶어요.
[i i-reul geu-man-du-go si-peo-yo]
不想做这工作了。

1529 **그저** [geu-jeo]
副 只是，还是，就 ★★★★
🎧 요즘 내 생활은 **그저** 그렇다.
[yo-jeum nae saeng-hwa-reun geu-jeo geu-reo-ta]
最近我的生活就那样，很平常。

1530 **그치다** [geu-chi-da]
动 停止 ★★☆☆
🎧 비가 내리다 **그치**다를 반복하더니 갑자기 무지개가 떴다.
[bi-ga nae-ri-da geu-chi-da-reul ban-bo-ka-deo-ni gap-ja-gi mu-ji-gae-ga tteot-da]
雨下下停停，突然就出现了彩虹。
近 멈추다 停止

| 1531 | **극본** [geuk-bon] | 名 剧本 ★★★☆ |
| --- | --- | --- |
| | | 한국 드라마는 너무 재미있고 극본 내용도 좋아요. |
| | | [han-guk deu-ra-ma-neun neo-mu jae-mi-it-go geuk-bon nae-yong-do jo-a-yo] |
| | | 韩国的电视剧很有趣，剧本也很棒。 |

| 1532 | **근무하다** [geun-mu-ha-da] | 动 工作 ★★★☆ |
| --- | --- | --- |
| | | 대단히 감사합니다. 언제부터 근무하면 좋을까요? |
| | | [dae-da-ni gam-sa-ham-ni-da][eon-je-bu-teo geun-mu-ha-myeon jo-eul-kka-yo] |
| | | 非常感谢。在什么时候可以开始工作呢？ |

| 1533 | **글씨** [geul-ssi] | 名 字体，字 ★★★☆ |
| --- | --- | --- |
| | | 저는 예쁘고 깔끔한 영어 글씨를 잘 쓰고 싶어요. |
| | | [jeo-neun ye-ppeu-go kkal-kkeu-man yeong-eo geul-ssi-reul jal sseu-go si-peo-yo] |
| | | 我很希望能写出漂亮又工整的英文。 |

| 1534 | **금** [geum] | 名 裂痕，金，琴 ★★★☆ |
| --- | --- | --- |
| | | 거울이 금이 가기는 했지만 깨지지 않았다. |
| | | [geo-u-ri geu-mi ga-gi-neun haet-ji-man kkae-ji-ji a-nat-da] |
| | | 镜子出现了裂痕，但是并没有碎掉。 |

| 1535 | **금지** [geum-ji] | 名 禁止 ★★★☆ |
| --- | --- | --- |
| | | 여기는 미성년자 출입 금지예요. |
| | | [yeo-gi-neun mi-seong-nyeon-ja chu-rip geum-ji-ye-yo] |
| | | 未成年者禁止出入这里。 |

| 1536 | **급하다** [geu-pa-da] | 形 急，困难 ★★★☆ |
| --- | --- | --- |
| | | 너무 급하게 먹거나 너무 천천히 먹지 않습니다. |
| | | [neo-mu geu-pa-ge meok-geo-na neo-mu cheon-cheo-ni meok-ji an-seum-ni-da] |
| | | 不要吃得太急或吃得太慢。 |

| 1537 | **기념** [gi-nyeom] | 名 纪念 ★★★★ |
| --- | --- | --- |
| | | 그 신인 가수는 데뷔 100일 기념 케이크를 들고 있다. |
| | | [geu si-nin ga-su-neun de-bwi bae-gil gi-nyeom ke-i-keu-reul deul-go it-da] |
| | | 那名新歌手拿着出道百日的纪念蛋糕。 |

### 1538 기념일
[gi-nyeo-mil]

名 纪念日 ★★★★

결혼 기념일에 아내에게 선물을 줄 거예요.
[gyeo-ron gi-nyeo-mi-re a-nae-e-ge seon-mu-reul jul geo-ye-yo]
打算在结婚纪念日送妻子礼物。

### 1539 기록하다
[gi-ro-ka-da]

动 记录 ★★☆☆

달력을 보고 기록한 사항을 확인한다.
[dal-lyeo-geul bo-go gi-ro-kan sa-hang-eul hwa-gi-nan-da]
看日历确认记录在上面的事项。

### 1540 기르다
[gi-reu-da]

动 饲养，培养，蓄留头发或胡须，养成 ★★☆☆

아이를 모유로 먹여서 기른다.
[a-i-reul mo-yu-ro meo-gyeo-seo gi-reun-da]
用母乳喂养小孩。

### 1541 기억
[gi-eok]

名 记住，记忆 ★★★☆

그 다음에 무슨 일이 있었는지 기억이 안 난다.
[geu da-eu-me mu-seun i-ri i-sseot-neun-ji gi-eo-gi an nan-da]
在那之后发生了什么事，我记不起来了。

### 1542 기억하다
[gi-eo-ka-da]

动 记住，记忆 ★★★☆

이 문법은 매우 중요하니까 꼭 기억하세요.
[i mun-beop-beu mae-u jung-yo-ha-ni-kka kkok gi-eo-ka-se-yo]
这个语法很重要，请一定要记住。

### 1543 기온
[gi-on]

名 气温 ★★★☆

낮에는 기온이 올라가서 한 32도쯤 될 거라고 했다.
[na-je-neun gi-o-ni ol-la-ga-seo han sam-si-bi do-jjeum doel geo-ra-go haet-da]
听说白天气温会上升到32度左右。

### 1544 기준
[gi-jun]

名 基准 ★★★☆

사막 기후 기준은 연 강우량 250mm 이하고 일교차가 크다는 것이다.
[sa-mak gi-hu gi-ju-neun yeon gang-u-ryang i-baek-o-sip mil-li-mi-teo i-ha-go il-gyo-cha-ga keu-da-neun geo-si-da]
沙漠气候的基准是年降雨量250毫米以下以及日夜温差大。

| 1545 | 기회 [gi-hoe] | 名 机会 ★★★★ |
| --- | --- | --- |
| | | 이번 기회에 한 번 가 볼까요? |
| | | [i-beon gi-hoe-e han beon ga bol-kka-yo] |
| | | 要不要趁这次机会去一次？ |

| 1546 | 기후 [gi-hu] | 名 气候 ★★★☆ |
| --- | --- | --- |
| | | 이상 기후로 인해 지구는 많은 변화를 겪고 있다. |
| | | [i-sang gi-hu-ro in-hae ji-gu-neun man-eun byeo-nwa-reul gyeok-go it-da] |
| | | 因为气候异常，地球正经历许多变化。 |

| 1547 | 길가 [gil-ga] | 名 路边 ★★★☆ |
| --- | --- | --- |
| | | 길가 커피숍에 앉아서 커피를 마셔요. |
| | | [gil-ga keo-pi-syo-be an-ja-seo keo-pi-reul ma-syeo-yo] |
| | | 坐在路边的咖啡厅里喝咖啡。 |

| 1548 | 길거리 [gil-geo-ri] | 名 街道，街上 ★★★☆ |
| --- | --- | --- |
| | | 나는 길거리에서 구걸하는 거지들을 싫어한다. |
| | | [na-neun gil-geo-ri-e-seo gu-geo-ra-neun geo-ji-deu-reul si-reo-han-da] |
| | | 我讨厌那些在街道乞讨的乞丐们。 |

| 1549 | 깊이 [gi-pi] | 名 深，深沉，深度 ★★★★ |
| --- | --- | --- |
| | | 그는 깊이 있는 철학 책들을 읽었다. |
| | | [geu-neun gi-pi it-neun cheo-rak chaek-deu-reul il-geot-da] |
| | | 他读了一些很有深度的哲学书籍。 |

| 1550 | 깊이 [gi-pi] | 副 深，深沉，深厚 ★★★★ |
| --- | --- | --- |
| | | 저는 그 영화를 보고 깊이 감동했다. |
| | | [jeo-neun geu yeong-hwa-reul bo-go gi-pi gam-dong-haet-da] |
| | | 我看了那部电影之后深受感动。 |

| 1551 | 깜빡 [kkam-ppak] | 副 一闪一闪，明灭，眨，忘 ★★★☆ |
| --- | --- | --- |
| | | 자동차 열쇠를 깜빡했다. 이제 큰일 났다. |
| | | [ja-dong-cha yeol-soe-reul kkam-ppa-kaet-da] [i-je keun-il nat-da] |
| | | 我忘了拿汽车钥匙，这下糟糕了。 |

| 1552 | 깜짝 [kkam-jjak] | 副 一下子 ★★★☆ |
| --- | --- | --- |
| | | 그녀는 깜짝 놀라서 울었다. |
| | | [geu-nyeo-neun kkam-jjak nol-la-seo u-reot-da] |
| | | 她吓了一跳，都哭了。 |

## 1553 깨끗이 [kkae-kkeu-si]
**副** 干净地 ★★★★

메르스 감염을 막기 위해서는 손을 깨끗이 씻고 마스크를 써야 한다.
[me-reu-seu ga-myeo-meul mak-gi wi-hae-seo-neun so-neul kkae-kkeu-si ssit-go ma-seu-keu-reul sseo-ya han-da]
为了防止感染 MERS，要把手洗干净，还要戴口罩。

## 1554 깨우다 [kkae-u-da]
**动** 使醒 ★★★★

잠자는 사람을 깨우지 말아요.
[jam-ja-neun sa-ra-meul kkae-u-ji ma-ra-yo]
不要叫醒正在睡觉的人。

## 1555 깨지다 [kkae-ji-da]
**动** 落败，破碎，摔坏 ★★★☆

아이들이 던진 공에 유리창이 깨졌다.
[a-i-deu-ri deon-jin gong-e yu-ri-chang-i kkae-jyeot-da]
玻璃窗被小孩子们丢出的球给砸碎了。

## 1556 꼬리 [kko-ri]
**名** 尾巴 ★★★☆

그 개는 꼬리를 흔들고 있다.
[geu gae-neun kko-ri-reul heun-deul-go it-da]
那只狗正摇着尾巴。

## 1557 꽤 [kkwae]
**副** 相当，很 ★★★☆

그를 만난 지 꽤 오래됐다.
[geu-reul man-nan ji kkwae o-rae-dwaet-da]
好久没见到他了。

## 1558 꾸미다 [kku-mi-da]
**动** 装扮，装饰，装修，策划 ★★☆☆

동생은 예쁘게 꾸미고 동창회에 갔다.
[dong-saeng-eun ye-ppeu-ge kku-mi-go dong-chang-hoe-e gat-da]
妹妹打扮得漂漂亮亮去参加了同学会。

## 1559 꿀 [kkul]
**名** 蜂蜜 ★★★☆

그녀는 꿀이 없어서 대신 설탕을 썼다.
[geu-nyeo-neun kku-ri eop-seo-seo dae-sin seol-tang-eul sseot-da]
没有蜂蜜，所以她用砂糖代替。

## 1560 끊기다 [kkeun-ki-da]
**动** 被断绝，断线 ★★☆☆

지하철 안이라서 전화가 끊겼다.
[ji-ha-cheol a-ni-ra-seo jeo-nwa-ga kkeun-kyeot-da]
因为在地铁里面，所以电话断了。

## 1561 끓이다
[kkeu-ri-da]

**动** 煮，熬煮

라면을 오래 **끓이**면 면이 불어서 양이 좀 많아진다.
[ra-myeo-neul o-rae kkeu-ri-myeon myeo-ni bu-reo-seo yang-i jom ma-na-jin-da]
泡面煮久了，面会膨胀，量会变多一点。

## 1562 끝내다
[kkeut-nae-da]

**动** 结束

지지난주에 한가해서 숙제를 한 시간에 다 **끝냈**다.
[ji-ji-nan-ju-e han-ga-hae-seo suk-je-reul han si-ga-ne da kkeut-naet-da]
上上周很闲，一个小时就把作业全写完了。

## 1563 끼다
[kki-da]

**动** 笼罩，弥漫，积（污垢），夹，戴

요즘 추우니까 장갑을 **끼**고 다니세요.
[yo-jeum chu-u-ni-kka jang-ga-beul kki-go da-ni-se-yo]
最近很冷，出门要戴手套。

## 1564 끼우다
[kki-u-da]

**动** 塞，夹，使塞住

그는 앨범에 사진을 **끼웠**다.
[geu-neun ael-beo-me sa-ji-neul kki-wot-da]
他将照片塞入相册。

**MEMO**                        TOPIK

# MEMO

TOPIK

콩 심은 데 콩 나고 팥 심은 데 팥 난다.
种瓜得瓜，种豆得豆。

本书所有单词均采用三段式，即"单词分解（语速慢）/完整词汇（语速快）/中文解释"的方式录制。
例：춥．다（单词分解）／춥다（完整词汇）／冷（中文解释）
符号之后的韩语例句由韩籍老师朗读。

---

**1565 나뭇잎** [na-mu-nip] 　名 树叶　★★★☆
그녀는 나뭇잎을 태우려고 많이 쌓았다.
[geu-nyeo-neun na-mu-ni-peul tae-u-ryeo-go ma-ni ssa-at-da]
她堆了很多树叶打算烧掉。

**1566 나타내다** [na-ta-nae-da]　动 表现，显露出，呈现　★★☆☆
무지개는 빨주노초파남보 일곱색으로 나타냈다.
[mu-ji-gae-neun bbal-ju-no-cho-pa-nam-bo il-gop-sae-geu-ro na-ta-naet-da]
彩虹呈现出红、橙、黄、绿、青、蓝、紫七种颜色。

**1567 나흘** [na-heul]　名 四天　★★★★
지난주에 장염으로 나흘 동안 죽만 먹었어요.
[ji-nan-ju-e jang-yeo-meu-ro na-heul dong-an juk-man meo-geo-sseo-yo]
上周因为肠胃炎，吃了四天稀饭。

**1568 낙엽** [na-gyeop]　名 落叶　★★★☆
가을이 되면 낙엽이 떨어진다.
[ga-eu-ri doe-myeon na-geo-bi tteo-reo-jin-da]
一到秋天，落叶纷纷掉落。

**1569 난로** [nal-lo]　名 暖炉　★★★☆
거실에 나무를 때는 난로가 있어 늘 따뜻했다.
[geo-si-re na-mu-reul ttae-neun nal-lo-ga i-sseo neul tta-tteu-taet-da]
客厅里有个烧木柴的暖炉，所以一直都很温暖。

**1570 난방** [nan-bang]　名 暖气，暖房　★★★☆
교실에 난방이 안 돼서 외투를 입고 수업을 들었다.
[gyo-si-re nan-bang-i an dwae-seo oe-tu-reul ip-go su-eo-beul deu-reot-da]
教室里没暖气，所以我穿着外套听课。

**1571 날개** [nal-gae]　名 翅膀　★★★★
날개 돋친 듯 판매됐다.
[nal-gae dot-chin deut pan-mae-dwaet-da]
如同长了翅膀般，快速被抢购一空。

**1572 날아다니다** [na-ra-da-ni-da]　动 飞来飞去　★★☆☆
한 무리의 잠자리들이 여기저기 날아다니고 있다.
[han mu-ri-e jam-ja-ri-due-ri yeo-gi-jeo-gi na-ra-da-ni-go it-da]
一群蜻蜓正在飞来飞去。

### 1573 남기다 [nam-gi-da]
动 使留下，使剩下 ★★★☆
음식을 남기지 말고 다 드세요.
[eum-si-geul nam-gi-ji mal-go da deu-se-yo]
请全部吃光，不要剩食物。

### 1574 남다 [nam-da]
动 剩余，剩下 ★★★★
어버이날이 며칠 남지 않았다.
[eo-beo-i-na-ri myeo-chil nam-ji a-nat-da]
没剩几天就是双亲节了。

### 1575 남성 [nam-seong]
名 男性 ★★★☆
기초 화장품을 사용하는 남성들이 증가하고 있어요.
[gi-cho hwa-jang-pu-meul sa-yong-ha-neun nam-seong-deu-ri jeung-ga-ha-go i-sseo-yo]
使用基础化妆品的男性日益增多。

### 1576 낫다 [nat-da]
动 痊愈，好起来 ★★★☆
감기가 빨리 낫기를 바랍니다.
[gam-gi-ga ppal-li nat-gi-reul ba-ram-ni-da]
希望感冒可以早日康复。

### 1577 낫다 [nat-da]
形 好，厉害，强 ★★☆☆
백 번 듣는 것보다 한 번 보는 것이 낫다.
[baek beon deut-neun geot-bo-da han beon bo-neun geo-si nat-da]
百闻不如一见。

### 1578 낮추다 [nat-chu-da]
动 降低，压低，放低 ★★☆☆
목소리를 높이지 말고 낮추세요.
[mok-so-ri-reul no-pi-ji mal-go nat-chu-se-yo]
不要提高音量，请降低音量。

### 1579 낯 [nat]
名 脸孔 ★★★☆
내가 그녀를 보자마자 낯이 익다는 느낌이 들어요.
[nae-ga geu-nyeo-reul bo-ja-ma-ja na-chi ik-da-neun meu-kki-mi deu-reo-yo]
我一看到她就觉得面熟。

### 1580 낳다 [na-ta]
动 生，造成，纺织，织布 ★★★☆
그 친구는 어젯밤에 아들을 낳았다.
[geu chin-gu-neun eo-jet-ba-me a-deu-reul na-at-da]
那位朋友昨晚生下了儿子。

| 1581 | **내기** [nae-gi] | 名 打赌 ★★★☆ |
|---|---|---|
| | | 친구와의 내기에서 졌어요. |
| | | [chin-gu-wa-e nae-gi-e-seo jyeo-sseo-yo] |
| | | 和朋友打赌输了。 |

| 1582 | **내리막길** [nae-ri-mak-gil] | 名 下坡路 ★★★☆ |
|---|---|---|
| | | 비가 오니까 내리막길에서 과속 운전하지 마세요. |
| | | [bi-ga o-ni-kka nae-ri-mak-gi-re-seo gwa-sok un-jeo-na-ji ma-se-yo] |
| | | 下雨了，在下坡路请勿超速。 |

| 1583 | **내버리다** [nae-beo-ri-da] | 动 扔掉，置之不理 ★★☆☆ |
|---|---|---|
| | | 저 좀 혼자 있게 내버려 두세요. |
| | | [jeo jom hon-ja it-ge nae-beo-ryeo du-se-yo] |
| | | 请让我一个人待着，别管我。 |

| 1584 | **냄비** [naem-bi] | 名 锅子，汤锅 ★★★☆ |
|---|---|---|
| | | 냄비를 깨끗이 씻고 물을 넣어 불에 올려 놓았다. |
| | | [naem-bi-reul kkae-kkeu-si ssit-go mu-reul neo-eo bu-re ol-lyeo-no-at-da] |
| | | 把锅洗干净之后，往里面倒水，然后放在火炉上。 |

| 1585 | **냅다** [naep-da] | 副 猛然地，冲动地 ★★☆☆ |
|---|---|---|
| | | 그는 냅다 문을 열고 안으로 들어갔다. |
| | | [geu-neun naep-da mu-neul yeol-go a-neu-ro deu-reo-gat-da] |
| | | 他猛地把门打开走了进去。 |

| 1586 | **냉방** [naeng-bang] | 名 冷气，冷气空调 ★★★☆ |
|---|---|---|
| | | 내가 사는 아파트는 중앙 냉방을 한다. |
| | | [nae-ga sa-neun a-pa-teu-neun jung-ang naeng-bang-eul han-da] |
| | | 我住的公寓使用中央空调。 |

| 1587 | **냉정** [naeng-jeong] | 名 冷静 ★★★☆ |
|---|---|---|
| | | 냉정을 잃지 않는 능력은 그의 많은 장점들 중의 하나이다. |
| | | [naeng-jeong-eul il-chi an-neun neung-ryeo-geun geu-e ma-neun jang-jeom-deul jung-e ha-na-i-da] |
| | | 不失冷静是他的许多优点之一。 |

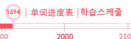

### 1588 넉넉하다
[neok-neo-ka-da]

形 充足 ★★★☆

시간이 넉넉하니까 천천히 연습하면 된다.
[si-ga-ni neok-neo-ka-ni-kka cheon-cheo-ni yeon-seu-pa-myeon doen-da]
时间很充足，慢慢练习就行。

### 1589 넘다
[neom-da]

动 超过，中计，溢出 ★★★☆

실업률은 2년 넘게 8퍼센트 이상을 유지하고 있다.
[si-reom-nyu-reun i nyeon neom-ge pal peo-sen-teu i-sang-eul yu-ji-ha-go it-da]
这两年多失业率都维持在百分之八以上。

### 1590 넘어가다
[neo-meo-ga-da]

动 越过 ★★☆☆

어머니와 함께 38선을 넘어갔다.
[eo-meo-ni-wa ham-kke sam-pal seo-neul neo-meo-gat-da]
和妈妈一起越过了三八线。

### 1591 넘어서다
[neo-meo-seo-da]

动 越过，渡过 ★★☆☆

어려움을 넘어서고 나면 아무것도 아니다.
[eo-ryeo-u-meul neo-meo-seo-go na-myeon a-mu-geot-do a-ni-da]
渡过了难关之后就觉得都不算什么。

### 1592 넘어지다
[neo-meo-ji-da]

动 倒塌，跌倒 ★★☆☆

그는 친구들이 발이 걸려 넘어지게 하는 장난을 많이 쳤다.
[geu-neun chin-gu-deu-ri ba-ri geol-lyeo neo-meo-ji-ge ha-neun jang-na-neul ma-ni chyeot-da]
他常做恶作剧让朋友绊倒。

### 1593 네모
[ne-mo]

名 四个角，四方形，四边形 ★★★☆

동그라미, 네모, 세모를 그려 보세요.
[dong-geu-ra-mi, ne-mo, se-mo-reul geu-ryeo bo-se-yo]
请画出圆形、四边形、三角形。

### 1594 노선도
[no-seon-do]

名 路线图 ★★★☆

도시 이름과 지하철 노선도를 좀 주세요.
[do-si i-reum-gwa ji-ha-cheol no-seon-do-reul jom ju-se-yo]
请给我城市名称和地铁路线图。

| 1595 | **놀이공원** [no-ri-gong-won] | 名 游乐园 ★★★☆ 여름 방학인데 우리 놀이공원에 놀러 가자. [yeo-reum bang-ha-gin-de u-ri no-ri-gong-wo-ne nol-leo ga-ja] 放暑假了，我们去游乐园玩吧。|

| 1596 | **높아지다** [no-pa-ji-da] | 动 变高 ★★☆☆ 요즘은 남성들이 몸매에 관심이 높아지고 있다. [yo-jeu-meun nam-seong-deu-ri mom-mae-e gwan-si-mi no-pa-ji-go-it-da] 近年来男性越来越对身材感兴趣。|

| 1597 | **높이** [no-pi] | 名 高，高度 ★★★★ 이 건물은 높이가 200미터다. [i geon-mu-reun no-pi-ga i-baek mi-teo-da] 这座建筑物的高度是 200 米。|

| 1598 | **높이** [no-pi] | 副 高高地 ★★★★ 나는 그의 작품을 매우 높이 평가하고 있다. [na-neun geu-e jak-pu-meul mae-u no-pi pyeong-ga-ha-go it-da] 我对他的作品给予很高的评价。|

| 1599 | **높이다** [no-pi-da] | 动 增高 ★★★☆ 소리를 높여 노래를 부르자. [so-ri-reul no-pyeo no-rae-reul bu-reu-ja] 放声高歌吧。|

| 1600 | **놓이다** [no-i-da] | 动 被放，搁置 ★★★☆ 가방이 책상 위에 놓여 있다. [ga-bang-i chaek-sang wi-e no-yeo it-da] 包在书桌上放着。|

| 1601 | **놓치다** [not-chi-da] | 动 错过，放手，失去 ★★★☆ 그는 3초 차로 우승을 놓쳤다. [geu-neun sam cho cha-ro u-seung-eul not-chyeot-da] 他以三秒之差错过了冠军。|

| 1602 | **눈치** [chun-chi] | 名 脸色 ★★★☆ 자유롭게 행동하지 못하고 다른 사람의 눈치를 본다. [ja-yu-rop-ge haeng-dong-ha-ji mo-ta-go da-reun sa-ra-me nun-chi-reul bon-da] 无法自在地行动，总是在看别人的脸色。|

| 1608 | 单词进度表 | 학습스케줄 |

### 1603 눕다 [nup-da]
动 躺，卧 ★★★☆
나는 그냥 시원하고 좋은 곳에 눕고 싶다.
[na-neun geu-nyang si-wo-na-go jo-eun go-se nup-go sip-da]
我只是想躺在凉爽舒服的地方。

### 1604 느끼다 [neu-kki-da]
动 感觉，感受 ★★★☆
그는 갑자기 허리에 심한 통증을 느꼈다.
[geu-neun gap-ja-gi heo-ri-e si-man tong-jeung-eul neu-kkyeot-da]
他突然感觉腰部非常疼痛。

### 1605 느끼하다 [neu-kki-ha-da]
形 油腻的 ★★☆☆
엄마는 달고 느끼한 것을 별로 안 좋아해요.
[eom-ma-neun dal-go neu-kki-han geo-seul byeol-lo an jo-a-hae-yo]
妈妈不太喜欢甜而油腻的东西。

### 1606 느낌 [neu-kkim]
名 感觉，感受 ★★☆☆
내가 속아서 너무 바보 같다는 느낌이 든다.
[nae-ga so-ga-seo neo-mu ba-bo gat-da-neun neu-kki-mi deun-da]
我被骗了，感觉自己像傻瓜。

### 1607 늘다 [neul-da]
动 增加，提高，进步 ★★★☆
한국말을 배우는 사람이 늘고 있다.
[han-gung-ma-reul bae-u-neun sa-ra-mi neul-go it-da]
学韩语的人越来越多了。

### 1608 늦잠 [neut-jam]
名 赖床，睡懒觉，晚起床 ★★★☆
바쁜 스케줄로 인하여 이번 주말에는 늦잠을 못 잤다.
[ba-ppeun seu-ke-jul-lo i-na-yeo i-beon ju-ma-re-neun neut-ja-meul mot jat-da]
因为忙碌的行程，这个周末无法睡懒觉。

本书所有单词均采用三段式，即"单词分解（语速慢）/ 完整词汇（语速快）/ 中文解释"的方式录制。
例：춥.다（单词分解）/ 춥다（完整词汇）/ 冷（中文解释）
🎧 符号之后的韩语例句由韩籍老师朗读。

**1609 다가가다** [da-ga-ga-da] ★★★★
动 走过去，靠近，接近
🎧 고양이는 쥐를 향해 살금살금 다가갔다.
[go-yang-i-neun jwi-reul hyang-hae sal-geum-sal-geum da-ga-gat-da]
小猫悄悄地走向了老鼠。

**1610 다가서다** [da-ga-seo-da] ★★★★
动 站近，靠近
🎧 우리는 그 작은 마을을 향해 조금씩 다가서고 있다.
[u-ri-neun geu ja-geun ma-eu-reul hyang-hae jo-geum-ssik da-ga-seo-go it-da]
我们正慢慢靠近那个小村庄。

**1611 다가오다** [da-ga-o-da] ★★★★
动 走过来，来临，接近
🎧 기말 시험이 다가왔다.
[gi-mal si-heo-mi da-ga-wat-da]
期末考即将到来。

**1612 다녀가다** [da-nyeo-ga-da] ★★★★
动 来之后走，来过
🎧 지난해 이곳에 관광객 만 명이 다녀갔어요.
[ji-na-nae i-go-se gwan-gwang-gaek man myeong-i da-nyeo-ga-sseo-yo]
去年有一万名游客来过此地。

**1613 다녀오다** [da-nyeo-o-da] ★★★★
动 去之后回来，去过
🎧 출근 잘 다녀오세요.
[chul-geun jal da-nyeo-o-se-yo]
祝你上班顺利。

**1614 다름없다** [da-reu-meop-da] ★★★★
形 如同，没有两样
🎧 그 투자는 거의 도박이나 다름없다.
[geu tu-ja-neun geo-i do-ba-gi-na da-reu-meop-da]
那项投资跟赌博没什么两样。

**1615 다림질** [da-rim-jil] ★★★★
名 熨衣服，用熨斗烫
🎧 남자가 셔츠를 다림질하고 있다.
[nam-ja-ga syeo-cheu-reul da-rim-ji-ra-go it-da]
男子正在熨衬衫。

**1616 다물다** [da-mul-da] ★★★★
动 闭嘴，沉默
🎧 너무 놀라서 입을 다물 수가 없었다.
[neo-mu nol-la-seo i-beul da-mul su-ga eop-seot-da]
惊讶到无法闭上嘴巴。

### 1617 다양하다 [da-yang-ha-da]
形 多样的，各式各样 ★★★☆
회의에서 다양한 의견들이 나왔다.
[hoe-i-e-seo da-yang-han ui-gyeon-deu-ri na-wat-da]
会议中出现了各种各样的意见。

### 1618 다이어트 [da-i-eo-teu]
名 减肥，节食 ★★★★
올해 여름을 위해서 다이어트를 했다.
[o-rae yeo-reu-meul wi-hae-seo da-i-eo-teu-reul haet-da]
为了今年夏天，我减肥了。

### 1619 다치다 [da-chi-da]
动 碰伤，损伤 ★★★☆
다리를 다쳐서 병원에서 수술을 해야 한다.
[da-ri-reul da-chyeo-seo byeong-wo-ne-seo su-su-reul hae-ya han-da]
腿受伤了，需要在医院动手术。

### 1620 다투다 [da-tu-da]
动 争吵，争，争夺 ★★☆☆
아무것도 아닌 일로 친구와 다투기도 했다.
[a-mu-geot-do a-nin il-ro chin-gu-wa da-tu-gi-do hae-da]
曾经会因为一点小事和朋友吵架。
近 싸우다 吵架，打架

### 1621 다하다 [da-ha-da]
动 结束，完成，用尽，竭尽 ★★☆☆
그녀는 전력을 다해서 경주를 이겼다.
[geu-nyeo-neun jeol-lyeo-geul da-hae-seo gyeong-ju-reul i-gyeot-da]
她拼尽全力赢得了赛跑。

### 1622 단백질 [dan-baek-jil]
名 蛋白质 ★★★☆
질이 좋은 단백질 음식을 섭취해야 해요.
[ji-ri jo-eun dan-baek-jil eum-si-geul seop-chwi-hae-ya hae-yo]
要摄取品质好的蛋白质食物。

### 1623 단순 [dan-sun]
名 单纯 ★★★☆
그 일은 그가 생각했던 것처럼 단순한 일이 아니었다.
[geu i-reun geu-ga saeng-ga-kaet-deon geot-cheo-reom dan-su-nan i-ri a-ni-eot-da]
那件事并非他原本所想的那样单纯。

### 1624 단점 [dan-jeom]
名 缺点，不足之处 ★★★★
자기 자신의 단점을 알아야 해요.
[ja-gi ja-si-ne dan-jeo-meul a-ra-ya hae-yo]
要知道自己的缺点。

| 1625 | **단지** [dan-ji] | 副 只，仅仅 |
|---|---|---|
| | | 🎧 이것은 단지 너한테만 일어난 게 아니다. |
| | | [i-geo-seun dan-ji neo-han-te-man i-reo-nan ge a-ni-da] |
| | | 这不仅仅发生在你身上。 |

| 1626 | **단지** [dan-ji] | 名 园区，地区，缸 |
|---|---|---|
| | | 🎧 저 아파트 단지에 사는 사람들이 살기 좋다고 들었다. |
| | | [jeo a-pa-teu dan-ji-e sa-neun sa-ram-deu-ri sal-gi jo-ta-go deu-reot-da] |
| | | 听说住在那个住宅区的人都比较有钱。 |

| 1627 | **달래다** [dal-lae-da] | 动 驱散，抚慰，哄 |
|---|---|---|
| | | 🎧 술로 괴로움을 달래고 싶었다. |
| | | [sul-lo goe-ro-u-meul dal-lae-go si-peot-da] |
| | | 想用酒来抚慰我的痛苦。 |

| 1628 | **달아나다** [da-ra-na-da] | 动 跑走，逃掉 |
|---|---|---|
| | | 🎧 너무 놀라서 현장에서 달아났다. |
| | | [neo-mu nol-la-seo hyeon-jang-e-seo da-ra-nat-da] |
| | | 太惊讶了，因此立刻逃离了现场。 |

| 1629 | **닮다** [dam-da] | 动 像似 |
|---|---|---|
| | | 🎧 그녀는 어머니를 많이 닮았다. |
| | | [geu-nyeo-neun eo-meo-ni-reul ma-ni dal-mat-da] |
| | | 她长得很像她母亲。 |

| 1630 | **담다** [dam-da] | 动 装，盛 |
|---|---|---|
| | | 🎧 어머니가 음식을 접시에 담고 있어요. |
| | | [eo-meo-ni-ga eum-si-geul jeop-si-e dam-go i-sseo-yo] |
| | | 妈妈正在将食物装到盘子里。 |

| 1631 | **담요** [dam-yo] | 名 毛毯 |
|---|---|---|
| | | 🎧 좀 추운데 담요 있어요? |
| | | [jom chu-un-de dam-yo i-sseo-yo] |
| | | 有点冷，请问有毛毯吗？ |

| 1632 | **답** [dap] | 名 答，回答，解答，稻田 |
|---|---|---|
| | | 🎧 이 질문에 대한 답을 확인해 본다. |
| | | [i jil-mu-ne dae-han da-beul hwa-gi-nae bon-da] |
| | | 核实这个问题的解答。 |

### 1633 답답하다
[dap-da-pa-da]
*形* 烦闷，焦急，郁闷 ★★★☆
🎧 사무실 안에만 있으니까 너무 답답하다.
[sa-mu-sil a-ne-man i-sseu-ni-kka neo-mu dap-da-pa-da]
一直待在办公室里面感觉很郁闷。

### 1634 답장
[dap-jang]
*名* 回信 ★★★☆
🎧 오랫 동안 기다리던 끝에 답장을 받았다.
[o-raet dong-an gi-da-ri-deon kkeu-te dap-jang-eul ba-dat-da]
等了很久之后终于收到了回信。

### 1635 당장
[dang-jang]
*名* 当场，马上，立刻 ★★★★
🎧 효과는 당장에 나타났다.
[hyo-gwa-neun dang-jang-e na-ta-nat-da]
立刻见效。

### 1636 당하다
[dang-ha-da]
*动* 遭受，遇到，比得上，处于 ★★☆☆
🎧 그는 길을 건너가다가 그 사고를 당했다.
[geu-neun gi-reul geon-neo-ga-da-ga geu sa-go-reul dang-haet-da]
他在过马路时遭遇车祸。

### 1637 대다
[dae-da]
*动* 靠，贴近，搭上，对比 ★★☆☆
🎧 그는 벽에 대고 이야기하고 있다.
[geu-neun byeo-ge dae-go i-ya-gi-ha-go it-da]
他在对墙说话。

### 1638 대단하다
[dae-da-na-da]
*形* 厉害的，了不起，严重的 ★★★☆
🎧 그는 진짜 대단한 사람이다.
[geu-neun jin-jja dae-da-nan sa-ra-mi-da]
他真的是个很厉害的人。

### 1639 대단히
[dae-da-ni]
*副* 非常，相当 ★★★☆
🎧 도와주시면 대단히 고맙겠습니다.
[do-wa-ju-si-myeon dae-da-ni go-map-get-seum-ni-da]
希望您能帮忙，非常感激。

### 1640 대신
[dae-sin]
*名* 代替，以~代~，大臣 ★★★☆
🎧 회사에 출근을 안 하는 대신 집에서 일을 했다.
[hoe-sa-e chul-geu-neul a na-neun dae-sin ji-be-seo i-reul haet-da]
他没有去公司上班，而是改成在家上班了。

| 1641 | **대중교통** [dae-jung-gyo-tong] | 名 大众交通 ★★★☆ |

대중교통을 이용할 때는 큰 목소리를 내지 마세요.
[dae-jung-gyo-tong-eul i-yong-hal ttae-neun keun mok-so-ri-reul nae-ji ma-se-yo]
在使用大众交通工具时，请勿大声说话。

| 1642 | **대체로** [dae-che-ro] | 副 大致，一般来说 ★★★☆ |

오늘 낮 동안 전국이 대체로 맑고 따뜻하겠는데요.
[o-neul nat dong-an jeon-gu-gi dae-che-ro mal-go tta-tteu-ta-get-neun-de-yo]
今天白天全国大部分地区会是晴朗且温暖的天气。

| 1643 | **대표** [dae-pyo] | 名 代表 ★★★☆ |

그는 학생 대표로 뽑혔다.
[geu-neun hak-saeng dae-pyo-ro ppo-pyeot-da]
他被选为学生代表。

| 1644 | **대화** [dae-hwa] | 名 对话，谈话 ★★★★ |

두 사람이 대화를 나누던 끝에 서로 오해한 것을 알게 되었다.
[du sa-ra-mi dae-hwa-reul na-nu-deon kkeu-te seo-ro o-hae-han geo-seul al-ge doe-eot-da]
两人在交谈中了解到原来是彼此误会了。

| 1645 | **대회** [dae-hoe] | 名 大会，大赛，比赛 ★★★☆ |

이번 한국어 말하기 대회의 주제는 '한글과 나'로 정했다.
[i-beon han-gu-geo ma-ra-gi dae-hoe-e ju-je-neun 'han-geul-gwa na' -ro jeong-haet-da]
这次韩语演讲比赛的题目定为"韩语与我"。

| 1646 | **더구나** [deo-gu-na] | 副 尤其，再加上，况且 ★★☆☆ |

정말 가고 싶지 않아요. 더구나 지금은 너무 늦었어요.
[jeong-mal ga-go sip-ji a-na-yo] [deo-gu-na ji-geu-meun neo-mu neu-jeo-sseo-yo]
真不想去，况且现在已经太迟了。

| 1647 | **덕분** [deok-bun] | 名 托福，多亏，幸亏<br>🎧 함께 일하는 파트너 덕분에 회사가 지속 성장할 수 있었다.<br>[ham-kke i-ra-neun pa-teu-neo deok-bu-ne hoe-sa-ga ji-sok seong-jang-hal su i-sseot-da]<br>多亏工作伙伴的帮忙，公司得以持续成长。 | ★★★ |
|---|---|---|---|
| 1648 | **던지다** [deon-ji-da] | 动 投，掷，丢掷<br>🎧 그것을 불 속에 던지니 이상한 냄새가 났다.<br>[geu-geo-seul bul so-ge deon-ji-ni i-sang-han naem-sae-ga nat-da]<br>将那东西丢到火中，便传来一股奇怪的气味。 | ★★★ |
| 1649 | **덜** [deol] | 副 少，不够，不太，短少<br>🎧 내가 그 식당에서 거스름돈을 덜 받았다.<br>[nae-ga geu sik-dang-e-seo geo-seu-reum-do-neul deol ba-dat-da]<br>那间餐厅少给我找钱了。 | ★★★ |
| 1650 | **덮이다** [deo-pi-da] | 动 被覆盖，被掩盖<br>🎧 공항은 짙은 안개로 덮여 있었다.<br>[gong-hang-eun ji-teun an-gae-ro deo-pyeo i-sseot-da]<br>机场被浓雾笼罩。 | ★★☆☆ |
| 1651 | **데려가다** [de-ryeo-ga-da] | 动 带去，带走，领走<br>🎧 나는 내 아내와 아이들을 데려갔다.<br>[na-neun nae a-nae-wa a-i-deu-reul de-ryeo-gat-da]<br>我带了我的太太和孩子们去。 | ★★☆☆ |
| 1652 | **데려오다** [de-ryeo-o-da] | 动 带来，接回来<br>🎧 일찍 학교에 가서 아이를 데려왔다.<br>[il-jjik hak-gyo-e ga-seo a-i-reul de-ryeo-wat-da]<br>早一点去学校将孩子接回来。 | ★★☆☆ |
| 1653 | **데리다** [de-ri-da] | 动 带着去，带着来，领<br>🎧 다음에 올 때는 부인도 데리고 오세요.<br>[da-eu-me ol ttae-neun bu-in-do de-ri-go o-se-yo]<br>下次来的时候也带你的夫人一起来吧。 | ★★★ |

### 1654 데뷔 [de-bwi]
**名** 出道，初次登台（debut） ★★★☆
🎧 그 가수는 SNS를 통해 데뷔 100일 기념 인증샷을 공개했다.
[geu ga-su-neun SNS-reul tong-hae de-bwi bae-gil gi-nyeom in-jeong-sya-seul gong-gae-haet-da]
那名歌手通过社交网站公开了自己出道百日的纪念照。

### 1655 도구 [do-gu]
**名** 工具，道具，用具 ★★★☆
🎧 연필이나 샤프를 사용할 때 지우는 도구는 지우개이다.
[yeon-pi-ri-na sya-peu-reul sa-yong-hal ttae ji-u-neun do-gu-neun ji-u-gae-i-da]
擦掉铅笔或自动铅笔字迹的工具是橡皮擦。

### 1656 도끼 [do-kki]
**名** 斧头 ★★★☆
🎧 그들은 도끼로 나무를 찍고 있다.
[geu-deu-reun do-kki-ro na-mu-reul jjik-go it-da]
他们正在用斧头砍树。

### 1657 도대체 [do-dae-che]
**副** 到底，完全 ★★★☆
🎧 딸꾹질은 도대체 왜 나오는 걸까요?
[ttal-kkuk-ji-reun do-dae-che wae na-o-neun geol-kka-yo]
到底为什么会打嗝呢?

### 1658 도둑 [do-duk]
**名** 小偷 ★★★★
🎧 우리가 자는 사이에 집에 도둑이 들었다.
[u-ri-ga ja-neun sa-i-e ji-be do-du-gi deu-reot-da]
在我们睡觉的时候家里进小偷了。

### 1659 도망가다 [do-mang-ga-da]
**动** 逃走，逃跑 ★★★☆
🎧 경보가 울리자 도둑은 도망갔다.
[gyeong-bo-ga ul-li-ja do-du-geun do-mang-gat-da]
警报声一响小偷就逃走了。

### 1660 도매 [do-mae]
**名** 批发 ★★★★
🎧 거기에서 도매 가격으로 살 수 있어요.
[geo-gi-e-seo do-mae ga-gyeo-geu-ro sal su i-sseo-yo]
在那里可以用批发价买到。

| 1661 | **도시락** [do-si-rak] | 名 便当，餐盒 ★★★☆ |
| --- | --- | --- |
| | | 🎧 도시락을 어젯밤에 싸 놓았다. |
| | | [do-si-ra-geul eo-jet-ba-me ssa no-at-da] |
| | | 我昨晚装好了便当。 |

| 1662 | **도저히** [do-jeo-hi] | 副 怎么也，无论如何也 ★★☆☆ |
| --- | --- | --- |
| | | 🎧 그를 도저히 이해할 수 없다. |
| | | [geu-reul do-jeo-hi i-hae-hal su eop-da] |
| | | 我怎么也无法理解他。 |

| 1663 | **독서** [dok-seo] | 名 读书，阅读 ★★★★ |
| --- | --- | --- |
| | | 🎧 그의 독서 감상문을 듣고 싶다. |
| | | [geu-e dok-seo gam-sang-mu-neul deut-go sip-da] |
| | | 我想听他的读后感。 |

| 1664 | **독서회** [dok-seo-hoe] | 名 读书会 ★★★☆ |
| --- | --- | --- |
| | | 🎧 이번 주 독서회에는 어느 책을 토론할 거예요? |
| | | [i-beon ju dok-seo-hoe-e-eun eo-neu chae-geul to-ron-hal geo-ye-yo] |
| | | 这周读书会要讨论哪一本书呢？ |

| 1665 | **독특하다** [dok-teu-ka-da] | 形 独特 ★★★☆ |
| --- | --- | --- |
| | | 🎧 이 옷은 디자인이 독특하고 예쁘다. |
| | | [i o-seun di-ja-i-ni dok-teu-ka-go ye-ppeu-da] |
| | | 这件衣服设计独特又漂亮。 |

| 1666 | **돌려주다** [dol-lyeo-ju-da] | 动 归还 ★★☆☆ |
| --- | --- | --- |
| | | 🎧 그에게 빌린 돈을 돌려주었다. |
| | | [geu-e-ge bil-lin do-neul dol-lyeo-ju-eot-da] |
| | | 向他借的钱已归还。 |

| 1667 | **돌리다** [dol-li-da] | 动 使转，转移，分送，病情好转 ★★☆☆ |
| --- | --- | --- |
| | | 🎧 그가 고개를 돌려 그녀를 쳐다보았다. |
| | | [geu-ga go-gae-reul dol-lyeo geu-nyeo-reul chyeo-da-bo-at-da] |
| | | 他转头望向了她。 |

| 1668 | **돌아보다** [do-ra-bo-da] | 动 回头看 ★★★☆ |
| --- | --- | --- |
| | | 🎧 그녀는 뒤도 돌아보지 않고 가 버렸다. |
| | | [geu-nyeo-neun dwi-do do-ra-bo-ji an-ko ga beo-ryeot-da] |
| | | 她头也不回地走掉了。 |

| 1669 | **동그라미** [dong-geu-ra-mi] | 名 圆形<br>동그라미를 그려 보세요.<br>[dong-geu-ra-mi-reul geu-ryeo bo-se-yo]<br>请画出圆形。 | ★★★★ |

| 1670 | **동네** [dong-ne] | 名 邻里，区<br>이 동네에서 제일 맛있는 식당이 어디냐고 물어봤다.<br>[i dong-ne-e-seo je-il ma-sit-neun sik-dang-i eo-di-nya-go mu-reo-bwat-da]<br>问了一下在这个小区最好吃的餐厅在哪里。 | ★★★★ |

| 1671 | **동료** [dong-nyo] | 名 同事<br>동료가 모두 몇 명이에요?<br>[dong-nyo-ga mo-du myeot myeong-i-e-yo]<br>一共有几个人同事？ | ★★★★ |

| 1672 | **동시** [dong-si] | 名 同时<br>여러 사람들과 동시에 연락을 할 수 있다.<br>[yeo-reo sa-ram-deul-gwa dong-si-e yeol-la-geul hal su it-da]<br>可以同时联系好几个人。 | ★★★★ |

| 1673 | **동아리** [dong-a-ri] | 名 社团<br>우리는 노래 동아리 학생이에요.<br>[u-ri-neun no-rae dong-a-ri hak-saeng-i-e-yo]<br>我们是歌唱社团的学生。 | ★★★★ |

| 1674 | **동창회** [dong-chang-hoe] | 名 同学会，同窗会<br>동창회가 있어서 먼저 퇴근했다.<br>[dong-chang-hoe-ga i-sseo-seo meon-jeo toe-geu-naet-da]<br>因为有同学会，提前下班了。 | ★★★★ |

| 1675 | **두세** [du-se] | 冠 两三<br>그녀는 한 달에 두세 권의 소설을 읽는다.<br>[geu-nyeo-neun han da-re du-se gwo-ne so-seo-reul ing-neun-da]<br>她一个月读两三本小说。 | ★★★★ |

| 1676 | **두통** [du-tong] | 名 头痛<br>그녀는 두통으로 밤새 잠을 이루지 못했다.<br>[geu-nyeo-neun du-tong-eu-ro bam-sae ja-meul i-ru-ji mo-taet-da]<br>她因为头痛整晚都没睡着。 | ★★★★ |

## 1677 둘러보다 [dul-leo-bo-da]
动 环视，环顾，逛，参观 ★★★☆
우리는 그 도시의 명소들을 둘러보았다.
[u-ri-neun geu do-si-e myeong-so-deu-reul dul-leo-bo-at-da]
我们逛了逛那个城市的著名景点。

## 1678 뒤집다 [dwi-jip-da]
动 反，翻，倒过来 ★★☆☆
거센 바람 때문에 우산이 뒤집어졌다.
[geo-sen ba-ram ttae-mu-ne u-sa-ni dwi-ji-beo-jyeot-da]
风很大，雨伞都翻过来了。

## 1679 드레스 [deu-re-seu]
名 礼服 ★★★☆
이모는 그 드레스를 입어 보았지만 맞지가 않았다.
[i-mo-neun geu deu-re-seu-reul i-beo bo-at-ji-man mat-ji-ga a-nat-da]
阿姨试了试那件礼服，但是不合身。

## 1680 든든하다 [deun-deu-na-da]
形 结实的，牢固，放心 ★★★☆
가족들이 응원해 줘서 마음이 든든해요.
[ga-jok-deu-ri eung-wo-nae jwo-seo ma-eu-mi deun-deu-nae-yo]
家人的支持让我很安心。

## 1681 들르다 [deul-leu-da]
动 顺道去，暂住，暂停 ★★☆☆
시간이 날 때마다 자주 우리 집에 들르세요.
[si-ga-ni nal ttae-ma-da ja-ju u-ri ji-be deul-leu-se-yo]
有空的时候就常来我家坐一坐吧。

## 1682 들리다 [deul-li-da]
动 听见，听到，传来，使听见，举起 ★★★☆
창문 밖에 비가 오는 소리가 들린다.
[chang-mun ba-ge bi-ga o-neun so-ri-ga deul-lin-da]
窗外传来下雨的声音。

## 1683 등 [deung]
名 等，背，灯，藤 ★★★☆
그 기자는 벽에 등을 기대고 있다.
[geu gi-ja-neun byeo-ge deung-eul gi-dae-go it-da]
那名记者背靠着墙。

## 1684 등록증 [deung-nok-jeung]
名 登录证，身份证 ★★★☆
외국인이 은행 통장을 신청하려면 외국인 등록증이 필요해요.
[oe-gu-gi-ni eu-naeng tong-jang-eul sin-cheong-ha-ryeo-myeon oe-gu-gin deung-nok-jeung-i pi-ryo-hae-yo]
外国人如果想申请银行账户必须有外国人居留证。

| 1685 | **등불** [deung-bul] | 名 灯火 ★★★☆ |
|---|---|---|
| | | 희망의 등불을 마음속에 켜십시오. |
| | | [hi-mang-e deung-bu-reul ma-eum-so-ge kyeo-sip-si-o] |
| | | 请在心中点亮希望的灯火吧。 |

| 1686 | **디자이너** [di-ja-i-neo] | 名 设计师 ★★★☆ |
|---|---|---|
| | | 이 옷은 유명한 디자이너가 만든 옷이에요. |
| | | [i o-seun yu-myeong-han di-ja-i-neo-ga man-deun o-si-e-yo] |
| | | 这件衣服是有名的设计师制作的。 |

| 1687 | **디자인** [di-ja-in] | 名 设计（design） ★★★☆ |
|---|---|---|
| | | 오늘 본 가구 중에서 마음에 드는 디자인들을 그려 봤다. |
| | | [o-neul bon ga-gu jung-e-seo ma-eu-me deu-neun di-ja-in-deu-reul geu-ryeo bwat-da] |
| | | 我画了画今天看到的家具中喜欢的设计。 |

| 1688 | **따다** [tta-da] | 动 摘，赢钱，撕开 ★★☆☆ |
|---|---|---|
| | | 나는 이번엔 운 좋게 내기에서 돈을 땄다. |
| | | [na-neun i-beo-ne un jo-ke nae-gi-e-seo do-neul ttat-da] |
| | | 我这次运气很好，在打赌中赢了钱。 |

| 1689 | **따로** [tta-ro] | 副 另外 ★★★☆ |
|---|---|---|
| | | 따로 말할 것이 없다. |
| | | [tta-ro mal-hal geo-si eop-da] |
| | | 没有另外要说的话。 |

| 1690 | **따로따로** [tta-ro-tta-ro] | 副 各自，不在一起 ★★☆☆ |
|---|---|---|
| | | 그들은 따로따로 독사진을 찍고 그 다음엔 단체 사진을 찍었다. |
| | | [geu-deu-reun tta-ro-tta-ro dok-sa-ji-neul jjik-go geu da-eu-men dan-che sa-ji-neul jji-geot-da] |
| | | 他们先各自照了单人照，然后照了团体照。 |

| 1691 | **따르다** [tta-reu-da] | 动 跟随，斟，倒（液体） ★★★☆ |
|---|---|---|
| | | 지나치게 유행을 따르기보다는 자기만의 개성을 찾아라. |
| | | [ji-na-chi-ge yu-haeng-eul tta-reu-gi-bo-da-neun ja-gi-ma-ne gae-seong-eul cha-ja-ra] |
| | | 与其过于跟随流行，倒不如找出属于自己的个性。 |

| 1692 | **딱풀** [ttak-pul] | 名 固体胶，口红胶 ★★★☆ |
|---|---|---|
| | | 🎧 종이를 사이즈에 맞춰 잘라 준 후에 딱풀을 골고루 바른다. |
| | | [jong-i-reul sa-i-jeu-e mat-chwo jal-la jun hu-e ttak-pu-reul gol-go-ru ba-reun-da] |
| | | 将纸张按照大小剪好之后，均匀涂上固体胶。 |

| 1693 | **때때로** [ttae-ttae-ro] | 副 偶尔，时时 ★★☆☆ |
|---|---|---|
| | | 🎧 그녀는 때때로 하루에 2킬로미터를 달리기도 한다. |
| | | [geu-nyeo-neun ttae-ttae-ro ha-ru-e i kil-lo-mi-teo-reul dal-li-gi-do han-da] |
| | | 她偶尔一天会跑两公里。 |

| 1694 | **때로** [ttae-ro] | 副 有时，间或 ★★★☆ |
|---|---|---|
| | | 🎧 그는 때로는 조용하고 때로는 수다스럽다. |
| | | [geu-neun ttae-ro-neun jo-yong-ha-go ttae-ro-neun su-da-seu-reop-da] |
| | | 他有时安静，有时唠叨。 |

| 1695 | **떠들다** [tteo-deul-da] | 动 喧哗，吵闹，议论，掀起 ★★☆☆ |
|---|---|---|
| | | 🎧 우리는 여기서 떠들면 안 된다. |
| | | [u-ri-neun yeo-gi-seo tteo-deul-myeon an doen-da] |
| | | 我们不可以在这里吵闹。 |

| 1696 | **떨다** [tteol-da] | 动 抖 ★★★☆ |
|---|---|---|
| | | 🎧 발을 떨면 복이 빠져나간다는 말이 있다. |
| | | [ba-reul tteol-myeon bo-gi ppa-jyeo-na-gan-da-neun ma-ri it-da] |
| | | 俗话说，抖脚会抖掉福气。 |

| 1697 | **떨리다** [tteol-li-da] | 动 发抖，发颤 ★★★☆ |
|---|---|---|
| | | 🎧 아이돌 옆에 있으니 가슴이 떨린다. |
| | | [a-i-dol yeo-pe i-sseu-ni ga-seu-mi tteol-lin-da] |
| | | 因为偶像在身旁，内心在颤抖。 |

| 1698 | **떨어뜨리다** [tteo-reo-tteu-ri-da] | 动 使掉落，使降低，低头 ★★☆☆ |
|---|---|---|
| | | 🎧 어제 나는 부주의로 버스에서 가방을 떨어뜨렸다. |
| | | [eo-je na-neun bu-ju-i-ro beo-seu-e-seo ga-bang-eul tteo-reo-tteu-ryeot-da] |
| | | 昨天在公交车上我不小心把包掉在了地上。 |

| | | | |
|---|---|---|---|
| 1699 | **떨어지다** [tteo-reo-ji-da] | 动 变低落，变差，用光<br>🎧 라면을 오래 끓이면 식감이나 맛은 좀 떨어지겠다.<br>[ra-myeo-neul o-rae kkeu-ri-myeon sik-ga-mi-na ma-seun jom tteo-reo-ji-get-da]<br>泡面煮久了，口感或味道应该会变差一点。 | ★★★★ |
| 1700 | **똑같다** [ttok-ga-ta] | 形 一样的，相同的<br>🎧 이 옷은 내가 어제 산 것과 똑같다.<br>[i o-seun nae-ga eo-je san geot-gwa ttok-ga-ta]<br>这衣服和我昨天买的一模一样。 | ★★★★ |
| 1701 | **똑같이** [ttok-ga-chi] | 副 一样，同样地<br>🎧 아마 그도 똑같이 느꼈을 거예요.<br>[a-ma geu-do ttok-ga-chi neu-kkyeo-seul geo-ye-yo]<br>他应该也同样感觉到了。 | ★★★★ |
| 1702 | **똑바로** [ttok-ba-ro] | 副 端正，正，直直地<br>🎧 그녀가 내 눈을 똑바로 바라보았다.<br>[geu-nyeo-ga nae nu-neul ttok-ba-ro ba-ra-bo-at-da]<br>她直视着我的眼睛。 | ★★★★ |
| 1703 | **똑바르다** [ttok-ba-reu-da] | 形 端正，正直<br>🎧 글씨를 똑바르게 써야 한다.<br>[geul-ssi-reul ttok-ba-reu-ge sseo-ya han-da]<br>字要写得端正。 | ★★★★ |
| 1704 | **뛰다** [ttwi-da] | 动 跑，跳动<br>🎧 그는 계단을 뛰어 내려왔다.<br>[geu-neun gye-da-neul ttwi-eo nae-ryeo-wat-da]<br>他跑下了楼梯。 | ★★★★ |
| 1705 | **뛰어가다** [ttwi-eo-ga-da] | 动 跑去<br>🎧 그 친구에게 뛰어가는 아이는 선물을 들고 있다.<br>[geu chin-gu-e-ge ttwi-eo-ga-neun a-i-neun seon-mu-reul deul-go it-da]<br>向那个朋友跑过去的孩子手里拿着礼物。 | ★★★★ |
| 1706 | **뛰어나다** [ttei-eo-na-da] | 形 卓越的，优秀的<br>🎧 부모는 항상 아이들이 뛰어나길 바란다.<br>[bu-mo-neun hang-sang a-i-deu-ri ttwi-eo-na-gil ba-ran-da]<br>父母总是希望孩子们能够优秀出众。 | ★★★★ |

## 1707 뜨다
[tteu-da]

动 浮，升，舀，盛，睁眼，离开，空出 ★★★

오늘 해가 동쪽에서 뜨는 것을 구경하고 싶다.
[o-neul hae-ga dong-jjo-ge-seo tteu-neun geo-seul gu-gyeong-ha-go sip-da]
今天想看太阳从东方升起的样子。

**MEMO**     T O P I K

本书所有单词均采用三段式，即"单词分解（语速慢）/ 完整词汇（语速快）/ 中文解释"的方式录制。
例：춥．다（单词分解）/ 춥다（完整词汇）/ 冷（中文解释）
🎧 符号之后的韩语例句由韩籍老师朗读。

---

1708 **리터**　　名 公升　　★★★
[ri-teo]
🎧 2리터의 물을 3리터짜리 물통에 부어놓는다.
[i ri-teo-e mu-reul sam ri-teo-jja-ri mul-tong-e bu-eo-not-neun-da]
将两公升的水装入三升的水桶。

1709 **리포트**　　名 报告　　★★★
[ri-po-teu]
🎧 고객 만족에 관한 리포트를 써야 된다.
[go-gaek man-jo-ge gwa-nan ri-po-teu-reul sseo-ya doen-da]
要写有关客户满意度的相关报告。

---

**MEMO**　　　　　　　　　　　　　T O P I K

## MEMO

T O P I K

中级

리터~리포트

걱정도 팔자다.
杞人忧天。

本书所有单词均采用三段式，即"单词分解（语速慢）/完整词汇（语速快）/中文解释"的方式录制。
例：춤．다（单词分解）/ 춤다（完整词汇）/ 冷（中文解释）
🎧 符号之后的韩语例句由韩籍老师朗读。

---

**1710 마구** [ma-gu]
副 随便 ★★☆☆
🎧 돈을 마구 쓰다 보니까 빚만 졌다.
[to-neul ma-gu sseu-da bo-ni-kka bit-man jyeot-da]
乱花钱，欠了一屁股债。

**1711 마당** [ma-dang]
名 庭院，场所，情况 ★★★☆
🎧 생활 대책도 없는 이 마당에 병마저 드니 한심하군요.
[saeng-hwal dae-chaek-do eop-neun i ma-dang-e byeong-ma-jeo deu-ni han-si-ma-gun-yo]
在生活费都筹不出来的情况下，竟然生病了，真令人无语。

**1712 마라톤** [ma-ra-ton]
名 马拉松赛跑（marathon） ★★★☆
🎧 그는 마라톤 대회에서 우승을 했다.
[geu-neun ma-ra-ton dae-hoe-e-seo u-seung-eul haet-da]
他在马拉松比赛中获胜了。

**1713 마무리** [ma-mu-ri]
名 结尾，事情收尾 ★★★★
🎧 숙제 마무리를 위해 오늘은 일정을 다 취소했다.
[suk-je ma-mu-ri-reul wi-hae o-neu-reun il-jeong-eul da chwi-so-haet-da]
为了完成作业把今天的行程都取消了。

**1714 마사지** [ma-sa-ji]
名 按摩（massage） ★★★☆
🎧 마사지를 진짜 좋아해서 타이 마사지실에 일주일에 한 번쯤 간다.
[ma-sa-ji-reul jin-jja jo-a-hae-seo ta-i ma-sa-ji-si-re il-ju-i-re han beon-jjeum gan-da]
非常喜欢按摩，一个礼拜至少去一次泰式按摩店。

**1715 마을** [ma-eul]
名 村，社区 ★★★★
🎧 그 소식은 온 마을에 퍼졌다.
[geu so-si-geun on ma-eu-re peo-jyeot-da]
那消息传遍了全村。

**1716 마중** [ma-jung]
名 迎接 ★★☆☆
🎧 고향에서 친구가 오기 때문에 공항에 마중 나가야겠다.
[go-hyang-e-seo chin-gu-ga o-gi ttae-mu-ne gong-hang-e ma-jung na-ga-ya-get-da]
有朋友从故乡来，我得去机场接机。

| 1717 | **마지막** [ma-ji-mak] | 名 最后 ★★★★ |
| --- | --- | --- |
| | | 🎧 우리가 언제 마지막으로 만났는지 잘 기억이 안 난다. |
| | | [u-ri-ga eon-je ma-ji-ma-geu-ro man-nat-neun-ji jal gi-eo-gi an nan-da] |
| | | 我们最后一次见面是什么时候，我都不太记得了。 |
| 1718 | **마찬가지** [ma-chan-ga-ji] | 名 一样 ★★★☆ |
| | | 🎧 건강하게 살고 싶은 것은 누구나 다 마찬가지이다. |
| | | [geon-gang-ha-ge sal-go si-peun geo-seun nu-gu-na da ma-chan-ga-ji-i-da] |
| | | 每个人都想要健康生活。 |
| 1719 | **마치다** [ma-chi-da] | 动 结束，完成，抵住，顶住 ★★☆☆ |
| | | 🎧 대통령은 미국 방문을 마치고 토요일에 도착한다. |
| | | [dae-tong-ryeong-eun mi-guk bang-mu-neul ma-chi-go to-yo-i-re do-cha-kan-da] |
| | | 总统结束对美国的访问，星期六抵达。 |
| 1720 | **마침** [ma-chim] | 副 刚好 ★★★☆ |
| | | 🎧 그때 마침 비가 내리고 있었다. |
| | | [geu-ttae ma-chim bi-ga nae-ri-go i-sseot-da] |
| | | 那时刚好在下雨。 |
| 1721 | **마침내** [ma-chim-nae] | 副 终于，最后 ★★☆☆ |
| | | 🎧 마침내 호수가 보였다. |
| | | [ma-chim-nae ho-su-ga bo-yeot-da] |
| | | 终于看到湖了。 |
| 1722 | **막히다** [ma-ki-da] | 动 被塞 ★★★☆ |
| | | 🎧 눈이 와서 길이 많이 막혀요. |
| | | [nu-ni wa-seo gi-ri ma-ni ma-kyeo-yo] |
| | | 因为下雪很堵车。 |
| 1723 | **만** [man] | 名 满 ★★★★ |
| | | 🎧 운전자 보험은 만 18세부터 가입이 가능하다. |
| | | [un-jeon-ja bo-heo-meun man sip-pal se-bu-teo ga-i-bi ga-neung-ha-da] |
| | | 驾驶人保险满十八岁才可以加入。 |

| 1724 | **만약** [ma-nyak] | 名 如果，假如 |
|---|---|---|
| | | 만약 안 맞으면 바꿀 수 있나요? |
| | | [ma-nyak an ma-jeu-myeon ba-kkul su it-na-yo] |
| | | 如果不合身，可以换吗？ |

| 1725 | **만일** [ma-nil] | 名 万一，要是 |
|---|---|---|
| | | 만일 네가 그것을 하지 않으면 작업은 끝나지 않을 것이다. |
| | | [ma-nil ne-ga geu-geo-seul ha-ji a-neu-myeon ja-geo-beun kkeut-na-ji a-neul geo-si-da] |
| | | 你要是不做那件事，工作会做不完的。 |

| 1726 | **만점** [man-jeom] | 名 满分 |
|---|---|---|
| | | 그 학생은 이번 영어 시험에서 만점을 받았다. |
| | | [geu hak-saeng-eun i-beon yeong-eo si-heo-me-seo man-jeo-meul ba-dat-da] |
| | | 那名学生在这次英语考试中拿了满分。 |

| 1727 | **만지다** [man-ji-da] | 动 触摸，抚摸 |
|---|---|---|
| | | 그의 따뜻한 손이 내 얼굴을 만져 주었다. |
| | | [geu-e tta-tteu-tan so-ni nae eol-gu-reul man-jyeo ju-eot-da] |
| | | 他温暖的手抚摸了我的脸。 |

| 1728 | **말다** [mal-da] | 动 停止，作罢，别，卷，泡（饭） |
|---|---|---|
| | | 너무 무서워하지 말고 사실대로 말해. |
| | | [neo-mu mu-seo-wo-ha-ji mal-go sa-sil-dae-ro ma-rae] |
| | | 别太害怕，就照实说吧。 |

| 1729 | **말없이** [ma-reop-si] | 副 无言地，默默地 |
|---|---|---|
| | | 그는 말없이 방 안으로 들어갔다. |
| | | [geu-neun ma-reop-si bang a-neu-ro deu-reo-gat-da] |
| | | 他默默地走进了房间里。 |

| 1730 | **맞추다** [mat-chu-da] | 动 安装，对接，定做，猜 |
|---|---|---|
| | | 자명종을 새벽 5시에 맞추고 새벽 1시에 잠자리에 들었다. |
| | | [ja-myeong-jong-eul sae-byeok da-seot si-e mat-chu-go sae-byeok han si-e jam-ja-ri-e deu-reot-da] |
| | | 定了凌晨五点的闹钟，但凌晨一点才躺下。 |

| 1731 | **맡기다** [mat-gi-da] | 动 交付<br>🎧 공항 항공사 카운터에서 짐을 맡기고 탑승하면 된다.<br>[gong-hang hang-gong-sa ka-un-teo-e-seo ji-meul mat-gi-go tap-seung-ha-myeon doen-da]<br>在机场的航空公司柜台托运行李后搭飞机即可。 | ★★★☆ |

| 1732 | **맡다** [mat-da] | 动 担任，担责任，负责，代为保管，闻味道<br>🎧 나는 사진을 찍는 역할을 맡았다.<br>[na-neun sa-ji-neul jjik-neun yeo-ka-reul ma-tat-da]<br>我负责拍照的工作。 | ★★★☆ |

| 1733 | **매다** [nae-da] | 动 系，拴，勒，锄，装订<br>🎧 승객 여러분들께서는 안전벨트를 매 주십시오.<br>[seung-gaek yeo-reo-bun-deul-kke-seo-neun an-jeon-bel-teu-reul mae ju-sip-si-o]<br>请各位乘客系好安全带。 | ★★☆☆ |

| 1734 | **매력** [mae-ryeok] | 名 魅力，吸引力<br>🎧 손그림은 사진과는 또 다른 매력이 있다.<br>[son-geu-ri-meun sa-jin-gwan-neun tto da-reun mae-ryeo-gi it-da]<br>手绘图和照片相比别有一番魅力。 | ★★★☆ |

| 1735 | **매매** [mae-mae] | 名 买卖<br>🎧 상인들이 기념품을 활발하게 매매하고 있다.<br>[sang-in-deu-ri gi-nyeom-pu-meul hwal-ba-ra-ge mae-mae-ha-go it-da]<br>商人们正在热络地买卖纪念品。 | ★★★☆ |

| 1736 | **매운탕** [mae-un-tang] | 名 辣味鱼汤<br>🎧 불고기 이인분과 매운탕 이인분을 시켰다.<br>[bul-go-gi i-in-bun-gwa mae-un-tang i-in-bu-neul si-kyeot-da]<br>我们点了二人份韩式烤肉和二人份辣味鱼汤。 | ★★★☆ |

| 1737 | **매장** [mae-jang] | 名 卖场<br>🎧 그 매장에서는 물건 값을 10% 할인하여 판매해요.<br>[geu mae-jang-e-seo-neun mul-geon gap-seul sip peo-sen-teu ha-rin-ha-yeo pan-mae-hae-yo]<br>那家卖场在做打九折促销活动。 | ★★★★ |

| # | 单词 | 词性/释义 | 例句 | 星级 |
|---|---|---|---|---|
| 1738 | **매진** [mae-jin] | 名 卖光，迈进 | 그 전시회 표가 벌써 **매진**이래요.<br>[geu jeon-si-hoe pyo-ga beol-sseo mae-ji-ni-rae-yo]<br>听说那个展览的票已售罄。 | ★★★☆ |
| 1739 | **맺다** [maet-da] | 动 结果实，结束，绑，结，含泪 | 언니의 눈에는 눈물 방울이 **맺**어 있었다.<br>[eon-ni-e nu-ne-neun nun-mul bang-u-ri mae-jeo i-sseot-da]<br>姐姐的眼睛里含着泪。 | ★★★☆ |
| 1740 | **머리카락** [meo-ri-ka-rak] | 名 头发 | 아기였을 때 **머리카락**이 조금밖에 없었다.<br>[a-gi-yeo-sseul ttae meo-ri-ka-ra-gi jo-geum-ba-ge eop-seot-da]<br>婴儿的时候，只有一点点头发。 | ★★★☆ |
| 1741 | **머릿속** [meo-rit-sok] | 名 脑中，脑海 | 내 **머릿속**에서 아이디어가 구체화되기 시작했다.<br>[nae meo-rit-so-ge-seo a-i-di-eo-ga gu-che-hwa-doe-gi si-ja-kaet-da]<br>想法在我脑子里开始变得具体化。 | ★★★☆ |
| 1742 | **머무르다** [meo-mu-reu-da] | 动 停留，逗留 | 그는 밤새 **머무르**면서 아픈 친구를 도와주었다.<br>[geu-neun bam-sae meo-mu-reu-myeon-seo a-peun chin-gu-reul do-wa-ju-eot-da]<br>他整晚都留下来照顾生病的朋友。 | ★★☆☆ |
| 1743 | **머물다** [meo-mul-da] | 动 停留，逗留（머무르다的缩语） | 그들은 그곳에서 하룻밤을 더 **머물**고 싶다.<br>[geu-deu-reun geu-go-se-seo ha-rut-ba-meul deo meo-mul-go sip-da]<br>他们想在那里多待一晚。 | ★★☆☆ |
| 1744 | **먹이다** [meo-gi-da] | 动 喂 | 소에게 풀을 **먹인**다.<br>[so-e-ge pu-reul meo-gin-da]<br>喂牛吃草。 | ★★☆☆ |
| 1745 | **먹히다** [meo-ki-da] | 动 被吃 | 개구리가 뱀에게 **먹힌**다.<br>[gae-gu-ri-ga bae-me-ge meo-kin-da]<br>青蛙被蛇吃了。 | ★★☆☆ |

### 1746 먼지 [meon-ji]
名 灰尘
방구석에 먼지가 쌓여 있었다.
[bang-gu-seo-ge meon-ji-ga ssa-yeo i-sseot-da]
房间的角落积着灰尘。
★★★☆

### 1747 멀미 [meol-mi]
名 晕车，晕船，晕机
약국에 가서 멀미 약을 좀 사야 겠다.
[yak-gu-ge ga-seo meol-mi ya-geul jom sa-ya get-da]
得去药店买些晕车药。
★★★☆

### 1748 멈추다 [meom-chu-da]
动 停
숨이 가빠오면 그 자리에 잠깐 멈추세요.
[su-mi ga-ppa-o-myeon geu ja-ri-e jam-kkan meom-chu-se-yo]
如果很喘，就在那个位置停留一会儿吧。
近 멎다 停止
★★★☆

### 1749 멎다 [meot-da]
动 停止
비가 멎자마자 무섭게 눈이 와요.
[bi-ga meot-ja-ma-ja mu-seop-ge nu-ni wa-yo]
雨一停就开始下大雪。
近 멈추다 停
★★☆☆

### 1750 메다 [me-da]
动 背，扛，背负，堵，填平，哽咽
배낭을 멘 남자는 그 무게에 등이 굽어 있었다.
[bae-nang-eul men nam-ja-neun geu mu-ge-e deung-i gu-beo i-sseot-da]
背着背包的男子因为其重量驼着背。
★★☆☆

### 1751 며느리 [myeo-neun-ri]
名 媳妇
그녀의 며느리는 6월에 출산할 예정이다.
[geu-nyeo-e myeo-neu-ri-neun yu wo-re chul-san-hal ye-jeong-i-da]
她媳妇的预产期是六月。
★★★★

### 1752 면접 [myeon-jeop]
名 面试
지난주에 면접 시험이 있었다.
[ji-nan-ju-e myeon-jeop si-heo-mi i-sseot-da]
上周有面试考试。
★★★☆

中级

먼지~면접

| 1753 | 명소 [myeong-so] | 名 名胜，旅游胜地，景点 ★★★☆ |
| --- | --- | --- |
| | | 🎧 용인에 있는 민속촌은 최고의 관광객들의 명소이다. |
| | | [yong-i-ne it-neun min-sok-cho-neun choe-go-e gwan-gwang-gaek-deu-re myeong-so-i-da] |
| | | 位于龙仁的民俗村是最棒的旅游景点。 |

| 1754 | 명절 [myeong-jeol] | 名 节日 ★★★☆ |
| --- | --- | --- |
| | | 🎧 한국에도 설날, 대보름날, 단오, 추석, 동짓날 등등의 명절이 있다. |
| | | [han-gu-ge-do seol-nal, dae-bo-reum-nal, da-no, chu-seok, dong-jit-nal deung-deung-e myeong-jeo-ri it-da] |
| | | 韩国也有春节、元宵节、端午节、中秋节、冬至等节日。 |

| 1755 | 모기 [mo-gi] | 名 蚊子 ★★★★ |
| --- | --- | --- |
| | | 🎧 아이들 모두가 모기에 물렸다. |
| | | [a-i-deul mo-du-ga mo-gi-e mul-lyeot-da] |
| | | 孩子们全都被蚊子咬了。 |

| 1756 | 모델 [mo-del] | 名 模特儿，模型（model） ★★★☆ |
| --- | --- | --- |
| | | 🎧 모델이 되는 것은 나의 꿈이다. |
| | | [mo-de-ri doe-neun geo-seun na-e kku-mi-da] |
| | | 成为模特儿是我的梦想。 |

| 1757 | 모래 [mo-rae] | 名 沙 ★★★☆ |
| --- | --- | --- |
| | | 🎧 해변에서 모래로 모래성을 쌓았다. |
| | | [hae-byeo-ne-seo mo-rae-ro mo-rae-seong-eul ssa-at-da] |
| | | 在海边用沙子堆了沙堡。 |

| 1758 | 모습 [mo-seup] | 名 模样 ★★★☆ |
| --- | --- | --- |
| | | 🎧 그 여배우는 웃는 모습이 귀엽다. |
| | | [geu yeo-bae-u-neun ut-neun mo-seu-bi gwi-yeop-da] |
| | | 那个女明星笑的模样很可爱。 |

| 1759 | 모시다 [mo-si-da] | 动 陪，陪同（长辈） ★★☆☆ |
| --- | --- | --- |
| | | 🎧 그는 어제 부모님을 모시고 한국으로 여행 갔다. |
| | | [geu-neun eo-je bu-mo-ni-meul mo-si-go han-gu-geu-ro yeo-haeng gat-da] |
| | | 他昨天陪父母一起去韩国旅行了。 |

### 1760 모양 [mo-yang]
名 模样，样貌 ★★★☆
이 머리 모양이 매우 인상적이다.
[i meo-ri mo-yang-i mae-u in-sang-jeo-gi-da]
这发型令人印象深刻。

### 1761 모으다 [mo-eu-da]
动 收集，集合，存聚，聚集 ★★☆☆
누구나 돈을 많이 모으고 싶어하고 풍족하게 살고 싶어 한다.
[nu-gu-na do-neul ma-ni mo-eu-go si-peo-ha-go pung-jo-ka-ge sal-go si-peo-han-da]
每个人都想多存点钱过富足的生活。

### 1762 모이다 [mo-i-da]
动 集合，募集，聚集（모으다的被动词） ★★☆☆
자료가 아직 충분히 모이지 않았다.
[ja-ryo-ga a-jik chung-bu-ni mo-i-ji a-nat-da]
材料还没有收集够。

### 1763 모임 [mo-im]
名 聚会 ★★★☆
일이 많아서 모임에 못 간다.
[i-ri ma-na-seo mo-i-me mot gan-da]
因为事情很多，无法去参加聚会。

### 1764 모자라다 [mo-ja-ra-da]
形 不足的，不够的，欠缺 ★★★☆
일을 끝내야 할 텐데, 시간이 모자라서 큰일이에요.
[i-reul kkeun-nae-ya hal ten-de, si-ga-ni mo-ja-ra-seo keu-ni-ri-e-yo]
得赶紧做完这事，但是时间不够，真糟糕。

### 1765 목숨 [mok-sum]
名 性命 ★★★☆
다행히 주위 친구에게 발견되어 목숨을 건졌다.
[da-haeng-hi ju-wi chin-gu-e-ge bal-gyeon-doe-eo mok-su-meul geon-jyeot-da]
幸好被周围的朋友发现，捡回一条命。

### 1766 목욕 [mo-gyok]
名 沐浴，泡澡 ★★★★
집에서 푹 쉬세요. 그리고 오래 목욕하지 마세요.
[ji-be-seo puk swi-se-yo][geu-ri-go o-rae mo-gyo-ka-ji ma-se-yo]
在家充分休息，不要长时间泡澡。

247

## 1767 목욕탕 [mo-gyok-tang]
名 大众澡堂
정부가 **목욕탕**에서의 카메라 폰 사용을 금지한다.
[jeong-bu-ga mo-gyok-tnag-e-seo-e ka-me-ra pon sa-yong-eul geum-ji-han-da]
政府禁止在大众澡堂使用有照相功能的手机。

## 1768 목적 [mok-eok]
名 目的
이 회사는 영리를 **목적**으로 한다.
[i hoe-sa-neun yeong-ri-reul mok-jeo-geu-ro han-da]
这家公司以营利为目的。

## 1769 몰래 [mol-lae]
副 偷偷地，悄悄地
도둑처럼 **몰래** 나갈 수 없다.
[do-duk-cheo-reom mol-lae na-gal su eop-da]
无法像小偷那样偷偷地出去。

## 1770 몸매 [mom-mae]
名 身材，体型
그녀는 둔한 **몸매**를 가지고 있어요.
[geu-nyeo-neun tu-nan mom-mae-reul ga-ji-go i-sseo-yo]
那女生拥有笨重的体型。

## 1771 몸살 [mom-sal]
名 浑身酸痛
**몸살**이 났을 때에는 뜨거운 방 바닥에 누워서 푹 자는 것이 최고다.
[mom-sa-ri na-sseul ttae-e-neun tteu-geo-un bang ba-da-ge nu-wo-seo puk ja-neun geo-si choe-go-da]
浑身酸痛的时候，躺在热炕上好好睡一觉是最棒的事情。

## 1772 무 [mu]
名 萝卜，无，武
그녀는 **무**를 얇게 썰고 있다.
[geu-nyeo-neun mu-reul yal-ge sseol-go it-da]
她正在将萝卜切成薄片。

## 1773 무게 [mu-ge]
名 重量
그 가방의 **무게**는 아주 무거웠다.
[geu ga-bang-e mu-ge-neun a-ju mu-geo-wot-da]
那个包的重量很大。

| 1774 | **무궁화** [mu-gung-hwa] | 名 无穷花，木槿花 ★★★☆ |
|---|---|---|
| | | 🎧 무궁화는 진실한 마음과 인내를 의미한다. |
| | | [mu-gung-hwa-neun jin-si-ran ma-eum-gwa in-nae-reul ui-mi-han-da] |
| | | 无穷花代表真心和忍耐。 |

| 1775 | **무늬** [mu-ni] | 名 花纹，纹路 ★★★☆ |
|---|---|---|
| | | 🎧 사람마다 지문이 다르듯이 코끼리에게도 고유의 발바닥 무늬가 있다. |
| | | [sa-ram-ma-da ji-mu-ni da-reu-deu-si ko-kki-ri-e-ge-do go-yu-e bal-ba-dak mu-ni-ga it-da] |
| | | 就像每个人都有不同的指纹，大象也有各自独特的脚掌纹路。 |

| 1776 | **무대** [mu-dae] | 名 舞台，主要活动空间，故事背景 ★★★★ |
|---|---|---|
| | | 🎧 꿈의 무대는 어린 시절의 고향이 대부분이다. |
| | | [kku-me mu-dae-neun eo-rin si-jeo-re go-hyang-i dae-bu-bu-ni-da] |
| | | 梦境大部分是小时候的故乡。 |

| 1777 | **무렵** [mu-ryeop] | 名 时候 ★★☆☆ |
|---|---|---|
| | | 🎧 해가 밝아올 무렵 아들이 집에 돌아왔다. |
| | | [hae-ga bal-ga-ol mu-ryeop a-deu-ri ji-be do-ra-wat-da] |
| | | 天快亮的时候，儿子回到了家。 |

| 1778 | **무리하다** [mu-ri-ha-da] | 形 不合理的，勉强的 ★★★☆ |
|---|---|---|
| | | 🎧 비가 오니까 자전거 타기가 조금 무리해요. 나가지 마세요. |
| | | [bi-ga o-ni-kka ja-jeon-geo ta-gi-ga jo-geum mu-ri-hae-yo][na-ga-ji ma-se-yo] |
| | | 下雨了，骑自行车有点危险，请不要出门。 |

| 1779 | **무리하다** [mu-ri-ha-da] | 动 强人所难，勉强 ★★☆☆ |
|---|---|---|
| | | 🎧 운동할 때 체력에 맞게 하고 절대 무리하지 마세요. |
| | | [un-dong-hal ttae che-ryeo-ge mat-ge ha-go jeol-dae mu-ri-ha-ji ma-se-yo] |
| | | 做运动时要配合体力，绝对不要勉强。 |

| 1780 | **무섭다** [mu-seop-da] | 形 可怕的，惊人的，厉害的 ★★★☆ |
|---|---|---|
| | | 🎧 그 영화는 별로 무섭지 않았다. |
| | | [geu yeong-hwa-neun byeol-lo mu-seop-ji a-nat-da] |
| | | 那部电影并不怎么可怕。 |

| 1781 | **무서워하다** [mu-seo-wo-ha-da] | 动 害怕 ★★★☆ |
| --- | --- | --- |

사람들이 제일 무서워하는 게 뭐라고 생각합니까?
[sa-ram-deu-ri je-il mu-seo-wo-ha-neun ge mwo-ra-go saeng-ga-kam-ni-kka]
你觉得人们最害怕的是什么？

| 1782 | **무역** [mu-eok] | 名 贸易 ★★★☆ |
| --- | --- | --- |

졸업하면 무역 회사나 여행사에 갈 수 있다.
[jo-reo-pa-myeon mu-yeok hoe-sa-na yeo-haeng-sa-e gal su it-da]
毕业之后可以进贸易公司或旅行社。

| 1783 | **무지개** [mu-ji-gae] | 名 彩虹 ★★★☆ |
| --- | --- | --- |

비 온 뒤 하늘에 무지개가 나타났다.
[bi on dwi ha-neu-re mu-ji-gae-ga na-ta-nat-da]
雨后的天空出现了彩虹。

| 1784 | **묵다** [muk-da] | 动 住宿，留宿，陈旧 ★★★☆ |
| --- | --- | --- |

나는 사촌 집에서 사흘 밤을 묵었다.
[na-neun sa-chon ji-be-seo sa-heul ba-meul mu-geot-da]
我在侄子家住了三晚。

| 1785 | **묶다** [muk-da] | 动 绑，捆 ★★☆☆ |
| --- | --- | --- |

운동화 끈이 풀렸다. 다시 묶어야겠다.
[un-dong-hwa kkeu-ni pul-lyeot-da][da-si mu-kkeo-ya-get-da]
运动鞋的鞋带开了，得重绑才行。

| 1786 | **문병** [mun-byeong] | 名 探病 ★★★☆ |
| --- | --- | --- |

오후에 혼자 문병 갈 것이다.
[o-hu-e hon-ja mun-byeong gal geo-si-da]
下午我要一个人去探病。

| 1787 | **문화** [mu-nwa] | 名 文化 ★★★★ |
| --- | --- | --- |

한국은 유교 문화권에 속한다.
[han-gu-geun yu-gyo mu-nwa-gwo-ne so-kan-da]
韩国属于儒教文化圈。

| 1788 | **물가** [mul-ga] | 名 物价 ★★★☆ |
| --- | --- | --- |

물가가 계속 올라만 간다.
[mul-ga-ga gye-sok ol-la-man gan-da]
物价持续上涨。

### 1789 물론
[mul-lon]

副 / 名 当然，自不必说 ★★★☆

🎧 **물론** 우리는 너를 도와주러 갈 거야.
[mul-lon u-ri-neun neo-reul do-wa-ju-reo gal-geo-ya]
我们当然会去帮你。

### 1790 미끄러지다
[mi-kkeu-reo-ji-da]

动 滑倒，落榜，被解雇 ★★☆☆

🎧 그녀는 빙판 길에서 **미끄러졌**다.
[geu-nyeo-neun bing-pan gi-re-seo mi-kkeu-reo-jyeot-da]
她在结冰的路上滑倒了。

### 1791 미끄럽다
[mi-kkeu-reop-da]

形 滑滑的，湿滑的 ★★★☆

🎧 눈이 오니까 젖은 산길이 **미끄러워**서 위험해요. 등산하지 마세요.
[nu-ni o-ni-kka jeo-jeun san-gi-ri mi-kkeu-reo-wo-seo wi-heo-mae-yo]
[deung-san-ha-ji ma-se-yo]
下雪了，山路湿滑很危险，请不要登山。

### 1792 미리
[mi-ri]

副 事先，预先 ★★★☆

🎧 상관한 정보를 **미리** 확인해 주세요.
[sang-gwa-nan jeong-bo-reul mi-ri hwa-gi-nae ju-se-yo]
请事先确认好相关资料。

### 1793 미모
[mi-mo]

名 美貌 ★★★☆

🎧 그녀는 자신의 **미모**에 대한 우월감이 강하다.
[geu-nyeo-neun ja-si-ne mi-mo-e dae-han u-wol-ga-mi gang-ha-da]
她对自己的美貌有很强的优越感。

### 1794 미역국
[mi-yeok-guk]

名 海带汤 ★★★☆

🎧 한국 사람들은 생일날에 **미역국**을 먹는다.
[han-guk sa-ram-deu-reun saeng-il-na-re mi-yeok-gu-geul meok-neun-da]
韩国人在生日那天要喝海带汤。

### 1795 민속촌
[min-sok-chon]

名 民俗村 ★★★☆

🎧 한국의 **민속촌**은 마치 역사 박물관 같다.
[han-gu-ge min-sok-cho-neun ma-chi yeok-sa bang-mul-gwan gat-da]
韩国的民俗村就像个历史博物馆。

| 1796 | **믿다** [mit-da] | 动 相信 | ★★★☆ |

나만 믿고 따라오면 된다.
[na-man mit-go ttta-ra-o-myeon doen-da]
只要相信我，跟着我就行。

| 1797 | **밀가루** [mil-ga-ru] | 名 面粉 | ★★★★ |

빵을 만들려면 밀가루와 우유를 사야 한다.
[ppang-eul man-deul-lyeo-myeon mil-ga-ru-wa u-yu-reul sa-ya han-da]
如果想做面包，就需要买面粉和牛奶。

| 1798 | **밀다** [mil-da] | 动 推，压，刨，刮 | ★★★☆ |

남자가 유모차를 앞으로 밀고 가고 있다.
[nam-ja-ga yu-mo-cha-reul a-peu-ro mil-go ga-go it-da]
男子正在推着婴儿车往前走。

**MEMO**

# MEMO

TOPIK

궁하면 통한다.
穷则变，变则通。

本书所有单词均采用三段式，即"单词分解（语速慢）/完整词汇（语速快）/中文解释"的方式录制。
例：춥．다（单词分解）/ 춥다（完整词汇）/ 冷（中文解释）

符号之后的韩语例句由韩籍老师朗读。

---

1799 **바깥** [ba-kkat]　名 外面　★★★☆
나는 그때 바깥에 있었다.
[na-neun geu-ttae ba-kka-te i-sseot-da]
我当时在外面。

1800 **바깥쪽** [ba-kkat-jjok]　名 外面，外面一侧　★★☆☆
나는 도시 바깥쪽에 살고 있다.
[na-neun do-si ba-kkat-jjo-ge sal-go it-da]
我住在郊外。

1801 **바꾸다** [ba-kku-da]　动 换，转换，改换　★★★☆
태풍이 진로를 북쪽으로 바꾸고 있다.
[tae-pung-i jin-ro-reul buk-jjo-geu-ro ba-kku-go it-da]
台风改变移动路线，正在往北行进。

1802 **바뀌다** [ba-kkwi-da]　动 被换，被替换，变换　★★☆☆
만약 상황이 바뀌면 내가 즉시 너한테 전화를 할게.
[ma-nyak sang-hwang-i ba-kkwi-myeon nae-ga jeuk-si neo-han-te jeon-wa-reul hal-ge]
如果情况发生变化，我马上给你打电话。

1803 **바닥** [ba-dak]　名 地板，底　★★★☆
장미꽃은 시들어 바닥에 떨어졌다.
[jang-mi-kko-cheun si-deu-reo ba-da-ge tteo-reo-jyeot-da]
玫瑰花枯萎，掉落在地上。

1804 **바닷가** [ba-dat-ga]　名 海边　★★★☆
자전거를 타고 바닷가에 가요.
[ja-jeon-geo-reul ta-go ba-dat-ga-e ga-yo]
骑自行车去海边。

1805 **바라다** [ba-ra-da]　动 希望　★★★☆
나는 아무 일도 일어나지 않길 바란다.
[na-neun a-mu il-do i-reo-na-ji an-kil ba-ran-da]
我希望什么事都别发生。

1806 **바라보다** [ba-ra-bo-da]　动 望，观看　★★☆☆
그녀가 그를 말없이 바라보았다.
[geu-nyeo-ga geu-reul ma-reop-si ba-ra-bo-at-da]
她默默地望着他。

## 1807 바르다
[ba-reu-da]

动 裱糊，涂抹

🎧 화장품 비비크림을 **바를** 때 어떻게 해야 촉촉한 효과가 나요?
[hwa-jang-pum bi-bi-keu-ri-meul ba-reul-ttae eo-tteo-ke hae-ya chok-cho-kan hyo-gwa-ga na-yo]
涂抹化妆品 BB 霜的时候，如何才能有保湿效果？

★★☆☆

## 1808 바르다
[ba-reu-da]

形 端正的，正直的

🎧 **바른** 자세로 앉아서 먹어야 돼요.
[ba-reun ja-se-ro an-ja-seo meo-geo-ya doe-yo]
吃东西时要坐直。

★★☆☆

## 1809 바이올린
[ba-i-ol-lin]

名 小提琴（violin）

🎧 악기 중에서 **바이올린** 소리를 가장 좋아한다.
[ak-gi jung-e-seo ba-i-ol-lin so-ri-reul ga-jang jo-a-han-da]
在乐器之中我最喜欢小提琴的声音。

★★★☆

## 1810 바퀴
[ba-kwi]

名 圈

🎧 오늘 힘들었다. 마치 지구 한 **바퀴**를 돈 것 같은 느낌이다.
[o-neul him-deu-reot-da][ma-chi ji-gu han ba-kwi-reul don geot ga-teun neu-kki-mi-da]
今天很累，感觉像绕地球跑了一圈。

★★☆☆

## 1811 박사
[bak-sa]

名 博士

🎧 **박사**가 되려면 한 5년 걸릴 거예요.
[bak-sa-ga doe-ryeo-myeon han o nyeon geol-lil geo-ye-yo]
要拿到博士学位需要五年左右。

★★★☆

## 1812 박수
[bak-su]

名 拍手，鼓掌

🎧 사람들이 우리에게 **박수**를 치고 있다.
[sa-ram-deu-ri u-ri-e-ge bak-su-reul chi-go it-da]
人们正在为我们鼓掌。

★★★☆

## 1813 반대
[ban-dae]

名 反对，相反

🎧 그녀는 그 계획에 단호히 **반대**한다.
[geu-nyeo-neun geu gye-hoe-ge da-no-hi ban-dae-han-da]
她坚决反对那个计划。

★★★☆

1814 **반납하다** [ban-na-pa-da] 动 返还，交还 ★★☆☆
2주 후에 책을 도서관에 반납하세요.
[i-ju hu-e chae-geul do-seo-gwa-ne ban-na-pa-se-yo]
请在两周后把书还回图书馆。

1815 **반드시** [ban-deu-si] 副 一定 ★★★☆
노력을 하면 반드시 성공할 거라고 생각한다.
[no-ryeo-geul ha-myeon ban-deu-si seong-gong-hal geo-ra-go saeng-ga-kan-da]
我认为只要努力就一定会成功。

1816 **반말** [ban-mal] 名 半语，非敬语 ★★★★
그 여동생은 언니들한테 반말을 잘 못 한다.
[geu yeo-dong-saeng-eun eon-ni-deu-ran-te ban-ma-reul jal mo tan-da]
那个妹妹不太习惯用非尊敬的语气跟姐姐们说话。

1817 **반복하다** [ban-bo-ka-da] 动 反复 ★★★☆
오전에 장마비가 내리다 그치다를 반복했다.
[o-jeo-ne jang-ma-bi-ga nae-ri-da geu-chi-da-reul ban-bo-kaet-da]
早上雨下下停停，一直反反复复。

1818 **반찬** [ban-chan] 名 菜肴，小菜 ★★★★
반찬 중에서 배추김치를 가장 좋아한다.
[ban-chan jung-e-seo ba-chu-gim-chi-reul ga-jang jo-a-han-da]
小菜之中我最喜欢辣白菜。

1819 **받아쓰기** [ba-da-sseu-gi] 名 听写，笔记 ★★☆☆
받아쓰기 시험에서 높은 점수를 받았다.
[ba-da-sseu-gi si-heo-me-seo no-peun jeom-su-reul ba-dat-da]
在听写考试中拿到了高分。

1820 **발가락** [bal-ga-rak] 名 脚趾 ★★☆☆
그녀의 발가락에 가시가 들어 갔다.
[geu-nyeo-e bal-ga-ra-ge ga-si-ga deu-reo gat-da]
她脚趾扎刺了。

### 1821 **발바닥** [bal-ba-dak]
名 脚掌，脚底 ★★★☆
🎧 나는 영화 배우들의 손바닥 자국과 **발바닥** 자국을 보았다.
[na-neun yeong-hwa bae-u-deu-re son-ba-dak ja-guk-gwa bal-ba-dak ja-gu-geul bo-at-da]
我看到了电影明星们的手掌印与脚掌印。

### 1822 **발달** [bal-dal]
名 发达 ★★★☆
🎧 한국의 반도체 기술이 **발달**하다.
[han-gu-ge ban-do-che gi-su-ri bal-da-ra-da]
韩国的半导体技术很发达。

### 1823 **발음** [ba-reum]
名 发音 ★★★★
🎧 **발음**하는 대로 따라해 보세요.
[ba-reum-ha-neun dae-ro tta-ra-hae bo-se-yo]
请按照发音跟着念。

### 1824 **발표** [bal-pyo]
名 发表 ★★★☆
🎧 **발표**할 내용을 2,000자 정도의 글로 써서 보내면 된다.
[bal-pyo-hal nae-yong-eul i-cheon ja geong-do-e geul-lo sseo-seo bo-nae-myeon doen-da]
撰写2 000字左右的内容发过去即可。

### 1825 **발행** [ba-raeng]
名 发行 ★★☆☆
🎧 졸업 기념 앨범이 곧 **발행**될 예정이다.
[jo-reop gi-nyeom ael-beo-mi got ba-raeng-doel ye-jeong-i-da]
毕业纪念册即将发行。

### 1826 **밟히다** [bal-pi-da]
动 被踩 ★★☆☆
🎧 오늘 아침에 복잡한 버스 안에서 발이 **밟혀**서 아파요.
[o-neul a-chi-me bok-ja-pan beo-seu a-ne-seo ba-ri bal-pyeo-seo a-pa-yo]
今天早上在拥挤的公交车里，脚被踩了，好痛。

### 1827 **밤낮** [bam-nat]
名 日夜，成天到晚 ★★★☆
🎧 간호사들은 **밤낮**으로 환자를 간호했다.
[ga-no-sa-deu-reun bam-na-jeu-ro hwan-ja-reul ga-no-haet-da]
护士们从早到晚都在看护病人。

🎧 257

### 1828 밤새다
[bam-sae-da]

动 通宵达旦，彻夜

그는 **밤새**도록 뒤척이고 잠을 자지 못했다.
[geu-neun bam-sae-do-rok dwi-cheo-gi-go ja-meul ja-ji mo-taet-da]
他彻夜翻来覆去，一直没睡着。

### 1829 밤새우다
[bam-sae-u-da]

动 熬夜

오늘 **밤새우**고 야근해야겠다.
[o-neul bam-sae-u-go ya-geu-nae-ya-get-da]
今天得熬夜加班了。

### 1830 밥공기
[bap-gong-gi]

名 饭碗

그들은 **밥공기**를 한 손에 들고 다른 손으로 젓가락을 사용한다.
[geu-deu-reun bap-gong-gi-reul han so-ne deul-go da-reun so-neu-ro jeot-ga-ra-geul sa-yong-han-da]
他们一手端着饭碗，用另一手使用筷子。

### 1831 밥솥
[bap-sot]

名 饭锅

전기 **밥솥**에서 김이 피어 오른다.
[jeon-gi bap-so-te-seo gi-mi pi-eo o-reun-da]
从电饭锅里冒出了热气。

### 1832 방법
[bang-beop]

名 方法

약속 시간에 제시간에 도착하는 현실적인 **방법**은 일찍 도착하는 것 뿐이다.
[yak-sok si-ga-ne je-si-ga-ne do-cha-ka-neun hyeon-sil-jeo-gin bang-beo-beun il-jjik do-cha-ka-neun geot ppu-ni-da]
在约定时间内能准时到的最实际方法就是早一点出发。

### 1833 방송
[bang-song]

名 收音机广播，电视广播，播送

그 라디오 **방송**국은 오전 6시에 **방송**을 시작한다.
[geu ra-di-o bang-song-gu-geun o-jeon yeo-seot si-e bang-song-eul si-ja-kan-da]
那个广播电台在早上六点开播。

### 1834 방송국
[bang-song-guk]

名 电视台，广播台

텔레비전 **방송국**은 하루의 방송을 마쳤다.
[tel-le-bi-jeon bang-song-gu-geun ha-ru-e bang-song-eul ma-chyeot-da]
电视台结束了一天的播音。

## 1835 방해 [bang-hae]
名 妨碍 ★★★☆
🎧 **방해**해서 죄송합니다.
[bang-hae-hae-seo joe-song-hap-ni-da]
对不起，妨碍到您了。

## 1836 배달 [bae-dal]
名 外送，投递，送货 ★★★☆
🎧 우리 가게는 고객을 위해 **배달** 서비스를 제공해요.
[u-ri ga-ge-neun go-gae-geul wi-hae bae-dal seo-bi-seu-reul je-gong-hae-yo]
我们店为顾客提供外卖服务。

## 1837 배드민턴 [bae-deu-min-teon]
名 羽毛球 ★★★☆
🎧 그들은 **배드민턴**을 치는 것을 즐긴다.
[geu-deu-reun bae-deu-min-teo-neul chi-neun geo-seul jeul-gin-da]
他们很喜欢打羽毛球。

## 1838 배부르다 [bae-bu-reu-da]
形 肚子饱，大肚子 ★★★☆
🎧 밥을 많이 먹어서 **배부르**네요.
[ba-beul ma-ni meo-geo-seo bae-bu-reu-ne-yo]
吃了很多饭，肚子很饱。

## 1839 배탈 [bae-tal]
名 腹泻，拉肚子 ★★☆☆
🎧 우유를 마시기만 하면 **배탈**이 나요.
[u-yu-reul ma-si-gi-man ha-myeon bae-ta-ri na-yo]
只要喝牛奶就会腹泻。

## 1840 버릇 [beo-reut]
名 礼貌，习惯 ★★☆☆
🎧 세 살 적 **버릇**이 여든까지 간다.
[se sal jeok beo-reu-si yeo-deun-kka-ji gan-da]
三岁的习惯到八十岁也改不了。

## 1841 버릇없다 [beo-reu-deop-da]
形 没礼貌的 ★★☆☆
🎧 물을 따를 때 어른한테 한 손으로 따라준다면 어른들 입장에서는 **버릇없다**고 느껴져요.
[mu-reul tta-reul ttae eo-reun-han-te han so-neu-ro tta-ra-jun-da-myeon eo-reun-deul ip-jang-e-seo-neun beo-reu-deop-da-go neu-kkyeo-jyeo-yo]
倒水的时候，如果用一只手给长辈倒水，那么长辈会觉得你没礼貌。

### 1842 번거롭다
[beon-geo-rop-da]

形 麻烦的，烦琐的 ★★☆☆

일찍 일어나서 밥을 하고 국을 끓이는 것은 번거롭고 귀찮아요.
[il-jjik i-reo-na-seo ba-beul ha-go gu-geul kkeu-ri-neun geo-seun beon-geo-rop-go gwi-cha-na-yo]
一大早起床做饭煮汤是件很麻烦的事。

近 귀찮다 厌烦的

### 1843 벌
[beol]

名 套，罚，蜂，原野 ★★★☆

그 회사는 양복 10만 벌이 넘는 판매량을 기록해왔다.
[geu hoe-sa-neun yang-bok sip man beo-ri neom-neun pan-mae-ryang-eul gi-ro-kae-wat-da]
那家公司创下了西装销售量超过十万套的纪录。

### 1844 벌리다
[beol-li-da]

动 张开 ★★☆☆

너무 놀라서 입을 딱 벌리고 바라봤다.
[neo-mu nol-la-seo i-beul ttak beol-li-go ba-ra-bwat-da]
惊讶到张开嘴一直盯着看。

### 1845 벌어지다
[beo-reo-ji-da]

动 展开，发生，裂开，张开嘴，摆开 ★★☆☆

그 방에서는 대소동이 벌어져 있었다.
[geu bang-e-seo-neun dae-so-dong-i beo-reo-jyeo i-sseot-da]
当时那个房间正发生骚动。

### 1846 범인
[beo-min]

名 犯人 ★★★☆

그 사람은 범인이 아니기 때문에 벌을 받지 않았다.
[geu sa-ra-meun beo-mi-ni a-ni-gi ttae-mu-ne beo-reul bat-ji a-nat-da]
那个人不是犯人，所以没有受到处罚。

### 1847 벚꽃
[beot-kkot]

名 樱花 ★★★☆

봄이 되면 인기가 많은 여의도 벚꽃에 대해 올해 개화 시기를 알아보려고 한다.
[bo-mi doe-myeon in-gi-ga ma-neun yeo-i-do beot-kko-che dae-hae o-rae gae-hwa-si-gi-reul a-ra-bo-ryeo-go han-da]
我想知道一到春天就很受欢迎的汝矣岛樱花今年会在什么时候开。

### 1848 베개
[be-gae]

名 枕头 ★★★☆

그는 자명종을 베개 밑에 넣었다.
[geu-neun ja-myeong-jong-eul be-gae mi-te neo-eot-da]
他将闹钟放到了枕头底下。

## 1849 베란다 [be-ran-da]
名 阳台
베란다 문이 저절로 열렸어요. 무서워요.
[be-ran-da mu-ni jeol-jeol-lo yeol-lyeo-sseo-yo][mu-seo-wo-yo]
阳台的门自动打开了，好可怕。

## 1850 베끼다 [be-kki-da]
动 抄写，描画，抄录
어린 시절에 만화 주인공을 베껴 그리기도 했다.
[eo-rin si-jeo-re ma-nwa ju-in-gong-eul be-kkyeo geu-ri-gi-do haet-da]
小时候也曾临摹过漫画主人公。

## 1851 벽시계 [byeok-si-gye]
名 壁钟，时钟
벽시계를 벽에 걸어 놓는다.
[byeok-si-gye-reul byeo-ge geo-reo not-neun-da]
将壁钟挂在墙上。

## 1852 변경하다 [byeon-gyeong-ha-da]
动 变更
계약 조건을 변경하고 싶다.
[gye-yak jo-geo-neul byeon-gyeong-ha-go sip-da]
想变更合约条件。

## 1853 변하다 [byeo-na-da]
动 改变
한순간에 모든 것이 변했다.
[han-sun-ga-ne mo-deun geo-si byeo-naet-da]
瞬间一切都变了。

## 1854 변화 [byeo-nwa]
名 变化
마술사는 스카프를 흰 토끼로 변화시켰다.
[ma-sul-sa-neun seu-ka-peu-reul hin to-kki-ro byeo-nwa-si-kyeot-da]
魔术师将丝巾变成了一只白兔。

## 1855 별 [byeol]
名 星星，别
밤 하늘의 별들은 정말 아름답다.
[bam ha-neu-re byeol-deu-reun jeong-mal a-reum-dap-da]
夜空中的星星真的很美。

## 1856 별 [byeol]
冠 怪，特别，另外
그는 이 일에 별 흥미가 없어 일을 끝내지도 않고 가버렸다.
[geu-neun i i-re byeol heung-mi-ga eop-seo i-reul kkeut-nae-ji-do an-ko ga-beo-ryeot-da]
他对这件事不太感兴趣，没做完就走了。

| 1857 | **별로** [byeol-lo] | 副 特别，不太，不怎么 ★★★☆ |
| --- | --- | --- |
| | | 🎧 엄마는 이런 것을 별로 좋아하지 않아요. |
| | | [eom-ma-neun i-reon geo-seul byeol-lo jo-a-ha-ji a-na-yo] |
| | | 妈妈<u>不太</u>喜欢这种东西。 |

| 1858 | **별명** [byeol-myeong] | 名 绰号，外号 ★★★☆ |
| --- | --- | --- |
| | | 🎧 나의 어릴 적 별명은 '연필심'이에요. |
| | | [na-e eo-ril jeok byeol-myeong-eun 'yeon-pil-si' -mi-e-yo] |
| | | 我小时候的<u>绰号</u>是"铅笔芯"。 |

| 1859 | **병문안** [byeong-mu-nan] | 名 探病 ★★★☆ |
| --- | --- | --- |
| | | 🎧 환자와 방문객 서로를 위해 병문안 문화를 바꿔야겠다. |
| | | [hwan-ja-wa bang-mun-gaek seo-ro-reul wi-hae byeong-mu-nan mu-nwa-reul ba-kkwo-ya-get-da] |
| | | 为了病人和探病亲友着想，得改一改<u>探病</u>文化才行。 |

| 1860 | **복습** [bok-seup] | 名 复习 ★★★★ |
| --- | --- | --- |
| | | 🎧 그녀는 지난주 수업 내용을 복습하고 있다. |
| | | [geu-nyeo-neun ji-nan-ju su-eop nae-yong-eul bok-seu-pa-go it-da] |
| | | 她正在<u>复习</u>上周的上课内容。 |

| 1861 | **복용하다** [bo-gyong-ha-da] | 动 服用 ★★☆☆ |
| --- | --- | --- |
| | | 🎧 약을 살 때 식사 30분 후에 복용하라는 말을 가장 많이 듣는다. |
| | | [ya-geul sal ttae sik-sa sam-sip bun hu-e bo-gyong-ha-ra-neun ma-reul ga-jang ma-ni deut-neun-da] |
| | | 买药的时候最常听到话就是，请饭后三十分钟<u>服用</u>。 |

| 1862 | **볼링** [bol-ling] | 名 保龄球 ★★★☆ |
| --- | --- | --- |
| | | 🎧 저는 볼링 한 게임을 치고 싶어요. |
| | | [jeo-neun bol-ling han ge-i-meul chi-go si-peo-yo] |
| | | 我想打一局<u>保龄球</u>。 |

| 1863 | **봉지** [bong-ji] | 名 袋，包 ★★★☆ |
| --- | --- | --- |
| | | 🎧 감자칩 한 봉지에 얼마예요? |
| | | [gam-ja-chip han bong-ji-e eol-ma-ye-yo] |
| | | 薯片一<u>包</u>多少钱？ |

## 1864 봉투 [bong-tu]

名 信封，袋子，封套 ★★★☆

유리는 신문지로 잘 싸서 종량제 쓰레기 봉투에 담으면 된다.
[yu-ri-neun sin-mun-ji-ro jal ssa-seo jong-ryang-je sseu-re-gi bong-tu-e da-meu-myeon doen-da]
玻璃要用报纸包好之后，装入订制垃圾袋。

## 1865 뵈다 [boe-da]

动 看得到（보이다的缩语），拜见 ★★☆☆

고3 때 담임 선생님을 뵈려고 선물을 샀어요.
[go sam ttae da-nim seon-saeng-ni-meul boe-ryeo-go seon-mu-reul sa-sseo-yo]
为了去拜见高三时的班主任，我买了礼物。

近 뵙다 谒见

## 1866 뵙다 [boep-da]

动 拜见（比뵈다更谦卑的语气） ★★☆☆

말씀으로만 듣던 분을 뵙게 되어 영광입니다.
[mal-sseu-meu-ro-man deut-deon bu-neul boep-ge doe-eo yeong-gwang-im-ni-da]
久仰大名，见到您很荣幸。

近 뵈다 拜见

## 1867 부끄러움 [bu-kkeu-reo-um]

名 羞耻，惭愧，羞愧，害羞 ★★☆☆

그는 부끄러움을 참고 사람들에게 구걸을 했다.
[geu-neun bu-kkeu-reo-u-meul cham-go sa-ram-deu-re-ge gu-geo-reul haet-da]
他忍住羞愧，向人们乞求。

## 1868 부끄럽다 [bu-kkeu-reop-da]

形 惭愧，害羞，羞愧，丢脸 ★★☆☆

학교 성적은 거의 꼴등 수준이에요. 좀 부끄럽네요.
[hak-gyo seong-jeo-geun geo-i kkol-deung su-ju-ni-e-yo][jom bu-kkeu-reom-ne-yo]
我的学校成绩几乎是倒数，有点丢脸。

## 1869 부동산 [bu-dong-san]

名 不动产 ★★★☆

그 친구는 부동산에 돈을 투자했다.
[geu chin-gu-neun bu-dong-sa-ne do-neul tu-ja-haet-da]
那个朋友投资了不动产。

### 1870 부드럽다
[bu-deu-reop-da]

形 温柔，温和，柔软，柔和

이 백팩은 천 재질이며 매우 부드럽다.
[i baek-pae-geun cheon jae-ji-ri-myeo mae-u bu-deu-reop-da]
这个背包是布料材质的，非常柔软。

★★★☆

### 1871 부럽다
[bu-reop-da]

形 羨慕

그 여배우의 아름다운 목소리가 몹시 부럽다.
[geu yeo-bae-u-e a-reum-da-un mok-so-ri-ga mop-si bu-reop-da]
很羨慕那个女演员的美妙嗓音。

★★☆☆

### 1872 부정적
[bu-jeong-jeok]

名 否定的，负面的

우리는 어려운 일이 생겼을 때 부정적인 태도로 대하면 안 좋은 결과를 얻을 수가 있다.
[u-ri-neun eo-ryeon-u i-ri saeng-gyeo-sseul ttae bu-jeong-jeo-gin tae-do-ro tae-ha-myeon an jo-eun gyeol-gwa-reul eo-deul su-ga it-da]
我们在遇到困难时，若以负面的态度去面对，会出现不好的结果。

反 긍정적 肯定的，正面的

★★☆☆

### 1873 부지런하다
[bu-ji-reo-na-da]

形 勤奋的，勤勉的，勤劳的

거지도 부지런하면 더운 밥 얻어먹는다.
[geo-ji-do bu-ji-reo-na-myeon deo-un bap eo-deo-meong-neun-da]
俗话说，即使是乞丐，只要勤劳也能吃上热饭（比喻人不怕贫，就怕懒）。

★★☆☆

### 1874 부침개
[bu-chim-gae]

名 煎饼

비 오는 날에는 부침개에 막걸리가 최고라고 한다.
[bi o-neun na-re-neun bu-chim-gae-e mak-geol-li-ga choe-go-ra-go han-da]
下雨天最适合吃煎饼喝马格利酒了。

★★★☆

### 1875 분담하다
[bun-da-ma-da]

动 分担

그들은 결혼 전에 가사를 분담하기로 합의했다.
[geu-deu-reun gyeo-ron jeo-ne ga-sa-reul bun-da-ma-gi-ro ha-bi-haet-da]
他们结婚前说好要共同分担家务事。

★★★☆

### 1876 분명하다
[bun-myeong-ha-da]

形 明确的，分明的 ★★★☆

회의할 때 자기의 생각을 분명하게 말하는 것이 좋다.
[hoe-i-hal ttae ja-gi-e saeng-ga-geul bun-myeong-ha-ge ma-ra-neun geo-si jo-ta]
开会时，最好明确表达自己的想法。

☞ 명확하다 明确的

### 1877 분식
[bun-sik]

名 面食，粉饰，小吃 ★★☆☆

우리는 칼국수를 먹으러 분식점에 갔다.
[u-ri-neun kal-guk-su-reul meo-geu-reo bun-sik-jeo-me gat-da]
我们去面店吃了刀削面。

### 1878 불리하다
[bul-li-ha-da]

形 不利的 ★★★☆

불리한 상황에서 열세를 우세로 바꾸어 승리하는 방법이다.
[bul-li-han sang-hwang-e-seo yeol-se-reul u-se-ro ba-kku-eo seung-ri-ha-neun bang-beo-bi-da]
这是在不利的状况下将劣势转为优势的取胜方法。

### 1879 불쌍하다
[bul-ssang-ha-da]

形 可怜的，令人怜悯的 ★★★☆

그 경찰은 불쌍한 사람들을 돕는다.
[geu gyeong-cha-reun bul-ssang-han sa-ram-deu-reul dom-neun-da]
那位警察常帮助可怜的人们。

### 1880 불안
[bu-ran]

名 不安，不稳定 ★★★☆

그의 눈에는 불안과 고통이 감돌고 있었다.
[geu-e nu-ne-neun bu-ran-gwa go-tong-i gam-dol-go i-sseot-da]
他的眼睛里透出了不安与痛苦。

### 1881 불편
[bul-pyeon]

名 不便，不舒服 ★★★★

이 옷은 너무 작아서 입기가 불편해요.
[i o-seun neo-mu ja-ga-seo ip-gi-ga bul-pyeo-nae-yo]
这件衣服太小，穿起来不舒服。

### 1882 붉히다
[bul-ki-da]

动 泛红，发怒时脸红，害羞时脸红 ★★★☆

그녀는 부끄러운지 얼굴을 살짝 붉혔다.
[geu-nyeo-neun bu-kkeu-reo-un-ji eol-gu-reul sal-jjak bul-kyeot-da]
她似乎害羞了，脸有点红了。

| 1883 | **붓다** [but-da] | 动 倒（液体、粉），撒（种子），发肿 ★★☆☆ |
|---|---|---|
| | | 🎧 위험성을 모르고 가열된 냄비에 물을 붓다가 화상을 입는 경우가 많아요. |
| | | [wi-heom-seong-eul mo-reu-go ga-yeol-doen nam-bi-e mu-reul but-da-ga hwa-sang-eul im-neun gyeong-u-ga ma-na-yo] |
| | | 不知其危险性，往烧烫的锅里倒水导致烫伤的情况很多。 |

| 1884 | **붙다** [but-da] | 动 合格，贴，黏，着火 ★★☆☆ |
|---|---|---|
| | | 🎧 중급시험에 붙겠다는 목표를 세우고 문법책 공부를 시작했어요. |
| | | [jung-geup-si-heo-me but-get-da-neun mok-pyo-reul se-u-go mun-beop-chaek gong-bu-reul si-ja-kae-sseo-yo] |
| | | 定下中级考试及格的目标，开始看语法书。 |

| 1885 | **붙이다** [bu-chi-da] | 动 贴，黏，紧靠，投靠 ★★☆☆ |
|---|---|---|
| | | 🎧 문구에다가 메모지를 덕지덕지 붙이면 책의 중점들을 알 수 있다. |
| | | [mun-gu-e-da-ga me-mo-ji-reul deok-ji-deok-ji bu-chi-myeon chae-ge jung-jeom-deu-reul al su it-da] |
| | | 在句子旁边贴上许多便条纸，就可以看出该书的重点。 |

| 1886 | **블라우스** [beul-la-u-seu] | 名 丝绸衬衫 ★★★☆ |
|---|---|---|
| | | 🎧 그 긴 소매 블라우스는 나한테 잘 안 어울려요. |
| | | [geu gin so-mae beul-la-u-seu-neun na-han-te jal an eo-ul-lyeo-yo] |
| | | 那件长袖衬衫不适合我。 |

| 1887 | **블로그** [beul-lo-geu] | 名 博客 ★★★★ |
|---|---|---|
| | | 🎧 많은 아줌마들이 그의 블로그에 댓글을 남기고 있다. |
| | | [ma-neun a-jum-ma-deu-ri geu-e beul-lo-geu-e daet-geu-reul nam-gi-go it-da] |
| | | 许多大姊们都在他的博客留言。 |

| 1888 | **비교** [bi-gyo] | 名 比较 ★★★☆ |
|---|---|---|
| | | 🎧 사람들은 늘 나를 형과 비교한다. |
| | | [sa-ram-deu-reun neul na-reul hyeong-gwa bi-gyo-han-da] |
| | | 人们总是拿我和哥哥作比较。 |

| 1889 | **비난** [bi-nan] | 名 贬斥，指责 <br> 난 그 의사를 비난하지 않았다. 정부 정책에 대해 비난을 했다. <br> [nan geu ui-sa-reul bi-na-na-ji a-nat-da][jeong-bu jeong-chae-ge dae-hae bi-na-neul haet-da] <br> 我并没有指责那位医生，我指责的是政府的政策。| ★★☆☆ |
|---|---|---|---|
| 1890 | **비누** [bi-nu] | 名 肥皂，香皂 <br> 자신의 피부 타입을 고려해 천연 수제 비누를 직접 만들었다. <br> [ja-si-ne pi-bu ta-i-beul go-ryeo-hae cheo-nyeon su-je bi-nu-reul jik-jeop man-deu-reot-da] <br> 考虑到自己的肤质，亲手做了天然手工皂。| ★★★☆ |
| 1891 | **비다** [bi-da] | 动 空，光，空白 <br> 그 방은 아직도 비어 있어요? <br> [geu bang-eun a-jik-do bi-eo i-sseo-yo] <br> 那间房间还空着吗？| ★★☆☆ |
| 1892 | **비밀번호** [bi-mil-beo-no] | 名 密码 <br> 내 비밀번호가 바뀌었다. <br> [nae bi-mil-beo-no-ga ba-kkwi-eot-da] <br> 我的密码换了。| ★★★☆ |
| 1893 | **비비다** [bi-bi-da] | 动 拌，揉 <br> 눈이나 코를 손으로 비비지 마세요. <br> [nu-ni-na ko-reul so-neu-ro bi-bi-ji ma-se-yo] <br> 请不要用手揉眼睛和鼻子。| ★★★☆ |
| 1894 | **비서** [bi-seo] | 名 秘书 <br> 저는 비서 일을 하고 있습니다. <br> [jeo-neun bi-seo i-reul ha-go it-seum-ni-da] <br> 我从事秘书工作。| ★★★☆ |
| 1895 | **비자** [bi-ja] | 名 签证（visa） <br> 비자 신청을 안 해서 미국에 못 간다. <br> [bi-ja sin-cheong-eul a nae-seo mi-gu-ge mot gan-da] <br> 没有申请签证，所以去不了美国。| ★★★★ |

| 1896 | **비용** [bi-yong] | 名 费用，花费 ★★★☆<br>수술 비용이 많이 들지 않았어요.<br>[su-sul bi-yong-i ma-ni deul-ji a-na-sseo-yo]<br>没有花很多手术费用。|

| 1897 | **비우다** [bi-u-da] | 动 空出，屋里没人，腾出 ★★☆☆<br>집을 비우고 나갔다가 도둑을 맞았다.<br>[ji-beul bi-u-go na-gat-da-ga do-du-geul ma-jat-da]<br>外出没人在家，结果进了小偷。|

| 1898 | **비율** [bi-yul] | 名 比率，比例 ★★★☆<br>밀가루와 우유를 3 대 1의 비율로 섞었다.<br>[mil-ga-ru-wa u-yu-reul sam dae i-re bi-yul-lo seo-ggeot-da]<br>将面粉与牛奶以三比一的比例搅拌。|

| 1899 | **빌다** [bil-da] | 动 祈求，借助，求助 ★★★☆<br>오늘 축제에서 뭐해요? 사람들이 달집 앞에 모여 소원을 빌어요.<br>[o-neul chuk-je-e-seo mwo-hae-yo][sa-ram-deu-ri dal-jip a-pe mo-yeo so-wo-neul bi-reo-yo]<br>今天的庆典要做什么？人们会聚集到月屋前祈愿。|

| 1900 | **빌리다** [bil-li-da] | 动 借 ★★★☆<br>여의도 공원에서는 자전거를 빌려 탈 수 있다.<br>[yeo-ui-do gong-wo-ne-seo-neun ja-jeon-geo-reul bil-lyeo tal su it-da]<br>在汝矣岛公园可以租借自行车来骑。<br>反 갚다 还 |

| 1901 | **빗방울** [bit-bang-ul] | 名 雨珠，雨滴 ★★★☆<br>빗방울이 떨어지기 시작했다.<br>[bit-bang-u-ri tteo-reo-ji-gi si-ja-kaet-da]<br>开始掉雨滴了。|

| 1902 | **빛** [bit] | 名 光，光线，光芒，颜色，目光 ★★★★<br>우리가 눈을 통해서 볼 수 있는 모든 색은 빛에 의해 본 것이다.<br>[u-ri-ga nu-neul tong-hae-seo bol su it-neun mo-deun sae-geun bi-che ui-hae bon geo-si-da]<br>我们通过眼睛所看到的所有颜色都是借着光才看到的。|

## 1903 빛나다
[bit-na-da]

动 发光，闪耀，有面子 ★★★☆

남산 N서울타워가 빨갛게 **빛나**면 미세먼지 주의보가 있다는 뜻이다.
[nam-san N seo-ul-ta-wo-ga ppal-ga-ke bit-na-myeon mi-se-meon-ji ju-i-bo-ga it-da-neun tteu-si-da]
南山 N 首尔塔变红色时，代表有雾霾警报。

## 1904 빠지다
[ppa-ji-da]

动 掉落，脱落，陷入 ★★★☆

그는 예술가와 사랑에 **빠졌**다.
[geu-neun ye-sul-ga-wa sa-rang-e ppa-jyeot-da]
他和艺术家坠入情网。

## 1905 빨다
[ppal-da]

动 吸，吸收，抽，洗濯 ★★☆☆

예전에는 배게를 자주 **빨**아야 된다는 생각을 못했다.
[ye-jeo-ne-neun bae-ge-reul ja-ju ppa-ra-ya doen-da-neun saeng-ga-geul mo-taet-da]
以前没想过要经常洗枕头。

## 1906 빼다
[ppae-da]

动 抽出，删除，删掉，减 ★★★☆

고추장을 **빼**고 주세요. 매운 것을 잘 못 먹으니까요.
[go-chu-jang-eul ppae-go ju-se-yo][mae-un geo-seul jal mot meo-geu-ni-kka-yo]
请不要放辣椒酱，我不太能吃辣。

## 1907 빼앗기다
[ppae-at-gi-da]

动 被抢 ★★☆☆

동생이 형에게 장난감을 **빼앗겼**다.
[dong-saeng-i hyeong-e-ge jang-nan-ga-meul ppae-at-gyeot-da]
弟弟被哥哥抢了玩具。

## 1908 빼앗다
[ppae-at-da]

动 抢 ★★☆☆

그는 강도에게서 칼을 **빼앗**았다.
[geu-neun gang-do-e-ge-seo ka-reul ppae-a-sat-da]
他从强盗手里抢下了刀。

## 1909 뼈
[ppyeo]

名 骨头 ★★★☆

제 친구가 발을 움직일 때마다 발 **뼈**가 아파요.
[je chin-gu-ga ba-reul um-ji-gil ttae-ma-da bal ppyeo-ga a-pa-yo]
我朋友一移动脚，脚骨头就疼。

| 1910 | **뽑다** [ppop-da] | 动 选，拔 ★★★☆ |

1에서 10까지의 수에서 하나를 뽑았다.
[i-re-seo sip-kka-ji-e su-e-seo ha-na-reul ppo-bat-da]
从一到十之中选了一个数字。

| 1911 | **뽑히다** [ppo-pi-da] | 动 被选为，被拔掉 ★★★☆ |

영수가 반장으로 뽑혔다.
[yeong-su-ga ban-jang-eu-ro ppo-pyeot-da]
英秀被选为班长了。

| 1912 | **뿌리** [ppu-ri] | 名 根 ★★★★ |

나무가 뿌리째 뽑혔다.
[na-mu-ga ppu-ri-jjae ppo-pyeot-da]
树被连根拔起。

**MEMO**

**MEMO**             T O P I K

산에 가야 범을 잡는다.
不入虎穴，焉得虎子。

本书所有单词均采用三段式,即"单词分解(语速慢)/完整词汇(语速快)/中文解释"的方式录制。
例:춥 . 다(单词分解)/ 춥다(完整词汇) / 冷(中文解释)
🎧符号之后的韩语例句由韩籍老师朗读。

### 1913 **사계절** [sa-gye-jeol] ★★★☆
名 四季
🎧 사계절의 변화는 지구의 공전에 따른 결과이다.
[sa-gye-jeo-re byeo-nwa-neun ji-gu-e gong-jeo-ne tta-reun gyeol-gwa-i-da]
四季的变化是地球公转所造成的结果。

### 1914 **사귀다** [sa-gwi-da] ★★☆☆
动 交往,结交
🎧 나는 이미 사귀는 남자친구가 있다.
[na-neun i-mi sa-gwi-neun nam-ja-chin-gu-ga it-da]
我已经有正在交往的男朋友了。

### 1915 **사기** [sa-gi] ★★★☆
名 欺诈,诈骗,士气,邪气,史记
🎧 그 사기꾼은 그녀한테 사기를 치려고 했다.
[geu sa-gi-kku-neun geu-nyeo-han-te sa-gi-reul chi-ryeo-go haet-da]
那个骗子想要欺诈她。

### 1916 **사기꾼** [sa-gi-kkun] ★★★☆
名 骗子
🎧 혹시 그 사기꾼은 마약을 했어요?
[hok-si geu sa-gi-kku-neun ma-ya-geul hae-sseo-yo]
那个骗子是不是吸毒了?

### 1917 **사라지다** [sa-ra-ji-da] ★★☆☆
动 消失
🎧 며칠이 지나서 통증이 사라졌다.
[myeot-chi-ri ji-na-seo tong-jeung-i sa-ra-jyeot-da]
几天之后,疼痛症状消失了。

### 1918 **사실** [sa-sil] ★★★☆
名 事实
🎧 돈을 다 썼다고 부모님께 사실대로 말씀드렸어요.
[do-neul da sseot-da-go bu-mo-nim-kke sa-sil-dae-ro mal-sseum-deu-ryeo-sseo-yo]
我如实对父母说了把钱全花光的事。

### 1919 **사업** [sa-eop] ★★★☆
名 事业
🎧 지난달에 시작한 사업은 잘 되고 있다.
[ji-nan-da-re si-ja-kan sa-eo-beun jal doe-go it-da]
上个月开始的事业进行得很顺利。

### 1920 **사정** [sa-jeong] ★★★☆
名 事情,状况
🎧 사정이 있어서 미국으로 돌아갔다.
[sa-jeong-i i-sseo-seo mi-gu-geu-ro do-ra-gat-da]
因为有事,回美国了。

## 1921 살리다
[sal-li-da]

动 救，饶恕，上弦 ★★☆☆

다 죽어가는 환자를 그 의사가 **살렸**다.
[da ju-geo-ga-neun hwan-ja-reul geu ui-sa-ga sal-lyeot-da]
那医生救了一名快死的病人。

## 1922 살짝
[sal-jjak]

副 悄悄地，偷偷地，稍稍，轻轻 ★★★☆

내가 **살짝** 가서 알아볼까요?
[nae-ga sal-jjak ga-seo a-ra-bol-kka-yo]
要不要我偷偷去打听一下?

## 1923 살찌다
[sal-jji-da]

动 发胖，增肥 ★★☆☆

운동을 안 하면 **살찔** 것 같다.
[un-dong-eul a na-myeon sal-jjil geot gat-da]
如果不运动，可能会发胖。

## 1924 상
[sang]

名 奖，桌子，丧，相貌，商，上等 ★★★☆

졸업식에서 **상**을 두 개를 받았다.
[jo-reop-si-ge-seo sang-eul du gae-reul ba-dat-da]
在毕业典礼时拿到了两个奖。

## 1925 상관없다
[sang-gwa-neop-da]

形 无关，没关系 ★★★☆

너와 **상관없**는 일이니까 신경을 쓰지 마.
[neo-wa sang-gwan-eop-neun i-ri-ni-kka sin-gyeong-eul sseu-ji ma]
这事和你无关，别在意。

## 1926 상당
[sang-dang]

名 相当 ★★★☆

그는 20억 원 **상당**의 부동산을 보유하고 있다.
[geu-neun i-si-beo gwon sang-dang-e bu-dong-sa-neul bo-yu-ha-go it-da]
他拥有价值二十亿韩元的不动产。

## 1927 상사
[sang-sa]

名 上司，主管 ★★★★

아픈 사람에게 그런 말을 하다니 그 **상사**는 참 못된 사람이다.
[a-peun sa-ram-e-ge geu-reon ma-reul ha-da-ni geu sang-sa-neun cham mot-doen sa-ra-mi-da]
竟然对生病的人说那种话，那个领导真可恶。

| 1928 | **상처** [sang-cheo] | 名 伤口，伤处 ★★★☆ |
|---|---|---|
| | | 매일 소독하고 연고를 바르는 것은 상처가 빨리 낫는 방법이다. |
| | | [mae-il so-do-ka-go yeon-go-reul ba-reu-neun geo-seun sang-cheo-ga ppal-li nat-neun bang-beo-bi-da] |
| | | 每天消毒和涂药膏，是快速愈合伤口的方法。 |

| 1929 | **상추** [sang-chu] | 名 莴苣生菜 ★★★☆ |
|---|---|---|
| | | 고기를 상추에 싸 먹는다. |
| | | [go-gi-reul sang-chu-e ssa meok-neun-da] |
| | | 用生菜包肉吃。 |

| 1930 | **상태** [sang-tae] | 名 状态 ★★★☆ |
|---|---|---|
| | | 그 건물은 보수가 몹시 필요한 상태이다. |
| | | [geu geon-mu-reun bo-su-ga mop-si pi-ryo-han sang-tae-i-da] |
| | | 那建筑处于非常需要修补的状态。 |

| 1931 | **상품** [sang-pum] | 名 商品 ★★★★ |
|---|---|---|
| | | 다음 주부터 시작하는 수입 상품 전시회에 가고 싶다. |
| | | [da-eum ju-bu-teo si-ja-ka-neun su-ip sang-pum jeon-si-hoe-e ga-go sip-da] |
| | | 想去参观下周开始的进口商品展览会。 |

| 1932 | **상황** [sang-hwang] | 名 状况，情况 ★★★★ |
|---|---|---|
| | | 제가 지금 좀 위험한 상황이에요. 도와주세요. |
| | | [je-ga ji geum jom wi-heo-man sang-hwang-i-e-yo][do-wa-ju-se-yo] |
| | | 我现在处于危险状况，请帮帮我。 |

| 1933 | **새로** [sae-ro] | 副 新，重新 ★★★☆ |
|---|---|---|
| | | 그것은 새로 계획할 수 있는 기회였다. |
| | | [geu-geo-seun sae-ro gye-hoe-kal su it-neun gi-hoe-yeot-da] |
| | | 那是个可以重新计划的机会。 |

| 1934 | **새롭다** [sae-rop-da] | 形 新的，新颖的，新鲜的 ★★☆☆ |
|---|---|---|
| | | 학생들은 새로운 제안에 찬성 투표를 했다. |
| | | [hak-saeng-deu-reun sae-ro-un je-a-ne chan-seong tu-pyo-reul haet-da] |
| | | 学生们对新的提案投了赞成票。 |

| 1935 | **색** [saek] | 名 颜色，色泽，各种 ★★★☆ |
|---|---|---|
| | | 🎧 내가 가장 좋아하는 색은 보라색이다. |
| | | [nae-ga ga-jang jo-a-ha-neun sae-geun bo-ra-sae-gi-da] |
| | | 我最喜欢的颜色是紫色。|

| 1936 | **색깔** [saek-kkal] | 名 颜色 ★★★★ |
|---|---|---|
| | | 🎧 같은 기온에도 자동차의 색깔마다 차 안의 온도가 다르다고 한다. |
| | | [ga-teun gi-o-ne-do ja-dong-cha-e saek-kkal-ma-da cha a-ne on-do-ga da-reu-da-go han-da] |
| | | 在相同的气温下，车内温度会因为汽车的颜色而有所不同。|

| 1937 | **생각** [saeng-gak] | 名 想法，思维，思考 ★★★☆ |
|---|---|---|
| | | 🎧 빵 만드는 방법은 생각보다 어렵지 않아요. |
| | | [ppang man-deu-neun bang-beo-beun saeng-gak-bo-da eo-ryeop-ji a-na-yo] |
| | | 制作面包的方法并没有想象的那样复杂。|

| 1938 | **생각나다** [saeng-gak-na-da] | 动 想起来 ★★☆☆ |
|---|---|---|
| | | 🎧 이 사진을 보고 옛날 일이 생각나요. |
| | | [i sa-ji-neul bo-go yet-nal i-ri saeng-gak-na-yo] |
| | | 看到这张照片，想起以前的事。|

| 1939 | **생기다** [saeng-gi-da] | 动 发生，产生 ★★☆☆ |
|---|---|---|
| | | 🎧 친구에게 급한 일이 생겼다. |
| | | [chin-gu-e-ge geu-pan i-ri saeng-gyeot-da] |
| | | 朋友出了点急事。|

| 1940 | **생선회** [saeng-seon-hoe] | 名 生鱼片 ★★★☆ |
|---|---|---|
| | | 🎧 생선회 3인분은 얼마예요? |
| | | [saeng-seon-hoe sa min-bu-neun eol-ma-ye-yo] |
| | | 三人份生鱼片多少钱？|

| 1941 | **생활비** [saeng-hwal-bi] | 名 生活费 ★★★☆ |
|---|---|---|
| | | 🎧 영어를 가르치는 일로 생활비를 벌었다. |
| | | [yeong-eo-reul ga-reu-chi-neun il-lo saeng-hwal-bi-reul beo-reot-da] |
| | | 教英语来赚取生活费。|

### 1942 샴푸 [syam-pu]
**名** 洗发液（shampoo） ★★★☆
🎧 그녀는 샴푸를 한 후에 반드시 린스를 한다.
[geu-nyeo-neun syam-pu-reul han hu-e ban-deu-si rin-seu-reul han-da]
她用了洗发液之后一定会用润发乳。

### 1943 서너 [seo-neo]
**冠** 三、四 ★★☆☆
🎧 그곳에는 서너 번 가 본 적이 있다.
[geu-go-se-neun seo-neo beon ga bon jeo-gi it-da]
我曾去过那里三四次。

### 1944 서늘하다 [seo-neu-ra-da]
**形** 凉飕飕的，冷冷的 ★★★☆
🎧 아침에는 서늘하고 안개가 낄 것이다.
[a-chi-me-neun seo-neu-ra-go an-gae-ga kkil geo-si-da]
早晨凉飕飕的，还会起雾。

### 1945 서두르다 [seo-du-reu-da]
**动** 赶快做 ★★★☆
🎧 서두르지 않으면 오늘 안에 다 못하겠다.
[seo-du-reu-ji a-neu-myeon o-neul a-ne da mo-ta-get-da]
如果不抓紧时间，今天会无法完成。

### 1946 서해안 [seo-hae-an]
**名** 西海岸 ★★★☆
🎧 오늘 서해안을 중심으로는 안개가 낀 곳이 있다.
[o-neul seo-hae-a-neul jung-si-meu-ro-neun an-gae-ga kkin go-si it-da]
今天西海岸附近有些区域有雾。

### 1947 서양 [seo-yang]
**名** 西洋 ★★★★
🎧 한국 음식보다 서양 음식이 더 좋다.
[han-guk eum-sik-bo-da seo-yang eum-si-gi deo jo-ta]
比起韩国料理，更喜欢西餐。

### 1948 섞다 [seok-da]
**动** 混合，掺杂，搅，夹带 ★★☆☆
🎧 시멘트와 모래를 5 대 2의 비율로 섞었다.
[si-men-teu-wa mo-rae-reul 5 dae 2-e bi-yul-lo seo-geot-da]
将水泥与沙子以五比二的比例搅拌。

### 1949 섞이다 [seo-ggi-da]
**动** 被混合，被掺杂，被夹带 ★★☆☆
🎧 기름과 물은 섞이지 않는다.
[gi-reum-gwa mu-reun seo-ggi-ji an-neun-da]
油和水不相溶。

## 1950 선선하다
[seon-seon-ha-da]

形 凉爽的，爽快的 ★★★☆

밖에는 선선한 바람이 불고 있다.
[ba-gge-neun seon-seo-nan ba-ra-mi bul-go it-da]
外面吹着凉爽的风。

## 1951 선크림
[seon-keu-rim]

名 防晒乳 ★★★☆

밖에 나갈 때는 선크림을 꼭 바르세요.
[ba-ge na-gal ttae-neun seon-keu-ri-meul kkok ba-reu-se-yo]
出门时请记得擦防晒乳。

## 1952 선택
[seon-taek]

名 选择 ★★★☆

메인요리는 소고기와 닭고기 중에서 선택할 수 있다.
[me-in-yo-ri-neun so-go-gi-wa dak-go-gi jung-e-seo seon-tae-kal su it-da]
主食可以在牛肉与鸡肉中选择。

## 1953 설득하다
[seol-deu-ka-da]

动 说服 ★★☆☆

남을 설득한다는 것은 쉬운 일이 아니다.
[na-meul seol-deu-kan-da-neun geo-seun swin-un i-ri a-ni-da]
说服别人并非一件容易的事。

## 1954 설명
[seol-myeong]

名 说明，解释 ★★★☆

그는 방법을 좀 더 간단하고 쉽게 설명했다.
[geu-neun bang-beo-beul jom deo gan-da-na-go swip-ge seol-myeong-haet-da]
他更简单易懂地解释了方法。

## 1955 섬
[seom]

名 岛 ★★★☆

이번 여름 방학 때 인천 근처의 섬에 갈 생각이다.
[i-beon yeo-reum bang-hak ttae in-cheon geun-cheo-e seo-me gal saeng-ga-gi-da]
这次暑假想去仁川附近的岛。

## 1956 섭섭하다
[seop-seo-pa-da]

形 舍不得，感到遗憾，难过 ★★★☆

그 친구가 떠나야 하는 것이 섭섭하다.
[geu chin-gu-ga tteo-na-ya ha-neun geo-si seop-seo-pa-da]
很遗憾那个朋友要离开了。

| 1957 | **성격** [seong-gyeok] | 名 个性，性格，性质 ★★★☆ |
| --- | --- | --- |
| | | 🎧 제 성격이 너무 급해서 때때로 사람들을 압도해요. |
| | | [je seong-gyeo-gi neo-mu geu-pae-seo ttae-ttae-ro sa-ram-deu-reul ap-do-hae-yo] |
| | | 我的个性太急，偶尔会气势压人。 |

| 1958 | **성적** [seong-jeok] | 名 成绩 ★★★☆ |
| --- | --- | --- |
| | | 🎧 학교 성적은 그리 나쁘지 않았다. |
| | | [hak-gyo seong-jeo-geun geu-ri na-ppeu-ji a-nat-da] |
| | | 学校成绩并没有很差。 |

| 1959 | **성함** [seong-ham] | 名 尊姓大名 ★★★★ |
| --- | --- | --- |
| | | 🎧 그 교수님 성함은 어떻게 되세요? |
| | | [geu gyo-su-nim seong-ha-meun eo-tteo-ke doe-se-yp] |
| | | 那位教授尊姓大名？ |

| 1960 | **성형외과** [seong-hyeong-oe-gwa] | 名 整形外科 ★★★☆ |
| --- | --- | --- |
| | | 🎧 제 친구가 성형외과에서 코 수술을 받았다. |
| | | [je chin-gu-ga seong-hyeong-oe-gwa-e-seo ko su-su-reul ba-dat-da] |
| | | 我朋友在整形外科接受了隆鼻手术。 |
| | | 近 정형외과　矫正外科 |

| 1961 | **세** [se] | 名 岁 ★★★★ |
| --- | --- | --- |
| | | 🎧 그 교수님은 60세가 넘으셨는데 꽤 멋진 신사분이세요. |
| | | [geu gyo-su-ni-meun yuk-sip se-ga neo-meu-syeot-neun-de kkwae moet-jin sin-sa-bu-ni-se-yo] |
| | | 那位教授已年过六十岁，依旧是位很帅气的绅士。 |

| 1962 | **세금** [se-geum] | 名 税金 ★★★☆ |
| --- | --- | --- |
| | | 🎧 이 가격은 세금을 포함한 것입니까? |
| | | [i ga-gyeo-geun se-geu-meul po-ha-man geo-sip-ni-kka] |
| | | 这个价格里包含税金吗？ |

| 1963 | **세다** [se-da] | 动 数 ★★☆☆ |
| --- | --- | --- |
| | | 🎧 그 아이는 아직 수를 셀 줄 모른다. |
| | | [geu a-i-neun a-jik su-reul sel jul mo-reun-da] |
| | | 那孩子还不会数。 |

## 1964 세다 [se-da]
形 强，粗硬，吃力 ★★☆☆
그는 고집이 센 편이다.
[geu-neun go-ji-bi sen pyeo-ni-da]
他很倔强。

## 1965 세미나 [se-mi-na]
名 研讨会，专题研究（seminar） ★★☆☆
세미나 자료를 잘 정리해야 쉽게 찾을 수 있다.
[se-mi-na ja-ryo-reul jal jeong-ri-hae-ya swip-ge cha-jeul su it-da]
研讨会资料要好好整理才容易找得到。

## 1966 세배 [se-bae]
名 拜年 ★★★☆
차례와 성묘가 끝나면 어르신 집을 찾아가서 세배를 한다.
[cha-rye-wa seong-myo-ga kkeut-na-myeon eo-reu-sin ji-beul cha-ja-ga-seo se-bae-reul hang-da]
祭祖与扫墓结束后，去长辈家里拜年。

## 1967 세상 [se-sang]
名 世界，世上 ★★★☆
그 사람이 범인이 아님은 세상이 다 아는 바이다.
[geu sa-ra-mi beo-mi-ni a-ni-meun se-sang-i da a-neun ba-i-da]
全世界都知道那个人不是犯人。

## 1968 세우다 [se-u-da]
动 立，停，盖，建 ★★★☆
공부를 하면서 인생 계획을 세우기 시작했다.
[gong-bu-reul ha-myeon-seo in-saeng gye-hoe-geul se-u-gi si-ji-kaet-da]
一边读书，一边开始计划自己的人生。

## 1969 세워지다 [se-wo-ji-da]
动 被建立，被确定 ★★☆☆
계획이 세워지다 보면 그 계획 목적에 가까이 다가가고 언젠가는 이루어질 것이다.
[gye-hoe-gi se-wo-ji-da bo-myeon geu gye-hoek mok-jeo-ge ga-kka-i da-ga-ga-go eon-je-ga-neun i-ru-eo-jil geo-si-da]
确立计划之后，朝着目标前进，目标就总有一天会实现。

## 1970 세제 [se-je]
名 洗衣粉，洗洁剂，税制 ★★★☆
기름 자국은 액체 세제로 지울 수 있다.
[gi-reum ja-gu-geun aek-che se-je-ro ji-ul su it-da]
油渍可以用液体洗洁精洗干净。

| 1971 | **센터** [sen-teo] | 名 中心（center）★★★★<br>스포츠 센터에서 운동하기로 해요.<br>[seu-po-cheu-sen-teo-e-seo un-dong-ha-gi-ro hae-yo]<br>决定去健身中心运动。 |

| 1972 | **셀카** [sel-ka] | 名 自拍 ★★★☆<br>셀카 찍는 것을 좋아해요?<br>[sel-ka jjik-neun geo-seul jo-a-hae-yo]<br>喜欢自拍吗？ |

| 1973 | **셔츠** [syeo-cheu] | 名 衬衫（shirts）★★★☆<br>이 반소매 셔츠를 좀 다림질 해 주세요.<br>[i ban-so-mae syeo-cheu-reul jom da-rim-jil hae ju-se-yo]<br>请帮忙熨一下这件短袖衬衫。 |

| 1974 | **소금물** [so-geum-mul] | 名 盐水 ★★★☆<br>나는 소금물로 입을 헹궜다.<br>[na-neun so-geum-mul-lo i-beul heng-gwot-da]<br>我用盐水漱口了。 |

| 1975 | **소나기** [so-na-gi] | 名 阵雨，雷阵雨 ★★★☆<br>하늘이 어두워지는데 곧 소나기가 올 것 같다.<br>[ha-neu-ri eo-du-wo-ji-neun-da got so-na-gi-ga ol geot gat-da]<br>天空变暗了，感觉马上就要下雷阵雨了。 |

| 1976 | **소녀** [so-nyeo] | 名 少女 ★★★☆<br>그 시골 소녀는 대도시에서 어색해 보였다.<br>[geu si-gol so-nyeo-neun dae-do-si-e-seo eo-sae-kae bo-yeot-da]<br>那个乡下少女在大城市显得很生涩。 |

| 1977 | **소년** [so-nyeon] | 名 少年 ★★★☆<br>소년이 여자가 계단을 올라가도록 돕고 있다.<br>[so-nyeo-ni yeo-ja-ga gye-da-neul ol-la-ga-do-rok dop-go it-da]<br>少年正在帮助女子上楼梯。 |

| 1978 | **소리치다** [so-ri-chi-da] | 动 大喊 ★★☆☆<br>너무 놀라서 소리쳤다.<br>[neo-mu nol-la-seo so-ri-chyeot-da]<br>惊讶地大喊。 |

### 1979 소매 [so-mae]
**名** 零售，袖子

이 제품의 소매 가격은 얼마예요?
[i je-pu-me so-mae ga-gyeo-geun eol-ma-ye-yo]
这个产品的零售价格是多少？

★★☆☆

### 1980 소원 [so-won]
**名** 愿望

올해 소원은 대학원을 가는 거예요.
[o-rae so-wo-neun dae-ha-gwo-neul ga-neun geo-ye-yo]
今年的愿望是去读研。

★★★☆

### 1981 소중하다 [so-jung-ha-da]
**形** 珍贵的

나에게 친구란 소중한 보물이다.
[na-e-ge chin-gu-ran so-jung-han bo-mu-ri-da]
对我而言，朋友是很珍贵的宝物。

★★☆☆

### 1982 소풍 [so-pung]
**名** 郊游，野餐

오늘은 소풍 가기에 좋은 날씨이다.
[o-neu-reun so-pung ga-gi-e jo-eun nal-ssi-i-da]
今天这天气很适合郊游。

★★★☆

### 1983 소화 [so-hwa]
**名** 消化

며칠 전부터 소화도 안 되고 두통도 너무 심해요.
[myeo-chil jeon-bu-teo so-hwa-do an doe-go du-tong-do neo-mu si-mae-yo]
从几天前开始消化不良，而且头痛得厉害。

★★★☆

### 1984 소화제 [so-hwa-je]
**名** 消化药，灭火剂

편의점에서 파는 소화제를 사다가 먹었다.
[pyeo-ni-jeo-me-seo pa-neun so-hwa-je-reul sa-da-ga meo-geot-da]
我在便利店买了一包消化药来吃。

★★★☆

### 1985 속담 [sok-dam]
**名** 俗话，俗语

한국에는 꿩 대신 닭이란 속담이 있다.
[han-gu-ge-neun kkwong dae-sin da-gi-ran sok-da-mi it-da]
韩国有句俗话说，用家鸡代替野鸡，比喻退而求其次。

★★☆☆

### 1986 속옷 [so-got]
**名** 内衣

그는 속옷만 입고 욕실에 있었다.
[geu-neun so-got-man ip-go yok-si-re i-sseot-da]
他在浴室里只穿了件内衣。

★★★☆

### 1987 손녀 [son-nyeo]
**名** 孙女 ★★★★
나는 한 명의 손자와 두 명의 손녀가 있다.
[na-neun han myeong-e son-ja-wa du myeong-e son-nyeo-ga it-da]
我有一个孙子和两个孙女。

### 1988 손바닥 [son-ba-dak]
**名** 手掌，手心 ★★★☆
그 아이는 손바닥과 손등을 깨끗하게 씻었다.
[geu a-i-neun son-ba-daek-gwa son-deung-eul kkae-kkeu-ta-ge ssi-seot-da]
那孩子将手心与手背都洗干净了。

### 1989 솜씨 [som-ssi]
**名** 手艺，技巧 ★★★☆
음식 솜씨가 참 좋으시네요.
[eum-sik som-ssi-ga cham jo-eu-si-ne-yo]
您的厨艺真好。

### 1990 송편 [song-pyeon]
**名** 松糕 ★★★★
아버지가 빚은 송편은 늘 만두처럼 보인다.
[a-beo-ji-ga bi-jeun song-pyeo-neun neul man-du-cheo-reom bo-in-da]
父亲捏的松糕总是很像饺子。

### 1991 수고 [su-go]
**名** 辛苦，愁苦 ★★★☆
누구도 그의 노력과 수고를 의심하지 않는다.
[nu-gu-do geu-e no-ryeok-gwa su-go-reul ui-si-ma-ji an-neun-da]
没有人怀疑他的努力与辛苦。

### 1992 수다 [su-da]
**名** 一直聊个不停，絮叨 ★★★☆
나는 재미있게 수다를 떠는 것을 아주 좋아한다.
[na-neun jae-mi-it-ge su-da-reul tteo-neun geo-seul a-ju jo-a-han-da]
我喜欢愉快地聊天。

### 1993 수료식 [su-ryo-sik]
**名** 结业典礼 ★★★☆
그는 수료식 당일 아침 일찍 예식장으로 향했다.
[geu-neun su-ryo-sik dang-il a-chim il-jjik ye-sik-jang-eu-ro hyang-haet-da]
在结业典礼当天，他一大早就去了典礼会场。

## 1994 수명 [su-myeong]

名 寿命 ★★★☆

거북이 **수명**은 종종 50년을 넘기도 한다.
[geo-bu-gi su-myeong-eun jong-jong o-sip nyeon-eul neom-gi-do han-da]
乌龟的寿命通常都超过五十年。

## 1995 수술 [su-sul]

名 手术，开刀 ★★★☆

**수술**을 받은 후로부터 몸이 건강해졌다.
[su-sul-reul ba-deun hu-ro-bu-teo mo-mi geon-gang-hae-jyeot-da]
自从接受了手术之后，身体变得健康了。

## 1996 수입 [su-ip]

名 收入，进口 ★★★☆

지출이 **수입**보다 많아서 적자가 났다.
[ji-chu-ri su-ip-bo-da ma-na-seo jeok-ja-ga nat-da]
支出比收入多，产生了赤字。

## 1997 수저 [su-jeo]

名 汤匙和筷子 ★★★☆

어른보다 먼저 **수저**를 들지 않습니다.
[eo-reun-bo-da meon-jeo su-jeo-reul deul-ji an-seum-ni-da]
不要比长辈先拿筷子。

## 1998 수줍다 [su-jup-da]

形 害羞的，腼腆的 ★★☆☆

그 **수줍**은 17세 소년이 과연 견딜 수 있을지 모르겠다.
[geu su-ju-beun sip-chil se so-nyeo-ni gwa-yeon gyeon-dil su i-sseul-ji mo-reu-get-da]
不知那个害羞的十七岁少年能否忍受。

## 1999 수학 [su-hak]

名 数学 ★★★☆

동생은 **수학**을 잘하지만 저는 **수학**을 잘 못해요.
[dong-saeng-eun su-ha-geul ja-ra-ji-man jeo-neun su-ha-geul jal mo-tae-yo]
弟弟数学很好，但是我数学不太行。

## 2000 순식간 [sun-sik-gan]

名 瞬间，瞬息之间 ★★☆☆

이 곳을 둘러보다 보면 **순식간**에 기분이 좋아질 것이다.
[i go-seul dul-leo-bo-da bo-myeon sun-sik-ga-ne gi-bu-ni jo-a-jil geo-si-da]
逛一逛这里，心情会瞬间变好的。

283

**2001 순간** [sun-gan] 名 瞬间 ★★★☆
그 가수를 보는 순간에 그가 누군지 알아차렸다.
[geu ga-su-reul bo-neun sun-ga-ne geu-ga nu-gun-ji a-ra-cha-ryeot-da]
在看到那名歌手的瞬间就察觉到了他是谁。

**2002 순서** [sun-seo] 名 顺序 ★★★☆
이 사전은 한글 자모 순서로 배열되었다.
[i sa-jeo-neun han-geul ja-mo sun-seo-ro bae-yeol-doe-oet-da]
这本字典是按照韩语字母顺序排列的。

**2003 술집** [sul-jip] 名 酒吧，酒馆 ★★★☆
어제 술집에서 친구하고 밤새 얘기했다.
[eo-je sul-ji-be-seo chin-gu-ha-go bam-sae yae-gi-haet-da]
昨天在酒吧和朋友聊了一整晚。

**2004 숲** [sup] 名 树林，森林，山林 ★★★☆
우리는 숲 속에서 야영을 했다.
[u-ri-neun sup so-ge-seo ya-yeong-eul haet-da]
我们在山林里露营了。

**2005 스마트폰** [seu-ma-teu-pon] 名 智慧型手机 ★★★★
스마트폰 쇼핑은 20대가 가장 많이 해요.
[seu-ma-teu-pon syo-ping-eun i-sip dae-ga ga-jang ma-ni hae-yo]
20多岁的人购买智能手机最多。

**2006 스스로** [seu-seu-ro] 副 / 名 自己 ★★★☆
하늘은 스스로 돕는 자를 돕는다.
[ha-neu-reun seu-seu-ro dom-neun ja-reul dom-neun-da]
天助自助之人。

**2007 스승** [seu-seung] 名 教师，老师 ★★★☆
우리는 매년 5월 15일에 스승의 날을 기념합니다.
[u-ri-neun mae-nyeon o wol si-bo i-re seu-seung-e na-reul gi-nyeom-ham-ni-da]
我们每年五月十五日会有教师节纪念活动。

**2008 스탠드** [seu-taen-deu] 名 看台，观众台，架子，台灯（stand）★★★☆
스탠드에는 관중이 꽉 차 있었다.
[seu-taen-deu-e-neun gwan-jung-i kkwak cha i-sseot-da]
看台上坐满了观众。

## 2009 스트레스
[seu-teu-re-seu]
名 压力（stress） ★★★☆
스트레스는 만병의 근원이에요. 스트레스 해소를 어떻게 할까요?
[seu-teu-re-seu-neun man-byeong-e geu-nwon-i-e-yo][seu-teu-re-seu hae-so-reul eo-tteo-ke hal-kka-yo]
压力是万病之源，要如何消除压力呢？

## 2010 슬리퍼
[seul-li-peo]
名 拖鞋 ★★★☆
내 여행 가방에는 슬리퍼와 선글라스가 있다.
[nae yeo-haeng ga-bang-e-neun seul-li-peo-wa seon-geul-la-seu-ga it-da]
我的行李箱里面有拖鞋和墨镜。

## 2011 습관
[seup-gwan]
名 习惯 ★★★☆
그녀는 긴장을 하면 다리를 떠는 습관이 있다.
[geu-nyeo-neun gin-jang-eul ha-myeon da-ri-reul tteo-neun seup-gwa-ni it-da]
她有一紧张就抖脚的习惯。

## 2012 승강기
[seung-gang-gi]
名 升降机，升降电梯 ★★☆☆
승강기의 유지 보수 업체에 맡겨서 매달 10만 원씩 납부한다.
[seung-gang-gi-e yu-ji bo-su eop-che-e mat-gyeo-seo mae-dal sip ma nwon-ssik nap-bu-han-da]
委托给升降电梯的维修厂商，每个月缴纳十万韩元。

## 2013 승객
[seung-gaek]
名 乘客 ★★★☆
이 버스는 40명의 승객을 태울 수 있다.
[i beo-seu-neun ma-heun myeong-e seung-gae-geul tae-ul su it-da]
这辆巴士可以载四十名乘客。

## 2014 시간표
[si-gan-pyo]
名 时间表，时刻表 ★★★☆
더 자세한 상황은 출발 시간표를 확인해야 한다.
[deo ja-se-han sang-hwang-eun chul-bal si-gan-pyo-reul hwa-gi-nae-ya han-da]
更详细的情况须确认出发时间表。

## 2015 시골
[si-gol]
名 乡下 ★★★☆
시골에 살면 좋은 점들이 많다.
[si-go-re sal-myeon jo-eun jeom-deu-ri man-ta]
住在乡下有很多好处。

| 2016 | **시도** [si-do] | 名 试图 ★★★★<br>🎧 모바일 기능의 새로운 시도에 적극적인 기업이다.<br>[mo-ba-il gi-neung-e sae-ro-un si-do-e jeok-geuk-jeo-gin gi-eo-bi-da]<br>这是一家积极尝试手机新功能的企业。 |
|---|---|---|
| 2017 | **시도하다** [si-do-ha-da] | 动 试图，尝试 ★★★★<br>🎧 잠시 후에 다시 시도해 보았다.<br>[jam-si hu-e da-si si-do-hae bo-at-da]<br>过一会儿重新尝试看看。 |
| 2018 | **시민** [si-min] | 名 市民 ★★★★<br>🎧 그 사고로 한 명의 시민이 심하게 다쳤다.<br>[geu sa-go-ro han myeong-e si-mi-ni si-ma-ge da-chyeot-da]<br>由于那件事故，一位市民严重受伤。 |
| 2019 | **시외** [si-oe] | 名 城外，市外，长途 ★★★★<br>🎧 시외 버스 안에서 내릴 때 교통카드를 한 번 더 찍어야 한다.<br>[si-oe beo-seu-a-ne-seo nae-ril ttae gyo-tong-ka-deu-reul han beon deo jji-geo-ya han-da]<br>在下长途公交车时要再刷一次交通卡。 |
| 2020 | **시절** [si-jeol] | 名 时节，时代，岁月 ★★★★<br>🎧 10대 시절을 떠올리면 그 때는 정말 우울했었다.<br>[sip-dae si-jeu-reul tteo-ol-li-myeon geu ttae-neun jeong-mal u-u-rae-sseot-da]<br>回想十几岁的时光，当时真的很忧郁。 |
| 2021 | **시청** [si-cheong] | 名 市政府，收视，视听，试听 ★★★★<br>🎧 나는 시청으로 가는 길을 물어봤다.<br>[na-neun si-cheong-eu-ro ga-neun gi-reul mu-reo-bwat-da]<br>我询问了前往市政府的路。 |
| 2022 | **시청률** [si-cheong-nyul] | 名 收视率 ★★★★<br>🎧 그 프로그램은 평균 10%의 시청률을 보였다.<br>[geu peu-ro-geu-rae-meun pyeong-gyun sip peu-ro-e si-cheong-nyu-reul bo-yeot-da]<br>那个电视节目的平均收视率是百分之十。 |

## 2023 시청자 [si-cheong-ja]
名 观众，收视者 ★★★☆

이 방송 프로그램을 시청하는 시청자 수는 몇 명인가?
[i bang-song peu-ro-geu-rae-meul si-cheong-ha-neun si-cheong-ja su-neun myeot myeong-in-ga]
收看这个电视节目的观众有多少？

## 2024 시키다 [si-ki-da]
动 使唤，让，使，点菜 ★★★☆

아이들은 부모님이 시키는 대로 해야 한다.
[a-i-deu-reun bu-mo-ni-mi si-ki-neun dae-ro hae-ya han-da]
孩子们要按照父母的指示去做。

## 2025 식구 [sik-gu]
名 家庭人口，家人 ★★★☆

아침에 식구들을 위해 식사를 준비했다.
[a-chi-me sik-gu-deu-reul wi-hae sik-sa-reul jun-bi-haet-da]
早上为家人准备了早餐。

## 2026 식다 [sik-da]
动 凉 ★★☆☆

식빵은 조금만 더 식은 후에 썰어줘야 깔끔하게 썰 수 있다.
[sik-ppang-eun jo-geum-man deo si-geun hu-e sseo-reo-jwo-ya kkal-kkeu-ma-ge sseol su it-da]
面包要在凉一点时切，才能切得整齐。

## 2027 식물 [sik-mul]
名 植物 ★★★☆

여러 가지 식물이 전시되고 있다.
[yeo-reo ga-ji sik-mu-ri jeon-si-doe-go it-da]
展示各种植物。

## 2028 식빵 [sik-ppang]
名 吐司 ★★★☆

한국에서 식빵이란 것은 틀에 넣어 구운 흰 빵이다.
[han-gu-ge-seo sik-ppang-i-ran geo-seun teu-re neo-eo gu-un hin ppang-i-da]
在韩国，所谓吐司是指放在容器内烤出来的白面包。

近 빵 面包

## 2029 식초 [sik-cho]
名 醋 ★★★☆

약간의 소금과 식초를 넣었다.
[yak-ga-ne so-geum-gwa sik-cho-reul neo-eot-da]
放了少许盐和醋。

| 2030 | **식탁** [sik-tak] | 名 餐桌 ★★★☆ |
|---|---|---|
| | | 손님을 식탁의 상석에 앉히세요. |
| | | [son-ni-meul sik-ta-ge sang-seo-ge an-chi-se-yo] |
| | | 请让客人坐在餐桌的上位。 |

| 2031 | **식품** [sik-pum] | 名 食品 ★★★☆ |
|---|---|---|
| | | 이번 명절 선물로 건강 식품을 주고 싶다. |
| | | [i-beon myeong-jeol seon-mul-lo geon-gan sik-pu-meul ju-go sip-da] |
| | | 这次的节日礼物我想送健康食品。 |

| 2032 | **식히다** [si-ki-da] | 动 使凉，使冷静 ★★☆☆ |
|---|---|---|
| | | 머리도 식힐 겸 산책이나 갑시다. |
| | | [meo-ri-do si-kil gyeom san-chae-gi-na gap-si-da] |
| | | 去散散步吧，顺便也让头脑冷静下来。 |

| 2033 | **신경** [sin-gyeong] | 名 神经，反应，感觉 ★★★☆ |
|---|---|---|
| | | 여기서 무슨 일이 일어났든 나는 신경을 쓰지 않는다. |
| | | [yeo-gi-seo mu-seun i-ri i-reo-nat-deun na-neun sin-gyeong-eul sseu-ji an-neun-da] |
| | | 不管这里发生过什么事，我都不在意。 |

| 2034 | **신고** [sin-go] | 名 申告，申报 ★★★☆ |
|---|---|---|
| | | 경찰에 신고해 주세요. |
| | | [gyeong-cha-re sin-go-hae ju-se-yo] |
| | | 请帮我报警。 |

| 2035 | **신나다** [sin-na-da] | 动 兴奋，开心 ★★☆☆ |
|---|---|---|
| | | 신나게 춤을 추자. |
| | | [sin-na-ge chu-meul chu-ja] |
| | | 开心地跳舞吧。 |

| 2036 | **신랑** [sil-lang] | 名 新郎 ★★★☆ |
|---|---|---|
| | | 한복을 입은 신부가 신랑 근처에 서 있었다. |
| | | [han-bo-geul i-beun sin-bu-ga sil-lang geun-cheo-e seo i-sseot-da] |
| | | 穿着韩服的新娘站在新郎附近。 |

## 2037 신부 [sin-bu]
**名** 新娘，新婚妻子，神父 ★★★
이 사진에는 신랑 신부의 행복감이 그대로 전해지고 있다.
[i sa-jin-e-neun sin-rang sin-bu-e haeng-bok-ga-mi geu-dae-ro jeo-nae-ji-go it-da]
这张照片充满了新郎与新娘的幸福感。

## 2038 신선하다 [sin-seo-na-da]
**形** 新鲜的 ★★★
집에서 신선한 원두만 있으면 늘 맛있는 커피를 마실 수 있다.
[ji-be-seo sin-seo-nan won-du-man i-sseu-myeon neul ma-sit-neun keo-pi-reul ma-sil su it-da]
只要有新鲜的咖啡豆，在家里就可以经常喝得到好喝的咖啡。

## 2039 신중하다 [sin-jung-ha-da]
**形** 慎重的 ★★★
제 말을 신중하게 생각한 후에 결정하세요.
[je ma-reul sin-jung-ha-ge saeng-ga-kan hu-e gyeol-jeong-ha-se-yo]
请慎重考虑我的话之后再决定。

## 2040 신혼 [si-non]
**名** 新婚 ★★★
이 연예인의 신혼집과 신혼집 가구에 대해 관심이 많아요.
[i yeo-nye-i-ne si-non-jip-gwa si-non-jip ga-gu-e dae-hae gwan-si-mi ma-na-yo]
对这个艺人的婚房和新婚家具很感兴趣。

## 2041 신혼부부 [si-non-bu-bu]
**名** 新婚夫妇 ★★★
우리는 신혼부부처럼 매우 사이 좋게 산다.
[u-ri-neun si-non-bu-bu-cheo-reom mae-u sa-i jo-ke san-da]
我们过得像新婚夫妇一样和睦。

## 2042 신혼여행 [si-non-yeo-haeng]
**名** 蜜月旅行 ★★★
그 신혼부부는 제주도로 신혼여행을 갔다.
[geu si-non-bu-bu-neun je-ju-do-ro si-non-yeo-haeng-eul gat-da]
那对新婚夫妇去济州岛度蜜月了。

## 2043 싣다 [sit-da]
**动** 载，刊载 ★★
짐을 비행기에 싣고 목적지로 향했다.
[ji-meul bi-haeng-gi-e sit-go mok-jeok-ji-ro hyang-haet-da]
将行李放到飞机上前往目的地。

289

| 2044 | **실내** [sil-lae] | 名 室内 ★★★☆ |
|---|---|---|
| | | 🎧 신발을 신은 채로 실내에 들어가면 안 된다. |
| | | [sin-ba-reul si-neun chae-ro sil-lae-e deu-reo-ga-myeon an doen-da] |
| | | 不可以穿着鞋子进到室内。 |

| 2045 | **실력** [sil-lyeok] | 名 实力 ★★★☆ |
|---|---|---|
| | | 🎧 결혼이민자분들의 한국어 실력 향상에 관한 연구이다. |
| | | [gyeo-ron-i-min-ja-bun-deu-re han-gu-geo sil-lyeok hyang-sang-e gwa-nan yeon-gu-i-da] |
| | | 关于结婚移民者韩语能力提升的研究。 |

| 2046 | **실리다** [sil-li-da] | 动 被载，被刊载 ★★☆☆ |
|---|---|---|
| | | 🎧 내가 찍은 사진들이 달력에 실렸다. |
| | | [nae-ga jji-geun sa-jin-deu-ri dal-lyeo-ge sil-lyeot-da] |
| | | 我照的相片被刊载在日历上了。 |

| 2047 | **실수** [sil-su] | 名 失误，实数，实收 ★★★☆ |
|---|---|---|
| | | 🎧 오늘 버스 탔을 때 실수로 내려야 할 곳을 지나쳤다. |
| | | [o-neul beo-seu ta-sseul ttae sil-su-ro nae-ryeo-ya hal go-seul ji-na-chyeot-da] |
| | | 今天坐公交车的时候不小心坐过站了。 |

| 2048 | **실시** [sil-si] | 名 实施 ★★★☆ |
|---|---|---|
| | | 🎧 조사를 실시한 결과 조사 대상자의 평균 행복지수는 100점 만점에 40점인 것으로 나타났다. |
| | | [jo-sa-reul sil-si-han gyeol-gwa jo-sa dae-sang-ja-e pyeong-gyun haeng-bok-ji-su-neun baek jeom man-jeo-me sa-sip jeo-min geo-seu-ro na-ta-nat-da] |
| | | 调查结果显示，受访者的平均幸福指数为 40 分，满分为 100 分。 |

| 2049 | **실천** [sil-cheon] | 名 实践 ★★☆☆ |
|---|---|---|
| | | 🎧 계획을 세운 후에 실천에 옮기세요. |
| | | [gye-hoe-geul se-un hu-e sil-cheo-ne om-gi-se-yo] |
| | | 制订计划之后，请付诸行动。 |

| 2050 | **실패** [sil-pae] | 名 失败 ★★★☆ |
|---|---|---|
| | | 🎧 사업 실패의 원인은 제품 문제다. |
| | | [sa-eop sil-pae-e won-i-neun je-pum mun-je-da] |
| | | 事业失败的原因在于产品问题。 |

## 2051 싫다
[sil-ta]
形 讨厌
숙제를 해야 할 텐데, 하기가 싫군요.
[suk-je-reul hae-ya hal ten-de, ha-gi-ga sil-ku-nyo]
得写作业了，但是很不想做。
★★★☆

## 2052 심각하다
[sim-ga-ka-da]
形 深刻的，严重的
식량 부족은 심각한 문제이다.
[sik-ryang bu-jo-geun sim-ga-kan mun-je-i-da]
粮食不足是很严重的问题。
★★★☆

## 2053 심하다
[si-ma-da]
形 严重的
선생님께서 감기가 심하시대요. 빨리 나으시면 좋겠네요.
[seon-saeng-nim-kke-seo gam-gi-ga si-ma-si-dae-yo][ppal-li na-eu-si-myeon jo-ket-ne-yo]
听说老师感冒很严重，希望能赶快康复。
★★★☆

## 2054 쌀쌀하다
[ssal-ssa-ra-da]
形 凉飕飕的，态度冷淡的
초 겨울에는 날씨가 쌀쌀하다.
[cho gyeo-u-re-neun nal-ssi-ga ssal-ssa-ra-da]
初冬的天气凉飕飕的。
★★★☆

## 2055 쌓다
[ssa-ta]
动 堆积，筑
그녀는 그 상자들을 하나씩 쌓았어요.
[geu-nyeo-neun geu sang-ja-deu-reul ha-na-ssik ssa-a-sseo-yo]
她将箱子一个个堆起来了。
★★★☆

## 2056 쌓이다
[ssa-i-da]
动 累积，堆积，被堆积
눈이 땅 위에 많이 쌓여 있었다.
[nu-ni ttang wi-e ma-ni ssa-yeo i-sseot-da]
地上积满了雪。
★★☆☆

## 2057 썬크림
[sseon-keu-rim]
名 防晒乳
새로운 썬크림을 구입할 것이다.
[sae-ro-un sseon-keu-ri-meul gu-i-pal geo-si-da]
打算购买新的防晒乳。
★★★☆

## 2058 썰다
[sseol-da]
动 切，穿过
그 요리사는 감자를 아주 얇게 썰었다.
[geu yo-ri-sa-neun gam-ja-reul a-ju yal-ge sseo-reot-da]
那位厨师将土豆切得很薄。
★★☆☆

## 2059 쓰레기
[sseu-re-gi]

**名** 垃圾

🎧 이것을 쓰레기 봉투에 넣으면 돼요.
[i-geo-seul sseu-re-gi bong-tu-e neo-eu-myeon dwae-yo]
将这个放进垃圾袋即可。

★★★☆

## 2060 쓰레기통
[sseu-re-gi-tong]

**名** 垃圾桶

🎧 음식물 쓰레기통 하나를 사고 싶어요.
[eum-sik-mul sseu-re-gi-tong ha-na-reul sa-go si-peo-yo]
想买一个厨余垃圾桶。

★★★☆

## 2061 씹다
[ssip-da]

**动** 咀嚼

🎧 음식을 씹지 않고 넘기는 것은 나쁜 습관이다.
[eum-si-geul ssip-ji an-ko neom-gi-neun geo-seun na-ppeun seup-gwa-ni-da]
不咀嚼食物就吞下去是很不好的习惯。

★★☆☆

**MEMO**               T O P I K

## MEMO

T O P I K

하룻강아지 범 무서운 줄 모른다.
初生之犊不怕虎。

本书所有单词均采用三段式,即"单词分解(语速慢)/完整词汇(语速快)/中文解释"的方式录制。
例:춥.다(单词分解) / 춥다(完整词汇) / 冷(中文解释)
∩ 符号之后的韩语例句由韩籍老师朗读。

**2062 아나운서**
[a-na-un-seo]
名 主播,播报员(announcer) ★★★☆
∩ 나는 TV 방송국 아나운서로 일하고 있다.
[na-neun TV bang-song-guk a-na-un-se o-ro i-ra-go it-da]
我的工作是电视台主播。

**2063 아이디어**
[a-i-di-eo]
名 好点子,想法(idea) ★★★☆
∩ 종이와 볼펜만 있으면 좋은 아이디어를 메모할 수 있다.
[jong-i-wa bol-pen-man i-sseu-myeon jo-eun a-i-di-eo-reul me-mo-hal su it-da]
只要有纸和笔,就能把好点子记下来。

**2064 아끼다**
[a-kki-da]
动 节省 ★★☆☆
∩ 그녀는 아이들 교육에는 돈을 아끼지 않는다.
[geu-nyeo-neun a-i-deul gyo-yu-ge-neun do-neul a-kki-ji an-neun-da]
对于孩子们的教育,她不会舍不得花钱。

**2065 안다**
[an-da]
动 抱,捧 ★★★☆
∩ 그녀는 아이를 품에 안고 있었다.
[geu-nyeo-neun a-i-reul pu-me an-go i-sseot-da]
她将小孩抱在怀里。

**2066 안기다**
[an-gi-da]
动 被抱,使抱,孵蛋 ★★☆☆
∩ 아이가 엄마 품에 안겨 있다.
[a-i-ga eom-ma pu-me an-gyeo it-da]
小孩被妈妈抱在怀里。

**2067 안전**
[an-jeon]
名 安全 ★★★☆
∩ 냉동 식품은 진짜 안전한 식품인가요?
[naeng-dong sik-pu-meun jin-jja an-jeo-nan sik-pu-min-ga-yo]
冷冻食品真的是安全的食品吗?

**2068 안전벨트**
[an-jeon-bel-teu]
名 安全带 ★★★☆
∩ 차를 탈 때 안전벨트를 매야 해요.
[cha-reul tal ttae an-jeon-bel-teu-reul mae-ya hae-yo]
坐车时应该系安全带。

## 2069 안내 [an-nae] ★★★★
名 引导，介绍说明
🎧 관광 안내소에서는 외국어로 관광 안내도 받을 수 있다.
[gwan-gwang an-nae-so-e-seo-neun oe-gu-geo-ro gwan-gwang an-nae-do ba-deul su it-da]
在旅游咨询中心还可以用外语听说明。

## 2070 안심 [an-sim] ★★★
名 安心
🎧 무슨 일이든지 그 사람에게 맡기면 안심이 된다.
[mu-seun i-ri-deun-ji geu sa-ra-me-ge mat-gi-myeon an-si-mi doen-da]
不管是什么事，只要交给他负责，就很安心。

## 2071 안타깝다 [an-ta-kkap-da] ★★★
形 令人惋惜的，焦急的
🎧 그런데 안타깝게도 공주는 독화살을 맞고 죽었다.
[geu-reon-de an-ta-kkap-ge-do gong-ju-neun dok-hwa-sa-reul mat-go ju-geot-da]
但令人惋惜的是，公主中毒箭死了。

## 2072 앉히다 [an-chi-da] ★★★
动 使坐下，放下
🎧 졸업생은 저 앞 자리에 앉히세요.
[jo-reop-saeng-eun jeo ap ja-ri-e an-chi-se-yo]
请让毕业生坐在前座。

## 2073 알 [al] ★★★
名 蛋，卵，镜片
🎧 이 닭은 이제 알을 못 낳는다.
[i da-geun i-je a-reul mot nat-neun-da]
这只鸡现在已不能生蛋了。

## 2074 알리다 [al-li-da] ★★★
动 告知，告诉
🎧 수요일 전까지 알려 주세요.
[su-yo-il jeon-kka-ji al-lyeo ju-se-yo]
请在星期三之前告知。

## 2075 알아듣다 [a-ra-deut-da] ★★★
动 听懂，听出来
🎧 그는 교수님의 말씀을 다 알아듣고 있다.
[geu-neun gyo-su-ni-me mal-sseu-meul da a-ra-deut-go it-da]
教授说的话他全都听得懂。

## 2076 알아보다 [a-ra-bo-da]
动 打听 ★★★☆
🎧 서울 전세 집을 알아보고 있다.
[seo-ul jeon-se ji-beul a-ra-bo-go it-da]
正在打听首尔的全租房。

## 2077 압도 [ap-do]
名 压倒 ★★★☆
🎧 우리는 완전히 압도 당해서 10 대 1로 상대방에게 졌다.
[u-ri-neun wan-jeo-ni ap-do dang-hae-seo sip dae il-lo sang-dae-bang-e-ge jyeot-da]
我们完全被压倒,以十比一输给对方。

## 2078 앞날 [ap-nal]
名 未来 ★★★☆
🎧 나는 앞날에 행운이 있기를 바란다.
[na-neun ap-na-re haeng-u-ni it-gi-reul ba-ran-da]
我希望未来有好运。

## 2079 애완동물 [ae-wan-dong-mul]
名 宠物 ★★★☆
🎧 내가 제일 좋아하는 애완동물은 리트리버예요.
[nae-ga je-il jo-a-ha-neun ae-wan-dong-mu-reun ri-teu-ri-beo-ye-yo]
我最喜欢的宠物是拉布拉多。

## 2080 애칭 [ae-ching]
名 昵称 ★★☆☆
🎧 어릴 적부터 남동생의 애칭으로 '통통이'라 불러왔다.
[eo-ril jeok-bu-teo nam-dong-saeng-e ae-ching-eu-ro 'tong-tong-i' -ra bul-leo-wat-da]
从小弟弟的昵称就是"小胖"。

## 2081 액세서리 [aek-se-seo-ri]
名 饰品,饰物 ★★☆☆
🎧 모자, 귀걸이, 안경 등 액세서리로도 개인 매력을 보여 줄 수 있다.
[mo-ja, gwi-geo-ri, an-gyeong deung aek-se-seo-ri-ro-do gae-in mae-ryeo-geul bo-yeo-jul su it-da]
利用帽子、耳环、眼镜等饰品也可以展现个人魅力。

## 2082 야단 [ya-dan]
名 骂,喧嚷 ★★★☆
🎧 그의 말대로 안 하면 야단을 맞을 거예요.
[geu-e mal-dae-ro a na-myeon ya-da-neul ma-jeul geo-ye-yo]
如果不照他的话去做,会挨骂的。

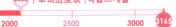

### 2083 야영 [ya-yeong]
**名** 野营，露营  
사람들은 여름이면 숲에서 **야영**을 한다.  
[sa-ram-deu-reun yeo-reu-mi-myeon su-pe-seo ya-yeong-eul han-da]  
人们到了夏天会到山林里露营。

### 2084 약간 [yak-gan]
**名** 一些  
라면 스프에 소금이 많이 들어 있어요. 그래서 **약간**의 스프를 넣으면 돼요.  
[ra-myeon seu-peu-e so-geu-mi ma-ni deu-reo i-sseo-yo][geu-rae-seo yak-ga-ne seu-peu-reul neo-eu-myeon dwae-yo]  
泡面调味料里掺有很多盐，所以加一点点调味料即可。  
近 조금 一些

### 2085 약간 [yak-gan]
**副** 稍微  
이번 공연은 **약간** 실망스러웠지만 정말 오랜만에 남편과 즐거운 시간을 보낼 수 있었다.  
[i-beon gong-yeo-neun yak-gan sil-mang-seu-reo-wot-ji-man jeong-mal o-raen-ma-ne nam-pyeon-gwa jeul-geo-un si-ga-neul bo-nael su it-sseot-da]  
这次的公演虽然有点令人失望，但是很久没这样和丈夫一起度过愉快的时光了。

### 2086 약사 [yak-sa]
**名** 药师，药剂师，药事，略史  
**약사**는 흰 가운을 입고 약을 조제하고 있다.  
[yak-sa-neun hin ga-u-neul ip-go ya-geul jo-je-ha-go it-da]  
药剂师正穿着白袍调配药品。

### 2087 약점 [yak-jeom]
**名** 弱点  
남의 **약점**을 이용해서는 안 된다.  
[na-me yak-jeo-meul i-yong-hae-seo-neun an doen-da]  
不可以利用别人的弱点。

### 2088 약하다 [ya-ka-da]
**形** 弱，经不住，不在行  
그 사람은 술이 **약하다**.  
[geu-sa-ra-meun su-ri ya-ka-da]  
那个人酒量不行。

| 2089 | 얇다<br>[yal-da] | 形 薄的 ★★☆☆ |
| --- | --- | --- |
| | | 외출할 때는 아침 저녁으로 입을 수 있는 얇은 겉옷을 챙겨야겠다.<br>[oe-chul-hal ttae-neun a-chim jeo-nyeo-geu-ro i-beul su it-neun yal-beun geo-do-seul chaeng-yeo-ya-get-da]<br>外出时，要准备早晚都能穿的薄外衣。 |

| 2090 | 양보<br>[yang-bo] | 名 让位，让步 ★★★☆ |
| --- | --- | --- |
| | | 친구가 나에게 자리를 양보해 줬다.<br>[chin-gu-ga na-e-ge ja-ri-reul yang-bo-hae jwot-da]<br>朋友把位置让给我了。 |

| 2091 | 양식<br>[yang-sik] | 名 西式，样式，粮食 ★★★☆ |
| --- | --- | --- |
| | | 건축 양식은 크게 세 가지로 분류된다.<br>[geon-chuk yang-si-geun keu-ge se ga-ji-ro bun-ryu-doen-da]<br>建筑样式可以分为三大类。 |

| 2092 | 양식집<br>[yang-sik-jip] | 名 西餐馆，西餐厅 ★★★☆ |
| --- | --- | --- |
| | | 나는 집 근처에 있는 양식집에 다녀왔다.<br>[na-neun jip geun-cheo-e it-neun yang-sik-ji-be da-nyeo-wat-da]<br>我去了趟家附近的西餐馆。 |

| 2093 | 양쪽<br>[yang-jjok] | 名 两边 ★★★☆ |
| --- | --- | --- |
| | | 웃으면 양쪽 입꼬리가 올라가요.<br>[u-seu-myeon yang-jjok ip-kko-ri-ga ol-la-ga-yo]<br>笑的时候两边嘴角会上扬。 |

| 2094 | 양치질<br>[yang-chi-jil] | 名 刷牙 ★★★☆ |
| --- | --- | --- |
| | | 양치질을 잘 하면 치석을 예방하는 효과가 있다.<br>[yang-chi-ji-reul ja ra-myeon chi-seo-geul ye-bang-ha-neun hyo-gwa-ga it-da]<br>好好刷牙对预防牙结石很有效果。 |

| 2095 | 어떠하다<br>[eo-tteo-ha-da] | 形 怎么样，什么样的 ★★★☆ |
| --- | --- | --- |
| | | 나는 그를 돕는 어떠한 일도 하지 않을 것이다.<br>[na-neun geu-reul dop-neun eo-tteo-han il-do ha-ji a-neul geo-si-da]<br>我不会帮他做任何事。 |

## 2096 **어떡하다** [eo-tteo-ka-da]
动 怎么办
자꾸 살이 찌는데 어떡해요?
[ja-kku sa-ri jji-neun-de eo-tteo-kae-yo]
我一直在胖，怎么办？

## 2097 **어른** [eo-reun]
名 长辈，大人，成人
설날에는 일찍 일어나서 어른들에게 세배를 하고 떡국을 먹어요.
[seol-na-re-neun il-jjik i-reo-na-seo eo-reun-deu-re-ge se-bae-reul ha-go tteok-gu-geul meo-geo-yo]
大年初一要早起，向长辈拜年，然后吃年糕汤。

## 2098 **어리다** [eo-ri-da]
动 含着泪，浮现着
눈에 눈물이 어리고 있다.
[nu-ne nun-mu-ri eo-ri-go it-da]
眼睛里含着泪水。

## 2099 **어리다** [eo-ri-da]
形 幼小的，幼稚的，眼花缭乱的
어렸을 때의 사진이 잔뜩 있다.
[eo-ryeo-sseul ttae-e sa-ji-ni jan-tteuk it-da]
有很多小时候的照片。

## 2100 **어색하다** [eo-sae-ka-da]
形 不自然，别扭，尴尬
그들 사이에 어색한 침묵이 흘렀다.
[geu-deul sa-i-e eo-sae-kan chim-mu-gi heul-leot-da]
他们沉默着，流露出尴尬的气氛。

## 2101 **억** [eok]
名 亿
전세금 2억 원 정도의 집에 살고 있다.
[jeon-se-geum i-eo gwon jeong-do-e ji-be sal-go it-da]
住在全租押金两亿韩元左右的房子里。

## 2102 **언덕** [eon-deok]
名 山丘，山
아빠, 엄마는 아이에게 기댈 수 있는 큰 언덕이다.
[a-ppa, eom-ma-neun a-i-e-ge gi-dael su it-neun keun eon-deo-gi-da]
爸妈对孩子而言是可以依靠的大山。

## 2103 **얼다** [eol-da]
动 结冻，冰冻，发硬
물이 얼면 얼음으로 응결된다.
[mu-ri eol-myeon eo-reu-meu-reo eung-gyeol-doen-da]
水如果结冻，会凝结为冰块。

| 2104 | **얼음** [eo-reum] | 名 冰，冰块 ★★★☆ |
|---|---|---|

남자들은 내가 얼음처럼 차가운 여자라고 불평한다.
[nam-ja-deu-reun nae-ga eo-reum-cheo-reom cha-ga-un yeo-ja-ra-go bul-pyeong-han-da]
男生都抱怨我是个像冰块一样冰冷的女子。

| 2105 | **업계** [eop-gye] | 名 业界，行业 ★★★☆ |
|---|---|---|

나는 은행 업계에서 일을 하고 있다.
[na-neun eun-haeng eop-gye-e-seo i-reul ha-go it-da]
我在银行业工作。

| 2106 | **엉덩이** [eong-deong-i] | 名 屁股，臀部 ★★★☆ |
|---|---|---|

아기 엉덩이 발진 때문에 고민하고 있다.
[a-gi eong-deong-i bal-jin ttae-mu-ne go-mi-na-go it-da]
为婴儿屁股上的湿疹烦恼。

| 2107 | **여드름** [yeo-deu-reum] | 名 青春痘 ★★★☆ |
|---|---|---|

여드름을 짜지 말고 꼼꼼하게 세안해 주는 것이 좋다.
[yeo-deu-reu-meul jja-ji mal-go kkom-kko-ma-ge se-a-nae ju-neun geo-si jo-ta]
长了青春痘，不要挤，要认真洗脸。

| 2108 | **여보** [yeo-bo] | 感 老公，老婆 ★★★☆ |
|---|---|---|

여보! 한복이 어디에 있어요?
[yeo-bo! han-bo-gi eo-di-e i-sseo-yo]
老婆！韩服放在哪里了？

| 2109 | **여성** [yeo-seong] | 名 女性 ★★★☆ |
|---|---|---|

그녀는 매력 있는 여성이다.
[geu-nyeo-neun mae-ryeok it-neun yeo-seong-i-da]
她是个很有魅力的女性。

| 2110 | **여쭙다** [yeo-jjup-da] | 动 请问，请示 ★★☆☆ |
|---|---|---|

선생님께 자세한 상황을 여쭙고 싶다.
[seon-saeng-nim-kke ja-se-han sang-hwang-eul yeo-jjup-go sip-da]
想问老师详细的情况。

| 2111 | **여행사** [yeo-haeng-sa] | 名 旅行社 ★★★★ |
|---|---|---|

그 친구는 여행사를 통해 중국을 다녀왔다.
[geu chin-gu-neun yeo-haeng-sa-reul tong-hae jung-geul da-nyeo-wat-da]
那个朋友通过旅行社去了趟中国。

### 2112 여행지 [yeo-haeng-ji]
名 旅行地，旅游景点 ★★★☆
남해안 **여행지**는 볼거리와 먹거리가 많아서 괜찮겠다.
[na-mae-an yeo-haeng-ji-neun bol-geo-ri-wa meok-geo-ri-ga ma-na-seo gwaen-chan-ket-da]
南海岸旅游景点有很多好看的、好吃的，相当不错。

### 2113 역사 [yeok-sa]
名 历史，役使，差遣，力士，驿舍 ★★★☆
우리 대학교는 80년의 **역사**를 가지고 있다.
[u-ri dae-hak-gyo-neun pal-sip nyeo-ne yeok-sa-reul ga-ji-go it-da]
我们大学已有八十年的历史。

### 2114 역시 [yeok-si]
副 也是，还是，原来 ★★★☆
나 **역시** 그런 짓을 하기 싫다.
[na yeok-si geu-reon ji-seul ha-gi sil-ta]
我也很讨厌那样的行为。

### 2115 연락 [yeon-rak]
名 联络 ★★★☆
한국에 도착하는 대로 **연락** 드릴게요.
[han-gu-ge do-cha-ka-neun dae-ro yeon-rak deu-ril-ge-yo]
我一到韩国就联络您。

### 2116 연락처 [yeol-lak-cheo]
名 联络处 ★★☆☆
도움이 필요하면 언제든지 제 **연락처**로 전화하세요.
[do-u-mi pi-ryo-ha-myeon eon-je-deun-ji je yeol-lak-cheo-ro jeo-nwa-ha-se-yo]
如果需要帮忙，请随时打电话给我。

### 2117 연령 [yeol-lyeong]
名 年龄 ★★★☆
최근 실시된 '각 **연령**별 비만 환자 수'에 관한 조사 결과는 아래와 같다.
[choe-geun sil-si-doen 'gak yeol-lyeong-byeol bi-man hwan-ja su'-e gwa-nan jo-sa gyeol-gwa-neun a-rae-wa gat-da]
最近实施的"各年龄层的肥胖病患数"的相关调查结果如下。

### 2118 연말 [yeon-mal]
名 年底，岁末，年终 ★★★☆
우리 사장님은 **연말**에 보너스를 지급했다.
[u-ri sa-jang-ni-meun yeon-ma-re bo-neo-seu-reul ji-geu-paet-da]
我们老板在年底发了奖金。

| 2119 | **연세** [yeon-se] | 名 年龄（나이의 敬语） <br> 우리 아버지는 연세가 많으시다. <br> [u-ri a-beo-ji-neun yeon-se-ga ma-neu-si-da] <br> 我父亲的年龄很大。 | ★★★☆ |

2119 **연세** [yeon-se]
名 年龄（나이의 敬语）
우리 아버지는 연세가 많으시다.
[u-ri a-beo-ji-neun yeon-se-ga ma-neu-si-da]
我父亲的年龄很大。
★★★☆

2120 **연예인** [yeo-nye-in]
名 艺人，演艺人员
이것은 연예인들이 좋아하는 가방 스타일이에요.
[i-geo-seun yeo-nye-in-deu-ri jo-a-ha-neun ga-bang seu-ta-i-ri-e-yo]
这是艺人们喜欢的包的款式。
★★★☆

2121 **열리다** [yeol-li-da]
动 举行，被打开，被开展，结果实
바로 지금 체육관에서 졸업식이 열리고 있다.
[ba-ro ji-geum che-yuk-gwa-ne-seo jo-reop-si-gi yeol-li-go it-da]
现在体育馆正举行毕业典礼。
★★☆☆

2122 **열차** [yeol-cha]
名 列车
열차가 10분 늦게 도착했다.
[yeol-cha-ga sip bun neut-ge do-cha-kaet-da]
列车延迟十分钟抵达。
★★★☆

2123 **옅다** [yeot-da]
形 浅的，薄的
중부 지방에는 옅은 안개가 낀 곳이 있습니다.
[jung-bu ji-bang-e-neun yeo-teun an-gae-ga kkin go-si it-seum-ni-da]
中部地区有些地方起了薄雾。
★★☆☆

2124 **옆집** [yeop-jip]
名 隔壁，邻居
옆집 음악 소리가 너무 커서 공부를 할 수 없어요.
[yeop-jip eu-mak so-ri-ga neo-mu keo-seo gong-bu-reul hal su eop-seo-yo]
隔壁的音乐声太大，没办法好好念书。
★★★☆

2125 **영상** [yeong-sang]
名 零上，影像，映像
오늘은 기온이 영상으로 올라갔다.
[o-neu-reun gi-o-ni yeong-sang-eu-ro ol-la-gat-da]
今天气温升到了零度以上。
★★★☆

2126 **영업** [yeong-eop]
名 营业
매월 셋째 주 목요일에는 영업을 하지 않는다.
[mae-wol set-jjae ju mo-gyo-i-re-neun yeong-eo-beul ha-ji an-neun-da]
每个月第三周的星期四不营业。
★★★★

| | | | |
|---|---|---|---|
| 2127 | **영하** [yeong-ha] | 名 零下 | ★★★ |

밤에는 최저 기온이 영하 10도가 된다.
[ba-me-neun choe-jeo gi-o-ni yeong-ha sip do-ga doen-da]
晚上最低气温为零下十度。

| 2128 | **영향** [yeong-htang] | 名 影响 | ★★★ |

행복을 느끼는 정도는 나이보다는 직업에 영향을 더 크게 받는다.
[haeng-bo-geul neu-kki-neun jeong-do-neun na-i-bo-da-neun ji-geo-be yeong-hyang-eul deo keu-ge bat-neun-da]
感受幸福的程度，相较于年龄，更受职业影响。

| 2129 | **예능** [ye-neung] | 名 艺能，综艺 | ★★★ |

매일 한국 예능 프로그램을 봐요.
[mae-il han-guk ye-neung peu-ro-geu-rae-meul bwa-yo]
每天都看韩国综艺节目。

| 2130 | **예매하다** [ye-mae-ha-da] | 动 预购 | ★★★ |

여행을 가기 전에 기차표를 예매해야 한다.
[yeo-haeng-eul ga-gi jeo-ne gi-cha-pyo-reul ye-mae-hae-ya han-da]
去旅行之前应该预购火车票。

| 2131 | **예보** [ye-bo] | 名 预报 | ★★ |

일기 예보에서는 비가 온다고 했다.
[il-gi ye-bo-e-seo-neun bi-ga on-da-go haet-da]
天气预报说会下雨。

| 2132 | **예상** [ye-sang] | 名 预想，预料 | ★★★ |

지난 주말 야구 경기에서 예상대로 우리 팀이 이겼다.
[ji-nan ju-mal ya-gu gyeong-gi-e-seo ye-sang-dae-ro u-ri ti-mi i-gyeot-da]
上周末的棒球比赛跟预想的一样，我们队赢了。

| 2133 | **예의** [ye-ui] | 名 礼貌，礼仪 | ★★★ |

그 사람은 어른이나 남 앞에서 마땅히 지켜야 할 예의가 없다.
[geu sa-ra-meun eo-reu-ni-na nam a-pe-seo ma-ttang-hi ji-kyeo-ya hal ye-i-ga eop-da]
他在长辈或别人面前都不遵守应有的礼貌。

| 2134 | **예절** [ye-jeol] | 名 礼节，礼貌 ★★★☆<br>식사할 때 말을 많이 하지 않는 것이 한국 예절이다.<br>[sik-sa-hal ttae ma-reul ma-ni ha-ji an-neun geo-si han-guk ye-jeo-ri-da]<br>吃饭时少说话是韩国的礼仪。 |
|---|---|---|
| 2135 | **예정** [ye-jeong] | 名 预定，打算 ★★★☆<br>며칠이나 묵을 예정입니까?<br>[myeo-chi-ri-na mu-geul ye-jeong-ip-ni-kka]<br>打算住几天？ |
| 2136 | **오디오** [o-di-o] | 名 音响 ★★★☆<br>좋은 오디오를 사고 싶으면 돈이 많이 있어야 해요.<br>[jo-eun o-di-o-reul sa-go si-peu-myeon do-ni ma-ni i-sseo-ya hae-yo]<br>想买好的音响需要花很多钱。 |
| 2137 | **오락** [o-rak] | 名 娱乐，电玩 ★★★☆<br>제 취미는 오락을 하는 것입니다.<br>[je chwi-mi-neun o-ra-geul ha-neun geo-sip-ni-da]<br>我的兴趣是打电动游戏。 |
| 2138 | **오래도록** [o-rae-do-rok] | 副 经过长期间，许久 ★★☆☆<br>그들은 지난밤 오래도록 상의했다.<br>[geu-deu-reun ji-nan-bam o-rae-do-rok sang-i-haet-da]<br>他们昨晚商量了很久。 |
| 2139 | **오래되다** [o-rae-doe-da] | 动 过了很久 ★★☆☆<br>오래된 카펫들을 모두 바꿔야 한다.<br>[o-rae-doen ka-pe-deu-reul mo-du ba-kkwo-ya han-da]<br>老旧的地毯得全部换掉了。 |
| 2140 | **오래전** [o-rae-jeon] | 名 很久以前 ★★☆☆<br>그는 오래전부터 그 사실을 알고 있었다.<br>[geu-neun o-rae-jeon-bu-teo geu sa-si-reul al-go it-sseot-da]<br>他从很久以前就知道那件事了。 |
| 2141 | **오르다** [o-reu-da] | 动 上升，提升，调升 ★★★☆<br>수영 씨가 월급이 많이 올랐나 봐요.<br>[su-yeong ssi-ga wol-geu-bi ma-ni ol-lat-na bwa-yo]<br>秀英好像涨了很多工资。 |

## 2142 오염 [o-yeom]
名 污染 ★★★☆
대기 오염이 갈수록 심해지고 있다.
[dae-gi o-yeo-mi gal-su-rok si-mae-ji-go it-da]
大气污染越来越严重。

## 2143 오직 [o-jik]
副 仅仅，只 ★★★☆
내 여름 휴가는 오직 1주일뿐이다.
[nae yeo-reum hyu-ga-neun o-jik il-ju-il-ppu-ni-da]
我的夏日假期只有一周。

## 2144 오해 [o-hae]
名 误会 ★★★☆
장 선생이 오해를 받고 있다.
[jang seon-saeng-i o-hae-reul bat-go it-da]
张先生被误会了。

## 2145 온수 [on-su]
名 温水 ★★★★
운동한 후에 온수를 좀 마시면 몸에 좋을 것 같아요.
[un-dong-han hu-e on-su-reul jom ma-si-myeon mo-me jo-eul geot ga-ta-yo]
运动后喝点温水对身体好。

## 2146 온화하다 [o-nwa-ha-da]
名 温和 ★★★☆
이곳 날씨는 온화하며 여름에는 따뜻하고 겨울에는 서늘하다.
[i-got nal-ssi-neun o-nwa-ha-myeo yeo-reu-me-neun tta-tteu-ta-go gyeo-u-re-neun seo-neu-ra-da]
这里天气温和，夏天凉爽冬天温暖。

## 2147 올려놓다 [ol-lyeo-no-ta]
动 放上去 ★★☆☆
음식을 식탁에 잔뜩 올려놓았다.
[eum-si-geul sik-ta-ge jan-tteuk ol-lyeo-no-at-da]
餐桌上放满了食物。

## 2148 올리다 [ol-li-da]
动 使上去，使上来 ★★☆☆
이것은 방금 찍어 올린 벚꽃 구경 동영상이다.
[i-geo-seun bang-geum jji-geo ol-lin beot-kkot gu-gyeong dong-yeong-sang-i-da]
这是刚拍好放上去的赏樱影片。

| 2149 | **올림** [ol-lim] | 名 进位，上，敬上 <br> 🎧 그럼 안녕히 계십시오. 마이클 올림. <br> [geu-reom an-nyeong-hi gye-sip-si-o] [ma-i-keul ol-lim] <br> 那么再见。麦可敬上。 | ★★☆☆ |
|---|---|---|---|
| 2150 | **옮기다** [om-gi-da] | 动 搬动，传话，转化 <br> 🎧 제 짐을 좀 옮겨 주시겠어요? <br> [je ji-meul jom om-gyeo ju-si-ge-sseo-yo] <br> 可以帮我搬一下行李吗？ | ★★★☆ |
| 2151 | **옳다** [ol-ta] | 形 对，正确 <br> 🎧 김 부장이 제안한 것은 옳다. <br> [gim bu-jang-i je-a-nan geo-seun ol-ta] <br> 金部长的提议是正确的。 | ★★☆☆ |
| 2152 | **옷걸이** [ot-geo-ri] | 名 衣架 <br> 🎧 옷걸이에는 양복 한 벌이 걸려 있었다. <br> [ot-geo-ri-e-neun yang-bok han beo-ri geol-lyeo i-sseot-da] <br> 衣架上挂着一套西装。 | ★★★☆ |
| 2153 | **완전히** [wan-jeo-ni] | 副 完全地 <br> 🎧 그녀는 건강을 완전히 회복한 상태였다. <br> [geu-nyeo-neun geon-gang-eul wan-jeo-ni hoe-bo-kan sang-tae-yeot-da] <br> 她已完全恢复健康了。 | ★★★☆ |
| 2154 | **왕따** [wang-tta] | 名 霸凌，排挤 <br> 🎧 친구들에게 왕따를 받았다. <br> [chin-gu-deu-re-ge wang-tta-reul ba-dat-da] <br> 受到了朋友们的排挤。 | ★★☆☆ |
| 2155 | **외관** [oe-gwan] | 名 外观 <br> 🎧 이 사무실은 건물 전체 외관이 유리로 만들어졌다. <br> [i sa-mu-si-reun geon-mul jeon-che oe-gwa-ni yu-ri-ro man-deu-reo-jyeot-da] <br> 这间办公室的整个建筑外观是用玻璃做成的。 | ★★★☆ |

## 2156 외롭다
[oe-rop-da]

形 孤单的，寂寞的 ★★★☆

처음에는 많이 외로웠는데 지금은 익숙해져서 괜찮습니다.
[cheo-eu-me-neun ma-ni oe-ro-wot-neun-de ji-geu-meun ik-su-kae-jyeo-seo gwaen-chan-seum-ni-da]
一开始很寂寞，但是现在习惯了就没关系。

## 2157 외출하다
[oe-chu-ra-da]

动 外出 ★★★☆

오늘 외출하실 때 꼭 마스크를 착용해 주세요!
[o-neul oe-chu-ra-sil ttae kkok ma-seu-keu-reul cha-gyong-hae ju-se-yo]
今天出门一定要戴口罩！

## 2158 요구하다
[yo-gu-ha-da]

动 要求 ★★★☆

대출 후 승진했다면 은행에 금리를 인하해 달라고 요구할 수 있다.
[dae-chul hu seung-jin-haet-da-myeon eu-naeng-e geum-ri-reul i-na-hae dal-la-go yo-gu-hal su it-da]
贷款后升职，可以要求银行调低利率。

## 2159 욕망
[yong-mang]

名 欲望 ★★☆☆

다른 사람에게 필요한 존재가 되고 싶다는 욕망이 있다.
[da-reun sa-ra-me-ge pi-ryo-han jon-jae-ga doe-go sip-da-neun yong-mang-i it-da]
我想成为被别人所需要的人。

## 2160 욕심
[yok-sim]

名 贪心，贪欲 ★★☆☆

돈에 대한 욕심은 질병처럼 퍼질 수 있다.
[do-ne dae-han yok-si-meun jil-byeong-cheo-reom peo-jil su it-da]
对钱的贪欲会像疾病般扩散。

## 2161 용감하다
[yong-ga-ma-da]

形 勇敢的 ★★★☆

친구들은 그가 용감한 사람이라고 한다.
[chin-gu-deu-reun geu-ga yong-ga-man sa-ra-mi-ra-go han-da]
朋友们都说他是个勇敢的人。

## 2162 용도
[yong-do]

名 用途 ★★★☆

이것은 다양한 용도로 쓰일 수 있다.
[i-geo-seun da-yang-han yong-do-ro sseu-il-su it-da]
这东西有多种用途。

| 2163 | **용어** [yong-eo] | 名 用语<br>때때로 컴퓨터 용어는 재미있습니다.<br>[ttae-ttae-ro keom-pyu-teo yong-eo-neun jae-mi-it-seum-ni-da]<br>有时候电脑用语很有趣。 | ★★☆☆ |
|---|---|---|---|
| 2164 | **우선** [u-seon] | 副 首先，优先<br>그 학생에게는 공부가 친구들보다 우선이다.<br>[geu hak-saeng-e-ge-neun gong-bu-ga chin-gu-deul-bo-da u-seo-ni-da]<br>对那个学生而言，课业比朋友优先。 | ★★★☆ |
| 2165 | **우울하다** [u-u-ra-da] | 形 忧郁，郁闷<br>피곤하고 우울할 때 고전 음악을 들으면 나에게 힘이 된다.<br>[pi-go-na-go u-u-ral ttae go-jeon eu-ma-geul deu-reu-myeon na-e-ge hi-mi doen-da]<br>疲惫郁闷的时候，听古典音乐可以给我力量。 | ★★★☆ |
| 2166 | **우편** [u-pyeon] | 名 邮政，邮件<br>그는 우편 번호를 적는 것을 잊어버렸다.<br>[geu-neun u-pyeon beo-no-reul jeo-gneun geo-seul i-jeo-beo-ryeot-da]<br>他忘了写邮政编码。 | ★★★☆ |
| 2167 | **운동복** [un-dong-bok] | 名 运动服<br>여름에 입을 짧은 운동복 레깅스를 구입했다.<br>[yeo-reu-me i-beul jjal-beun un-dong-bok re-ging-seu-reul gu-i-paet-da]<br>买了夏天的运动紧身短裤。 | ★★★★ |
| 2168 | **울리다** [ul-li-da] | 动 响，敲响，鸣响<br>종을 칠 때 울리는 소리예요.<br>[jong-eul chil ttae ul-li-neun so-ri-ye-yo]<br>这是敲钟的声音。 | ★★☆☆ |
| 2169 | **울음** [u-reum] | 名 哭，叫，哭声，叫声<br>동물들이 내는 울음 소리는 각각 다르다.<br>[dong-mul-deu-ri nae-neun u-reum so-ri-neun gak-gak da-reu-da]<br>动物所发出的叫声各不相同。 | ★★★☆ |

## 2170 웃음 [u-seum]
名 笑，笑声
선생님의 한마디에 교실은 웃음 바다가 되었다.
[seon-saeng-ni-me han-ma-di-e gyo-si-reun u-seum ba-da-ga doe-eot-da]
老师的一句话引起哄堂大笑。

## 2171 원서 [won-seo]
名 申请表，原书
원서 접수 기간은 1일부터 5일까지다.
[won-seo jeop-su gi-ga-neun i ril-bu-teo o il-kka-ji-da]
申请表的受理期是一号到五号。

## 2172 원숭이 [won-sung-i]
名 猴子
그 원숭이는 그 쇼에서 제일 인기였다.
[geu won-sung-i-neun geu syo-e-seo je-il in-gi-yeot-da]
那只猴子在那场表演中最受欢迎。

## 2173 월급 [wol-geup]
名 工资，月薪
일이 많은데 월급은 적어요.
[i-ri ma-neun-de wol-geu-beun jeo-geo-yo]
事情很多，但是工资很低。

## 2174 위대하다 [wi-dae-ha-da]
形 伟大的
자신의 위대한 꿈을 말한다.
[ja-si-ne wi-dae-han kku-meul ma-ran-da]
说出自己的伟大梦想。

## 2175 위반 [wi-ban]
名 违反
나는 돌아오는 길에 속도 위반으로 걸렸다.
[na-neun do-ra-o-neun gi-re sok-do wi-ba-neu-ro geol-lyeot-da]
我在回来的路上因超速违规被抓。

## 2176 위치 [wi-chi]
名 位置
그는 회사에서 높은 위치에 있다.
[geu-neun hoe-sa-e-seo no-peun wi-chi-e it-da]
他在公司里位居高职。

## 2177 위하다 [wi-ha-da]
动 为了
저는 가족을 위해서 매일 열심히 일하고 있다.
[jeo-neun ga-jo-geul wi-hae-seo mae-il yeol-si-mi i-ra-go it-da]
我为了家人，每天都在认真工作。

## 2178 유리 [yu-ri]
**名** 琉璃，玻璃 ★★★★
돋보기는 유리로 만든 거예요. 글자를 크게 할 수 있어요.
[dot-bo-gi-neun yu-ri-ro man-deun geo-ye-yo][geul-ja-reul keu-ge hal su it-sseo-yo]
放大镜是用玻璃做成的，可以放大字体。

## 2179 유리잔 [yu-ri-jan]
**名** 玻璃杯 ★★★★
그는 유리잔에 맥주를 붓고 있다.
[geu-neun yu-ri-ja-ne maek-ju-reul but-go it-da]
他正在将啤酒倒进玻璃杯里。

## 2180 유리하다 [yu-ri-ha-da]
**形** 有利的 ★★★★
그 계약은 우리에게 유리하다.
[geu gye-ya-geun u-ri-e-ge yu-ri-ha-da]
那份合约对我们有利。

## 2181 유의하다 [yu-i-ha-da]
**动** 留意，注意 ★★★★
교통 안전에 유의해야겠다.
[gyo-tong an-jeo-ne u-i-hae-ya-get-da]
要注意交通安全。

## 2182 유일 [yu-il]
**名** 唯一 ★★★★
그가 남긴 유일한 것은 지문이었다.
[geu-ga nam-gin yu-i-ran geo-seun ji-mu-ni-eot-da]
他只留下了指纹。

## 2183 유행 [yu-haeng]
**名** 流行 ★★★★
그 여배우는 늘 유행을 한발 앞서간다.
[geu yeo-bae-u-neun neul yu-haeng-eul han-bal ap-seo-gan-da]
那个女演员总是走在流行的前端。

## 2184 육교 [yuk-gyo]
**名** 天桥 ★★★★
5번 출구에서 육교를 건너 버스를 탔다.
[o beon chul-gu-e-seo yuk-gyo-reul geon-neo beo-seu-reul tat-da]
在五号出口过天桥，坐了公交车。

## 2185 윷놀이 [yut-no-ri]
**名** 掷柶戏 ★★★★
우리 가족은 설날에 재미있는 윷놀이를 했다.
[u-ri ga-jo-geun seol-na-re jae-mi-it-neun yut-no-ri-reul haet-da]
我们全家在春节玩了有趣的掷柶戏。

| 2186 | **음료** [eum-ryo] | 名 饮料 ★★★☆ |
|---|---|---|
| | | 설탕이 든 음료 때문에 매년 많은 사망자가 발생한다.<br>[seol-tang-i deun eum-ryo ttae-mu-ne mae-nyeon ma-neun sa-mang-ja-ga bal-saeng-han-da]<br>含糖饮料每年导致许多人死亡。 |

| 2187 | **음료수** [eum-nyo-su] | 名 饮料 ★★★☆ |
|---|---|---|
| | | 시원한 음료수 한 박스를 드리면 될 것 같다.<br>[si-wo-nan eum-nyo-su han bak-seu-reul deu-ri-myeon doel geot gat-da]<br>送一箱冰凉的饮料应该就可以了。 |

| 2188 | **음악가** [eu-mak-ga] | 名 音乐家 ★★★☆ |
|---|---|---|
| | | 무대 위에서 음악가가 악기를 연주하고 있다.<br>[mu-dae wi-e-seo eu-mak-ga-ga ak-gi-reul yeon-ju-ha-go it-da]<br>在舞台上，音乐家正在演奏乐器。 |

| 2189 | **의견** [ui-gyeon] | 名 意见 ★★★☆ |
|---|---|---|
| | | 그의 의견은 언제나 내 의견과 충돌한다.<br>[geu-e ui-gyeo-neun eon-je-na nae ui-gyeon-gwa chung-do-ran-da]<br>他的意见总是与我的意见冲突。 |

| 2190 | **의미** [ui-mi] | 名 意思，意味，意义 ★★★☆ |
|---|---|---|
| | | 이 문장은 여러 가지 의미로 해석될 수 있다.<br>[i mun-jang-eun yeo-reo ga-ji ui-mi-ro hae-seok-doel su it-da]<br>这个句子可以被解释成多种意思。 |

| 2191 | **의상** [ui-sang] | 名 衣裳，衣服，服装 ★★☆☆ |
|---|---|---|
| | | 무대 의상을 예쁘고 멋지게 만들지 못해 고민했다.<br>[mu-dae ui-sang-eul ye-ppeu-go meot-ji-ge man-deul-ji mo-tae go-mi-naet-da]<br>做不出漂亮又好看的舞台装很苦恼。 |

| 2192 | **의심** [ui-sim] | 名 疑心 ★★★☆ |
|---|---|---|
| | | 아무도 통역사로서의 그녀의 능력을 의심하지 않는다.<br>[a-mu-do tong-yeok-sa-ro-seo-e geu-nyeo-e neung-ryeo-geul ui-si-ma-ji an-neun-da]<br>没有人质疑她作为口译者的能力。 |

| 2193 | **의지** [ui-ji] | 名 意志 ★★★☆ |
|---|---|---|
| | | 🎧 피곤하고 지칠 때는 의지를 잃은 것 같은 느낌이다. |
| | | [pi-go-na-go ji-chil ttae-neun ui-ji-reul i-reun geot ga-teu neu-kki-mi-da] |
| | | 疲倦的时候就会感觉意志很消沉。 |

| 2194 | **의하다** [ui-ha-da] | 动 依据，依，依靠 ★★☆☆ |
|---|---|---|
| | | 🎧 그 친구의 말에 의하면 당구를 배우는 게 그리 어렵지 않대요. |
| | | [geu chin-gu-e ma-re ui-ha-myeon dang-gu-reul bae-u-neun ge geu-ri eo-ryeop-ji an-tae-yo] |
| | | 据那个朋友说，台球并不是很难学。 |

| 2195 | **이기다** [i-gi-da] | 动 赢，战胜，克服，揉面，搅和 ★★★☆ |
|---|---|---|
| | | 🎧 준비를 많이 했기 때문에 오늘 꼭 이기고 싶다. |
| | | [jun-bi-reul ma-ni haet-gi ttae-mu-ne o-neul kkok i-gi-go sip-da] |
| | | 我们已做了充分准备，所以今天很想赢。 |

| 2196 | **이끌다** [i-kkeul-da] | 动 引领，领导，拉，牵引 ★★☆☆ |
|---|---|---|
| | | 🎧 그는 우리 팀을 우승으로 이끌었다. |
| | | [geu-neun u-ri ti-meul u-seung-eu-ro i-kkeu-reot-da] |
| | | 他领导我们队拿到了第一名。 |

| 2197 | **이루다** [i-ru-da] | 动 实现，达到，举行 ★★☆☆ |
|---|---|---|
| | | 🎧 어젯밤은 속상해서 잠을 못 이뤘다. |
| | | [eo-jet-ba-meun sok-sang-hae-seo ja-meul mot i-rwot-da] |
| | | 昨晚太伤心了，没睡着。 |

| 2198 | **이르다** [i-reu-da] | 形 早 ★★☆☆ |
|---|---|---|
| | | 🎧 그는 종종 직장에 이르게 도착한다. |
| | | [geu-neun jong-jong jik-jang-e i-reu-ge do-cha-kan-da] |
| | | 他偶尔会很早到公司。 |

| 2199 | **이미** [i-mi] | 副 已经 ★★★☆ |
|---|---|---|
| | | 🎧 나는 이미 그 친구들에게 다 설명했다. |
| | | [na-neun i-mi geu chin-gu-deu-re-ge da seol-myeong-haet-da] |
| | | 我已经向那些朋友们解释过了。 |

## 2200 이불 [i-bul]
名 棉被，被子 ★★★☆
🎧 그 아이는 자주 이불에 오줌을 싼다.
[geu a-i-neun ja-ju i-bu-re o-ju-meul ssan-da]
那孩子经常尿在被子里。

## 2201 이상 [i-sang]
名 以上，异常，奇怪，理想 ★★★★
🎧 그녀는 이상한 눈으로 나를 쳐다보았다.
[geu-nyeo-neun i-sang-han nu-neu-ro na-reul chyeo-da-bo-at-da]
她用奇怪的眼神看着我。

## 2202 이용 [i-yong]
名 利用，使用 ★★★☆
🎧 우리는 이곳을 강의실로 이용하고 있다.
[u-ri-neun i-go-seul gang-i-sil-lo i-yong-ha-go it-da]
我们利用这个地方来做教室。

## 2203 이웃 [i-ut]
名 邻近，邻居 ★★★☆
🎧 그는 매일 저녁에 나이가 많은 이웃 분 댁에 간다.
[geu-neun mae-il jeo-nyeo-ge na-i-ga ma-neun i-ut bun dae-ge gan-da]
他每天傍晚都会去探访年老的邻居。

## 2204 이전 [i-jeon]
名 以前，移转 ★★☆☆
🎧 그 영화를 이전에 여러 번 봤다.
[geu yeong-hwa-reul i-jeo-ne yeo-reo beon bwat-da]
那部电影我以前看过许多次。

## 2205 이해 [i-hae]
名 理解 ★★★☆
🎧 그 어려운 소설을 잘 이해할 수 없다.
[geu eo-ryeo-un so-seo-reul jal i-hae-hal su eop-da]
那本小说很难，我不太能理解。

## 2206 이혼 [i-hon]
名 离婚 ★★★☆
🎧 너는 왜 계속 내 이혼 얘기를 꺼내는 거야?
[neo-neun wae gye-sok nae i-hon yae-gi-reul kkeo-nae-neun geo-ya]
你为何一直提我离婚的事？

## 2207 이후 [i-hu]
名 以后 ★★★★
🎧 1시 이후 아무 때나 괜찮아요.
[han si i-hu a-mu ttae-na gwaen-cha-na-yo]
一点以后，什么时候都可以。

**2208 익다** [ik-da] ★★☆☆
动 成熟，熟练，熟悉
사과가 익으면 나무에서 떨어진다.
[sa-gwa-ga i-geu-myeon na-mu-e-seo tteo-reo-jin-da]
苹果成熟了就会从树上掉下来。

**2209 익숙하다** [ik-su-ka-da] ★★☆☆
形 熟练，熟悉
해외 여행 할 때 익숙하지 않아서 본의 아니게 무례한 사람으로 인식될 수도 있다.
[hae-oe yeo-haeng hal ttae ik-su-ka-ji a-na-seo bo-ni a-ni-ge mu-rye-han sa-ra-meu-ro in-sik-doel su-do it-da]
到国外旅行时，因为不熟悉，有可能会被认为是没礼貌的人。
近 능숙하다 擅长

**2210 익히다** [i-ki-da] ★★☆☆
动 使熟，使熟练
익히지 않은 민물 생선을 먹지 마세요.
[i-ki-ji a-neun min-mul saeng-seo-neul meok-ji ma-se-yo]
请不要吃没有煮熟的淡水鱼。

**2211 인간** [in-gan] ★★★☆
名 人类
인간에게 고향이란 어떤 것일까요?
[in-ga-ne-ge go-hyang-i-ran eo-tteon geo-sil-kka-yo]
对人类来说，故乡意味着什么呢？

**2212 인기** [in-gi] ★★★★
名 热门的，受欢迎的，有人气的，气概
그는 인기 한국 드라마의 대본을 쓰고 편집하는 일을 했다.
[geu-nen in-gi han-guk deu-ra-ma-e dae-bo-neul sseu-go pyeon-ji-pa-neun i-reul haet-da]
他曾经做热门韩剧的剧本编辑工作。

**2213 인사** [in-sa] ★★★★
名 打招呼，人事，人士
다음주에 대규모 인사 이동이 있을 것이다.
[da-eum-ju-e dae-gyu-mo in-sa i-dong-i i-sseul geo-si-da]
下周会有大规模的人事变动。

**2214 인삼** [in-sam] ★★★★
名 人参
인삼에서 뿌리 부분이 가장 효능이 좋다.
[in-sa-me-seo ppu-ri bu-bu-ni ga-jang hyo-neung-i jo-ta]
人参的根部最有药效。

## 2215 인상 [in-sang]
名 印象，人的容貌，面相，上升 ★★★☆
사람을 처음 만날 때는 상대방에게 좋은 인상을 주는 것이 좋다.
[sa-ra-meul cheo-eum man-nal ttae-neun sang-dae-bang-e-ge jo-eun in-sang-eul ju-nuen geo-si jo-ta]
与人初次见面时，最好能给对方留下好印象。

## 2216 인상적 [in-sang-jeok]
冠 / 名 印象深刻的 ★★☆☆
그녀의 결혼 한복은 매우 인상적이다.
[geu-nyeo-e gyeo-ron han-bo-geun mae-u in-sang-jeo-gi-da]
她的结婚韩服令人印象非常深刻。

## 2217 인생 [in-saeng]
名 人生 ★★★☆
그 사람에게는 인생이란 무엇일까요?
[geu sa-ra-me-ge-neun in-saeng-i-ran mu-eo-sil-kka-yo]
对那个人而言，人生是什么呢？

## 2218 인식 [in-sik]
名 认识，认知 ★★★☆
대부분의 사람들은 자신의 잠재력의 일부분만을 인식한다.
[dae-bu-bu-ne sa-ram-deu-reun ja-si-ne jam-jae-ryeo-ge il-bu-bun-ma-neul in-si-kan-da]
大部分人只能认识到自己的一小部分潜能。

## 2219 인재 [in-jae]
名 人才 ★★★☆
현대 사회에서 필요한 인재는 어떤 사람입니까?
[hyeon-dae sa-hoe-e-seo pi-ryo-han in-jae-neun eo-tteon sa-ra-mim-ni-kka]
现代社会所需要的人才是什么样的？

## 2220 인정받다 [in-jeong-bat-da]
动 被认定 ★★★☆
백제역사유적지구는 세계유산으로 인정받았다.
[baek-je-yeok-sa-yu-jeok-ji-gu-neun se-gye-yu-sa-neu-ro in-jeong-ba-dat-da]
百济历史遗迹地区已被认定为世界遗产。

## 2221 인형 [i-nyeong]
名 娃娃，玩具，木偶 ★★★★
우리 딸아이는 인형 놀이를 아주 좋아한다.
[u-ri tta-ra-i-neun i-nyeong nol-li-reul a-ju jo-a-han-da]
我女儿很喜欢玩娃娃。

| 2222 | **일부** [il-bu] | 名 一部分，日付 ★★★☆ |
| --- | --- | --- |
| | | 이곳의 일부를 주차장으로 사용한다. |
| | | [i-go-se il-bu-reul ju-cha-jang-eu-ro sa-yong-han-da] |
| | | 这里的一部分用来作停车场。 |

| 2223 | **일상** [il-sang] | 名 日常 ★★★☆ |
| --- | --- | --- |
| | | 그것이 아주 일상적인 일이니까 놀라워하지 마세요. |
| | | [geu-geo-si a-ju il-sang-jeo-gin i-ri-ni-kka nol-la-wo-ha-ji ma-se-yo] |
| | | 那是很平常的事，请不要感到惊讶。 |

| 2224 | **일상생활** [il-sang-saeng-hwal] | 名 日常生活 ★★★☆ |
| --- | --- | --- |
| | | 백내장으로 인한 시력장애는 일상생활에 지장을 줄 수 있다. |
| | | [baek-nae-jang-eu-ro i-nan si-ryeok-jang-ae-neun il-sang-saeng-hwa-re ji-jang-eul jul su it-da] |
| | | 白内障引起的视力不良会妨碍日常生活。 |

| 2225 | **일어서다** [i-reo-seo-da] | 动 站起来，起立，蒸蒸日上 ★★★☆ |
| --- | --- | --- |
| | | 한 여자는 앉아 있고, 다른 여자는 일어서 있다. |
| | | [han yeo-ja-neun an-ja it-go, da-reun yeo-ja-neun i-reo-seo it-da] |
| | | 一名女子坐着，另一名女子站着。 |

| 2226 | **일자리** [il-ja-ri] | 名 工作，职位 ★★★☆ |
| --- | --- | --- |
| | | 요즘은 일자리를 구하기가 쉽지 않다. |
| | | [yo-jeu-meun il-ja-ri-reul gu-ha-gi-ga swip-ji an-ta] |
| | | 最近求职不易。 |

| 2227 | **일치** [il-chi] | 名 一致 ★☆☆☆ |
| --- | --- | --- |
| | | 자료의 내용과 일치하지 않는다. |
| | | [ja-ryo-e nae-yong-gwa il-chi-ha-ji an-neun-da] |
| | | 和资料的内容不一致。 |

| 2228 | **읽히다** [il-ki-da] | 动 使读，被读 ★★☆☆ |
| --- | --- | --- |
| | | 선생님께서 영수에게 책을 읽히셨다. |
| | | [seon-saeng-nim-kke-seo yeong-su-e-ge chae-geul il-ki-syeot-da] |
| | | 老师让英秀念书。 |

| 2229 | **입금** [ip-geum] | 名 存款，汇入款项 ★☆☆☆ |
| --- | --- | --- |
| | | 매달 초에 20만 원의 돈이 입금됐다. |
| | | [mae-dal cho-e i-sip ma nwo-ne do-ni ip-geum-dwaet-da] |
| | | 每月月初都有二十万韩元汇入。 |

### 2230 입술 [ip-sul]
名 嘴唇 ★★★
그 광대의 입술은 크고 분홍색이다.
[geu gwang-dae-e ip-su-reun keu-go bu-nong-sae-gi-da]
那个小丑的嘴很大，而且是粉红色的。

### 2231 입원 [i-bwon]
名 住院 ★★☆☆
그는 3주 동안 병원에 입원해 있다.
[geu-neun sam ju dong-an byeong-wo-ne i-bwo-nae it-da]
他已经在医院住院三周了。

### 2232 입장권 [ip-jang-gwon]
名 入场券，门票 ★★★
온라인을 통해 입장권 예매를 시작했다.
[on-ra-i-neul tong-hae ip-jang-gwon ye-mae-reul si-ja-kaet-da]
网上开始预售入场券了。

### 2233 입장료 [ip-jang-nyo]
名 入场费，门票费，通行费 ★★★
이거는 박물관의 입장료 정책에 관한 설명이다.
[i-geo-neun bang-mul-gwa-ne ip-jang-nyo jeong-chae-ge gwa-nan seol-myeong-i-da]
这是有关博物馆入场费政策的说明。

### 2234 입학 [i-pak]
名 入学 ★★★
나는 이번 3월에 고등학교에 입학한다.
[na-neun i-beon sa mwo-re go-deung-hak-gyo-e i-pa-kan-da]
我在今年三月升高中。

### 2235 입히다 [i-pi-da]
動 使穿上，使遭受到 ★★☆☆
그 친구에게 예쁜 웨딩드레스를 입히고 싶어요.
[geu chin-gu-e-ge ye-ppeun we-ding-deu-re-seu-reul i-pi-go si-peo-yo]
想给那个朋友穿上漂亮的婚纱。

本书所有单词均采用三段式，即"单词分解（语速慢）/完整词汇（语速快）/中文解释"的方式录制。
例：춥．다（单词分解）/ 춥다（完整词汇）/ 冷（中文解释）
符号之后的韩语例句由韩籍老师朗读。

**2236 자꾸** [ja-kku] ★★★
副 总是，老是，不断
우리 애가 자꾸 성적이 떨어져서 걱정이에요.
[u-ri ae-ga ja-kku seong-jeo-gi tteo-reo-jyeo-seo geok-jeong-i-e-yo]
我的小孩成绩不断下滑，很令人担心。

**2237 자라다** [ja-ra-da] ★★
动 生长，长大
그는 어려운 환경에서 자랐다.
[geu-neun eo-ryeo-un hwan-gyeong-e-seo ja-rat-da]
他是在困难的环境中长大的。

**2238 자랑** [ja-rang] ★★★
名 炫耀，自豪，骄傲
자기 자랑만 하는 사람은 항상 인정받고 싶어해요.
[ja-gi ja-rang-man ha-neun sa-ra-meun hang-sang in-jeong-bat-go si-peo-hae-yo]
喜欢炫耀的人总是希望能得到别人的肯定。

**2239 자료** [ja-ryo] ★★★
名 资料
자료에 따르면, 열차 10대 중 3대만 제시간에 도착한 것으로 나타났다.
[ja-ryo-e tta-reu-myeon, yeol-cha yeol dae jung se dae-man je-si-ga-ne do-cha-kan geo-seu-ro na-ta-nat-da]
资料显示，每十趟列车中只有三趟会准时到站。

**2240 자르다** [ja-reu-da] ★★
动 切断，剪断，弄断，裁员
나는 앞머리를 짧게 자르고 싶었다.
[na-neun ap-meo-ri-reul jjal-ge ja-reu-go si-peot-da]
我想剪短刘海。

**2241 자물쇠** [ja-mul-soe] ★★★
名 锁
연인끼리 자물쇠를 채우고 열쇠를 던져버리면 영원히 헤어지지 않는다는 설이 있다.
[yeo-nin-kki-ri ja-mul-soe-reul chae-u-go yeol-soe-reul deon-jyeo-beo-ri-myeon yeong-wo-ni he-eo-ji-ji an-neun-da-neun seo-ri it-da]
听说一对恋人如果锁了爱情锁并且丢掉钥匙，就会永不分开。

**2242 자세** [ja-se] ★★★
名 姿势，姿态
동작과 자세는 사람의 성격이나 감정 등을 표현한다.
[dong-jak-gwa ja-se-neun sa-ra-me seong-gyeo-gi-na gam-jeong deong-eul pyo-hyeo-nan-da]
动作与姿势可以表现出人的个性或情绪。

## 2243 자신 [ja-sin]
名 信心，自信，自己 ★★★☆
그는 언제나 당당하고 자신 있어 보여요.
[geu-neun eon-je-na dang-dang-ha-go ja-sin i-sseo bo-yeo-yo]
他看起来总是很有自信。

## 2244 자신감 [ja-sin-gam]
名 自信，自信心 ★★★☆
친구들은 그 여자가 자신감 있는 사람이라고 한다.
[chin-gu-deu-reun geu yeo-ja-ga ja-sin-gam it-neun sa-ra-mi-ra-go han-da]
朋友们说那女子是个有自信的人。

## 2245 잔돈 [jan-don]
名 零钱 ★★★★
버스를 타야 할 텐데, 잔돈이 없어서 큰일이에요
[beo-seu-reul ta-ya hal ten-de, jan-do-ni eop-seo-seo keu-ni-ri-e-yo]
坐公交车，可是没有零钱，真糟糕。

## 2246 잔치 [jan-chi]
名 宴会，筵席 ★★★☆
이번 축하 잔치에 참석해 주셔서 감사합니다.
[i-beon chu-ka jan-chi-e cham-seo-kae ju-syeo-seo gam-sa-ham-ni-da]
感谢各位参加这次的庆祝宴会。

## 2247 잘되다 [jal-doe-da]
动 如意，好，行，成 ★★☆☆
이 가게는 항상 장사가 잘되는 것 같다.
[i ga-ge-neun hang-sang jang-sa-ga jal-doe-neun geot gat-da]
这家店好像生意一直都很好。

## 2248 잘못 [jal-mot]
名 错误 ★★★☆
그 말을 들으니까 순간적으로 내가 잘못했나 생각이 들었다.
[gue ma-reul deu-reu-ni-kka sun-gan-jeo-geu-ro nae-ga jal-mo-taet-na saeng-ga-gi deu-reot-da]
听完那番话，瞬间觉得我可能做错了。

## 2249 잘생기다 [jal-saeng-gi-da]
形 长得帅，长得好看 ★★☆☆
그는 키가 크고 날씬하고 잘생긴 사람이다.
[geu-neun ki-ga keu-go nal-ssi-nan-go jal-saeng-gin sa-ra-mi-da]
他是一个高高瘦瘦又长得帅的人。

| 2250 | **잠그다**<br>[jam-geu-da] | 动 锁，关闭，浸泡<br>🎧 서랍 안에 중요한 것이 많으니까 잠그려고 한다.<br>[seo-rap a-ne jung-yo-han geo-si ma-neu-ni-kka jam-geu-ryeo-go han-da]<br>抽屉里有很多重要的东西，所以想锁起来。 | ★★☆☆ |
|---|---|---|---|
| 2251 | **잠기다**<br>[jam-gi-da] | 动 被浸泡，沈浸，被锁<br>🎧 그는 깊은 생각에 잠겨 있다.<br>[geu-neun gi-peun saeng-ga-ge jam-gyeo it-da]<br>他沉浸在深思之中。 | ★★☆☆ |
| 2252 | **잡수시다**<br>[jap-su-si-da] | 动 用餐（먹다的敬语）<br>🎧 할아버지, 진지를 잡수셨습니까?<br>[ha-ra-beo-ji, jin-ji-reul jap-su-syeot-seum-ni-kka]<br>爷爷，您用餐了吗？ | ★★★☆ |
| 2253 | **잡음**<br>[ja-beum] | 名 杂音<br>🎧 잡음이 많아서 잘 들리지 않는다.<br>[ja-beu-mi ma-na-seo jal deul-li-ji an-neun-da]<br>杂音太多，听不清楚。 | ★★★☆ |
| 2254 | **잡채**<br>[jap-chae] | 名 韩式杂菜<br>🎧 나는 수영 씨로부터 잡채를 요리하는 법을 배웠다.<br>[na-neun su-yeong ssi-ro-bu-teo jap-chae-reul yo-ri-ha-neun beo-beul bae-wot-da]<br>我从秀英那里学会了做韩式杂菜的方法。 | ★★★☆ |
| 2255 | **잡히다**<br>[ja-pi-da] | 动 被抓，使拿到，起水泡，结冰<br>🎧 도둑이 경찰에게 잡혔어요.<br>[do-du-gi gyeong-cha-re-ge ja-pyeo-sseo-yo]<br>小偷被警察抓了。 | ★★★☆ |
| 2256 | **장난**<br>[jang-nan] | 名 开玩笑，恶作剧，闹着玩<br>🎧 우리는 어린 시절에 장난 삼아 싸우곤 했다.<br>[u-ri-neun eo-rin si-jeo-re jang-nan sa-ma ssa-u-gon haet-da]<br>我们小时候闹着玩地打过架。 | ★★★☆ |

## 2257 장난스럽다
[jang-nan-seu-reop-da]

形 顽皮的 ★★☆☆

초등 학교 때 장난스럽게 종이에다 친구들을 그리며 놀곤 했다.
[cho-deung hak-gyo ttae jang-nan-seu-reop-ge jo-i-e-da chin-gu-deu-reul geu-ri-myeo nol-go naet-da]
小学的时候曾经很顽皮地在纸上画同学，捉弄他们。

## 2258 장마
[jang-ma]

名 雨季 ★★★☆

일기 예보에서 다음 주부터 장마래요.
[il-gi ye-bo-e-seo da-eum ju-bu-teo jang-ma-rae-yo]
天气预报说下周起进入雨季。

## 2259 장애
[jang-ae]

名 障碍，残疾 ★★★☆

마음에 장애를 극복할 수 없다.
[ma-eu-me jang-ae-reul geuk-bo-kal su eop-da]
无法克服心理障碍。

## 2260 장점
[jang-jeom]

名 优点，长处 ★★★☆

이 계획의 장점과 단점을 말해 보세요.
[i gye-hoe-ge jang-jeom-gwa dan-jeo-meul ma-rae bo-se-yo]
请说说这个计划的优点与缺点。

## 2261 장학금
[jang-hak-geum]

名 奖学金 ★★★☆

민수 씨는 이번에는 장학금을 신청하지 않을 거래요.
[min-su ssi-neun i-beo-ne-neun jang-hak-geu-meul sin-cheong-ha-ji a-neul geo-rae-yo]
听说敏秀这次将不申请奖学金。

## 2262 재능
[jae-neung]

名 才能，才华 ★★★☆

그는 어렸을 때 재능 있는 음악가였었다.
[geu-neun eo-ryeo-sseul ttae jae-neung it-neun eu-mak-ga-yeo-sseot-da]
他小时候是个相当有才华的音乐家。

## 2263 재료
[jae-ryo]

名 材料 ★★★★

양파는 그야말로 빠져서는 안 될 요리 재료다.
[yang-pa-neun geu-ya-mal-lo ppa-jyeo-seo-neun an doel yo-ri jae-ryo-da]
洋葱可以说是做料理时不可少的一种材料。

**2264 재빨리** [jae-ppal-li]
副 很快速地，赶紧
그녀는 웨딩드레스를 재빨리 입었다.
[geu-nyeo-neun we-ding-deu-re-seu-reul jae-ppal-li i-beot-da]
她赶紧穿上了婚纱。
★★★☆

**2265 재산** [jae-san]
名 财产
그의 재산은 수십억 원에 달한다.
[geu-e jae-sa-neun su-si-beo gwo-ne da-ran-da]
他的财产达到数十亿韩元。
★★★☆

**2266 재우다** [jae-u-da]
动 使睡觉，哄睡，放作料
그 아이가 졸려서 우는데 좀 재우세요.
[geu a-i-ga jol-lyeo-seo u-neun-da jom jae-u-se-yo]
那孩子困得一直在哭，快哄他睡吧。
★★☆☆

**2267 재작년** [jae-jang-nyeon]
名 前年
재작년에 어학 연수하러 미국에 갔어요.
[jae-jang-nyeo-ne eo-hak yeon-su-ha-reo mi-gu-ge ga-sseo-yo]
前年去美国研修语言。
★★★☆

**2268 재채기** [jae-chae-gi]
名 喷嚏
기침과 재채기, 트림은 손으로 입을 막고 고개를 옆으로 돌려서 합니다.
[gi-chim-gwa jae-chae-gi, teu-ri-meun so-neu-ro i-beul mak-go go-gae-reul yeo-peu-ro dol-lyeo-seo ham-ni-da]
咳嗽、打喷嚏、打嗝时，要用手捂住嘴巴并把头转向旁边。
★★★☆

**2269 저금** [jeo-geum]
名 储金，存钱
그는 돈을 전부 은행에 저금했다.
[geu-neun do-neul jeon-bu eu-naeng-e jeo-geu-maet-da]
他将钱全部存到银行了。
★★★☆

**2270 저절로** [jeo-jeol-lo]
副 自动，自己
바람이 불어서 문이 저절로 열렸다.
[ba-ra-mi bu-reo-seo mu-ni jeo-jeol-lo yeol-lyeot-da]
因为刮风，门自动打开了。
★☆☆☆

**2271 저축** [jeo-chuk]
动 储蓄
그동안 저축해 둔 돈으로 자동차를 샀다.
[geu-dong-an jeo-chu-kae dun do-neu-ro ja-dong-cha-reul sat-da]
我用这段时间存下来的钱买了一辆车。
★★★☆

### 2272 **적극적** [jeok-geuk-jeok]
副 积极地
이 친구는 일을 할 때 적극적으로 하니까 동료들이 모두 좋아해요.
[i chin-gu-neun i-reul hal ttae jeok-geuk-jeo-geu-ro ha-ni-kka dong-ryo-deu-ri mo-du jo-a-hae-yo]
这个朋友工作时很积极，所以同事们都很喜欢。

### 2273 **적당하다** [jeok-dang-ha-da]
形 适当的
케이크를 먹기 좋게 적당한 크기로 잘랐다.
[ge-i-keu-reul meok-gi jo-ke jeok-dang-han keu-gi-ro jal-lat-da]
将蛋糕分成适合吃的大小。

### 2274 **적응** [jeo-geung]
名 适应
하숙 생활에 적응할 수 있을지 걱정이에요.
[ha-suk saeng-hwa-re jeo-geung-hal su i-sseul-ji geok-jeong-i-e-yo]
很担心能不能适应寄宿生活。

### 2275 **전공** [jeon-gong]
名 专攻
그녀는 대학교에서 심리학을 전공했다.
[geu-nyeo-neun dae-hak-gyo-e-se sim-ni-ha-geul jeon-gong-haet-da]
她在大学学的专业是心理学。

### 2276 **전국** [jeon-guk]
名 全国
오늘 전국에 가끔 구름이 많겠습니다.
[o-neul jeon-gu-ge ga-kkeum gu-reu-mi man-ket-seup-ni-da]
今天全国多云。

### 2277 **전기** [jeon-gi]
名 电，前期，传记，传奇，战机
전기 요금과 수도 요금은 하숙비에 포함된다.
[jeon-gi yo-geum-gwa su-do yo-geu-meun ha-suk-bi-e po-ham-doen-da]
电费与水费包含在寄宿费里。

### 2278 **전달하다** [jeon-da-ra-da]
动 传达
내가 하는 보고서 내용은 상대방의 뇌에 명확하게 전달해 주었나?
[nae-ga ha-neun bo-go-seo nae-yong-eun sang-dae-bang-e noe-e myeong-hwa-ka-ge jeon-da-rae ju-eot-na]
我做的报告内容是否明确地传达到了对方的脑子里？

| 2279 | **전부** [jeon-bu] | 名 全部 ★★★☆ |

건강을 잃으면 전부를 잃는 것이에요.
[geon-gang-eul i-reu-myeon jeon-bu-reul il-leun geo-si-e-yo]
失去健康等于失去了所有。

| 2280 | **전시회** [jeon-si-hoe] | 名 展示会 ★★★☆ |

오늘 더워서 전시회에 꽃은 별로 없지만 사람들은 많아요.
[o-neul deo-wo-seo jeon-si-hoe-e kko-cheun byeol-lo eop-ji-man sa-ram-deu-reun ma-na-yo]
今天很热，所以展览场里没有很多花，但人还是很多。

| 2281 | **전자** [jeon-ja] | 名 电子 ★★★☆ |

이 가게는 신형이나 중고 전자 제품을 파는 가게이다.
[i ga-ge-neun si-nyeong-i-na jung-go jeon-ja je-pu-meul pa-neun ga-ge-i-da]
这是一家贩卖新型与二手电子产品的商店。

| 2282 | **전쟁** [jeon-jaeng] | 名 战争 ★★★☆ |

핵 전쟁이 일어나면 온 세상은 재난이 될 것이다.
[haek jeon-jaeng-i i-reo-na-myeon on se-sang-eun jae-na-ni doel geo-si-da]
如果爆发核战争，全世界都会出现灾难。

| 2283 | **전체** [jeon-che] | 名 全体，整个 ★★★☆ |

책 한 권 전체를 다 복사할 수 없다.
[chaek han gwon jeon-che-reul da bok-sa-hal su eop-da]
不可能复印整本书。

| 2284 | **전통** [jeon-tong] | 名 传统 ★★★★ |

동생은 한국 전통 요리를 먹고 싶고, 오빠는 간단한 햄버거를 먹자는 것이다.
[dong-saeng-eun han-guk jeon-tong yo-ri-reul meok-go sip-go, o-ppa-neun gan-da-nan haem-beo-geo-reul meok-ja-neun geo-si-da]
妹妹想吃传统韩国料理，而哥哥想吃简单的汉堡。

| 2285 | **전하다** [jeo-na-da] | 动 传达，传，转交，承接 ★★★☆ |

저 대신 선생님에게 안부를 전해 주세요.
[jeo dae-sin seon-saeng-ni-me-ge an-bu-reul jeo-nae ju-se-yo]
请代我向老师问好。

## 2286 전환 [jeo-nwan]
名 转换 ★★★☆
기분을 **전환**하기 위해서 술을 한 잔 합시다.
[gi-bu-neul jeon-nwan-ha-gi wi-hae-seo su-reul han jan hap-si-da]
为了转换心情，我们去喝一杯吧。

## 2287 젊다 [jeom-da]
形 年轻的 ★★★☆
그녀는 **젊**었을 때의 몸매를 유지하고 있다.
[geu-nyeo-neun jeol-meo-sseul ttae-e mom-mae-reul yu-ji-ha-go it-da]
她一直都保持着年轻时的身材。

## 2288 점 [jeom]
名 点，算命 ★★★☆
일찍 자고 일찍 일어나면 좋은 **점**들이 많아요.
[il-jjik ja-go il-jjik i-reo-na-myeon jo-eun jeom-deu-ri ma-na-yo]
早睡早起有很多好处。

## 2289 점점 [jeom-jeom]
副 渐渐，逐渐 ★★★☆
그녀의 건강은 **점점** 좋아지고 있다.
[geu-nyeo-e geon-gang-eun jeom-jeom jo-a-ji-go it-da]
她的健康在逐渐好转。

## 2290 접다 [jeop-da]
动 折，合上，收起 ★★☆☆
나는 종이를 반으로 **접**었다.
[na-neun jong-i-reul ba-neu-ro jeo-peot-da]
我将纸张对折成一半了。

## 2291 정각 [jeong-gak]
名 整点 ★★★☆
지금은 **정각** 여섯 시입니다.
[ji-geu-meun jeong-gak yeo-seot si-im-ni-da]
现在是六点整。

## 2292 정거장 [jeong-geo-jang]
名 车站 ★★★☆
그는 그녀를 버스 **정거장**까지 바래다 주었다.
[geu-neun geu-nyeo-reul beo-seu jeong-geo-jang-kka-ji ba-rae-da ju-eot-da]
他送她到公车站了。

## 2293 정답 [jeong-dap]
名 正确答案 ★★☆☆
그 반친구는 나에게 **정답**을 알려 주었어요.
[geu ban-chin-gu-neun na-e-ge jeong-da-beul al-lyeo ju-eo-sseo-yo]
那个同学告诉我正确答案了。

## 2294 정말로 [jeong-mal-lo]
副 真的
친구와의 약속은 정말로 중요하다.
[chin-gu-wa-e yak-so-geun jeong-mal-lo jung-yo-ha-da]
和朋友的约定真的很重要。

## 2295 정문 [jeong-mun]
名 正门，大门
10번 버스는 정문 앞에서 10분마다 출발한다.
[sip beon beo-seu-neun jeong-mun a-pe-seo sip bun-ma-da chul-ba-ran-da]
十路公交车在大门口每隔十分钟发一班。

## 2296 정수기 [jeong-su-gi]
名 净水器
수돗물보다 정수기 물이 깨끗해요.
[su-dot-mul-bo-da jeong-su-gi mu-ri kkae-kkeu-tae-yo]
净水器的水比自来水干净。

## 2297 정신 [jeong-sin]
名 精神，精力
요즘 회사 일이 너무 바빠서 정신이 하나도 없어요.
[yo-jeum hoe-sa i-ri neo-mu ba-ppa-seo jeong-si-ni ha-na-do eop-seo-yo]
最近工作太忙了，所以精神很差。

## 2298 정원 [jeong-won]
名 庭院
우리 집 정원에 드디어 장미 꽃이 피었다.
[u-ri jip jeong-wo-ne deu-di-eo jang-mi kko-chi pi-eot-da]
我家庭院的玫瑰花终于开了。

## 2299 정지 [jeong-ji]
名 停止，静止
빨간 정지 신호를 무시하고 달렸다.
[ppal-gan jeong-ji si-no-reul mu-si-ha-go dal-lyeot-da]
无视红色的停止信号跑了出去。

## 2300 정하다 [jeong-ha-da]
动 决定，定，净
회의 장소와 일시를 정했다.
[hoe-ui jang-so-wa il-si-reul jeong-haet-da]
决定了会议场所和日期。

### 2301 **정형외과** [jeong-hyeong-oe-gwa]
名 矫正外科 ★☆☆☆
요즘 정형외과에서 다리 치료를 받기 시작했다.
[yo-jeum jeong-hyeong-oe-gwa-e-seo da-ri chi-ryo-reul bat-gi si-ja-kaet-da]
最近开始在矫正外科接受腿部治疗。
🔁 성형외과 整形外科

### 2302 **정확** [jeong-hwak]
名 正确 ★★★★
우리는 그 식당의 정확한 위치를 알고 있었다.
[u-ri-neun geu sik-dang-e jeong-hwa-kan wi-chi-reul al-go i-sseot-da]
我们知道那间餐厅的准确位置。

### 2303 **젖** [jeot]
名 奶，乳头，乳房 ★★★☆
아기에게 젖을 먹이다.
[a-gi-e-ge jeo-seul meo-gi-da]
喂婴儿喝母乳。

### 2304 **제대로** [je-dae-ro]
副 顺利地，好好地，按原样 ★★☆☆
그 사람은 너무 슬퍼서 말도 제대로 못 했다.
[geu sa-ra-meun neo-mu seul-peo-seo mal-do je-dae-ro mo tat-da]
那人太伤心了，连话都没办法好好说。

### 2305 **제목** [je-mok]
名 题目，标题，名称 ★★★☆
나는 그 영화 제목을 기억하지 못했다.
[na-neun geu yeong-hwa je-mo-geul gi-eo-ka-ji mo-taet-da]
我没记住那部电影的名字。

### 2306 **제시간** [je-si-gan]
名 一定的时间，准时 ★★☆☆
감기에 걸렸을 때 약을 제시간에 안 먹으면 어떻게 되나요?
[gam-gi-e geol-lyeo-sseul ttae ya-geul je-si-ga-ne an meo-geu-myeon e-tteo-ke doe-na-yo]
感冒时如果没有按时吃药会如何？

### 2307 **제자** [je-ja]
名 弟子，学生 ★★★☆
자식을 보기에 아비만한 눈이 없고 제자를 보기에 스승만한 눈이 없다.
[ja-si-geul bo-gi-e a-bi-ma-nan nu-ni eop-go je-ja-reul bo-gi-e seu-seung-ma-nan nu-ni eop-da]
知子莫若父，知徒莫若师。

### 2308 제품 [je-pum]
名 产品，制品 ★★★★
우리 제품은 경쟁사 것보다 뛰어나고 좋다.
[u-ri je-pu-meun gyeong-jaeng-sa geot-bo-da ttwi-eo-na-go jo-ta]
我们的产品比竞争者的产品更优质。

### 2309 조각 [jo-gak]
名 块 ★★★★
토스트 조각에 잼과 버터를 바른다.
[to-seu-teu jo-ga-ge jam-gwa beo-teo-reul ba-reun-da]
在面包片上抹果酱和奶油。

### 2310 조건 [jo-geon]
名 条件 ★★★★
장학금을 신청하려면 특별한 조건이 필요해요?
[jang-hak-geu-meul sin-cheong-ha-ryeo-myeon teuk-byeo-ran jo-geo-ni pi-ryo-hae-yo]
申请奖学金需要特别的条件吗？

### 2311 조리 [jo-ri]
名 条理 ★★★★
그분은 조리 있게 말하는 자신감 있는 사람이다.
[geu-bu-neun jo-ri it-ge ma-ra-neun ja-sin-gam it-neun sa-ra-mi-da]
他是个说话有条理而且有自信的人。

### 2312 조카 [jo-ka]
名 侄，甥 ★★★★
그는 그의 조카에게 많은 돈을 유산으로 남겼다.
[geu-neun geu-e jo-ka-e-ge ma-neun do-neul yu-sa-neu-ro nam-gyeot-da]
他留给侄子许多遗产。

### 2313 졸다 [jol-da]
动 打瞌睡 ★★★★
책을 보면서 졸았어요.
[chae-geul bo-myeon-seo jo-ra-sseo-yo]
看书打瞌睡。

### 2314 졸리다 [jol-li-da]
动 觉得想睡，困 ★★★★
책을 읽으면 졸려요.
[chae-geul il-geu-myeon jol-lyeo-yo]
只要一看书就犯困。

### 2315 졸음 [jo-reum]
名 困，睡意 ★★★★
눈을 비벼 졸음을 쫓아 보세요.
[nu-neul bi-byeo jo-reu-meul jjo-cha bo-se-yo]
试着揉一揉眼睛驱赶睡意吧。

### 2316 **종교** [jong-gyo]
名 宗教
나는 어떤 종교도 지지하지 않는다.
[na-neun eo-tteon jong-gyo-do ji-ji-ha-ji an-neun-da]
我不信任何宗教。

### 2317 **종류** [jong-ryu]
名 种类
송편은 떡의 한 종류이다.
[song-pyeo-neun tteo-ge han jong-ryu-i-da]
松糕是糕的一种。

### 2318 **종소리** [jong-so-ri]
名 钟声，铃声
종소리가 맑게 울렸다.
[jong-so-ri-ga mal-ge ul-lyeot-da]
钟声清澈地响起。

### 2319 **종일** [jong-il]
名 终日，整天
하루 종일 집에 있으면 심심할 것이다.
[ha-ru jong-il ji-be i-sseu-myeon sim-si-mal geo-si-da]
整天都待在家里会很无聊。

### 2320 **종종** [jong-jong]
副 偶尔
그 일이 종종 이 주변에서 일어난다.
[geu i-ri jong-jong i ju-byeo-ne-seo i-reo-nan-da]
那种事偶尔在这附近发生。

### 2321 **주로** [ju-ro]
副 主要
수영 씨는 주로 어디에서 쇼핑을 해요?
[su-yeong ssi-neun ju-ro eo-di-e-seo syo-ping-eul hae-yo]
秀英小姐主要在哪里逛街？

### 2322 **주름** [ju-reum]
名 皱纹，皱褶
예뻤던 얼굴에 이젠 주름이 생겼다.
[ye-ppeot-deon eol-gu-re i-jen ju-reu-mi saeng-gyeot-da]
原本漂亮的脸孔上如今出现了皱纹。

### 2323 **주머니** [ju-meo-ni]
名 口袋，袋子
남은 천으로 핸드폰 주머니를 만들었다.
[na-meun cheo-neu-ro haen-deu-pon ju-meo-ni-reul man-deu-reot-da]
我用剩下的布制作了手机袋。

| 2324 | **주무시다** [ju-mu-si-da] | 动 睡（자다的敬语）<br>그분은 모기장을 치고 주무십니까?<br>[geu-bu-neun mo-gi-jang-eul chi-go ju-mu-sim-ni-kka]<br>他睡觉时用蚊帐吗？ | ★★★★ |
|---|---|---|---|
| 2325 | **주위** [ju-wi] | 名 周围<br>걸음을 잠시 멈추고 주위를 보세요.<br>[geol-eu-meul jam-si meom-chu-go ju-wi-reul bo-se-yo]<br>请暂停脚步，看看周围。 | ★★★ |
| 2326 | **주의** [ju-i] | 名 注意，劝告，主义<br>운전하면 주의를 기울여 주세요.<br>[un-jeo-na-myeon ju-i-reul gi-u-ryeo ju-se-yo]<br>开车时请专心。 | ★★★ |
| 2327 | **죽이다** [ju-gi-da] | 动 杀死，平息，压低，屏息<br>고양이가 쥐 한 마리를 죽였다.<br>[go-yang-i-ga jwi han ma-ri-reul ju-gyeot-da]<br>猫杀死了一只老鼠。 | ★★ |
| 2328 | **줄** [jul] | 名 绳子，线，弦，方法，行列<br>순서대로 줄을 서 주세요.<br>[sun-seo-dae-ro ju-reul seo ju-se-yo]<br>请按照顺序排队。 | ★★★ |
| 2329 | **줄이다** [ju-ri-da] | 动 减少，降低，缩小<br>그녀는 살을 빼기 위해 식사량을 줄였다.<br>[geu-nyeo-neun sa-reul ppae-gi wi-hae sik-sa-ryang-eul ju-ryeot-da]<br>她为了减肥而减小了食量。 | ★★ |
| 2330 | **줍다** [jup-da] | 动 捡，拾<br>어젯밤에 길에 떨어진 지폐를 줍는 꿈을 꾸었다.<br>[eo-jet-ba-me gi-re tteo-reo-jin ji-pye-reul jum-neun kku-meul kku-eot-da]<br>昨晚做了个捡掉在地上的钞票的梦。 | ★★ |
| 2331 | **중** [jung] | 名 中级，中间，之中，重，和尚<br>빨간색하고 파란색 중에서 뭐가 더 좋아요?<br>[ppak-gan-sae-ka-go pa-ran-saek jung-e-seo mwo-ga deo jo-a-yo]<br>红色和蓝色当中更喜欢哪一个？ | ★★★ |

### 2332 중간 [jung-gan]
名 中间
통로 중간에서 왼쪽에 있는 것이 내 방이다.
[tong-no jung-ga-ne-seo oen-jjo-ge it-neun geo-si nae bang-i-da]
通道中间左边那个是我的房间。

### 2333 중고 [jung-go]
名 中古
그 차는 중고 시장에서 좋은 가격으로 팔렸다.
[geu cha-neun jung-go si-jang-e-seo jo-eun ga-gyeo-geu-ro pal-lyeot-da]
那辆车在二手市场卖出了好价格。

### 2334 중독 [jung-dok]
名 中毒，毒害，上瘾
많은 사람들이 인터넷에 중독되어 있다.
[ma-neun sa-ram-deu-ri in-teo-ne-se jung-dok-doe-eo it-da]
许多人都有网瘾。

### 2335 중순 [jung-sun]
名 中旬
저는 3월 중순에 결혼해요.
[jeo-neun sa-mwol jung-su-ne gyeo-ro-nae-yo]
我在三月中旬结婚。

### 2336 중심 [jung-sim]
名 中心，核心，重心
남산은 서울 시내 중심에 자리잡고 있다.
[nam-sa-neun seo-ul si-nae jung-si-me ja-ri-jap-go it-da]
南山位于首尔市中心。

### 2337 중앙 [jung-ang]
名 中央
그는 중앙 정부의 경제 개혁을 추진했다.
[geu-neun jung-ang jeong-bu-e gyeong-je gae-hyeo-geul chu-ji-naet-da]
他推进了中央政府的经济改革。

### 2338 즐거워하다 [jeul-geo-wo-ha-da]
动 感到高兴，感到开心
아이들이 이 게임을 하며 함께 즐거워했다.
[a-i-deu-ri i ge-i-meul ha-myeo ham-kke jeul-geo-wo-haet-da]
孩子们玩着这个游戏，感到很开心。

### 2339 지나가다 [ji-na-ga-da]
动 经过，过去
그는 지나가는 사람에게 길을 물어봤다.
[geu-neun ji-na-ga-neun sa-ra-me-ge gi-reul mu-reo-bwat-da]
他向经过的路人问了路。

| 2340 | **지나다** [ji-na-da] | 动 经过，过去 ★★★☆ 제 친구가 지난 토요일에 밥을 사 줬어요. [je chin-gu-ga ji-nan to-yo-i-re ba-beul sa jwo-sseo-yo] 我朋友上周六请我吃饭了。 |

| 2341 | **지니다** [ji-ni-da] | 动 带，携带，具有，怀 ★★☆☆ 평소에 거만한 태도 말고 겸손한 태도를 지니세요. [pyeong-so-e geo-ma-nan tae-do mal-go gyeom-so-nan tae-do-reul ji-ni-se-yo] 平时不要怀着傲慢的态度，而要怀着谦虚的态度处世。 |

| 2342 | **지다** [ji-da] | 动 输，战败，形成，落，枯萎，背，负担 ★★☆☆ 태양은 이미 지평선 밑으로 진 상태였다. [tae-yang-eun i-mi ji-pyeong-seon mi-teu-ro jin sang-tae-yeot-da] 太阳早已经落到地平线下。 |

| 2343 | **지루하다** [ji-ru-ha-da] | 形 无聊，厌烦，漫长，冗长 ★★★☆ 그 영화가 지루해서 나는 잠이 들었다. [geu yeong-hwa-ga ji-ru-hae-seo na-neun ja-mi deu-reot-da] 那部电影太无聊，我都睡着了。 |

| 2344 | **지르다** [ji-reu-da] | 动 叫喊 ★★★☆ 공주는 냅다 소리를 질렀다. "싫어! 저리 가!" [gong-ju-neun naep-da so-ri-reul jil-leot-da][si-reo! jeo-ri-ga!] 公主猛然喊："讨厌！你走开！" |

| 2345 | **지문** [ji-mun] | 名 指纹，地貌，自然地理学 ★★★☆ 지문이 완전히 일치하는 사람은 이 세상에 존재하지 않는다. [ji-mu-ni wan-jeo-ni il-chi-ha-neun sa-ra-meun i se-sang-e jon-jae-ha-ji an-neun-da] 世界上不存在指纹完全一样的人。 |

| 2346 | **지방** [ji-bang] | 名 地方，脂肪 ★★★★ 어제 중부 지방에 집중호우가 내렸다. [eo-je jung-bu ji-bang-e jip-jung-ho-u-ga nae-ryeot-da] 昨天中部地区出现了集中强降雨。 |

## 2347 지불 [ji-bul]
名 支付，付款 ★★★☆
🎧 나는 매달 말에 방세를 지불해야 한다.
[na-neun mae-dal ma-re bang-se-reul ji-bu-rae-ya han-da]
我需要在每月月底付房租。

## 2348 지역 [ji-yeok]
名 地区，地域 ★★★☆
🎧 그 지역의 대부분이 물에 잠겼다.
[i ji-yeo-ge dae-bu-bu-ni mu-re jam-gyeot-da]
那个地区大部分都浸在水里了。

## 2349 지장 [ji-jang]
名 障碍，手印 ★★☆☆
🎧 수면 부족은 일상생활에 심한 지장을 줄 수 있다.
[su-myeon bu-jo-geun il-sang-saeng-hwa-re si-man ji-jang-eul jul su it-da]
睡眠不足会对日常生活造成严重的影响。

## 2350 지진 [ji-jin]
名 地震 ★★★☆
🎧 지진이 일어났을 때 대피할 수 있는 훈련을 배워야 한다.
[ji-ji-ni i-reo-na-sseul ttae dae-pi-hal su it-neun hul-lyeo-neul bae-wo-ya han-da]
要进行发生地震时的躲避训练。

## 2351 지출 [ji-chul]
名 支出 ★★☆☆
🎧 돈을 모으려면 불필요하게 나가게 되는 지출을 줄이는 것도 중요하다.
[do-neul mo-eu-ryeo-myeon bul-pi-ryo-ha-ge na-ga-ge doe-neun ji-chu-reul ju-ri-neun geot-do jung-yo-ha-da]
若想存钱，减少不必要的支出是很重要的。

## 2352 지퍼 [ji-peo]
名 拉链 ★★★☆
🎧 바지 지퍼가 열렸다.
[ba-ji ji-peo-ga yeol-lyeot-da]
裤子拉链开了。

## 2353 직장 [jik-jang]
名 职场，工作单位，直肠 ★★★☆
🎧 외모에 대한 자신 부족은 직장을 구하는 데 장애가 될 수 있다.
[oe-mo-e dae-han ja-sin bu-jo-geun jik-jang-eul gu-ha-neun de jang-ae-ga doel su it-da]
对外貌信心不足可能会影响求职。

## 2354 직접 [jik-jeop]
**名 / 副** 直接，亲自 ★★★☆
- 그녀와 직접 이야기하고 싶다.
[geu-nyeo-wa jik-jeop i-ya-gi-ha-go sip-da]
我想直接和她谈。

## 2355 직진하다 [jik-ji-na-da]
**动** 直走 ★★★☆
- 우체국에서 저기 신호등까지 직진하세요.
[u-che-gu-ge-seo jeo-gi si-no-deung-kka-ji jik-ji-na-se-yo]
请从邮局直走到那个红绿灯。

## 2356 진급 [jin-geup]
**名** 晋级 ★★★☆
- 친구들은 모두 중급으로 진급했다.
[chin-gu-deu-reun mo-du jung-geu-beu-ro jin-geu-paet-da]
同学们全都晋级到中级了。

## 2357 진술하다 [jin-su-ra-da]
**动** 陈述 ★★☆☆
- 그 대화의 자세한 내용을 진술해 주세요.
[geu dae-hwa-e ja-se-han nae-yong-eul jin-su-rae ju-se-yo]
请陈述那段对话的详细内容。

## 2358 진찰 [jin-chal]
**名** 诊察，诊查 ★★★☆
- 약을 쓰기 전에 진찰을 받으세요.
[ya-geul sseu-gi jeo-ne jin-cha-reul ba-deu-se-yo]
在用药之前，请先接受诊查。

## 2359 진하다 [ji-na-da]
**形** 浓，颜色深 ★★★☆
- 이 커피는 맛이 부드럽고 진하다.
[i keo-pi-neun ma-si bu-deu-reop-go ji-na-da]
这咖啡的味道柔和又浓香。

## 2360 집들이 [jip-deu-ri]
**名** 迁居，乔迁派对，乔迁宴 ★★★☆
- 집들이를 할 때 사 주는 특별한 선물이 있어요?
[jip-deu-ri-reul hal ttae sa ju-neun teuk-byeo-ran seon-mu-ri i-sseo-yo]
参加乔迁宴需要送什么特别的礼物吗？

## 2361 집사람 [jip-sa-ram]
**名** 太太 ★★★☆
- 현재 집사람과 함께 가사, 육아를 분담하고 있다.
[hyeon-je jip-sa-ram-gwa ham-kke ga-sa, yu-ga-reul bun-da-ma-go it-da]
现在和我太太一起分担家事与育儿。

| 2362 | **집세** [jip-se] | 名 房租 ★★★☆<br>나는 매달 5일에 집세를 내야 해요.<br>[na-neun mae-dal o i-re jip-se-reul nae-ya hae-yo]<br>我在每月五号缴房租。 |

| 2363 | **집안** [ji-ban] | 名 家中，家里，家门，家庭 ★★★☆<br>그 집안에 딸이 다섯 명 있다.<br>[geu ji-ba-ne tta-ri da-seot myeong it-da]<br>那家有五个女儿。 |

| 2364 | **집안일** [ji-ban-nil] | 名 家事，家务 ★★☆☆<br>모든 집안일은 제가 맡아서 하고 있다.<br>[mo-deun ji-ba-ni-reun je-ga ma-ta-seo-ha-go it-da]<br>所有家事都由我来负责。 |

| 2365 | **짓다** [jit-da] | 动 造，做，建造，筑 ★★★☆<br>제비가 우리 집 처마에 집을 짓고 있다.<br>[je-bi-ga u-ri jip cheo-ma-e ji-beul jit-go it-da]<br>燕子正在我们家屋檐下筑巢。 |

| 2366 | **짖다** [jit-da] | 动 吠，叫 ★★☆☆<br>멀리서 개들이 짖는 소리가 들린다.<br>[meol-li-seo gae-deu-ri jit-neun so-ri-ga deul-lin-da]<br>远远地传来狗叫声。 |

| 2367 | **짙다** [jit-da] | 形 浓的，深的 ★★★☆<br>현재 서해안에는 짙은 안개가 낀 곳이 있다.<br>[hyeon-jae seo-hae-a-ne-neun ji-teun an-gae-ga kkin go-si it-da]<br>目前西海岸有些地方起了浓雾。 |

| 2368 | **짜증** [jja-jeung] | 名 怒气，火气 ★★★☆<br>너를 짜증 나게 하려는 의도는 아니었어요.<br>[neo-reul jja-jeung na-ge ha-ryeo-neun ui-do-neun a-ni-eo-sseo-yo]<br>我无意让你动怒。 |

| 2369 | **짝** [jjak] | 名 双，对，一副，一件 ★★★☆<br>몇몇 양말들은 짝이 맞지 않는다.<br>[myeot-myeot yang-mal-deul-eun jja-gi mat-ji an-neun-da]<br>好几只袜子不成双。 |

| 2370 | **쫓기다** [jjot-gi-da] | 动 被追 <br> 범인이 경찰에게 쫓기고 있다. <br> [beo-mi-ni gyeong-cha-re-ge jjot-gi-go it-da] <br> 犯人正在被警察追。 | ★★★★★ |
|---|---|---|---|
| 2371 | **쫓다** [jjot-da] | 动 追，追赶，驱赶 <br> 고양이가 쥐를 쫓고 있다. <br> [go-yang-i-ga jwi-reul jjot-go it-da] <br> 猫正在追老鼠。 | ★★★★★ |
| 2372 | **쯤** [jjeum] | 副 大约 <br> 여기에서 신촌까지 지하철로 30분쯤 걸려요. <br> [yeo-gi-e-seo sin-chon-kka-ji ji-ha-cheol-lo sam-sip bun-jjeum geol-lyeo-yo] <br> 从这里到新村坐地铁大约要三十分钟。 | ★★★★★ |
| 2373 | **찌다** [jji-da] | 动 发胖，砍，蒸，结发髻 <br> 그녀는 살이 좀 찐 것 같다. <br> [geu-nyeo-neun sa-ri jom jjin geot-gat-da] <br> 她好像有点胖了。 | ★★★★★ |

**MEMO**

# MEMO

우물 안 개구리.
井底之蛙。

本书所有单词均采用三段式，即"单词分解（语速慢）/完整词汇（语速快）/中文解释"的方式录制。
例：춥．다（单词分解）/ 춥다（完整词汇）/ 冷（中文解释）
🎧符号之后的韩语例句由韩籍老师朗读。

2374 **차갑다**
[cha-gap-da]
形 冰冷的，凉  ★★★☆
🎧 그 왕비는 아름답지만 마음이 얼음처럼 차가워요.
[geu wang-bi-neun a-reum-dap-ji-man ma-eu-mi eo-reum-cheo-reom cha-ga-wo-yo]
那个王妃虽然美丽，但心却如同冰块般冰冷。

2375 **차다**
[cha-da]
形 冷，凉  ★★★☆
🎧 에어컨의 차고 건조한 공기는 목에 안 좋아요.
[e-eo-keo-ne cha-go geon-jo-han gong-gi-neun mo-ge an jo-a-yo]
空调的冷空气干燥，对喉咙不好。

2376 **차다**
[cha-da]
动 踢，充满，足，佩带  ★★☆☆
🎧 나는 이번 주 스케줄이 꽉 차 있다.
[na-neun i-beon ju seu-ke-ju-ri kkwak cha it-da]
我这一周的行程都排满了。

2377 **차례**
[cha-rye]
名 顺序，茶礼  ★★★☆
🎧 줄을 서서 차례대로 버스에 올라타요.
[ju-reul seoo-seo cha-rye-dae-ro beo-seu-e ol-la-ta-yo]
请排队按顺序上公交车。

2378 **차리다**
[cha-ri-da]
动 备置，恢复，察觉，打扮  ★★☆☆
🎧 방금 전까지도 난 전혀 알아 차리지 못했었다.
[bang-geum jeon-kka-ji-do nan jeo-nyeo a-ra cha-ri-ji mo-tae-sseot-da]
直到刚才我都完全没察觉到。

2379 **차이**
[cha-i]
名 差异  ★★★☆
🎧 그들의 실력은 하늘과 땅 차이다.
[geu-deu-re sil-lyeo-geun ha-neul-gwa ttang cha-i-da]
他们的实力简直有天壤之别。

2380 **차이점**
[cha-i-jeom]
名 差异，不同点  ★★★☆
🎧 그들의 차이점이 많아요.
[geu-deu-re cha-i-jeo-mi ma-na-yo]
他们有很多差异。

2381 **착각하다**
[chak-ga-ka-da]
动 错觉，误以为  ★★☆☆
🎧 저를 다른 분으로 착각하셨나 봐요.
[jeo-reul da-reun bu-neu-ro chak-ga-ka-syeot-na bwa-yo]
好像把我误认为是其他人了。

| 2382 | **참다** [cham-da] | 动 忍 ★★★☆<br>사람들은 이런 불필요한 소음을 참았다.<br>[sa-ram-deu-reun i-reon bul-pi-ryo-han so-eu-meul cha-mat-da]<br>人们忍受了这些不必要的噪音。 |
|---|---|---|
| 2383 | **참되다** [cham-doe-da] | 形 真正的，实在的 ★★☆☆<br>"어려울 때 친구가 참된 친구다"라는 말이 있다.<br>[eo-ryeo-ul ttae chin-gu-ga cham-doen chin-gu-da ra-neun ma-ri it-da]<br>俗话说："共患难的朋友才是真正的朋友。" |
| 2384 | **참석** [cham-seok] | 名 参加，出席 ★★★☆<br>내일 오후 2시에 회의 참석해야 한다.<br>[nae-il o-hu du-si-e hoe-i cham-seo-kae-ya han-da]<br>明天下午两点得参加会议。 |
| 2385 | **창피하다** [chang-pi-ha-da] | 形 惭愧，害羞，丢脸 ★★★☆<br>체면이 깎이는 일을 당할 때 창피한 느낌이 든다.<br>[che-myeo-ni kka-kki-neun i-reul dang-hal ttae chang-pi-han neu-kki-mi deun-da]<br>遇到有损颜面的事，会觉得很丢脸。 |
| 2386 | **채** [chae] | 名 栋，鞭，辫子，细物长度，丝，筛子 ★★★☆<br>1월에 본 지역 주택 판매량이 1만 채로 증가세를 유지하고 있다.<br>[i-rwo-re bon ji-yeok ju-taek pan-mae-ryang-i il man chae-ro jeung-ga-se-reul yu-ji-ha-go it-da]<br>一月份本区域住宅销售量达一万套，维持着上升趋势。 |
| 2387 | **채** [chae] | 副 尚未 ★★☆☆<br>그의 자서전은 채 완성되지 못했다.<br>[geu-e ja-seo-jeo-neun chae wan-seong-doe-ji mo-taet-da]<br>他的自传尚未撰写完成。 |
| 2388 | **채** [chae] | 依 保持某状态 ★★★☆<br>지난주 수업 시간에는 휴대폰을 꺼 놓은 채로 수업했다.<br>[ji-nan-ju su-eop si-ga-ne-neun hyu-dae-po-neul kkeo no-neun chae-ro su-eo-paet-da]<br>上周在上课时，手机一直保持关机状态。 |

### 2389 채우다
[chae-u-da]

动 装满，到期，锁上，戴 ★★☆☆

남산에서 사랑의 자물쇠를 채우고 왔다.
[nam-sa-ne-seo sa-rang-e ja-mul-soe-reul chae-u-go wat-da]
我在南山锁了爱情锁。

### 2390 책방
[chaek-bang]

名 书店 ★★★★

시내에 있는 책방에 들렀다가 컬러링 북을 보게 되었다.
[si-nae-e it-neun chaek-bang-e deul-leot-da-ga keol-leo-ring bu-geul bo-ge-doe-eot-da]
在市区的一间书店，看到了着色本。

### 2391 챙기다
[chaeng-gi-da]

动 准备好 ★★★☆

비가 오는 날에 우산을 잘 챙기세요.
[bi-ga o-neun na-re u-sa-neul jal chaeng-gi-se-yo]
下雨的日子请一定要带雨伞。

### 2392 처리
[cheo-ri]

名 处理 ★★★☆

오늘 회사에서 중요하고 급한 일을 처리하려고 해요.
[o-neul hoe-sa-e-seo jung-yo-ha-go geu-pan i-reul cheo-ri-ha-ryeo-go hae-yo]
今天要在公司处理重要而且很紧急的事情。

### 2393 천사
[cheon-sa]

名 天使 ★★★☆

우리는 그 사람을 마치 천사처럼 착각하고 있다.
[u-ri-neun geu sa-ra-meul ma-chi cheon-sa-cheo-reom chak-ga-ka-go it-da]
我们看错了那个人，以为他像天使一样。

### 2394 천장
[cheon-jang]

名 天花板 ★★★☆

나는 천장을 분홍색으로 칠하려고 한다.
[na-neun cheon-jang-eul bu-nong-sae-geu-ro chi-ra-ryeo-go han-da]
我想将天花板漆成粉红色。

### 2395 첫눈
[cheot-nun]

名 第一眼，初雪 ★★★☆

나는 그 사람에게 첫눈에 반했다.
[na-neun geu sa-ra-me-ge cheot-nu-ne ba-naet-da]
我对那个人一见钟情。

| 2403 | 单词进度表 | 학습스케줄 |

## 2396 청년 [cheong-nyeon]
名 青年 ★★★☆
요즘 **청년** 실업 문제가 심각하다.
[yo-jeum cheong-nyeon si-reop mun-je-ga sim-ga-ka-da]
近年来，青年失业问题严重。

## 2397 체육관 [che-yuk-gwan]
名 体育馆 ★★★☆
**체육관**에서 실내 운동 경기를 할 수 있다.
[che-yuk-gwa-ne-seo sil-nae un-dong gyeong-gi-reul hal su it-da]
在体育馆可以举行室内运动比赛。

## 2398 체중 [che-jung]
名 体重 ★★★☆
나는 **체중**이 60 킬로그램이에요.
[na-neun che-jung-i yuk-sip kil-lo-geu-rae-mi-e-yo]
我的体重是六十公斤。

## 2399 쳐다보다 [chyeo-da-bo-da]
动 望，凝视，仰望 ★★☆☆
그는 취한 얼굴로 그녀를 **쳐다보**았다.
[geu-neun chwi-han eol-gul-lo geu-nyeo-reul chyeo-da-bo-at-da]
他以喝醉的神情望着她。

## 2400 초대 [cho-dae]
名 邀请，招待，初代 ★★★☆
우리는 그들을 결혼식에 **초대**하지 않았다.
[u-ri-neun geu-deu-reul gyeo-ron-si-ge cho-dae-ha-ji a-nat-da]
我们没有邀请他们参加结婚典礼。

## 2401 초대장 [cho-dae-jang]
名 邀请卡，请帖，邀请信 ★★★☆
**초대장**을 보고 날짜를 확인해 보세요.
[cho-dae-jang-eul bo-go nal-jja-reul hwa-gi-nae bo-se-yo]
请看邀请卡，确认日期。

## 2402 초록색 [cho-rok-saek]
名 草绿色 ★★★☆
그녀의 **초록색** 모자는 치마와 잘 어울린다.
[geu-nyeo-e cho-rok-saek mo-ja-neun chi-ma-wa jal eo-ul-lin-da]
她的草绿色帽子和裙子很搭配。

## 2403 촬영 [chwa-ryeong]
名 摄影 ★★★☆
제 취미는 **촬영**입니다.
[je chwi-mi-neun chwa-ryeong-im-ni-da]
我的爱好是摄影。

**2404 최저** [choe-jeo] 名 最低 ★★★☆
오늘 최저 기온이 몇 도쯤 돼요?
[o-neul choe-jeo gi-o-ni myeot do-jjeum dwae-yo]
今天最低温度大约是几度?

**2405 추위** [chu-wi] 名 寒冷 ★★☆☆
내일은 추위가 약해지겠지만 또 눈 소식이 있다고 한다.
[nae-i-reun chu-wi-ga ya-kae-ji-get-ji-man tto nun so-si-gi it-da-go han-da]
虽然明天不会这么冷，但是听说又要下雪了。

**2406 추측** [chu-cheok] 名 推測 ★★★☆
내 추측은 틀리지 않았다.
[nae chu-cheu-geun teul-li-ji a-nat-da]
我的推测并没有错。

**2407 축제** [chuk-je] 名 庆典，活动 ★★★☆
올해 장미 축제는 5월 20일부터 시작된다.
[o-rae jang-mi chuk-je-neun o wol i-si bil-bu-teo si-jak-doen-da]
今年的玫瑰庆典是从五月二十日开始的。

**2408 출근길** [chul-geun-gil] 名 上班的路 ★★★☆
출근길에 교통사고가 났어요.
[chul-geun-gi-re gyo-tong-sa-go-ga na-sseo-yo]
在上班的路上出了车祸。

**2409 출산** [chul-san] 名 生，分娩 ★★☆☆
출산 예정일이 언제예요?
[chul-san ye-jeong-i-ri eon-je-ye-yo]
预产期是什么时候？

**2410 출석** [chul-seok] 名 出席 ★★★☆
수업 출석이 성적의 10%를 차지한다.
[su-eop chul-seo-gi seong-jeo-ge sip peu-ro-reul cha-ji-han-da]
上课出席率占成绩的百分之十。

**2411 출입** [chu-rip] 名 出入 ★★★★
이 빌딩은 방문객들의 출입을 통제한다.
[i bil-ding-eun bang-mun-gaek-deu-re chu-ri-beul tong-je-han-da]
这间大楼管制访客们的出入。

### 2412 출입국 [chu-lip-guk]
名 出入境，出入国
🎧 국경 **출입국** 관리 직원이 내 여권에 도장을 찍었다.
[guk-gyeong chu-lip-guk gwal-li ji-gwo-ni nae yeo-gwo-ne do-jang-eul jji-geot-da]
出入境管理人员在我的护照上盖了章。

### 2413 충격 [chung-gyeok]
名 冲击，冲撞
🎧 정신적 **충격**을 주는 그런 경험은 피해야 한다.
[jeong-sin-jeok chung-gyeo-geul ju-neun geu-reon gyeong-heo-meun pi-hae-ya han-da]
会带来精神冲击的那种体验最好避免。

### 2414 충분하다 [chung-bu-na-da]
形 充分，充足
🎧 그는 미술에 대한 지식이 **충분하다**.
[gue-neun mi-su-re dae-han ji-si-gi chung-bu-na-da]
他对美术方面的知识很了解。

### 2415 충전하다 [chung-jeo-na-da]
动 储值，充电
🎧 지하철을 타기 전에 교통카드를 **충전해**야 해요.
[ji-ha-cheo-reul ta-gi jeo-ne gyo-tong-ka-deu-reul chung-jeo-nae-ya hae-yo]
坐地铁之前，要为交通卡充值。

### 2416 취업 [chwi-eop]
名 就业
🎧 나는 **취업**에 대해 불안해한다.
[na-neun chwi-eo-be dae-hae bu-ra-nae-han-da]
我对就业感到不安。

### 2417 취직 [chwi-jik]
名 找工作，就职
🎧 나는 졸업하자마자 화장품 회사에 **취직**했다.
[na-neun jo-reo-pa-ja-ma-ja hwa-jang-pum hoe-sa-e chwi-ji-kaet-da]
我一毕业就在化妆品公司工作了。

### 2418 취하다 [chwi-ha-da]
动 醉，陶醉，采取，取得
🎧 친구가 술을 권하는 바람에 **취하**도록 마셨다.
[chin-gu-ga su-reul gwo-na-neun ba-ra-me chwi-ha-do-rok ma-syeot-da]
朋友一直在劝酒，结果都喝醉了。

| 2419 | **측면** [cheuk-myeon] | 名 层面，方面 ★★★☆ |
|---|---|---|
| | | 🎧 오존은 오늘날 여러 측면에서 사용되고 있다. |
| | | [o-jo-neun o-nuel-nal yeo-reo cheuk-myeo-ne-seo sa-yong-doe-go it-da] |
| | | 如今臭氧用于很多方面。 |

| 2420 | **치과** [chi-gwa] | 名 牙科 ★★★☆ |
|---|---|---|
| | | 🎧 어제 치과에 가서 신경 치료를 받았다. |
| | | [eo-je chi-gwa-e ga-seo sin-gyeong chi-ryo-reul ba-dat-da] |
| | | 昨天去牙科做了根管治疗。 |

| 2421 | **치료** [chi-ryo] | 名 治疗 ★★★☆ |
|---|---|---|
| | | 🎧 그 병원은 시설이 아주 좋아요. 그렇지만 치료 비용이 비싸요. |
| | | [geu byeong-wo-neun si-seo-ri a-ju jo-a-yo][geu-reo-chi-man chi-ryo bi-yong-i bi-ssa-yo] |
| | | 那家医院设施很好，但是治疗费用昂贵。 |

| 2422 | **치우다** [chi-u-da] | 动 收拾，清理，吃掉 ★★☆☆ |
|---|---|---|
| | | 🎧 여기 테이블 좀 치워 주시겠어요? |
| | | [yeo-gi te-i-beul jom chi-wo ju-si-ge-sseo-yo] |
| | | 可以帮忙清理这个桌子吗？ |

| 2423 | **치즈** [chi-jeu] | 名 芝士，奶酪（cheese）★★★☆ |
|---|---|---|
| | | 🎧 치즈는 고단백 식품이에요. |
| | | [chi-jeu-neun go-dan-baek sik-pu-mi-e-yo] |
| | | 芝士是高蛋白食品。 |

| 2424 | **친척** [chin-cheok] | 名 亲戚 ★★★☆ |
|---|---|---|
| | | 🎧 나의 먼 친척 중에 유명한 의사가 있다. |
| | | [na-e meon chin-cheok jung-e yu-myeong-han ui-sa-ga it-da] |
| | | 我的远亲之中有一位著名医生。 |

| 2425 | **친하다** [chi-na-da] | 形 亲，亲密的，要好的 ★★★☆ |
|---|---|---|
| | | 🎧 나는 그녀를 가장 친한 친구라고 생각한다. |
| | | [na-neun geu-nyeo-reul ga-jang chi-nan chin-gu-ra-go saeng-ga-kan-da] |
| | | 我将她视为最好的朋友。 |

## 2426 칭찬
[ching-chan]

名 称赞

그의 얘기를 들은 사람들은 그를 칭찬했다.
[geu-e ye-gi-reul deu-reun sa-ram-deu-reun geu-reul ching-cha-naet-da]
听到他的故事的人，都称赞他。

★★★☆

**MEMO**        T O P I K

本书所有单词均采用三段式，即"单词分解（语速慢）/完整词汇（语速快）/中文解释"的方式录制。
例：춥．다（单词分解）/ 춥다（完整词汇）/ 冷（中文解释）
🎧 符号之后的韩语例句由韩籍老师朗读。

---

2427 **칼** [kal]
名 刀 ★★★☆
🎧 그는 일 처리를 칼같이 한다.
[geu-neun il cheo-ri-reul kal-ga-chi han-da]
他处理事情如刀剑般果断。

2428 **칼국수** [kal-guk-su]
名 刀削面 ★★★☆
🎧 잠자리에 들기 전에 칼국수를 한 그릇 먹었다.
[jam-ja-ri-e deul-gi jeo-ne kal-guk-su-reul han geu-reut meo-geot-da]
睡觉前吃了一碗刀削面。

2429 **커지다** [keo-ji-da]
动 变大，长大，闹大 ★★☆☆
🎧 B의 숫자가 커지면 짙은 색깔 연필이에요.
[B-e sut-ja-ga keo-ji-myeon ji-teun saek-kkal yeon-pi-ri-e-yo]
铅笔上B后的数字越大，其颜色越浓。

2430 **켤레** [kyeol-le]
名 双 ★★☆☆
🎧 어머니와 함께 시장에 가서 양말 2켤레를 샀다.
[eo-meo-ni-wa ham-kke si-jang-e ga-seo yang-mal du kyeol-le-reul sat-da]
和母亲一起去市场买了两双袜子。

2431 **콘도** [kon-do]
名 度假公寓旅馆 ★★★☆
🎧 밤에는 친구들과 콘도에서 음식을 만들어서 먹을 거예요.
[ba-me-neun chin-gu-deul-gwa kon-do-e-seo eum-si-geul man-deu-reo-seo meo-geul geo-ye-yo]
晚上打算和朋友在度假公寓里做菜吃。

2432 **콧노래** [kot-no-rae]
名 哼歌 ★★★☆
🎧 아빠는 콧노래로 아이를 잠재웠다.
[a-ppa-neun kot-no-rae-ro a-i-reul jam-jae-wot-da]
爸爸哼着歌哄孩子睡觉。

2433 **콧물** [kot-mul]
名 鼻水 ★★★☆
🎧 콧물은 안 나요. 기침만 해요.
[kot-mu-reun an na-yo][gi-chim-man hae-yo]
不流鼻涕，只咳嗽。

| 2434 | **콩** [kong] | 名 豆子 ★★★★ |
|---|---|---|
| | | 콩 심은 데 콩 나고, 팥 심은 데 팥 난다. |
| | | [kong si-meun de kong na-go, pat si-meun de pat nan-da] |
| | | 种瓜得瓜，种豆得豆。 |

| 2435 | **큰소리** [keun-so-ri] | 名 大声 ★★★ |
|---|---|---|
| | | 그는 큰소리로 기타를 쳤다. |
| | | [geu-neun keun-so-ri-ro gi-ta-reul chyeot-da] |
| | | 他弹吉他很大声。 |

| 2436 | **큰일** [keu-nil] | 名 大事，糟糕 ★★★ |
|---|---|---|
| | | 숙제를 해야 할 텐데, 어려워서 큰일이에요. |
| | | [suk-je-reul hae-ya hal ten-de, eo-ryeo-wo-seo keu-ni-ri-e-yo] |
| | | 得写作业，可是太难了，真糟糕。 |

| 2437 | **키우다** [ki-u-da] | 动 养育，培育 ★★ |
|---|---|---|
| | | 아이한테 모유만큼 좋은 건 없다. 그래서 아이를 모유로 키운다. |
| | | [a-i-han-te mo-yu-man-keum jo-eun geon eop-da][geu-rae-seo a-i-reul mo-yu-ro ki-un-da] |
| | | 对小孩来说没有比母乳更好的东西，所以要用母乳喂养小孩。 |

| 2438 | **킬로그램** [kil-lo-geu-raem] | 名 公斤 ★★★ |
|---|---|---|
| | | 쌀은 킬로그램 단위로 팔아요. |
| | | [ssa-reun kil-lo-geu-raem da-nwi-ro pa-ra-yo] |
| | | 大米论公斤卖。 |

| 2439 | **킬로미터** [kil-lo-mi-teo] | 名 公里，千米 ★★★ |
|---|---|---|
| | | 한국에서는 미터와 킬로미터 단위로 거리를 측정한다. |
| | | [han-gu-ge-seo-neun mi-teo-wa kil-lo-mi-teo da-nwi-ro geo-ri-reul cheuk-jeong-han-da] |
| | | 在韩国以米和公里为测量距离的单位。 |

本书所有单词均采用三段式，即"单词分解（语速慢）/完整词汇（语速快）/中文解释"的方式录制。
例：춥．다（单词分解）／춥다（完整词汇）／冷（中文解释）
🎧符号之后的韩语例句由韩籍老师朗读。

---

2440 **태극기** [tae-geuk-gi]  名 韩国国旗  ★★★☆
🎧 학교와 공공건물은 일년 내내 태극기를 올린다.
[hak-gyo-wa gong-gong-geon-mu-reun il-lyeon nae-nae tae-geuk-gi-reul ol-lin-da]
学校和公共建筑物一年三百六十五天都要升韩国国旗。

2441 **태도** [tae-do]  名 态度  ★★★☆
🎧 어려운 일이 생겼을 때 그 일을 대하는 우리의 태도는 정말 중요하다.
[eo-ryeon-un i-ri saeng-gyeo-sseul ttae geu i-reul dae-ha-neun u-ri-e tae-do-neun jeong-mal jung-yo-ha-da]
在发生困难的事情时，我们的对应态度真的很重要。

2442 **태산** [tae-san]  名 泰山，高山  ★★☆☆
🎧 갈수록 태산이다.
[gal-su-rok tae-sa-ni-da]
越走越是高山。（表示处境越来越困难）

2443 **태양** [tae-yang]  名 太阳  ★★★☆
🎧 무지개는 빗방울과 태양이 만날 때 생긴다.
[mu-ji-gae-neun bit-bang-ul-gwa tae-yang-i man-nal ttae saeng-gin-da]
彩虹是在雨珠与太阳相遇时产生的。

2444 **태어나다** [tae-eo-na-da]  动 出生  ★★★☆
🎧 그 망아지는 태어난 지 2주가 되었다.
[geu mang-a-ji-neun tae-eo-nan ji i-ju-ga doe-eot-da]
这匹小马刚出生两周。

2445 **태우다** [tae-u-da]  动 载客，载人，使搭乘  ★★☆☆
🎧 버스가 승객을 더 태우기 위해 멈췄다.
[beo-seu-ga seung-gae-geul deo tae-u-gi wi-hae meom-chwot-da]
公交车为了乘载更多乘客停了下来。

2446 **태풍** [tae-pung]  名 台风  ★★★★
🎧 오늘 제주도에 태풍이 온다고 했다.
[o-neul je-ju-do-e tae-pung-i on-da-go haet-da]
据说今天济州岛会有台风来袭。

## 2447 택배 [taek-bae]
**名** 宅配，快递 ★★★☆
이 **택배** 회사는 국내 서비스만 제공한다.
[i taek-bae hoe-sa-neun guk-nae seo-bi-seu-man je-gong-han-da]
这个快递公司只提供国内服务。

## 2448 터뜨리다 [teo-tteu-ri-da]
**动** 爆出，迸出，引爆 ★★☆☆
참다가 못해 울음을 **터뜨리**고 말았다.
[cham-da-ga mo-tae u-reu-meul teo-tteu-ri-go ma-rat-da]
忍不住痛哭起来。
🔄 터트리다 引爆

## 2449 터미널 [teo-mi-neol]
**名** 转运站，客运总站，终端机，集散港 ★★★☆
내일 아침 6시에 우리는 버스 **터미널**까지 가야 한다.
[nae-il a-chim yeo-seot si-e u-ri-neun beo-seu teo-mi-neol-kka-ji ga-ya han-da]
明天早上六点我们必须到汽车客运总站。

## 2450 터트리다 [teo-teu-ri-da]
**动** 爆出，迸出，引爆 ★★☆☆
스스로 폭발물을 **터트려** 죽었다.
[seu-seu-ro pok-bal-mu-reul teo-teu-ryeo ju-got-da]
自行引爆爆炸物死亡了。
🔄 터뜨리다 引爆

## 2451 터지다 [teo-ji-da]
**动** 破 ★★☆☆
너무 많이 먹으면 배가 **터지**겠다.
[neo-mu ma-ni meok-eu-myeon bae-ga teo-ji-get-da]
如果吃太多，肚子会撑破的。

## 2452 테이블 [te-i-beul]
**名** 桌子（table） ★★★☆
저쪽 **테이블**로 옮길 수 있어요?
[jeo-jjok te-i-beul-lo om-gil su i-sseo-yo]
可以移到那一桌吗？

## 2453 통장 [tong-jang]
**名** 存折 ★★★☆
**통장**을 만들러 은행에 갈 때 신분증을 가져가야 한다.
[tong-jang-eul man-deul-leo eu-naeng-e gal ttae sin-bun-jeung-eul ga-jyeo-ga-ya han-da]
去银行开户时，要带身份证。

| | | | |
|---|---|---|---|
| 2454 | **통하다**<br>[tong-ha-da] | 动 透过，通，通往<br>이 식당의 손님들은 부엌 유리창을 통해 음식 만드는 것을 볼 수 있다.<br>[i sik-dang-e son-nim-deu-reun bu-eok yu-ri-chang-eul tong-hae eum-sik man-deu-neun geo-seul bol-su it-da]<br>这家餐厅的客人可以透过厨房的玻璃窗看到食物的制作过程。 | ★★★☆ |
| 2455 | **통화**<br>[tong-hwa] | 名 通话，通货，童话，同化<br>그에게 전화를 걸었지만 통화 중이었다<br>[geu-e-ge jeo-nwa-reul geo-reot-ji-man tong-hwa jung-i-eot-da]<br>打电话给他，但是在通话中。 | ★★★☆ |
| 2456 | **퇴원**<br>[toe-won] | 名 出院<br>병원 기록에 의하면, 그는 일요일에 퇴원했다.<br>[byeong-won gi-ro-ge ui-ha-myeon, geu-neun i-ryo-i-re toe-won-haet-da]<br>按照医院的记录来看，他星期日已出院了。 | ★★★☆ |
| 2457 | **튀기다**<br>[twi-gi-da] | 动 炸，溅，弹起<br>돈가스를 튀기고 난 후의 기름은 어떻게 처리해요?<br>[don-ga-seu-reul twi-gi-go nan hu-e gi-reu-meun eo-tteo-ke cheo-ri-hae-yo]<br>炸完猪排之后的油如何处理？ | ★★☆☆ |
| 2458 | **튀김**<br>[twi-gim] | 名 炸，炸物<br>그 남자는 햄버거와 감자 튀김을 주문했다.<br>[geu nam-ja-neun haem-beo-geo-wa gam-ja twi-gi-meul ju-mu-naet-da]<br>那名男子点了汉堡和炸薯条。 | ★★★☆ |
| 2459 | **특별하다**<br>[teuk-byeo-ra-da] | 形 特别的<br>그들은 선생님을 위해 특별한 파티를 계획하고 있다.<br>[geu-deu-reun seon-saeng-ni-meul wi-hae teuk-byeo-ran pa-ti-reul gye-hoe-ka-go it-da]<br>他们在为老师筹备一场特别的派对。 | ★★★☆ |
| 2460 | **특별히**<br>[teuk-byeo-ri] | 副 特别地<br>내가 특별히 좋아하는 소설책은 없다.<br>[nae-ga teuk-byeo-ri jo-a-ha-neun so-seol-chae-geun eop-da]<br>我没有特别喜欢的小说。 | ★★★☆ |

## 2461 특히 [teu-ki]

**副** 特别，尤其是

여행 갔던 곳은 다 좋았지만 **특히** 런던이 기억에 남아요.

[yeo-haeng gat-deon go-seun da jo-at-ji-man teu-ki reon-deo-ni gi-eo-ge na-ma-yo]

虽然旅行去过的地方都喜欢，但对伦敦的记忆特别深刻。

## 2462 튼튼하다 [teun-teu-na-da]

**形** 坚固，稳固，结实

이 집은 토대가 **튼튼하**다.

[i ji-beun to-dae-ga teun-teu-na-da]

这房子的地基很稳固。

## 2463 틀다 [teul-da]

**动** 扭，拧，启动

보일러를 **틀**면 실내 공기가 건조해져 마른 기침을 하면서 깨는 아이가 많은데요.

[bo-il-leo-reul teul-myeon sil-nae gong-gi-ga geon-jo-hae-jyeo ma-reun gi-chi-meul ha-myeon-seo kkae-neun a-i-ga ma-neun-de-yo]

开暖气的话，室内空气会变得干燥，很多孩子会咳醒。

## 2464 틀리다 [teul-li-da]

**动** 不符合，不正确，被转，办不到

한국어 작문 숙제를 했는데요. 문법이 **틀린** 부분이 있으면 지적해 주세요.

[han-gu-geo jang-mun suk-je-reul haet-neun-de-yo] [mun-beo-bi teul-lin bu-bu-ni i-sseu-myeon ji-jeo-kae ju-se-yo]

我写了韩语作文作业，如有语法错误，请指正。

## 2465 팀 [tim]

**名** 组，队，团队

선수들을 두 **팀**으로 나눴다.

[seon-su-deu-reun du ti-meu-ro na-nwot-da]

选手们分成了两队。

## ㅍ

本书所有单词均采用三段式，即 "单词分解（语速慢）/ 完整词汇（语速快）/ 中文解释" 的方式录制。
例：춥．다（单词分解）／ 춥다（完整词汇）／ 冷（中文解释）
🎧 符号之后的韩语例句由韩籍老师朗读。

---

**2466 파일** [pa-il]
名 档案，文件（file）　★★★★
🎧 집에 가서 컴퓨터 파일을 복사해요.
[ji-be ga-seo keom-pyu-teo pa-i-reul bok-sa-hae-yo]
请回家复制电脑文件。
📝 문서 文件

**2467 판매하다** [pan-mae-ha-da]
动 贩卖　★★★☆
🎧 그 매장에서는 10만원 이상 구매하신 분께 10% 세일 판매하고 있다.
[geu mae-jang-e-seo-neun sip ma-nwon i-sang gu-mae-ha-sin bun-kke sip peo-sen-teu se-il pan-mae-ha-go it-da]
那家卖场对购买十万元以上商品的客人打九折结账。

**2468 팔꿈치** [pal-kkum-chi]
名 手肘　★★★☆
🎧 셔츠의 소매를 팔꿈치 위까지 걷었다.
[syeo-cheu-e so-mae-reul pal-kkum-chi wi-kka-ji geo-deot-da]
将衬衫的袖子卷到手肘。

**2469 팔리다** [pal-li-da]
动 被卖，精神集中　★★☆☆
🎧 이 책이 요즘 많이 팔리고 있다.
[i chae-gi yo-jeum ma-ni pal-li-go it-da]
这本书最近很畅销。

**2470 패딩** [pae-ding]
名 羽绒服（padding）　★★★☆
🎧 어머니가 아이에게 패딩을 입혀 준다.
[eo-meo-ni-ga a-i-e-ge pae-ding-eul i-pyeo jun-da]
妈妈给孩子穿上羽绒服。

**2471 팬** [paen]
名 粉丝，风扇，平底锅　★★★☆
🎧 그녀는 팬들에게 감사의 뜻을 전했다.
[geu-nyeo-neun paen-deu-re-ge gam-sa-e tteu-seul jeo-naet-da]
她对粉丝传达了感谢之意。

**2472 펴다** [pyeo-da]
动 摊开，铺，抚平，挺腰　★★☆☆
🎧 포카드를 부채 모양으로 펴 주세요.
[po-ka-deu-reul bu-chae mo-yang-eu-ro pyeo ju-se-yo]
请将扑克牌摊开成扇子状。

### 2473 편리하다
[pyeon-ri-ha-da]

形 便利的，方便的

편의점이 참 편리해요. 요즘은 다양한 서비스 제공 공간으로 변신하고 있어요.
[pyeo-ni-jeo-mi cham pyeon-ri-hae-yo] [yo-jeu-meun da-yang-han seo-bi-seu je-gong gong-ga-neu-ro byeon-si-na-go i-sseo-yo]
便利店真是方便，最近它变身成为提供各种服务的空间。

### 2474 편찮다
[pyeon-chan-ta]

形 不舒服，身体欠安

그는 어머니가 편찮으셔서 걱정이다.
[geu-neun eo-meo-ni-ga pyeon-cha-neu-syeo-seo geok-jeong-i-da]
他母亲身体不舒服，令他感到担忧。

### 2475 평소
[pyeong-so]

名 平时，往常

오늘 그녀의 목소리가 평소와 같지 않은 것 같다.
[o-neul geu-nyeo-e mok-so-ri-ga pyeong-so-wa gat-ji a-neun geot gat-da]
今天她的说话声似乎跟往常不太一样。

### 2476 평일
[pyeong-il]

名 平日，工作日

그는 평일은 물론이고 주말에도 일을 한다.
[geu-neun pyeong-i-reun mul-lo-ni-go ju-ma-re-do i-reul han-da]
他不仅平日工作，连周末也工作。

### 2477 포기
[po-gi]

名 抛弃，放弃，颗

그는 법률상의 권리를 포기하지 않을 것이다.
[geu-neun beom-nyul-sang-e gwol-li-reul po-gi-ha-ji a-neul geo-si-da]
他不会放弃法律上的权利。

### 2478 포장
[po-jang]

名 包装

복숭아는 한 상자에 10개씩 포장되어 있다.
[bok-sung-a-neun han sang-ja-e yeol gae-ssik po-jang-doe-eo it-da]
水蜜桃每十个装成一箱。

### 2479 포함
[po-ham]

名 包含

사장 포함해서 모두 100명이에요.
[sa-jang po-ha-mae-seo mo-du baek myeong-i-e-yo]
包含社长，总共是一百个人。

### 2480 **폭발물** [po-pal-mul]
名 爆裂物，爆炸物 ★★★☆
그는 폭발물에 조금씩 접근하고 폭발물을 제거했다.
[geu-neun po-pal-mu-re jo-geum-ssik jeop-geu-na-go po-pal-mu-reul je-geo-haet-da]
他一步步靠近爆炸物，然后移除了爆炸物。

### 2481 **폭탄** [pok-tan]
名 爆弹，炸弹 ★★★☆
그의 눈앞에서 폭탄이 터지고 연기가 났다.
[geu-e nun-a-pe-seo pok-ta-ni teo-ji-go yeon-gi-ga nat-da]
在他眼前有炸弹冒烟爆炸。

### 2482 **표현** [pyo-hyeon]
名 表达，表现 ★★★☆
여동생은 많은 사람들 앞에서 표현을 잘 못 한다.
[yeo-dong-saeng-eun ma-neun sa-ram-deul a-pe-seo pyo-hyeo-neul jal mo tan-da]
妹妹不擅于在很多人面前表达。

### 2483 **푸드코트** [pu-deu-ko-teu]
名 商场的美食街（food court） ★★★☆
쇼핑센터 건물 내에 여러 종류의 식당들이 모여 있는 구역은 푸드코트이다.
[syo-ping-sen-teo geon-mul nae-e yeo-reo jong-ryu-e sik-dang-deu-ri mo-yeo it-neun gu-yeo-geun pu-deu-ko-teu-i-da]
购物中心里各种餐厅聚集的区域叫美食街。

### 2484 **푸르다** [pu-reu-da]
形 绿，蓝，气势汹汹 ★★☆☆
여름에 푸르던 나뭇잎이 노랗게 단풍이 들었다.
[yeo-reu-me pu-reu-deon na-mu-ni-pi no-ra-ke dan-pung-i deu-reot-da]
夏天绿油油的树叶已变成了黄黄的树叶。

### 2485 **풀** [pul]
名 糨糊，胶，草 ★★★☆
색종이를 깨끗하게 풀로 붙인다.
[saek-jong-i-reul kkae-kkeu-ta-ge pul-lo bu-chin-da]
用胶水将彩纸整齐地贴上。

### 2486 **풀다** [pul-da]
动 解开，松解，擤鼻涕 ★★☆☆
식사를 하면서 코를 풀면 안 돼요.
[sik-sa-reul ha-myeon-seo ko-reul pul-myeon an dwae-yo]
不要一边吃饭一边擤鼻涕。

## 2487 풀리다
[pul-li-da]

动 被松开，被释放，暖和起来，解冻 ★★☆☆

집에서는 물에 잘 풀리는 휴지를 사용해서 변기에 버릴 수 있다.
[ji-be-seo-neun mu-re jal pul-li-neun hyu-ji-reul sa-yong-hae-seo byeon-gi-e beo-ril su it-da]
在家里使用可溶于水的卫生纸后可以直接将其丢弃在马桶里。

## 2488 풀이
[pu-ri]

名 解开，解释 ★★★☆

평소에 사주 풀이나 꿈 풀이에 관심이 없는 분이다.
[pyeong-so-e sa-ju pu-ri-na kkum pu-ri-e gwan-si-mi eop-neun bu-ni-da]
这是位平时对算命或解梦不感兴趣的人。

## 2489 품다
[pum-da]

动 怀着，藏着 ★★☆☆

여자가 한을 품으면 오뉴월에도 서리가 내린다고 한다.
[yeo-ja-ga ha-neul pu-meu-myeon o-nyu-wo-re-do seo-ri-ga nae-rin-da-go han-da]
俗话说，一妇舍恨，六月飞霜（人怀恨在心什么事也做得出来）。

## 2490 품질
[pum-jil]

名 品质 ★★★☆

이 물건은 값이 비싸요. 그렇지만 품질은 아주 좋아요.
[i mul-geo-neun gap-si bi-ssa-yo][geu-reo-chi-man pum-ji-reun a-ju jo-a-yo]
这东西价格高，但品质很不错。

## 2491 풍경
[pung-gyeong]

名 风景，风铃 ★★★☆

시골 풍경은 한 폭의 그림 같았다.
[si-gol pung-gyeong-eun han po-ge geu-rim ga-tat-da]
乡村的风景如同一幅画。

## 2492 풍속
[pung-sok]

名 风俗，习俗 ★★★☆

설날에 우리 고향은 떡국을 먹는 풍속을 가지고 있다.
[seol-la-re u-ri go-hyang-eun tteok-gu-geul meok-neun pung-so-geul ga-ji-go it-da]
在春节，我们家乡有吃年糕汤的习俗。

## 2493 프라이팬
[peu-ra-i-paen]

名 平底煎锅 ★★★☆

큰 프라이팬에 기름을 두르고 중불에서 가열한다.
[keun peu-ra-i-pae-ne gi-reu-meul du-reu-go jung-bu-re-seo ga-yeo-ran-da]
在大平底锅中放油用中火加热。

| 2494 | **프로젝트** [peu-ro-jek-teu] | 名 项目 ★★★☆ |
|---|---|---|
| | | 🎧 나나 씨, 이번 프로젝트 준비하느라 수고하셨어요. |
| | | [na-na ssi, i-beon peu-ro-jek-teu jun-bi-ha-neu-ra su-go-ha-syeo-sseo-yo] |
| | | 娜娜准备这次的项目，辛苦你了。 |

| 2495 | **피다** [pi-da] | 动 花开，发霉，燃起，绽开 ★★★☆ |
|---|---|---|
| | | 🎧 봄이 오면 개나리가 핀다. |
| | | [bo-mi o-myeon gae-na-ri-ga pin-da] |
| | | 春天来临，迎春花开。 |

| 2496 | **피로** [pi-roo] | 名 疲劳，疲倦 ★★★☆ |
|---|---|---|
| | | 🎧 그 환자는 피로감과 기억력 감퇴를 보였다. |
| | | [geu hwan-ja-neun pi-ro-gam-gwa gi-eong-nyeok gam-toe-reul bo-yeot-da] |
| | | 那名患者表现出疲劳和记忆力衰退的现象。 |

| 2497 | **피부** [pi-bu] | 名 皮肤 ★★★☆ |
|---|---|---|
| | | 🎧 나는 곱고 예쁜 피부를 갖고 싶다. |
| | | [na-neun gop-go ye-ppeun pi-bu-reul gat-go sip-da] |
| | | 我想拥有好看又漂亮的肤质。 |

| 2498 | **피시방** [pi-si-bang] | 名 网吧 ★★★★ |
|---|---|---|
| | | 🎧 어제 남자 친구는 밤 12시까지 피시방에서 게임만 했어요. |
| | | [eo-je nam-ja chin-gu-neun bam yeol-du si-kka-ji pi-si-bang-e-seo ge-im-man hae-sseo-yo] |
| | | 昨天我男朋友在网吧打游戏打到半夜十二点。 |

| 2499 | **핀** [pin] | 名 针，图钉，别针 ★★★☆ |
|---|---|---|
| | | 🎧 핀이 떨어지는 소리도 들릴 만큼 조용해요. |
| | | [pi-ni tteo-reo-ji-neun so-ri-do deul-lil man-keum jo-yong-hae-yo] |
| | | 安静到连一根针掉落的声音都能听见。 |

# MEMO

TOPIK

계란으로 바위 치기.
以卵击石。

本书所有单词均采用三段式，即"单词分解（语速慢）/ 完整词汇（语速快）/ 中文解释"的方式录制。
例：춥．다（单词分解）/ 춥다（完整词汇）/ 冷（中文解释）

🎧 符号之后的韩语例句由韩籍老师朗读。

---

**2500 하늘색** [ha-neul-saek] 名 天空色，蓝色 ★★★☆
🎧 내가 가장 좋아하는 색은 하늘색이다.
[nae-ga ga-jang jo-a-ha-neun sae-geun ha-neul-sae-gi-da]
我最喜欢的颜色是蓝色。

**2501 하여튼** [ha-yeo-teun] 副 不管怎样，无论如何，反正 ★★☆☆
🎧 정말 큰일이다. 하여튼 수술이 잘 되었으면 좋겠다.
[jeong-mal keu-ni-ri-da] [ha-yeo-teun su-su-ri jal doe-eo-sseu-myeon jo-ket-da]
真糟糕，但无论如何，希望手术可以顺利。

**2502 하품** [ha-pum] 名 哈欠 ★★★☆
🎧 수업할 때 하품하는 학생들이 가끔 있다.
[su-eo-pal ttae ha-pu-ma-neun hak-saeng-deu-ri ga-kkeum it-da]
上课时，偶尔有学生打哈欠。

**2503 학과** [hak-gwa] 名 科系 ★★★☆
🎧 한국어 학과를 졸업하면 무역 회사에 갈 수 있다.
[han-gu-geo hak-gwa-reul jo-reo-pa-myeon mu-yeok hoe-sa-e gal su it-da]
韩语系毕业之后可以进贸易公司。

**2504 학비** [hak-bi] 名 学费 ★★★★
🎧 어학원 학비가 얼마인지 알아요?
[eo-ha-gwon hak-bi-ga eol-ma-in-ji a-ra-yo]
你知道语言培训中心的学费是多少钱吗？

**2505 한가하다** [han-ga-ha-da] 形 悠闲的 ★★★☆
🎧 평일에는 바쁘지만 주말에는 한가해요.
[pyeong-i-re-neun ba-ppeu-ji-man ju-ma-re-neun han-ga-hae-yo]
虽然平日很忙，但周末很闲。

**2506 한눈** [han-nun] 名 看一眼，一目了然 ★★☆☆
🎧 한눈에 봐도 그녀에게 반했다.
[han-nu-ne bwa-do geu-nyeo-e-ge ba-naet-da]
对她一见钟情。

**2507 한순간** [han-sun-gan] 名 一瞬间 ★★★☆
🎧 한순간에 모든 것이 사라졌다.
[han-sun-ga-ne mo-deun geo-si sa-ra-jyeot-da]
一瞬间全部都消失了。

## 2508 한숨 [han-sum]
**名** 叹气，叹息，一口气
🎧 한숨 자고 나서 맑은 정신으로 일해라.
[han-sum ja-go na-seo mal-geun jeong-si-neu-ro i-rae-ra]
睡一觉起来再以清醒的头脑工作吧。
★★★☆

## 2509 한턱 [han-teok]
**名** 请客
🎧 오늘 저녁은 제가 한턱 쏠게요.
[o-eul jeo-nyeo-geun je-ga han-teok ssol-ge-yo]
今天晚上我请客。
★★★☆

## 2510 할부 [hal-bu]
**名** 分期付款
🎧 3개월 할부로 계산해 주세요.
[sam gae-wol hal-bu-ro gye-sa-nae ju-se-yo]
请按三个月分期付款结账。
★★☆☆

## 2511 할인 [hal-in]
**名** 打折，折扣
🎧 그 대형 마트에서는 우유 값을 5% 할인하여 판매해요.
[geu dae-hyeong ma-teu-e-seo-neun u-yu gap-seul o peo-sen-teu ha-rin-ha-yeo pan-mae-hae-yo]
在那家大卖场牛奶九五折促销。
★★★☆

## 2512 함부로 [ham-bu-ro]
**副** 随便
🎧 회사에서 함부로 남을 비난하지 마세요.
[hoe-sa-e-seo ham-bu-ro na-meul bi-na-na-ji ma-se-yo]
请不要在公司随便指责别人。
★★☆☆

## 2513 합격 [hap-gyeok]
**名** 合格
🎧 합격한 사람은 10명이며 나도 그중 하나다.
[hap-gyeo-kan sa-ra-meun yeol myeong-i-myeo na-do geu-jung ha-na-da]
合格的人有十个，我也是其中之一。
★★★☆

## 2514 합치다 [hap-chi-da]
**动** 合，合并
🎧 우리 모두 힘을 합치자.
[u-ri mo-du hi-meul hap-chi-ja]
我们一起齐心协力吧。
★★☆☆

## 2515 항공 [hang-gong]
**名** 航空
🎧 승현 씨의 항공편은 6시에 인천 공항에 도착했다.
[seung-hyeon ssi-e hang-gong-pyeo-neun yeo-seot si-e in-cheon gong-hang-e do-cha-kaet-da]
承贤的航班六点已抵达仁川机场。
★★★★

**2516 항공권** [hang-gong-gwon] 名 机票 ★★★☆
서울에서 토론토까지 왕복 항공권이 얼마입니까?
[seo-u-re-seo to-ron-to-kka-ji wang-bok hang-gong-gwo-ni eol-ma-im-ni-kka]
从首尔到多伦多的往返机票是多少钱?

**2517 해마다** [hae-ma-da] 名 每年 ★★★☆
해마다 꽃이 피고 열매가 맺는다.
[hae-ma-da kko-chi pi-go yeol-mae-ga maet-neun-da]
每年开花结果。

**2518 해답** [hae-dap] 名 解答 ★★★☆
지난주 시험 문제의 해답은 10쪽에 있어요.
[ji-nan-ju si-heom mun-je-e hae-da-beun sip jjo-ge i-sseo-yo]
上周的试题答案在第十页。

**2519 해롭다** [hae-rop-da] 形 有害的 ★★★☆
담배가 몸에 해로워서 금연을 한다.
[dam-bae-ga mo-me hae-ro-wo-seo geu-myeo-neul han-da]
烟对身体不好,所以禁烟。

**2520 해석** [hae-seok] 名 解释 ★★★☆
두 가지 해석이 가능하다.
[du ga-ji hae-seo-gi ga-neung-ha-da]
有两种解释。

**2521 햇볕** [haet-byeot] 名 阳光 ★★☆☆
한국 정부는 북한에 대해 햇볕 정책을 폈다.
[gan-guk jeong-bu-neun bu-ka-ne dae-hae haet-byeot jeong-chae-geul pyeot-da]
韩国政府已展开对朝鲜的阳光政策。

**2522 햇빛** [haet-bit] 名 阳光,日光 ★★★☆
응달에도 햇빛 드는 날이 있다.
[eung-da-re-do haet-bit deu-neun na-ri it-da]
背阳面也会有照到阳光的时候。(比喻总有翻身的时候。)

**2523 햇살** [haet-sal] 名 太阳光芒,太阳光线 ★★★☆
낮에는 햇살이 내리쬐면서 따뜻하겠다.
[na-je-neun haet-sa-ri nae-ri-jjoe-myeon-seo tta-tteu-ta-get-da]
白天太阳光照下来就会暖和了。

| 2524 | **행동** [haeng-dong] | 名 行动，行为 ★★★☆ |
| --- | --- | --- |
| | | 🎧 어른을 만나도 먼저 인사를 하지 않는 것은 예의 없는 행동이다. |
| | | [eo-reu-neul man-na-da meon-jeo in-sa-reul ha-ji an-neun geo-seun ye-i eop-neun haeng-dong-i-da] |
| | | 见到长辈不先打招呼，是没礼貌的行为。 |

| 2525 | **행운** [haeng-un] | 名 幸运 ★★★☆ |
| --- | --- | --- |
| | | 🎧 네 잎 클로버는 행운을 상징하는 것이다. |
| | | [ne ip keul-lo-beo-neun haeng-u-neul sang-jing-ha-neun geo-si-da] |
| | | 四叶草象征幸运。 |

| 2526 | **향상** [hyang-sang] | 名 提高，向上 ★★★☆ |
| --- | --- | --- |
| | | 🎧 한국 운동 선수들의 실력이 많이 향상됐다. |
| | | [han-guk un-dong seon-su-deu-re sil-lyeo-gi ma-ni hyang-sang-dwaet-da] |
| | | 韩国运动员的实力提高了很多。 |

| 2527 | **헤어지다** [he-eo-ji-da] | 动 分手，分离，道别 ★★☆☆ |
| --- | --- | --- |
| | | 🎧 남자 친구하고 헤어졌어요. |
| | | [nam-ja chin-gu-ha-go he-eo-jyeo-sseo-yo] |
| | | 跟男朋友分手了。 |

| 2528 | **헬스클럽** [hel-seu-keul-leop] | 名 健身俱乐部 ★★★☆ |
| --- | --- | --- |
| | | 🎧 우리는 헬스클럽에 돈을 내고 회원이 되기로 했다. |
| | | [u-ri-neun hel-seu-keul-leo-be do-neul nae-go hoe-wo-ni doe-gi-ro haet-da] |
| | | 我们决定付钱成为健身俱乐部会员。 |

| 2529 | **헤엄치다** [he-eom-chi-da] | 动 游 ★★★☆ |
| --- | --- | --- |
| | | 🎧 물고기처럼 헤엄칠 수 없어요. |
| | | [mul-go-gi-cheo-reom he-eom-chil su eop-seo-yo] |
| | | 无法像鱼一样游泳。 |

| 2530 | **현금** [hyeon-geum] | 名 现金，玄琴 ★★★☆ |
| --- | --- | --- |
| | | 🎧 현금인출기에서 현금을 찾을 수 있다. |
| | | [hyeon-geum-in-chul-gi-e-seo hyeon-geu-meul cha-jeul su it-da] |
| | | 可在现金提款机提取现金。 |

| 2531 | **형제** [hyeong-je] | 名 兄弟，兄弟姐妹 ★★★☆ |
|---|---|---|

여러분 나라에서도 형제들의 이름이 비슷합니까?
[yeo-reo-bun na-ra-e-seo-do hyeong-je-deu-re i-reu-mi bi-seu-tam-ni-kka]
在大家的祖国兄弟姐妹的名字也很类似吗？

**2532 호랑이** [ho-rang-i]
名 老虎 ★★★★
한국에는 한국 호랑이 30여 마리만이 동물원에 남아 있다.
[han-guk-e-neun han-guk ho-rang-i sam-si-yeo ma-ri-ma-ni dong-mu-rwo-ne na-ma-it-da]
在韩国，仅存的 30 多只韩国虎都在动物园里。

**2533 호수** [ho-su]
名 湖，户数，好手，号数 ★★★☆
그 학생은 호수에 빠질 뻔했다.
[geu hak-saeng-eun ho-su-e ppa-jil ppeo-naet-da]
那名学生差点儿掉到湖里。

**2534 호숫가** [ho-sut-ga]
名 湖边 ★★☆☆
우리는 호숫가에서 야영을 했다.
[u-ri-neun ho-sut-ga-e-seo ya-yeong-eul haet-da]
我们在湖边露营了。

**2535 호주머니** [ho-ju-meo-ni]
名 衣袋，口袋 ★★★☆
나는 그의 호주머니에서 지갑을 살짝 빼냈다.
[na-neun geu-e ho-ju-meo-ni-e-seo ji-ga-beul sal-jjak ppae-naet-da]
我悄悄从他的口袋里拿出了钱包。

**2536 화가** [hwa-ga]
名 画家，画架 ★★★☆
나는 유명한 화가들의 명화를 감상하고 있다.
[na-neun yu-myeong-han hwa-ga-deu-re myeong-hwa-reul gam-sang-ha-go it-da]
我正在欣赏众多名家的名画。

**2537 화려하다** [hwa-ryeo-ha-da]
形 华丽 ★★★☆
난 화려한 결혼식을 원치 않아요.
[nan hwa-ryeo-han gyeo-ron-si-geul won-chi a-na-yo]
我不喜欢太华丽的婚礼。

## 2538 확인 [hwa-gin]

名 确认

달력을 확인해 보니 오늘은 결혼하기 좋은 날이에요.
[dal-lyeo-geul hwa-gi-nae bo-ni o-neu-reun gyeo-ro-na-gi jo-eun na-ri-e-yo]
查看了一下日历,今天是适合结婚的日子。

## 2539 환경 [hwan-gyeong]

名 环境

경치가 아름답고 환경도 깨끗해요.
[gyeong-chi-ga a-reum-dap-go hwan-gyeong-do kkae-kkeu-tae-yo]
风景美丽,环境也很干净。

## 2540 환자 [hwan-ja]

名 患者,病人

의사는 환자를 자세히 진찰했다.
[ui-sa-neun hwan-ja-reul ja-se-hi jin-cha-raet-da]
医生仔细地诊察了患者。

## 2541 활동 [hwal-dong]

名 活动

그 그룹은 1년 동안 음악 활동을 쉬고 있는 중이에요.
[geu geu-ru-beun il nyeon dong-an eu-mak hwal-dong-eul swi-go it-neun jung-i-e-yo]
那个团体停止音乐表演活动一年了。

## 2542 활발히 [hwal-ba-ri]

副 活泼地,活跃地

몇 개의 행사가 모두 동시에 활발히 진행되고 있다.
[myeot gae-e haeng-sa-ga mo-du dong-si-e hwal-ba-ri ji-naeng-doe-go it-da]
几个活动同时在活跃进行中。

## 2543 활짝 [hwal-jjak]

副 豁然,大大地,盛开

봄이 되어 개나리가 활짝 피었습니다.
[bo-mi doe-eo gae-na-ri-ga hwal-jjak pi-eot-seum-ni-da]
春天到了,迎春花盛开了。

## 2544 회관 [hoe-gwan]

名 会馆,活动中心

태권도 동아리 회원 가입은 학생 회관 106호에서 신청하세요.
[tae-gwon-do dong-a-ri hoe-won ga-i-beun hak-saeng hoe-gwan baek-yu ko-e-seo sin-cheong-ha-se-yo]
如果要加入跆拳道社团,请到学生会馆 106 室申请。

| 2545 | **회복** [hoe-bok] | 名 恢复，回复，收复 ★★★☆ |
|---|---|---|
| | | 적당한 운동으로 건강을 회복했다. |
| | | [jeok-dang-han un-dong-eu-ro geon-gang-eul hoe-bo-kaet-da] |
| | | 利用适当的运动恢复了健康。 |

| 2546 | **회식** [hoe-sik] | 名 聚餐 ★★★☆ |
|---|---|---|
| | | 오늘 회식이 있어서 집에 늦게 들어갈 거예요. |
| | | [o-neul hoe-si-gi i-sseo-seo ji-be neut-ge deu-reo-gal geo-ye-yo] |
| | | 今天有聚餐，我会晚一点回去。 |

| 2547 | **회원** [hoe-won] | 名 会员 ★★★★ |
|---|---|---|
| | | 이 사이트에 회원 가입할 때 핸드폰 번호로 인증을 해야 한다. |
| | | [i sa-i-teu-e hoe-won ga-i-pal ttae haen-deu-pon beo-no-ro in-jeung-eul hae-ya han-da] |
| | | 成为此网站会员必须用手机号码认证。 |

| 2548 | **횡단보도** [hoeng-dan-bo-do] | 名 斑马线，行人通道 ★★★☆ |
|---|---|---|
| | | 보행자 신호등 없는 횡단보도에서 건널 때 조심해야 한다. |
| | | [bo-haeng-ja si-no-deung eop-neun hoeng-dan-bo-do-e-seo geon-neol ttae jo-si-mae-ya han-da] |
| | | 在通过没有信号灯的斑马线时要小心。 |

| 2549 | **효율적** [hyo-yul-jeok] | 冠 有效率的 ★★☆☆ |
|---|---|---|
| | | 효율적으로 일을 하기 위해서는 시간 관리가 잘 되어야 한다. |
| | | [hyo-yul-jeo-geu-ro i-reul ha-gi wi-hae-seo-neun si-gan gwal-li-ga jal doe-eo-ya han-da] |
| | | 若想工作有效率，必须作好时间管理。 |

| 2550 | **훌륭하다** [hul-lyung-ha-da] | 形 优秀的 ★★☆☆ |
|---|---|---|
| | | 훌륭한 인재가 되기 위해서 어떤 노력이 필요합니까? |
| | | [hul-lyung-han in-jae-ga doe-gi wi-hae-seo eo-tteon no-ryeo-gi pi-ryo-ham-ni-kka] |
| | | 为了成为优秀的人才，都需要作什么样的努力？ |
| | | 似 우수하다 优秀的 |

## 2551 훨씬 [hwol-ssin]
副 更加 ★★★☆
그는 나보다 **훨씬** 많은 것을 알고 있다.
[geu-neun na-bo-da hwol-ssin ma-neun geo-seul al-go it-da]
他比我知道更多的事。

## 2552 휴가 [hyu-ga]
名 休假 ★★★★
이번 **휴가**에 친구들하고 남이섬에 갈 생각이다.
[i-beon hyu-ga-e chin-gu-deu-m-go na-mi-seo-me gal saeng-ga-gi-da]
这次休假，打算和朋友们去南怡岛。

## 2553 휴게실 [hyu-ge-sil]
名 休息室 ★★★☆
직원 **휴게실**에 구급 상자가 있다.
[ji-gwon hyu-ge-si-re gu-geup sang-ja-ga it-da]
职员休息室里有急救箱。

## 2554 휴대 [hyu-dae]
名 携带 ★★☆☆
샤프는 연필처럼 깎지 않아도 되고 **휴대**하기 편하다.
[sya-peu-neun yeon-pil-cheo-reom kkak-ji a-na-do doe-go hyu-dae-ha-gi pyeo-na-da]
自动铅笔不需要像铅笔那样削，而且携带方便。

## 2555 휴식 [hyu-sik]
名 休息 ★★★☆
스트레스가 쌓였어요. 이번 주말에는 **휴식**하고 싶어요.
[seu-teu-re-seu-ga ssa-yeo-sseo-yo][i-beon ju-ma-re-neun hyu-si-ka-go si-peo-yo]
累积了很多压力，这个周末我想休息。

## 2556 휴지 [hyu-ji]
名 卫生纸，废纸，纸屑，休止 ★★★☆
**휴지**를 아무데나 버리면 안 돼요.
[hyu-ji-reul a-mu-de-na beo-ri-myeon an dwae-yo]
请勿乱丢纸屑。

## 2557 휴지통 [hyu-ji-tong]
名 垃圾桶，废纸篓 ★★★☆
노트북 **휴지통**에 있는 파일은 복구가 가능해요.
[no-teu-buk hyu-ji-tong-e it-neun pa-i-reun bok-gu-ga ga-neung-hae-yo]
笔记本电脑垃圾箱里的文件是可以复原的。

### 2558 흔들리다
[heun-deul-li-da]

**动** 被摇晃，被震动，被震撼 ★★☆☆

지진의 흔들림이 정말 심해서 깜짝 놀랐다.
[ji-ji-ne heun-deul-li-mi jeong-mal si-mae-seo kkam-jjak nol-lat-da]
地震的摇晃程度很大，吓了一跳。

### 2559 흥미
[heung-mi]

**名** 兴趣 ★★☆☆

그녀는 법률 공부에 흥미를 갖고 있다.
[geu-nyeo-neun beom-nyul gong-bu-e heung-mi-reul gat-go it-da]
她对学习法律有兴趣。

### 2560 희망
[hi-mang]

**名** 希望 ★★★☆

그들은 구조될 것이라는 희망을 포기했다.
[geu-deu-reun gu-jo-doel geo-si-ra-neun hi-mang-eul po-gi-haet-da]
他们放弃了被救的希望。

### 2561 히터
[hi-teo]

**名** 暖气 ★★★☆

추울 때 보통 차안에서 히터를 켜고 운전해요.
[chu-ul ttae bo-tong cha-a-ne-seo hi-teo-reul kyeo-go un-jeo-nae-yo]
天冷的时候开车，一般会在车内开暖气。

**MEMO**     T O P I K

# 高级

**以新 TOPIK 韩语能力考试五、六级必考单词范围为基础**

五级：拥有在"专门领域"中进行研究或工作时所需的语言能力，并且能够清楚区分和使用正式／非正式用语、口语／书面语。

六级：能够流畅地使用在"专门领域"中进行研究或工作时所需的语言，并且对"政治""经济""社会""文化"等话题都能理解。

〔图示说明〕

| | |
|---|---|
| **名** 名词 | **冠** 冠形词 |
| **动** 动词 | **代** 代词 |
| **副** 副词 | **依** 依附词 |
| **形** 形容词 | **助** 助词 |
| **感** 感叹词 | **数** 数量词 |

〔符号说明〕

★★★★ ···················· 必考
★★★☆ ···················· 重要
★★☆☆ ···················· 较难
★☆☆☆ ···················· 专业

# ㄱ

本书所有单词均采用三段式，即"单词分解（语速慢）/ 完整词汇（语速快）/ 中文解释"的方式录制。
例：춥．다（单词分解）/ 춥다（完整词汇）/ 冷（中文解释）
🎧 符号之后的韩语例句由韩籍老师朗读。

---

**2562 가결** [ga-gyeol]　　名 表决，通过　★★★☆
🎧 투표 결과는 40 대 30으로 가결이었다.
[tu-pyo gyeol-gwa-neun sa-sip dae sam-si-beu-ro ga-gyeo-ri-eot-da]
投票以四十比三十的结果通过。

**2563 가까스로** [ga-kka-seu-ro]　　副 好不容易，勉强　★★☆☆
🎧 작업실에서 조명과 가구들을 배치하여 가까스로 정리를 완료했다.
[ga-geop-si-re-seo jo-myeong-gwa ga-gu-deu-reul bae-chi-ha-yeo ga-kka-seu-ro jeong-ni-reul wal-lyo-haet-da]
在工作室装置了照明设备与家具之后，勉强整理完了。

**2564 가동** [ga-dong]　　名 运转，启动，运作　★★☆☆
🎧 천장의 선풍기는 가동되고 있다.
[cheon-jang-e seon-pung-gi-neun ga-dong-doe-go it-da]
天花板上的风扇正在运转。

**2565 가랑비** [ga-rang-bi]　　名 毛毛雨　★★☆☆
🎧 가랑비가 뿌리기 시작했다.
[ga-rang-bi-ga ppu-ri-gi si-ja-kaet-da]
开始下起了毛毛雨。

**2566 가려지다** [ga-ryeo-ji-da]　　动 遮掩，掩盖（가리어지다的缩写）　★★☆☆
🎧 도시가 구름에 가려져 있다.
[do-si-ga gu-reu-me ga-ryeo-jyeo it-da]
城市被云遮住了。

**2567 가렵다** [ga-ryeop-da]　　形 痒，发痒　★★☆☆
🎧 모기에 물려서 팔이 가렵다.
[mo-gi-e mul-lyeo-seo pa-ri ga-ryeop-da]
被蚊子咬了，手臂痒痒的。

**2568 가리다** [ga-ri-da]　　动 分辨，挑选，自理，遮住　★★☆☆
🎧 '화가 나면 물불을 가리지 않는다'라는 말은 성질이 나면 무서운 것도 없고, 마음 내키는 대로 가리지 않고 행동을 한다는 뜻이다.
[hwa-ga na-myeon mul-bu-reul ga-ri-ji an-neun-da-ra-neun ma-reun seong-ji-ri na-myeon mu-seo-un geot-do eop-go, ma-eum nae-ki-neun dae-ro ga-ri-ji an-ko haeng-dong-eul han-da-neun tteu-si-da]
"生气就会水火不分"，这句俗语的意思是，一生气就什么都不怕，任由自己的脾气随心所欲。

## 2569 가보 [ga-bo]
名 传家宝 ★★★☆
이것은 작은 금메달이자 집안의 가보이다.
[i-geo-seun ja-geun geum-me-da-ri-ja ji-ba-ne ga-bo-i-da]
这个小小的金牌乃是家中的珍宝。

## 2570 가뿐하다 [ga-ppu-na-da]
形 轻松 ★★☆☆
그 문제를 해결하고 나니 마음이 가뿐하다.
[geu mun-je-reul hae-gyeo-ra-go na-ni ma-eu-mi ga-ppu-na-da]
解决完那个问题，内心很轻松。

## 2571 가설 [ga-seol]
名 假说，假设 ★★☆☆
지질학자들은 30억 년 전에 지구의 대기에 산소가 풍부했을 것이라는 가설을 제기했다.
[ji-jil-hak-ja-deu-reun sam-si beok nyeon jeo-ne ji-gu-e dae-gi-e dae-gi-e san-so-ga pung-bu-hae-sseul geo-si-ra-neun ga-seu-reul je-gi-haet-da]
地质学家提出假说，认为三十亿年前地球大气含氧量很高。

## 2572 가져다주다 [ga-jyeo-da-ju-da]
动 带给，拿给 ★★☆☆
그는 우리에게 많은 웃음을 가져다주었다.
[geu-neun u-ri-e-ge ma-neun u-seu-meul ga-jyeo-da-ju-eot-da]
他带给我们许多欢笑。

## 2573 가치관 [ga-chi-gwan]
名 价值观 ★★☆☆
우리는 우리가 행하는 모든 일에 대하여 가치관을 유지해야 한다.
[u-ri-neun u-ri-ga haeng-ha-neun mo-deun i-re dae-ha-yeo ga-chi-gwa-neul yu-ji-hae-ya han-da]
我们做任何事的时候都要坚持自己的价值观。

## 2574 각오 [ga-go]
名 觉悟，自知之明 ★★☆☆
나는 혼날 각오를 하고 부모님께 사실을 고했다.
[na-neun hon-nal ga-go-reul ha-go bu-mo-nim-kke sa-si-reul go-haet-da]
我做好挨骂的准备，告诉了父母实情。

## 2575 간섭 [gan-seop]
名 干涉 ★★☆☆
그가 내 일에 간섭하는 것이 짜증난다.
[geu-ga nae i-re gan-seo-pa-neun geo-si jja-jeung-nan-da]
讨厌他干涉我的事情。

## 2576 간절하다
[gan-jeo-ra-da]

形 恳切的，急切的，热切希望 ★★☆☆

그래서 우리는 그것을 설득하는 것에 매우 간절하다.
[geu-rae-seo u-ri-neun geu-geo-seul seol-deu-ka-neun geo-se mae-u gan-jeo-ra-da]
所以我们热切希望可以解决这件事。

## 2577 간접적
[gan-jeop-jeok]

冠 间接的 ★★☆☆

나는 그 사고에 간접적인 책임이 있다.
[na-neun geu sa-go-e gan-jeop-jeo-gin chaek-i-mi it-da]
我对那个事故负有间接的责任。

## 2578 간혹
[ga-nok]

副 / 名 间或，有时，偶尔 ★★★☆

밤중에 통증으로 간혹 깨곤 한다.
[bam-jung-e tong-jeung-eu-ro ga-nok kkae-gon han-da]
半夜偶尔会疼醒。

## 2579 갈등
[gal-deung]

名 矛盾，纠葛 ★★☆☆

그 사건 탓으로 주요한 갈등이 시작되었다.
[geu sa-geon ta-seu-ro ju-yo-han gal-deung-i si-jak-doe-eot-da]
因为那个事件产生了主要的分歧。

## 2580 갈증
[gal-jeung]

名 口渴，饥渴 ★★★☆

갈증을 해소하려면, 차나 커피 대신 물을 마셔라.
[gal-jeung-eul hae-so-ha-ryeo-myeon, cha-na keo-pi dae-sin mu-reul ma-syeo-ra]
要想解渴，就不要喝茶或咖啡代替水，请喝水。

## 2581 갈피
[gal-pi]

名 线索，头绪 ★★☆☆

일의 갈피가 어수선하고 복잡하다.
[i-re gal-pi-ga eo-su-seo-na-go bok-ja-pa-da]
事情的线索很乱而且复杂。

## 2582 감돌다
[gam-dol-da]

动 盘旋，盘绕，浮现，流露 ★☆☆☆

그 직원의 눈에는 긴장감이 감돌고 있었다.
[geu ji-gwo-ne nu-ne-neun gin-jang-ga-mi gam-dol-go i-sseot-da]
那名职员的眼里流露出紧张感。

## 2583 감상문
[gam-sang-mun]

名 感想文，观后感 ★★★☆

제 취미는 영화 감상문을 쓰는 것이다.
[je chwi-mi-neun yeong-hwa gam-sang-mu-neul sseu-neun geo-si-da]
我的兴趣是写电影观后感。

## 2584 감소 [gam-so]
**名** 减少，降低 ★★☆☆

사형을 폐지했던 미국 여러 주에서는 범죄가 감소하지 않고 갈수록 늘어나 다시 사형 제도를 부활시키고 있다.
[sa-hyeong-eul pye-ji-haet-deon mi-guk yeo-reo ju-e-seo-neun beom-joe-ga gam-so-ha-ji an-ko gal-su-rok neu-reo-na da-si sa-hyeong je-do-reul bu-hwal-si-ki-go it-da]
在美国已废除死刑的几个州里，犯罪率不仅没有降低，还越来越高，因此这些州纷纷开始复活死刑制度。

## 2585 감싸다 [gam-ssa-da]
**动** 包，裹，袒护，包庇 ★★☆☆

그녀가 아이를 담요로 감쌌다.
[geu-nyeo-ga a-i-reul dam-yo-ro gam-ssat-da]
她用毯子将孩子裹起来。

## 2586 감쪽같이 [gam-jjok-ga-chi]
**副** 神不知，鬼不觉 ★☆☆☆

1캐럿 다이아몬드 반지가 감쪽같이 사라졌다.
[il-kae-reot da-i-a-mon-deu ban-ji-ga gam-jjok-ga-chi sa-ra-jyeot-da]
一克拉的钻石戒指神不知鬼不觉地消失了。

## 2587 감탄 [gam-tan]
**名** 感叹，惊叹 ★★★☆

백설 공주는 누구라도 감탄할 만큼 정말 아름다웠다.
[baek-seol gong-ju-neun nu-gu-ra-do gam-ta-nal man-keum jeong-mal a-reum-da-wot-da]
白雪公主真的很美丽，任何人都为之惊叹。

## 2588 감히 [ga-mi]
**副** 敢，胆敢 ★★☆☆

그런 일은 감히 생각할 수도 없다.
[geu-reon i-reun ga-mi saeng-ga-kal su-do eop-da]
那种事连想都不敢想。

## 2589 갑작스럽다 [gap-jak-seu-reop-da]
**形** 突然，突如其来的，意外 ★★☆☆

그는 돈을 벌기 위해 바쁘게 살다가 갑작스럽게 암 말기 판정을 받았다.
[geu-neun do-neul beol-gi wi-hae ba-ppeu-ge sal-da-ga gap-jak-seu-reop-ge am mal-gi pan-jeong-eul ba-dat-da]
他为了赚钱一直很忙碌，却突然被检查出癌症晚期。

## 2590 강수량 [gang-su-ryang]
**名** 降水量 ★★★☆

연 평균 강수량은 400밀리미터이다.
[yeon pyeong-gyun gang-su-ryang-eun sa-baek mil-li-mi-teo-i-da]
年平均降水量是 400 ml。

| 2591 | **강연** [gang-yeon] | 名 演讲 ★★★☆ |
|---|---|---|
| | | 대학교 총장을 초청해 '인류의 미래'라는 주제로 강연을 한다. |
| | | [dae-hak-gyo chong-jang-eul cho-cheong-hae in-ryu-e mi-rae ra-neun ju-je-ro gang-yeo-neul han-da] |
| | | 请大学校长以"人类的未来"为主题进行一场演讲。 |
| | | 近 연설 演说 |

| 2592 | **강요** [gang-yo] | 名 强求,强迫,纲要 ★★★☆ |
|---|---|---|
| | | 자기 의견을 남에게 강요해서는 안 된다. |
| | | [ja-gi ui-gyeo-neul na-me-ge gang-yo-hae-seo-neun an doen-da] |
| | | 不可以把自己的意见强加于人。 |

| 2593 | **강제** [gang-je] | 名 强制,强迫 ★★★☆ |
|---|---|---|
| | | 엄마는 내게 강제로 영어를 배우도록 하셨다. |
| | | [eom-ma-neun nae-ge gang-je-ro yeong-eo-reul bae-u-do-rok ha-syeot-da] |
| | | 我妈妈强迫我去学英语。 |

| 2594 | **갖가지** [gat-ga-ji] | 名 各种,各式各样 ★★☆☆ |
|---|---|---|
| | | 들판은 갖가지 꽃으로 채색되어 있다. |
| | | [deul-pa-neun gat-ga-ji kko-cheu-ro chae-saek-doe-eo it-da] |
| | | 田野被各式各样的花渲染得五彩缤纷。 |

| 2595 | **갖추다** [gat-chu-da] | 动 具备,完备,备齐 ★★☆☆ |
|---|---|---|
| | | 우리 학교는 학생용 대형 컴퓨터실을 갖추고 있다. |
| | | [u-ri hak-gyo-neun hak-saeng-yong dae-hyeong keom-pyu-teo-si-reul gat-chu-go it-da] |
| | | 我们学校具备学生专用的大型电脑室。 |

| 2596 | **갚다** [gap-da] | 动 还钱,归还,偿债 ★★☆☆ |
|---|---|---|
| | | 그는 은행에서 대출한 돈을 다 갚았다. |
| | | [geu-neun eu-naeng-e-seo dae-chu-ran do-neul da ga-pat-da] |
| | | 他还清了银行贷款。 |
| | | 反 빌리다 借 |

| 2597 | **개관** [gae-gwan] | 名 开馆,概观,概况 ★★★☆ |
|---|---|---|
| | | 한국 국립중앙도서관은 올해로 개관 70주년을 맞았다. |
| | | [han-guk gung-nip-jung-ang-do-seo-gwa-neun o-rae-ro gae-gwan chil-sip ju-nyeo-neul ma-jat-da] |
| | | 韩国的中央图书馆今年正逢开馆七十周年。 |

## 2598 개구쟁이
[gae-gu-jaeng-i]

名 顽皮鬼 ★★☆☆

그 친구는 어렸을 때 정말 개구쟁이였다.
[geu chin-gu-neun eo-ryeo-seul ttae jeong-mal gae-gu-jaeng-i-yeot-da]
那个朋友小时候特别顽皮。

## 2599 개근
[gae-geun]

名 全勤 ★★☆☆

나는 한 번도 결석을 안 해서 개근상을 탔다.
[na-neun han beon-do gyeol-seo-geul a nae-seo gae-geun-sang-eul tat-da]
我一次都没有缺席，所以领到了全勤奖。

## 2600 개념
[gae-nyeom]

名 概念 ★★★☆

그들은 논문들에서 다양한 개념들을 수집하였다.
[geu-deu-reun non-mun-deu-re-seo da-yang-han gae-nyeom-deu-reul su-jipa-yeot-da]
他们从论文中收集了各种概念。

## 2601 개발
[gae-bal]

名 开发 ★★★☆

유럽 국가들은 우주 기술 개발에 많은 투자를 했다.
[yu-reop guk-ga-deu-reun u-ju gi-sul gae-ba-re ma-neun tu-ja-reul haet-da]
欧洲国家对于宇宙开发技术进行了许多投资。

## 2602 개방
[gae-bang]

名 开放 ★★☆☆

우리 대학 운동장은 일반인에게 개방되어 있다.
[u-ri dae-hak un-dong-jang-eun il-ba-ni-ne-ge gae-bang-doe-eo it-da]
我们大学的运动场是对普通民众开放的。

## 2603 개별
[gae-byeol]

名 个别 ★★☆☆

그 문제들은 개별적으로 다루어져야 한다.
[geu mun-je-deu-reun gae-byeol-jeo-geu-ro da-ru-eo-jyeo-ya han-da]
那些问题应该要个别处理才行。

## 2604 개선
[gae-seon]

名 改善 ★★★☆

그 호텔은 룸서비스를 개선할 필요가 있다.
[geu ho-te-reun rum-seo-bi-seu-reul gae-seo-nal pi-ryo-ga it-da]
那家旅馆有必要改善一下客房服务。

| 2605 | **개성** [gae-seong] | 名 个性，个人特性，开城（地名） ★★☆☆ |
| | | 그녀는 상당히 개성 있는 사람으로 자랐다. |
| | | [geu-nyeo-neun sang-dang-hi gae-seong it-neun sa-ra-meu-ro ja-rat-da] |
| | | 她成长为一个非常有个性的人 |

| 2606 | **개수** [gae-su] | 名 个数，改建 ★★★☆ |
| | | 십진법의 기원은 손가락의 개수와 관련이 크다고 한다. |
| | | [sip-jin-beo-be gi-wo-neun son-ga-ra-ge gae-su-wa gwal-lyeo-ni keu-da-go han-da] |
| | | 据说十进法的起源与手指的个数有很大的关系。 |

| 2607 | **개운하다** [gae-u-na-da] | 形 轻松，开胃 ★★☆☆ |
| | | 푹 자고 났더니 몸이 아주 개운하다. |
| | | [puk ja-go nat-deo-ni mo-mi a-ju gae-u-na-da] |
| | | 睡眠充足，整个身子都很轻盈。 |

| 2608 | **개조** [gae-jo] | 名 改造 ★★☆☆ |
| | | 이 방은 작년에 개조되었다 |
| | | [i bang-eun jang-nyeo-ne gae-jo-doe-eot-da] |
| | | 这房间是去年改造的。 |

| 2609 | **개최** [gae-choe] | 名 举办 ★★☆☆ |
| | | 9월 30일에 한국어 말하기 대회를 개최한다. |
| | | [gu wol sam-si bi-re han-gu-geo ma-ra-gi dae-hoe-reul gae-choe-han-da] |
| | | 九月三十日举办韩语演讲比赛。 |

| 2610 | **개통** [gae-tong] | 名 开通 ★★☆☆ |
| | | 미국에서 휴대전화 개통은 어떻게 해야 할까요? |
| | | [mi-gu-ge-seo hyu-dae-jeo-nwa gae-tong-eun eo-tteo-ke hae-ya hal-kka-yo] |
| | | 在美国如何开通手机？ |

| 2611 | **개혁** [gae-hyeok] | 名 改革 ★★☆☆ |
| | | 우리에게 필요한 것은 세제를 개혁시키는 지도자일 뿐이다. |
| | | [u-ri-e-ge pi-ryo-han geo-seun se-je-reul gae-hyeok-si-ki-neun ji-do-ja-il ppu-ni-da] |
| | | 我们需要的是一位能够改革税制的领导者。 |

### 2612 **객관적** [gaek-gwan-jeok]
冠 客观的 ★★★★
그는 본래 냉정하고, 객관적이며, 조심성 많은 사람이다.
[geu-neun bon-rae naeng-jeong-ha-go, gaek-gwan-jeo-gi-myeo jo-sim-seong ma-neun sa-ra-mi-da]
他本来就是一个冷静客观且小心翼翼的人。

### 2613 **거닐다** [geo-nil-da]
动 徘徊，踱步 ★★★★
그녀가 호숫가를 거닐고 있는 것을 봤다.
[geu-nyeo-ga ho-sut-ga-reul geo-nil-go it-neun geo-seul bwat-da]
我看到她在湖边徘徊。

### 2614 **거대** [geo-dae]
名 巨大 ★★★★
고속도로가 마치 거대한 주차장 같았다.
[go-sok-do-ro-ga ma-chi geo-dae-han ju-cha-jang ga-tat-da]
高速公路仿佛一个巨大的停车场。

### 2615 **거두다** [geo-du-da]
动 收，收割，获得，收拾 ★★★★
자기가 뿌린 씨는 자기가 거두어야 한다.
[ja-gi-ga ppu-rin ssi-neun ja-gi-ga geo-du-eo-ya han-da]
自己播的种子要自己收割。（比喻咎由自取。）

### 2616 **거들다** [geo-deul-da]
动 帮忙，插嘴，插手，责怪 ★★★★
우리 모두는 제안을 하며 거들었다.
[u-ri mo-du-neun je-a-neul ha-myeo geo-deu-reot-da]
我们所有人都在提出提案给予协助。

### 2617 **거만하다** [geo-ma-na-da]
形 傲慢的，骄傲的 ★★★★
이 사람은 너무 거만하고 잘난 체하며 남을 업신여기는 데가 있다.
[i sa-ra-meun neo-mu geo-ma-na-go jal-lan che-ha-myeo na-meul eop-sin-yeo-gi-neun de-ga it-da]
这个人很傲慢，自以为是，还瞧不起别人。

### 2618 **거짓** [geo-jit]
名 假，虚假，伪装 ★★★★
적들이 그에 관한 거짓 소문을 퍼뜨렸다.
[jeok-deu-ri geu-e gwa-nan geo-jit so-mu-neul peo-tteu-ryeot-da]
敌人散布了关于他的假消息。

## 2619 거치다
[geo-chi-da]

动 绊住，挂住，经过，经历 ★★☆☆

그것은 수영 씨의 손을 거쳐 완성되었다.
[geu-geo-seun su-yeong ssi-e so-neul geo-chyeo wan-seong-doe-eot-da]
那是经秀英之手完成的。

## 2620 거칠다
[geo-chil-da]

形 粗糙的，毛糙的 ★☆☆☆

이 천은 촉감이 거칠다.
[i cheo-neun chok-ga-mi geo-chil-da]
这块布的触感粗糙。

## 2621 건널목
[geon-neol-mok]

名 斑马线，交叉口，平交道 ★★☆☆

건널목을 건널 때는 항상 주위를 확인하고 건너세요.
[geon-neol-mo-geul geon-neol ttae-neun hang-sang ju-wi-reul hwa-gin-ha-go geon-neo-se-yo]
过交叉路口时要时时注意周围的状况。

## 2622 건네다
[geon-ne-da]

动 搭话，递交，转交，使渡过 ★★☆☆

그는 졸업식 당일에 내게 쪽지를 건네주었다.
[geu-neun jo-reop-sik dang-i-re nae-ge jjok-ji-reul geon-ne-ju-eot-da]
他在毕业典礼当天递给我一张小纸条。

## 2623 건드리다
[geon-deu-ri-da]

动 碰，触，招惹 ★☆☆☆

내 책상 위에 있는 서류를 건드리지 말아요.
[nae chaek-sang wi-e it-neun seo-ryu-reul geon-deu-ri-ji ma-ra-yo]
请不要碰我桌上的文件。

## 2624 건지다
[geon-ji-da]

动 打捞，捞取，保住性命，救出 ★☆☆☆

그는 구사일생으로 목숨을 건졌다.
[geu-neun gu-sa-il-saeng-eu-ro mok-su-meul geon-jyeot-da]
他经历九死一生保住了性命。

## 2625 검소하다
[geom-so-ha-da]

形 节俭的 ★★☆☆

그 친구는 아주 검소한 사람이다.
[geu chin-gu-neun a-ju geom-so-han sa-ra-mi-da]
那个朋友是个很节俭的人。

## 2626 검진 [geom-jin]
名 诊察，诊断 ★★★★
건강 검진을 한 번 받아보려고 하는데 어디서 받는 것이 좋을까요?
[geon-gang geom-ji-neul han beon ba-da-bo-ryeo-go ha-neun-de eo-di-seo bat-neun geo-si jo-eul-kka-yo]
我想做一次健康检查，在哪里做比较好呢？

## 2627 검토 [geom-to]
名 检讨 ★★★★
우리는 모든 각도에서 문제를 검토할 필요가 있다.
[u-ri-neun mo-deun gak-do-e-seo mun-je-reul geom-to-hal pi-ryo-ga it-da]
我们有必要从各个角度去检讨问题。

## 2628 겨울철 [gyeo-ul-cheol]
名 冬季 ★★★★
겨울철에는 아침 공기가 쌀쌀하다.
[gyeo-ul-cheo-re-neun a-chim gong-gi-ga ssal-ssa-ra-da]
在冬季，早上空气冷飕飕的。

## 2629 격리 [gyeong-ni]
名 隔离 ★★★★
자가 격리 때문에 어제도 집에서 하루 종일 누워 있었다.
[ja-ga gyeong-ni ttae-mu-ne eo-je-do ji-be-seo ha-ru jong-il nu-wo i-sseot-da]
因为居家隔离，昨天也在家里躺了一整天。

## 2630 겪다 [gyeok-da]
动 经历，饱受，饱经 ★★★★
요즘 지구촌 곳곳에서 식량 부족 문제로 심각한 고통을 겪고 있는 나라들이 많아요.
[yo-jeum ji-gu-chon got-go-se-seo sik-ryang bu-jok mun-je-ro sim-ga-kan go-tong-eul gyeok-go it-neun na-ra-deu-ri ma-na-yo]
近年来，地球村到处都有因为粮食不足而受苦的国家。

## 2631 견해 [gyeo-nae]
名 见解，意见 ★★★★
나는 이 문제에 대해서 중립적 견해를 가지고 있다.
[na-neun i mun-je-e dae-hae-seo jung-nip-jeok gyeo-nae-reul ga-ji-go it-da]
我对这个问题保持中立。

## 2632 결근 [gyeol-geun]
名 缺勤 ★★☆☆
결근을 한 경우에 회사는 결근일에 대한 임금을 지급하지 않을 수 있다.
[gyeol-geu-neul han gyeong-u-e hoe-sa-neun gyeol-geu-ni-re dae-han im-geu-meul ji-geu-pa-ji a-neul su it-da]
对于缺勤的情况，公司可以不支付缺勤日的薪水。

## 2633 결승 [gyeol-seung]
名 决胜，决赛 ★★☆☆
다음주에 있을 결승 경기는 표가 매진이 될 것이다.
[da-eum-ju-e i-sseul gyeol-seung gyeong-gi-neun pyo-ga mae-ji-ni doel geo-si-da]
下周的决赛门票可能会卖光。

## 2634 결제 [gyeol-je]
名 付款，结清，结算 ★★☆☆
나는 현금 결제 방식으로 구두 값을 지불했다.
[na-neun hyeon-geum gyeol-je bang-si-geu-ro gu-du gap-seul ji-bu-raet-da]
我以现金付款方式支付了皮鞋的费用。

## 2635 결합 [gyeo-rap]
名 结合 ★★★☆
물은 수소와 산소의 결합으로 형성된다.
[mu-reun su-so-wa san-so-e gyeo-ra-beu-ro hyeong-seong-doen-da]
水是由氢和氧结合而形成的。

## 2636 겸손 [gyeom-son]
名 谦虚的，谦逊的 ★★★☆
그는 겸손하고 예의 바른 태도로 팬들의 마음을 설레게 한다.
[geu-neun gyeom-so-na-go ye-i ba-reun tae-do-ro paen-deu-re ma-eu-meul seol-le-ge han-da]
他以谦虚且彬彬有礼的形象令粉丝们心动。

## 2637 겹치다 [gyeop-chi-da]
动 重叠，碰在一起 ★☆☆☆
아이에게는 쉽게 벗길 수 있는 옷을 겹쳐 입혔다.
[a-i-e-ge-neun swip-ge beot-gil su it-neun o-seul gyeop-chyeo i-pyeot-da]
给孩子们重穿了容易脱掉的衣服。

## 2638 경계 [gyeong-gye]
名 警戒，告诫，境界 ★★☆☆
그는 경계의 눈빛으로 수상한 남자를 바라보았다.
[geu-neun gyeong-gye-e nun-bi-cheu-ro su-sang-han nam-ja-reul ba-ra-bo-at-da]
他用机警的眼神望着可疑的男子。

## 2639 경력
[gyeong-ryeok]

名 经历，阅历，履历 ★★☆☆

그녀는 정치 분야의 경력이 15년이다.
[geu-nyeo-neun jeong-chi bu-nya-e gyeong-ryeo-gi sip-o nyeo-ni-da]
她拥有十五年的从政经历。

## 2640 경비실
[gyeong-bi-sil]

名 警卫室，门卫室 ★★☆☆

그는 경비실에 물건을 맡겨달라고 택배회사에 부탁했다.
[geu-neun gyeong-bi-si-re mul-geo-neul mat-gyeo-dal-la-go taek-bae-hoe-sa-e bu-ta-kaet-da]
他拜托快递公司把东西放在门卫室。

## 2641 경비원
[gyeong-bi-won]

名 保全人员，警卫 ★★☆☆

나는 경비원으로 10년 정도 일을 하고 있다.
[na-neun gyeong-bi-wo-neu-ro sim nyeon jeong-do i-reul ha-go it-da]
我从事保全人员的工作大约十年了。

## 2642 경솔하다
[gyeong-so-ra-da]

形 轻率的 ★☆☆☆

경솔하게 행동하지 말고 신중히 대처하세요.
[gyeong-so-ra-ge haeng-dong-ha-ji mal-go sin-jung-hi dae-cheo-ha-se-yo]
请勿轻率行动，要慎重处理。

## 2643 경영
[gyeong-yeong]

名 经营 ★★☆☆

경영 대학원 과정은 힘들다고 생각했다.
[gyeong-yeong dae-ha-gwon gwa-jeong-eun him-deul-da-go saeng-ga-kaet-da]
我认为经营研究院的课程会很辛苦。

## 2644 경제
[gyeong-je]

名 经济 ★★☆☆

한국 경제가 회복기를 맞이하고 있다.
[han-guk gyeong-je-ga hoe-bok-gi-reul ma-ji-ha-go it-da]
韩国经济正处于恢复期。

## 2645 경향
[gyeong-hyang]

名 倾向，趋势 ★☆☆☆

나이 많은 사람은 말을 더 많이 하는 경향이 있다.
[na-i ma-neun sa-ra-meun ma-reul deo ma-ni ha-neun gyeong-hyang-i it-da]
年纪大的人有话多的倾向。

## 2646 계기 [gye-gi]
**名** 契机 ★★☆☆
그 사건을 계기로 그들은 더욱 친해졌다.
[geu sa-geo-neul gye-gi-ro geu-deu-reun deo-uk chi-nae-jyeot-da]
以那件事为契机，他们之间的关系变得更加融洽。

## 2647 계약 [gye-yak]
**名** 契约，合约 ★★☆☆
그들은 주당 40시간을 일하는 것으로 계약했다.
[geu-deu-reun ju-dang sa-sip si-ga-neul i-ra-neun geo-seu-ro gye-ya-kaet-da]
他们以每周工作四十个小时的条件签了合约。

## 2648 계층 [gye-cheung]
**名** 阶层 ★★☆☆
수민 씨는 노동자 계층 가정에서 자랐다.
[su-min ssi-neun no-dong-ja gye-cheung ga-jeong-e-seo ja-rat-da]
秀敏出身于劳动阶层的家庭。

## 2649 고개 [go-gae]
**名** 头，颈后，山岭 ★★★☆
고개를 오른쪽으로 살짝 돌리세요.
[go-gae-reul o-reun-jjo-geu-ro sal-jjak dol-li-se-yo]
请将头轻轻往右转。

## 2650 고대 [go-dae]
**名** 古代，苦等 ★★★☆
이 도시의 외곽에는 많은 고대 유적들이 있다.
[i do-si-e oe-gwa-ge-neun ma-neun go-dae yu-jeok-deu-ri it-da]
这座城市的外围有许多古代遗迹。

## 2651 고독 [go-dok]
**名** 孤独 ★★☆☆
많은 독거 노인들이 고독감과 외로움을 느낀다.
[ma-neun dok-geo no-in-deu-ri go-dok-gam-gwa oe-ro-u-meul neu-kkin-da]
许多独居老人感到孤独与寂寞。

## 2652 고무 [go-mu]
**名** 橡胶，鼓舞 ★★☆☆
고무와 플라스틱은 탄력 있는 물질이다.
[go-mu-wa peul-la-seu-ti-geun tal-lyeok it-neun mul-ji-ri-da]
橡胶与塑胶是具有弹力的物质。

## 2653 고백 [go-baek]
**名** 告白 ★★☆☆
그 사람은 용기 내어 그녀를 사랑한다고 고백했다.
[geu sa-ra-meun yong-gi nae-eo geu-nyeo-reul sa-rang-han-da-go go-bae-kaet-da]
那个人鼓起勇气跟她告白说爱她。

| 单词进度表 | 학습스케줄

## 2654 고비
[go-bi]

**名** 关头，瓶颈

그 환자는 어젯밤에 위험한 고비를 넘겼다.
[geu hwan-ja-neun eo-jet-ba-me wi-heo-man go-bi-reul neom-gyeot-da]
那位病人昨晚度过了危险的关头。

★★★★

## 2655 고소
[go-so]

**名** 起诉，苦笑，高处

나는 아무 죄도 없는 그를 고소하고 싶지 않다.
[na-neun a-mu joe-do eop-neun geu-reul go-so-ha-go sip-ji an-ta]
我不想起诉没有任何罪行的他。

★★★★

## 2656 고소하다
[go-so-ha-da]

**形** 香喷喷，暗自高兴

이 과자는 바삭바삭하고 고소하다.
[i gwa-ja-neun ba-sak-ba-sa-ka-go go-so-ha-da]
这饼干酥脆而且味道很香。

★★★★

## 2657 고속철도
[go-sok-cheol-do]

**名** 高速铁道，高铁

그 사고로 고속철도 열차에 타고 있던 사람들이 많이 다쳤다.
[geu sa-go-ro go-sok-cheol-do yeol-cha-e ta-go it-deon sa-ram-deu-ri ma-ni da-chyeo-da]
由于那个事故，高铁上的很多乘客都受伤了。

★★★★

## 2658 고요
[go-yo]

**名** 宁静

눈 내리는 밤에 그 고요함을 좋아한다.
[nun nae-ri-neun ba-me geu go-yo-ha-meul jo-a-han-da]
喜欢下雪夜的那份宁静。

★★★★

## 2659 고이다
[go-i-da]

**动** 积水，囤积，含着

정류장의 노면이 고르지 않아서 빗물이 고였다.
[jeong-ryu-jang-e no-myeo-ni go-reu-ji a-na-seo bit-mu-ri go-yeot da]
公交站的路面不平，所以积了雨水。

★★★★

## 2660 고전
[go-jeon]

**名** 古典，苦战

이 곡은 한국 고전 음악을 바탕으로 한 것이다.
[i go-geun han-guk go-jeon eu-ma-geul ba-tang-eu-ro han geo-si-da]
这首曲子是以韩国古典音乐为基础创作的。

★★★★

高级 제7기~고전

| 2661 | **고정** [go-jeong] | 名 固定 ★★☆☆ |
|---|---|---|

못을 벽에 단단히 고정시켜야 한다.
[mo-seul byeo-ge dan-da-ni go-jeong-si-kyeo-ya han-da]
应该要将钉子牢牢固定在墙上才行。

| 2662 | **고즈넉하다** [go-jeu-neo-ka-da] | 形 宁静，宁和，默不出声 ★☆☆☆ |
|---|---|---|

이 산사는 늘 고즈넉한 정적이 흐른다.
[i san-sa-neun neul go-jeu-neo-kan jeong-jeo-gi heu-reun-da]
这座庙总是有宁和的寂静感。

| 2663 | **고집** [go-jip] | 名 固执 ★★☆☆ |
|---|---|---|

그는 굉장히 고집이 세서 감당할 수가 없다.
[geu-neun goeng-jang-hi go-ji-bi se-seo gam-dang-hal su-ga eop-da]
他非常固执，真拿他没办法。

| 2664 | **고층** [go-cheung] | 名 高层 ★★☆☆ |
|---|---|---|

새로 생긴 고층 빌딩들 때문에 옛날 집들이 작아 보였다.
[sae-ro saeng-gin go-cheung bil-ding-deul ttae-mu-ne yet-nal jip-deu-ri ja-ga bo-yeot-da]
新建的高层建筑使以前的房子看起来很矮小。

| 2665 | **고통** [go-tong] | 名 痛苦 ★★☆☆ |
|---|---|---|

암 치료로 그녀는 큰 고통을 느꼈다.
[am chi-ryo-ro geu-nyeo-neun keun go-tong-eul neu-kkyeot-da]
癌症治疗让她感受到巨大的痛苦。

| 2666 | **곡식** [gok-sik] | 名 谷物 ★☆☆☆ |
|---|---|---|

그들은 곡식을 소금과 물물교환했다.
[geu-deu-reun gok-si-geul so-geum-gwa mul-mul-gyo-hwa-naet-da]
他们用谷物和盐进行了物物交换。

| 2667 | **곧다** [got-da] | 形 直，正直 ★★☆☆ |
|---|---|---|

그는 코를 곧게 하기 위해 성형수술을 받았다.
[geu-neun ko-reul got-ge ha-gi wi-hae seong-hyeong-su-su-reul ba-dat-da]
他为了让鼻子变得直挺而做了整形手术。

### 2668 곧잘 [got-jal]
副 相当，经常 ★★☆☆
윗사람의 말을 듣지 않으면 곧잘 곤란을 당하는 법이다.
[wit-sa-ra-me ma-reul deut-ji a-neu-myeon got-jal gol-la-neul dang-ha-neun beo-bi-da]
不听老人言，吃亏在眼前。

### 2669 골고루 [gol-go-ru]
副 平均，均匀 ★★☆☆
그녀는 아이들에게 음식을 골고루 나눠 줬다.
[geu-nyeo-neun a-i-deu-re-ge eum-si-geul gol-go-ru na-nwo jwot-da]
她将食物平分给了孩子们。

### 2670 골목 [gol-mok]
名 巷子 ★★☆☆
도둑이 몰려서 좁은 골목으로 도망갔다.
[do-du-gi mol-lyeo-seo jop-eun gol-mo-geu-ro do-mang-gat-da]
小偷被逼逃到一条狭窄小巷子里了。

### 2671 공간 [gong-gan]
名 空间 ★★★☆
부엌에는 햇빛이 드는 아침 식사 공간이 있다.
[bu-eo-ge-neun haet-bi-chi deu-neun a-chim sik-sa gong-ga-ni it-da]
厨房有一个可以在晨曦中吃早餐的空间。

### 2672 공감 [gong-gam]
名 同感，共鸣 ★★☆☆
그의 연설은 사람들의 공감을 자아냈다.
[geu-e yeon-seo-reun sa-ram-deu-re gong-ga-meul ja-a-naet-da]
他的演讲引起了人们的共鸣。

### 2673 공격 [gong-gyeok]
名 攻击 ★★☆☆
저항하지 못하는 사람을 공격하는 것은 비겁한 행동이다.
[jeo-hang-ha-ji mo-ta-neun sa-ra-meul gong-gyeo-ka-neun geo-seun bi-geo-pan haeng-dong-i-da]
攻击毫无抵抗能力的人是卑鄙的行为。

### 2674 공과금 [gong-gwa-geum]
名 公共费用，官方税收 ★☆☆☆
월세에 공과금이 포함되어 30만 원이다.
[wol-se-e gong-gwa-geu-mi po-ham-doe-eo sam-sip ma nwo-ni-da]
房租包含公共费用，共三十万韩元。

2675 **공동** [gong-dong]
名 共同 ★★★☆
그들은 공동의 적에 대항하여 동맹을 맺었다.
[geu-deu-reun gong-dong-e jeo-geul dae-hang-ha-yeo dong-maeng-eul mae-jeot-da]
他们对抗了共同的敌人并且结盟了。

2676 **공모전** [gong-mo-jeon]
名 公募联展 ★★★★
공모전은 공개 모집한 작품의 전시회다.
[gong-mo-jeo-neun gong-gae mo-ji-pan jak-pu-me jeon-si-hoe-da]
公募联展是一种公开募集作品联合展出的展览。

2677 **공손하다** [gong-so-na-da]
形 谦虚，恭敬 ★★☆☆
그는 고객을 언제나 공손하게 대하도록 교육을 받았다.
[geu-neun go-gae-geul eon-je-na gong-so-na-ge dae-ha-do-rok gyo-yu-geul ba-dat-da]
他被教育在任何时候都要恭敬地对待顾客。

2678 **공식** [gong-sik]
名 正式，公式 ★★☆☆
그 가수는 매니저와 공식적으로 연인 사이임을 인정했다.
[geu ga-su-neun nae-ni-jeo-wa gong-sik-jeo-geu-ro yeo-nin sa-i-i-meul in-jeong-haet-da]
那名歌手正式承认了与经纪人的恋人关系。

2679 **공업** [gong-eop]
名 工业 ★★☆☆
그 나라는 공업이 낙후되어 있다.
[geu na-ra-neun gong-eo-bi na-ku-doe-eo it-da]
那个国家的工业很落后。

2680 **공적** [gong-jeok]
名 公共，共同，公敌，功绩，官方 ★☆☆☆
그 비용을 공적 자금에서 지불하자는 제의가 있다.
[geu bi-yong-eul gong-jeok ja-geu-me-seo ji-bu-ra-ja-neun je-ui-ga it-da]
有人提议用公共资金去支付那笔费用。

2681 **공지** [gong-ji]
名 公告，空地 ★☆☆☆
집세 미납 때문에 공지가 나왔다.
[jip-se mi-nap ttae-mu-ne gong-ji-ga na-wat-da]
因为未缴房租，收到了通知。

| 2682 | **공해** [gong-hae] | 名 公害，公海 ★★☆☆ 사람들은 산업 공해가 큰 문제라고 논하고 있다. [sa-ram-deu-reun sa-neop gong-hae-ga keun mun-je-ra-go no-na-go it-da] 人们认为工业公害是个大问题。 |

| 2683 | **과도하다** [gwa-do-ha-da] | 形 过多的 ★★☆☆ 과도한 흡연은 몸에 해롭다. [gwa-do-han heu-byeo-neun mo-me hae-rop-da] 过多的吸烟对身体有害。 |

| 2684 | **과로** [gwa-ro] | 名 过劳 ★★☆☆ 그 의사는 과로로 뇌출혈로 쓰러졌다. [geu ui-sa-neun gwa-ro-ro noe-chu-ryeol-lo sseu-reo-jyeot-da] 那名医生因为过度疲劳引发的脑出血病倒了。 |

| 2685 | **과목** [gwa-mok] | 名 科目 ★★☆☆ 이번 학기에 2개의 필수 과목을 이수해야 한다. [i-beon hak-gi-e du-gae-e pli-su gwa-mo-geul i-su-hae-ya han-da] 这个学期要修两门必修科目。 |

| 2686 | **과소비** [gwa-so-bi] | 名 过度消费 ★☆☆☆ 신용카드는 과소비를 조장한다는 부정적인 이미지를 가졌다. [si-nyong-ka-deu-neun gwa-so-bi-reul jo-jang-han-da-neun bu-jeong-jeo-gin i-mi-ji-reul ga-jyeot-da] 信用卡具有助长过度消费的负面形象。 |

| 2687 | **과연** [gwa-yeon] | 副 果然，果真 ★★☆☆ 결혼을 하면 과연 행복할까요? [gyeo-ro-neul ha-myeon gwa-yeon haeng-bo-kal-kka-yo] 结婚，果真会幸福吗？ |

| 2688 | **과제** [gwa-je] | 名 课题 ★☆☆☆ 21세기 인류가 해결해야 할 과제는 무엇일까요? [i-sip-il se-gi il-lyu-ga hae-gyeo-rae-ya hal gwa-je-neun mu-eo-sil-kka-yo] 二十一世纪人类必须解决的课题是什么？ |

| 2689 | **과태료** [gwa-tae-ryo] | 名 罚款，疏忽罚款　★☆☆☆<br>🎧 우회전 할 때 교통 위반 과태료를 내야 한다.<br>[u-doe-jeon hal ttae gyo-tong wi-ban gwa-tae-ryo-reul nae-ya han-da]<br>右转时，要交违反交通规则的罚款。|
|---|---|---|
| 2690 | **과학** [gwa-hak] | 名 科学　★★☆☆<br>🎧 이들 수치는 몇몇 과학 연구들로부터 얻은 것이다.<br>[i-deul su-chi-neun myeot-myeot gwa-hak yeon-gu-deul-lo-bu-teo eo-deun goe-si-da]<br>这些数据是从几个科学研究中取得的。|
| 2691 | **과학자** [gwa-hak-ja] | 名 科学家　★★☆☆<br>🎧 과학자들은 그 강에서 물 샘플을 얻고 있다.<br>[gwa-hak-ja-deu-reun geu gang-e-seo mul saem-peu-reul eot-go it-da]<br>科学家们正从那条河里获取水的样本。|
| 2692 | **관객** [gwan-gaek] | 名 观众　★★☆☆<br>🎧 그 배우는 많은 매력적인 연기를 관객에게 보여주었다.<br>[geu bae-u-neun ma-neun mae-ryeok-jeo-gin yeon-gi-reul gwan-gae-ge-ge bo-yeo-ju-eot-da]<br>那名演员在观众面前展现了很多具有魅力的演技。|
| 2693 | **관람** [gwal-lam] | 名 观赏，观看　★★☆☆<br>🎧 장애인 2000명이 초청되어 공연을 관람할 예정이다.<br>[jang-ae-in i-cheon myeong-i cho-cheong-doe-eo gong-yeo-neul gwal-la-mal ye-jeong-i-da]<br>预计会邀请两千名残障人士观赏表演。|
| 2694 | **관련** [gwal-lyeon] | 名 关联，关系　★★☆☆<br>🎧 이 사건에 관련된 모든 사람들을 조사하고 있다.<br>[i sa-geo-ne gwal-lyeon-doen mo-deun sa-ram-deu-reul jo-sa-ha-go it-da]<br>正在调查和这个事件相关的所有人员。|
| 2695 | **관심사** [gwan-sim-sa] | 名 关心的事情　★★☆☆<br>🎧 우리의 주된 관심사는 가격 경쟁이다.<br>[u-ri-e ju-doen gwan-sim-sa-neun ga-gyeok gyeong-jaeng-i-da]<br>我们主要关心的事情是价格竞争。|

## 2696 관점 [gwan-jeom]

**名** 观点

헨리 포드가 '성공의 비밀은 다른 사람의 관점으로 세상을 볼 줄 아는 데 있다'라고 이야기했다.
[hen-ri po-deu-ga seong-gong-e bi-mi-reun da-reun sa-ra-me gwan-jeo-meu-ro se-sang-eul bol jul a-neun de it-da ra-go i-ya-gi-haet-da]
亨利·福特说过："成功的秘密在于能够用他人的角度来看这个世界。"

## 2697 관찰 [gwan-chal]

**名** 观察

나는 그들의 행동 변화를 유심히 관찰했다.
[na-neun geu-deu-re haeng-dong byeo-nwa-reul yu-si-mi gwan-cha-raet-da]
我留心观察了他们的行为变化。

## 2698 광선 [gwang-seon]

**名** 光线

너무 강한 광선은 눈에 해롭다.
[neo-mu gang-han gwang-seo-neun nu-ne hae-rop-da]
太强的光线对眼睛不好。

## 2699 괜히 [gwae-ni]

**副** 多余地，白白地，徒然地

그런 일에 괜히 마음을 쓰지 마세요.
[geu-reon i-re gwae-ni ma-eu-meul sseu-ji ma-se-yo]
请不要白白花心思在那种事情上。

## 2700 교내 [gyo-nae]

**名** 校内

그는 교내 웅변 대회에서 최우수상을 탔다.
[geu-neun gyo-nae ung-byeon dae-hoe-e-seo choe-u-su-sang-eul tat-da]
他在校内演讲比赛中获得了最优秀奖。

## 2701 교류 [gyo-ryu]

**名** 交流

그 학생들은 문화 교류 활동을 하고 있다.
[geu hak-saeng-deu-reun mu-nwa gyo-ryu hwal-dong-eul ha-go it-da]
那些学生们正开展文化交流活动。

## 2702 교복 [gyo-bok]

**名** 校服

나는 학생들이 교복을 입어야 한다고 주장한다.
[na-neun hak-saeng-deu-ri gyo-bo-geul i-beo-ya han-da-go ju-jang-han-da]
我主张学生穿校服。

|  |  |  |  |
|---|---|---|---|
| 2703 | **교부** [gyo-bu] | 名 交付，缴纳 ★☆☆☆ | 원서 교부 및 접수는 내일부터 시작된다.<br>[won-seo gyo-bu mit jeop-su-enun nae-il-bu-teo si-jak-doen-da]<br>申请表的提交与接收从明天开始。 |
| 2704 | **교양** [gyo-yang] | 名 教养 ★★☆☆ | 우리는 우리의 품위와 교양을 지켜야 할 필요가 있다.<br>[u-ri-neun u-ri-e pu-mwi-wa gyo-yang-eul ji-kyeo-ya hal pi-ryo-ga it-da]<br>我们必须谨守我们的品位与教养。 |
| 2705 | **교외** [gyo-oe] | 名 郊外，校外 ★★★☆ | 그는 교외로 이사를 갔기 때문에 차를 사야 한다.<br>[geu-neun gyo-oe-ro i-sa-reul gat-gi ttae-mu-ne cha-reul sa-ya han-da]<br>他搬到了郊外，所以必须买辆车。 |
| 2706 | **교장** [gyo-jang] | 名 校长 ★★★☆ | 오늘 아침에 교장 선생님의 연설은 참 지루했다.<br>[o-neul a-chi-me gyo-jang seon-saeng-ni-me yeon-seo-reun cham ji-ru-haet-da]<br>今天早上校长的演说真是冗长。 |
| 2707 | **교체** [gyo-che] | 名 交替，交换 ★★☆☆ | 우리는 그 건전지를 쉽게 교체할 수 있다.<br>[u-ri-neun geu geon-jeon-ji-reul swip-ge gyo-che-hal su it-da]<br>我们可以轻松换掉那颗电池。 |
| 2708 | **교포** [gyo-po] | 名 侨胞 ★★☆☆ | 대부분의 교포들은 문화적인 차이를 더 빨리 극복할 수 있다.<br>[dae-bu-bu-ne gyo-po-deu-reun mu-nwa-jeo-gin cha-i-reul deo ppal-li geuk-bo-kal su it-da]<br>大部分侨胞能够比较快地克服文化的差异。 |
| 2709 | **구걸하다** [gu-geo-ra-da] | 动 求乞 ★☆☆☆ | 그 거지는 집집마다 다니며 구걸한다.<br>[geu geo-ji-neun jip-jip-ma-da da-ni-myeo gu-geo-ran-da]<br>那乞丐挨家挨户乞讨。 |

## 2710 구급차 [gu-geup-cha]
**名** 救护车
소방차나 구급차에게 길을 양보하지 않은 운전자에게 과태료가 부과된다.
[so-bang-cha-na gu-geup-cha-e-ge gi-reul yang-bo-ha-ji a-neun un-jeon-ja-e-ge gwa-tae-ryo-ga bu-gwa-doen-da]
对于不给消防车或救护车让行的驾驶员会处以罚款。

## 2711 구르다 [gu-reu-da]
**动** 滚动，跺脚
동물원의 동물들은 장난을 치고, 구르고, 노는 모습을 보여준다.
[dong-mu-rwo-ne dong-mul-deu-reun jang-na-neul chi-go, gu-reu-go, no-neun mo-seu-beul bo-yeo-jun-da]
动物园里的动物们会展现出玩耍、翻滚、玩乐的模样。

## 2712 구멍 [gu-meong]
**名** 洞，孔
목수가 두꺼운 판자에 구멍을 뚫었다.
[mok-su-ga du-kkeo-un pan-ja-e gu-meong-eul ttu-reot-da]
木工在厚板子上钻了一个洞。

## 2713 구부리다 [gu-bu-ri-da]
**动** 使弯曲
남자가 돈을 주려는 듯 여자 쪽으로 몸을 구부리고 있다.
[nam-ja-ga do-neul ju-ryeo-neun deut yeo-ja jjo-geu-ro mo-meul gu-bu-ri-go it-da]
男子对女子弯下腰，像是要给她钱。

## 2714 구성 [gu-seong]
**名** 构成，组成，结构
이 회사의 구성 인원은 40대들로 구성됐다.
[i hoe-sa-e gu-seong i-nwo-neun sa-sip-dae-deul-lo gu-seong-dwaet-da]
这家公司是由四十几岁的人们组成的。

## 2715 구속 [gu-sok]
**名** 拘束，拘留
그들은 무고한 사람을 구속했다.
[geu-deu-reun mu-go-han sa-ra-meul gu-so-kaet-da]
他们拘留了无辜的人。

## 2716 구수하다 [gu-su-ha-da]
**形** 香喷喷
된장 찌개 냄새가 구수하다.
[doen-jang jji-gae naem-sae-ga gu-su-ha-da]
大酱豆腐汤的味道很香。

**2717 구역** [gu-yeok] 名 区域 ★★☆☆
이 유원지는 5개의 구역으로 나뉠 것이다.
[i yu-won-ji-neun da-seot gae-e gu-yeo-geu-ro na-nwil geo-si-da]
这个游乐园将会分成五个区域。

**2718 구인** [gu-in] 名 征人，征才 ★★☆☆
이 공고는 온라인 구인 구직 사이트에 게시되었다.
[i gwang-go-neun on-ra-in gu-in gu-jik sa-i-teu-e ge-si-doe-eot-da]
这个广告展示在招聘网站上。

**2719 구조** [gu-jo] 名 构造，救助 ★★☆☆
이 사립대학교는 구조 조정으로 학교의 규모를 줄여야 한다.
[i sa-rip-dae-hak-gyo-neun gu-jo jo-jeong-eu-ro hak-gyo-e gyu-mo-reul ju-ryeo-ya han-da]
这所私立大学因结构调整要缩小学校的规模。

**2720 구체적** [gu-che-jeok] 冠 / 名 具体 ★☆☆☆
제 질문에 대한 구체적인 답을 말해 주세요.
[je jil-mu-ne dae-han gu-che-jeo-gin da-beul ma-rae ju-se-yo]
请针对我的问题给出具体的答案。

**2721 국경** [guk-gyeong] 名 国境，国界 ★★☆☆
미국과 캐나다의 국경은 4천 킬로미터가 넘는다.
[mi-guk-gwa kae-na-da-e guk-gyeong-eun sa cheon kil-lo-mi-teo-ga neom-neun-da]
美国与加拿大的国界超过四千公里。

**2722 국경일** [guk-gyeong-il] 名 国庆日 ★★☆☆
어제는 국경일이라서 사무실들이 문을 닫았다.
[eo-je-neun guk-gyeong-i-ri-ra-seo sa-mu-sil-deu-ri mu-neul da-dat-da]
昨天是国庆节，很多公司都不上班。

**2723 국그릇** [guk-geu-reut] 名 汤碗 ★★☆☆
국그릇이나 밥그릇을 들고 먹지 않습니다.
[guk-geu-reu-si-na bab-geu-reu-seul deul-go meok-ji an-seum-ni-da]
不要把汤碗或饭碗端在手里吃。

## 2724 국내선 [guk-nae-seon]
名 国内线 ★★☆☆

저가 항공사로 **국내선**과 국제선을 탑승한 사람들이 1천만 명을 넘어섰다.
[jeo-ga hang-gong-sa-ro guk-nae-seon-gwa guk-je-seo-neul tap-seung-han sa-ram-deu-ri il cheon-man myeong-eul neo-meo-seot-da]
搭乘廉价航空的国内线与国际线的乘客超过一千万人。

## 2725 국립 [gung-nip]
名 国营、国立 ★★☆☆

그는 **국립** 박물관으로 가는 길을 가르쳐 주었다.
[geu-neun gung-nip bang-mul-gwa-neu-ro ga-neun gi-reul ga-reu-chyeo ju-eot-da]
他告诉了我去博物馆的路。

## 2726 국면 [gung-myeon]
名 局面，局势，棋局 ★☆☆☆

관리부와 노조는 서로 양보하지 않는 **국면**에 접어들었다.
[gwal-li-bu-wa no-jo-neun seo-ro yang-bo-ha-ji an-neun gung-myeo-ne jeo-beo-deu-reot-da]
管理层与工会陷入了互不相让的局面。

## 2727 군고구마 [gun-go-gu-ma]
名 烤地瓜，烤番薯 ★★☆☆

갑자기 따뜻한 우유와 **군고구마**가 먹고 싶다.
[gap-ja-gi tta-tteu-tan u-yu-wa gun-go-gu-ma-ga meok-go sip-da]
突然很想喝热牛奶，还想吃烤地瓜。

## 2728 굶다 [gum-da]
动 挨饿 ★★☆☆

내가 가난했을 때 하루 한두 끼를 **굶**는 것은 예사였다.
[nae-ga ga-na-hae-sseul ttae ha-ru han-du kki-reul gum-neun geo-seun ye-sa-yeot-da]
我穷困的时候，一天饿一两顿是很平常的事。

## 2729 권력 [gwol-lyeok]
名 权力 ★★☆☆

그는 부와 **권력**을 쉽게 포기하지 않을 것이다.
[geu-neun bu-wa gwol-lyeo-geul swip-ge po-gi-ha-ji a-neul geo-si-da]
他不会轻易放弃财富与权力。

### 2730 귀찮다 [gwi-chan-ta]
形 厌烦的，麻烦的 ★★☆☆
유리창 청소가 너무 귀찮아요. 저보다 큰 유리라 청소하는 데 정말 힘들어요.
[yu-ri-chang cheong-so-ga neo-mu gwi-cha-na-yo][jeo-bo-da keun yu-ri-ra cheong-so-ha-neun de jeong-mal him-deu-reo-yo]
清理玻璃窗很麻烦，清理比我还高的玻璃真的很费力。
近 번거롭다 烦琐的

### 2731 그나마 [geu-na-ma]
副 连那个，也算是，尤其是 ★★☆☆
일이 이 정도로 그쳤으니 그나마 다행이다.
[i-ri i jeong-do-ro geu-chyeo-sseu-ni geu-na-ma da-haeng-i-da]
事情到此结束，也算是幸运的了。

### 2732 그대 [geu-dae]
代 你，您 ★★☆☆
그대에 대한 나의 사랑은 영원할 것입니다.
[geu-dae-e dae-han na-e sa-rang-eun yeong-wo-nal geo-sim-ni-da]
我对你的爱永远不变。

### 2733 그럭저럭 [geu-reok-jeo-reok]
副 就这么，凑合地，随便地 ★★☆☆
그의 생각은 그럭저럭 재미있지만 논리적으로는 틀렸다.
[geu-e saeng-ga-geun geu-reok-jeo-reok jae-mi-it-ji-man nol-li-jeo-geu-ro-neun teul-lyeot-da]
他的想法虽还算有趣，但是不合逻辑。

### 2734 그루 [geu-ru]
名 棵 ★★☆☆
집 주변에 사과 나무 한 그루가 있다.
[jip ju-byeo-ne sa-gwa na-mu han geu-ru-ga it-da]
房子周围有一棵苹果树。

### 2735 그림자 [geu-rim-ja]
名 影子，阴影，倒影 ★★★☆
그 일은 그의 인생에 어두운 그림자를 드리웠다.
[geu i-reun geu-e in-saeng-e eo-du-un geu-rim-ja-reul deu-ri-wot-da]
那件事在他的人生中形成了很大的阴影。

### 2736 근육 [geu-nyuk]
名 肌肉 ★★☆☆
철봉 운동은 근육을 늘리는 데 상당히 좋은 것 같다.
[cheol-bong un-dong-eun geu-nyu-geul neul-li-neun de sang-dang-hi jo-eun geot gat-da]
单杠运动对强健肌肉相当好。

## 2737 긁다 [geuk-da]

动 搔，刮

스크래치 컬러링북에 스크래치 펜으로 긁다 보면 멋진 모습으로 보인다.

[seu-keu-rae-chi keol-leo-ring-bu-ge seu-keu-rae-chi pe-neu-ro geuk-da bo-myeon meot-jin mo-seu-beu-ro bo-in-da]

在涂色书中用涂色笔画一画就会看到漂亮的图画。

## 2738 금강산 [geum-gang-san]

名 金刚山

금강산도 식후경.

[geum-gang-san-do si-ku-gyeong]

金刚山也要饭后再观赏。（比喻人以食为天，先填饱肚子再说。）

## 2739 금메달 [geum-me-dal]

名 金牌

그는 금메달을 향해 착착 나아가고 있다.

[geu-neun geum-me-da-reul hyang-hae chak-chak na-a-ga-go it-da]

他一步步朝着金牌前进。

## 2740 금연 [geu-myeon]

名 禁烟，戒烟

내년부터는 전국 음식점과 커피숍이 모두 금연 지역으로 지정될 것이다.

[nae-nyeon-bu-teo-neun jeon-guk eum-sik-jeom-gwa keo-pi-syo-bi mo-du geu-myeon ji-yeo-geu-ro ji-jeong-doel geo-si-da]

从明年起，规定全国所有饮食店与咖啡厅为禁烟区域。

## 2741 급여 [geu-byeo]

名 给予，发钱，工资，薪水

회사에서는 매달 급여로 400만 원 정도를 받고 있다.

[hoe-sa-e-seo-neun mae-dal geu-byeo-ro sa-baek man won jeong-do-reul bat-go it-da]

在公司每个月领四百万韩元左右的薪水。

## 2742 긍정적 [geung-jeong-jeok]

名 肯定的，正面的

우리는 어려운 일이 생겼을 때 긍정적인 태도로 생각할 필요가 있다.

[u-ri-neun eo-ryeo-un i-ri saeng-gyeo-sseul ttae geung-jeong-jeo-gin tae-do-ro saeng-ga-kal pi-ryo-ga it-da]

我们在遇到困难时，有必要用正面的态度去思考。

反 부정적 否定的，负面的

### 2743 기다랗다
[gi-da-ra-ta]

形 长长的，十分长的

도로가 마치 **기다란** 주차장 같았다.
[do-ro-ga ma-chi gi-da-ran ju-cha-jang ga-tat-da]
道路宛如一条长长的停车场。

### 2744 기부하다
[gi-bu-ha-da]

动 捐款，捐献，捐赠

그 할머니는 자신이 평생 모은 돈을 대학교에 **기부했**다.
[geu hal-meo-ni-neun ja-si-ni pyeong-saeng mo-eun do-neul dae-hak-gyo-e gi-bu-haet-da]
那个老奶奶把自己一生的积蓄都捐给了大学。

### 2745 기울이다
[gi-u-ri-da]

动 倾注，集中，使倾斜

오늘 밤 운전하시면 주의를 **기울여** 주시기 바랍니다.
[o-neul bam un-jeon-ha-si-myeon ju-ui-reul gi-u-ryeo ju-si-gi ba-ram-ni-da]
如果今夜要开车，请多加注意。

### 2746 기저귀
[gi-jeoo-gwi]

名 尿布

아기에게 **기저귀**를 채웠다.
[a-gi-e-ge gi-jeo-gwi-reul chae-wot-da]
给婴儿穿上尿布。

### 2747 기절하다
[gi-jeo-ra-da]

动 晕倒，昏倒，气绝

너무 놀라서 **기절할** 뻔했다.
[neo-mu nol-la-seo gi-jeo-ral ppeo-naet-da]
惊讶到差点晕倒。

### 2748 기출
[gi-chul]

名 已出题的，自己生出的

요즘 **기출** 문제로 시험을 준비하는 사람들이 많아요.
[yo-jeum gi-chul mun-je-ro si-heo-meul jun-bi-ha-neun sa-ram-deu-ri ma-na-yo]
最近有很多人做历史试题来准备考试。

### 2749 길들이다
[gil-deu-ri-da]

动 变得熟悉

도시 생활의 소음에 귀를 **길들여** 버렸다.
[do-si saeng-hwa-re so-eu-me gwi-reul gil-deu-ryeo beo-ryeot-da]
耳朵已习惯都市生活的噪声。

## 2750 깃발 [git-bal]
**名** 旗帜，旗子 ★★☆☆
깃발들이 바람에 펄럭였다.
[git-bal-deu-ri ba-ra-me peol-leo-gyeot-da]
这些旗帜在风中飘扬。

## 2751 꺼이꺼이 [kkeo-i-kkeo-i]
**副** 哇哇哭泣 ★★☆☆
죽음의 공포에 아저씨가 꺼이꺼이 목메어 울었다.
[juk-eu-me gong-po-e a-jeo-ssi-ga kkeo-i-kkeo-i mong-me-eo u-reot-da]
死亡的恐惧让大叔放声哭了出来。

## 2752 꼬불꼬불 [kko-bul-kko-bul]
**副** 弯曲（고불고불的强势语） ★★☆☆
길이 강을 따라 꼬불꼬불 이어 나간다.
[gi-ri gang-eul tta-ra kko-bul-kko-bul i-eo na-gan-da]
路沿着河流弯弯曲曲。

## 2753 꼬이다 [kko-i-da]
**动** 拧，绞，聚集，纠结 ★☆☆☆
문제가 자꾸 꼬이는 게 아무래도 해결되기 어려울 것 같다.
[mun-je-ga ja-kku kko-i-neun ge a-mu-rae-do hae-gyeol-doe-gi eo-ryeo-ul geot gat-da]
问题一直纠结着，这样恐怕很难解决。

## 2754 꼴등 [kkol-deung]
**名** 倒数第一，末位 ★★☆☆
그는 '아들이 꼴등 하면 엄마의 탓이다'라고 주장했다.
[geu-neun a-deu-ri kkol-deung ha-myeon eom-ma-e ta-si-da-ra-go ju-jang-haet-da]
他主张，如果儿子拿了最后一名，这是妈妈的过错。

## 2755 꽂다 [kkot-da]
**动** 插，插放，立，戴 ★★☆☆
이 사전을 맨 위 책꽂이에 꽂아 두었다.
[i sa-jeo-neul maen wi chaek-kko-ji-e kko-ja du-eot-da]
将这本字典摆放在最上面的书架上。

## 2756 꽥꽥 [kkoek-kkoek]
**副** 呱呱叫 ★★☆☆
오리는 꽥꽥 소리를 내며 옆으로 걸었다.
[o-ri-neun kkoek-kkoek so-ri-reul nae-myeo yeo-peu-ro geo-reot-da]
鸭子呱呱叫着从旁边走过。

## 2757 **꿈틀거리다**
[kkum-teul-geo-ri-da]

动 蠕动，波涛滚滚 ★★★★

지렁이는 몸이 반으로 짤려도 얼마 동안은 꿈틀거린다.
[ji-reong-i-neun mo-mi ba-neu-ro jjal-lyeo-do eol-ma dong-a-neun kkum-teul-geo-rin-da]
即使蚯蚓身体被切断，也会蠕动一段时间。

## 2758 **끼치다**
[kki-chi-da]

动 受影响，造成，起鸡皮疙瘩，弥漫 ★★★★

공사 관계로 불편을 끼쳐 드려 죄송합니다.
[gong-sa gwan-gye-ro bul-pyeo-neul kki-chyeo deu-ryeo joe-song-ham-ni-da]
对于工程造成的不便，深感抱歉。

**MEMO**　　　　　　　　　　　　　　　　T O P I K

고생 끝에 낙이 온다.
苦尽甘来。

本书所有单词均采用三段式，即"单词分解（语速慢）/完整词汇（语速快）/中文解释"的方式录制。
例：춥．다（单词分解） / 춥다（完整词汇） / 冷（中文解释）
🎧 符号之后的韩语例句由韩籍老师朗读。

---

**2759 나긋나긋하다** [na-geut-na-geu-ta-da]
形 亲切和蔼的，软软的，细嫩的 ★★★★
🎧 이 마을에 사는 사람들은 친절하고 나긋나긋하다.
[i ma-eu-re sa-neun sa-ram-deu-reun chin-jeo-ra-go na-geut-na-geu-ta-da]
住在这个村庄里的人都很亲切和蔼。

**2760 나부끼다** [na-bu-kki-da]
动 飘扬，飘摇 ★★★★
🎧 물건들은 바람이 부는 방향대로 나부끼거나 날아간다.
[mul-geon-deu-reun ba-ra-mi bu-neun bang-hyang-dae-ro na-bu-kki-geo-na na-ra-gan-da]
东西会顺着风吹的方向飘扬或飞走。

**2761 낙서** [nak-seo]
名 涂鸦，乱画乱写，漏写 ★★★★
🎧 누군가가 그 책상 위에 볼펜으로 낙서를 해 놓은 상태였다.
[nu-gun-ga-ga geu chaek-sang wi-e bol-pe-neu-ro nak-seo-reul hae no-eun sang-tae-yeot-da]
有人用圆珠笔在那张书桌上涂鸦。

**2762 낙천** [nak-cheon]
名 乐观，未被推荐 ★★★★
🎧 나는 언제나 명랑하고 낙천적이다.
[na-neun eon-ja-na myeong-rang-ha-go nak-cheon-jeo-gi-da]
我总是开朗又乐观。

**2763 낙천주의자** [nak-cheon-ju-i-ja]
名 乐观主义者 ★★★★
🎧 언제나 낙천주의자인 마크는 다시 해 보겠다고 했다.
[eon-je-na nak-cheon-ju-i-ja-in ma-keu-neun da-si hae bo-get-da-go haet-da]
乐观主义的马克说他会再试一试。

**2764 난기류** [nan-gi-ryu]
名 乱流 ★★★★
🎧 비행기가 난기류 때문에 무려 4번 재착륙을 시도했다.
[bi-haeng-gi-ga nan-gi-ryu ttae-mu-ne mu-ryeo ne-beon jae-chang-nu-geul si-do-haet-da]
飞机因为乱流试降多达四次。

**2765 낭떠러지** [nang-tteo-reo-ji]
名 悬崖，峭壁 ★★★★
🎧 그는 우리가 가고 있는 길에 낭떠러지가 있다고 경고했다.
[geu-neun u-ri-ga ga-go it-neun gi-re nang-tteo-reo-ji-ga it-da-go gyeong-go-haet-da]
他警告我们，去的路上会有悬崖。

| 单词进度表 | 학습스케줄

## 2766 내내 [nae-nae]
副 始终，一直 ★★☆☆
오전 **내내** 서울 시내를 구경하던 그는 점심을 먹으러 가려고 했다.
[o-jeon nae-nae seo-ul si-nae-reul gu-gyeong-ha-deon geu-neun jeom-si-meul meo-geu-reo ga-ryeo-go haet-da]
整个早上都在逛首尔市区的他正打算去吃午餐。

## 2767 내밀다 [nae-mil-da]
动 伸出 ★★☆☆
혀를 살짝 **내밀**면 수줍고 귀여운 표정을 표현하는 것 같다.
[hyeo-reul sal-jjak nae-mil-myeon su-jup-go gwi-yeo-un pyo-jeon-eul pyo-hyeo-na-neun geot gat-da]
伸一点舌头，像是在表现害羞与可爱的表情。

## 2768 내보내다 [nae-bo-nae-da]
动 送出去，插放 ★★☆☆
프로그램 사이에 광고를 너무 많이 **내보내**서 짜증이 난다.
[peu-ro-geu-raem sa-i-e gwang-go-reul neo-mu ma-ni nae-bo-nae-seo jja-jeung-i nan-da]
节目之间播放太多广告，令人厌烦。

## 2769 내세우다 [nae-se-u-da]
动 提出，立出来，挂出，推出 ★☆☆☆
우리는 곧 그 자리에 대한 후보를 **내세울** 것이다.
[u-ri-neun got geu ja-ri-e dae-han hu-bo-reul nae-se-ul geo-si-da]
我们很快就会推出那个位置的候选人。

## 2770 너그럽다 [neo-geu-reop-da]
形 宽容的，宽厚的，厚道的 ★★☆☆
동생보다 형의 마음이 **너그러**운 편인가 보다.
[dong-saeng-bo-da hyeong-e ma-eu-mi neo-geu-reo-un pyeo-nin-ga bo-da]
看来哥哥的心胸比弟弟宽厚。

## 2771 네트워크 [ne-teu-wo-keu]
名 网络（network） ★★★☆
소셜 **네트워크** 게임은 전세계 사람들과 함께 게임을 할 수 있기 때문에 재미있다.
[so-syeol ne-teu-wo-keu ge-i-meun jeon-se-gye sa-ram-deul-gwa ham-kke ge-i-meul hal su it-gi ttae-mu-ne jae-mi-it-da]
社交网络游戏可以和全世界的人一起玩，所以很有趣。

| 2772 | **노숙자** [so-suk-ja] | 名 露宿者，流民 <br> 이 노숙자 보호시설에서는 술을 마실 수 없다. <br> [i no-suk-ja bo-ho-si-seo-re-seo-neun su-reul ma-sil su eop-da] <br> 在这座流民保护所里是不能喝酒的。 | ★★☆☆ |

| 2773 | **노예** [no-ye] | 名 奴隶 <br> 죽어가는 노예가 되살아났다. <br> [ju-geo-ga-neun no-ye-ga doe-sa-ra-nat-da] <br> 快死掉的奴隶又活过来了。 | ★★☆☆ |

| 2774 | **노하다** [no-ha-da] | 动 发怒 <br> 그의 얼굴은 노한 빛을 띠고 있었다. <br> [geu-e eol-gu-reun no-han bi-cheul tti-go i-sseot-da] <br> 他的脸上带着怒色。 | ★★☆☆ |

| 2775 | **논의** [no-ni] | 名 议论，讨论，议旨 <br> 그 정치적 문제는 선거기간 내내 논의될 것이다. <br> [geu jeong-chi-jeok mun-je-neun seon-geo-gi-gan nae-nae no-ni-doel geo-si-da] <br> 那个政治问题会在选举期间一直被拿来讨论。 | ★☆☆☆ |

| 2776 | **놀리다** [nol-li-da] | 动 使休闲，使玩，戏弄 <br> 그녀는 그의 머리 모양을 놀리곤 했다. <br> [geu-nyeo-neun geu-e meo-ri mo-yang-eul nol-li-gon haet-da] <br> 她经常戏弄他的发型。 | ★★☆☆ |

| 2777 | **놀림** [nol-lim] | 名 捉弄，戏弄，操弄 <br> 오늘 회사에서 놀림을 받았다. <br> [o-neul hoe-sa-e-seo nol-li-meul ba-dat-da] <br> 今天在公司受到了捉弄。 | ★★☆☆ |

| 2778 | **농사** [nong-sa] | 名 农事，农活，农耕，种田 <br> 한국은 보통 겨울철에 농사를 짓지 않는다. <br> [han-gu-geun bo-tong gyeo-ul-cheo-re nong-sa-reul jit-ji an-neun-da] <br> 韩国通常在冬季停止农耕。 | ★★☆☆ |

| 2779 | **누리다** [nu-ri-da] | 动 享受，过，受用 <br> 친구들과 돈독한 우의를 누린다. <br> [chin-gu-deul-gwa don-do-kan u-i-reul nu-rin-da] <br> 朋友们彼此享有深厚的友谊。 | ★☆☆☆ |

## 2780 누설 [nu-seol]

**名** 泄露 ★★☆☆

그는 자칫 잘못하여 비밀을 누설할 뻔했다.
[geu-neun ja-chit jal-mo-ta-yeo bi-mi-reul nu-seo-ral ppeo-naet-da]
他差点泄露了秘密。

## 2781 눈금 [nun-geum]

**名** 刻度 ★★☆☆

온도계의 눈금에 따라 섭씨온도（℃），화씨온도（°F），절대온도（K） 등이 있다.
[on-do-gye-e nun-geu-me tta-ra seop-ssi-on-do, hwa-ssi-on-do, jeol-dae-on-do deung-i it-da]
温度计上的刻度分为摄氏温度（℃）、华氏温度（°F）与绝对温度（K）等。

## 2782 눈살 [nun-sal]

**名** 皱眉的皱纹 ★★☆☆

인터넷에는 포르노나 다른 쓰레기 같은 것들이 많이 있어 눈살을 찌푸리게 해요.
[in-teo-ne-se-neun po-reu-no-na da-reun sseu-re-gi ga-teun geot-deu-ri ma-ni i-sseo nun-sa-reul jji-pu-ri-ge hae-yo]
网上有很多色情或其他垃圾的事物，令人皱眉。

## 2783 느긋하다 [neu-geu-ta-da]

**形** 轻松的，悠闲的，慢条斯理 ★★☆☆

큰 아이는 성격이 느긋한 편이고, 둘째는 급한 편이에요.
[keun a-i-neun seong-gyeo-gi neu-geu-tan pyeo-ni-go, dul-jjae-neun geu-pan pyeo-ni-e-yo]
老大个性慢条斯理，老二则是急性子。

## 2784 능청 [neung-cheong]

**名** 假惺惺，假模假样，装蒜 ★☆☆☆

다 알고 있으면서 모르는 척 능청을 떨고 있다.
[da al-go i-sseu-myeon-seo mo-reu-neun cheok neung-cheong-eul tteol-go it-da]
明明全都知道，却一直在摆出一副不知道的样子。

## 2785 늦추다 [neut-chu-da]

**动** 延后，放松 ★★☆☆

그들은 방문 일정을 몇 주 늦추었다.
[geu-deu-reun bang-mun il-jeong-eul myeot ju neut-chu-eot-da]
他们将访问行程延后了几周。

## ㄷ

本书所有单词均采用三段式,即"单词分解(语速慢)/完整词汇(语速快)/中文解释"的方式录制。
例:춤.다(单词分解)/춤다(完整词汇)/冷(中文解释)
🎧 符号之后的韩语例句由韩籍老师朗读。

**2786 다듬다** [da-deum-da] ★★★★
动 打磨,弄整齐
🎧 옆머리와 뒷머리를 약간 다듬고 싶다.
[yeop-meo-ri-wa dwit-meo-ri-reul yak-gan da-deum-go sip-da]
我想修剪一下旁边和后面的头发。

**2787 다스리다** [da-seu-ri-da] ★★★★
动 统治,治理
🎧 아주 아주 옛날에 폴란드 어딘가에서 한 임금님이 '얼음산' 나라를 다스리고 있었다.
[a-ju a-ju yet-na-re pol-lan-deu eo-din-ga-e-seo han im-geum-ni-mi eo-reum-san na-ra-reul da-seu-ri-go i-sseot-da]
很久很久以前,在波兰某处有个国王统治着"冰山"国。

**2788 다투다** [da-tu-da] ★★★★
动 争斗,争吵,争
🎧 공주를 본 사람들은 앞 다퉈 말했다. "나랑 결혼해 줄 수 있겠소?"
[gong-ju-reul bon sa-ram-deu-reun ap da-two ma-raet-da][na-rang gyeo-ro-nae jul su it-get-so]
看到公主的人都争相说:"可以和我结婚吗?"

**2789 단독** [dan-dok] ★★★★
名 单独,丹毒
🎧 아파트와 단독 주택의 장점과 단점이 뭘까요?
[a-pa-teu-wa dan-dok-ju-tae-ge jang-jeom-gwa dan-jeo-mi mwol-kka-yo]
公寓大楼和独立住宅有什么优缺点呢?

**2790 단절** [dan-jeol] ★★★★
名 断绝
🎧 그 두 국가는 모든 외교 관계를 단절했다.
[geu du guk-ga-neun mo-deun oe-gyo gwan-gye-reul dan-jeo-raet-da]
两国已经断绝了所有外交关系。

**2791 단호히** [da-no-hi] ★★★★
副 坚决地,断然地
🎧 이순신 장군은 왜군의 뇌물을 단호히 거절했다.
[i-sun-sin jang-gu-neun wae-gu-ne noe-mu-reul da-no-hi geo-jeo-raet-da]
李舜臣将军断然拒绝了倭军的贿赂。

**2792 달라붙다** [dal-la-but-da] ★★★★
动 黏着,黏缠,贴,附着
🎧 아기 코알라가 엄마 등에 찰싹 달라붙어 있었다.
[a-gi ko-al-la-ga eom-ma deung-e chal-ssak dal-la-bu-teo i-sseot-da]
无尾熊宝宝一直黏在妈妈的背上。

## 2793 달아오르다
[da-ra-o-reu-da]

动 变热，发烫，脸红 ★★★★

나는 수치심에 얼굴이 달아올랐다.
[na-neun su-chi-si-me eol-gu-ri da-ra-ol-lat-da]
我因为觉得羞耻，整个脸都红了。

## 2794 답례
[dam-nye]

名 答礼，回礼，答谢 ★★★★

배에 탄 사람들이 손을 흔들어서 우리도 답례로 손을 흔들어 주었다.
[bae-e tan sa-ram-deu-ri so-neul heun-deu-reo-seo u-ri-do dam-nye-ro so-neul heun-deu-reo ju-eot-da]
船上的人们在挥手，作为回礼我们也挥了挥手。

## 2795 당황
[dang-hwang]

名 惊吓，惊慌，慌张 ★★★★

그가 바짝 다가서자 그녀는 당황해서 한 걸음 뒤로 물러섰다.
[geu-ga ba-jjak da-ga-seo-ja geu-nyeo-neun dang-hwang-hae-seo han geo-reum dwi-ro mul-leo-seot-da]
他紧靠过来，她吓得后退了一步。

## 2796 닿다
[da-ta]

名 接触，触及，到达 ★★★★

나는 발끝으로 서서 간신히 책장 꼭대기에 닿았다.
[na-neun bal-kkeu-teu-ro seo-seo gan-si-ni chaek-jang kkok-dae-gi-e da-at-da]
我踮着脚尖好不容易够到了书柜顶端。

## 2797 대기
[dae-gi]

名 待机，等候，大气 ★★★★

오늘 청정한 대기 상태가 유지되면서 미세먼지 농도도 보통일 것이다.
[o-neul cheong-jeong-han dae-gi sang-tae-ga yu-ji-doe-myeon-seo mi-se-meon-ji nong-do-do bo-tong-il geo-si-da]
今天会维持清净的大气状态，悬浮颗粒浓度会是普通程度。

## 2798 대보름
[dae-bo-reum]

名 农历正月十五号 ★★★★

정월 대보름 달맞이 축제는 뭐해요? 사람들이 달집 앞에 모여 소원을 빌어요.
[jeong-wol dae-bo-reum dal-ma-ji chuk-je-neun mwo-hae-yo][sa-ram-deu-ri dal-jip a-pe mo-yeo so-wo-neul bi-reo-yo]
正月十五号的迎月庆典主要做什么？人们会聚集到月屋前许愿。

## 2799 더듬더듬 [deo-deum-deo-deum]

**副** 摸索，结结巴巴 ★★☆☆

엄마들이 아이들의 더듬더듬 하는 말을 다 알아듣는 것이 참 신기해요.
[eom-ma-deu-ri a-i-deu-re deo-deum-deo-deum ha-neun ma-reul da a-ra-deut-neun geo-si cham sin-gi-hae-yo]
妈妈能听懂孩子们结结巴巴说的话，真神奇。

## 2800 도도하다 [do-do-ha-da]

**形** 滔滔，滔滔不绝，高傲，得意 ★☆☆☆

자신만만하고 도도한 모습은 지나치면 살짝 야비해 보이기도 한다.
[ja-sin-man-ma-na-go do-do-han mo-seu-beun ji-na-chi-myeon sal-ggak ya-bi-hae bo-i-gi-do han-da]
自满高傲的模样如果太过了，会让人看起来有点卑劣。

## 2801 도심 [do-sim]

**名** 市中心 ★★☆☆

서울 도심이 이렇게 기온이 높을 줄 몰랐다.
[seo-ul do-si-mi i-reo-ke gi-o-ni no-peul jul mol-lat-da]
没想到首尔市中心的气温这么高。

## 2802 도자기 [do-ja-gi]

**名** 陶瓷器 ★★★☆

보자기는 도자기와 민화에 비해 높이 평가되지 못한 느낌이다.
[bo-ja-gi-neun do-ja-gi-wa min-hwa-e bi-hae no-pi pyeong-ga-doe-ji mo-tan neu-kki-mi-da]
包袱布的艺术评价似乎没有陶瓷器与民画那般高。

## 2803 도중 [do-jung]

**名** 途中，道路中间，过程中 ★★☆☆

지난 토요일에 내가 일하는 도중에 불이 났다.
[ji-nan to-yo-i-re nae-ga i-ra-neun do-jung-e bu-ri nat-da]
上周六我工作途中失火了。

## 2804 돋치다 [dot-chi-da]

**动** 长出 ★☆☆☆

방역 마스크가 날개 돋친 듯 팔리고 있다.
[bang-yeok ma-seu-keu-ga nal-gae dot-chin deut pal-li-go it-da]
防疫口罩像长了翅膀般被抢购一空。

## 2805 돌파 [dol-pa]

**名** 突破 ★★☆☆

국립중앙도서관의 장서는 천만 권을 돌파했다.
[gung-nip-jung-ang-do-seo-gwa-ne jang-seo-neun cheon-man gwo-neul dol-pa-haet-da]
中央图书馆的藏书已经突破一千万本。

## 2806 동산
[dong-san]

名 花园，村边小山，可动产

그 동산은 안개에 싸여 있다.
[geu dong-sa-neun an-gae-e ssa-yeo it-da]
那座小山被雾笼罩着。

## 2807 동영상
[dong-yeong-sang]

名 影片，视频

동영상을 보려면 여기를 클릭하면 된다.
[dong-yeong-sang-eul bo-ryeo-myeon yeo-gi-reul keul-li-ka-myeon doen-da]
想要看影片，点击这里即可。

## 2808 동지
[dong-ji]

名 冬至

동지는 1년 중 밤의 길이가 가장 긴 날이다.
[dong-ji-neun il nyeon jung ba-me gi-ri-ga ga-jang gin na-ri-da]
冬至是一年之中夜晚最长的日子。

## 2809 동호회
[dong-ho-hoe]

名 社团，同好会

그는 야구 실력을 향상시키기 위해 야구 동호회에 가입했다.
[geu-neun ya-gu sil-lyeo-geul hyang-sang-si-ki-gi wi-hae ya-gu dong-ho-hoe-e ga-i-paet-da]
他为了提升棒球实力加入了棒球社。

## 2810 되돌리다
[doe-dol-li-da]

动 归还，返回

내가 실수로 잘못 송금한 돈을 되돌려 받을 수 있나요?
[nae-ga sil-su-ro jal-mot song-geu-man do-neul doe-dol-lyeo ba-deul su it-na-yo]
可以要回由于我的失误汇错的钱吗？

## 2811 되살아나다
[doe-sa-ra-na-da]

动 复活，重新活过来，复苏，重现

환자를 간호하여 되살아나게 했다.
[hwan-ja-reul ga-no-ha-yeo doe-sa-ra-na-ge haet-da]
照顾病患，使其活过来。

## 2812 두서
[du-seo]

名 头绪

그 남자는 겁이 나서 말에 두서가 없었다.
[geu nam-ja-neun geo-bi na-seo ma-re du-seo-ga eop-seot-da]
那名男子吓得说话都没头绪了。

## 2813 두서없이
[du-seo-oep-si]

副 毫无头绪 ★★☆☆

답답한 마음에 두서없이 질문하게 되었다.
[dap-da-pan ma-eu-me du-seo-eop-si jil-mu-na-ge doe-eot-da]
因为心情烦闷，毫无头绪地问了问题。

## 2814 둘러앉다
[dul-leo-an-da]

动 围坐 ★★☆☆

사람들이 탁자 주위에 둘러앉아 있다.
[sa-ram-deu-ri tak-ja ju-wi-e dul-leo-an-ja it-da]
人们围坐在桌旁。

## 2815 둠벙
[dum-beong]

名 农地水坑 ★☆☆☆

둠벙은 논에 물을 대기 위해 만든 작은 웅덩이를 말한다.
[dum-beong-eun no-ne mu-reul dae-gi wi-hae man-deun ja-geun ung-deong-i-reul ma-ran-da]
农地水坑是指在农田旁用来灌溉的小水坑。

## 2816 뒤죽박죽
[dwi-juk-bak-juk]

副 乱七八糟，紊乱 ★☆☆☆

뒤죽박죽 일상에서 벗어나고 싶다.
[dwi-juk-bak-juk il-sang-e-seo beo-seo-na-go sip-da]
想从紊乱的日常生活中摆脱出来。

## 2817 드나들다
[deu-na-deul-da]

动 进进出出，钻进钻出 ★☆☆☆

고향 가는 길, 오는 길 꽉 막힌 도로에서 진을 빼서 갓길을 드나드는 차가 있다.
[go-hyang ga-neun gil, o-neun gil kkwak ma-kin do-ro-e-seo ji-neul ppae-seo gat-gi-reul deu-ne-deu-neun cha-ga it-da]
由于在回乡和返城的路都堵死了，耗尽了精力，有车子开进了应急车道。

## 2818 드러내다
[deu-reo-nae-da]

动 露出，暴露，浮现 ★☆☆☆

이를 드러내고 활짝 웃어 본다.
[i-reul deul-reo-nae-go hwal-jjak u-seo bon-da]
露出牙齿开怀地笑着。

## 2819 드물다
[deu-mul-da]

形 稀少的，稀有的，罕见的 ★★☆☆

클로버는 세 잎인데 드물게 네 잎이 달린 클로버도 있다.
[keul-lo-beo-neun se i-pin-de deu-mul-ge ne i-pi dal-lin keul-lo-beo-do it-da]
苜蓿草通常是三叶的，但也有罕见的四叶苜蓿草。

## 2820 들이불다
[deu-ri-bul-da]

**动** 狂风大作，刮强风 ★★★★

폭풍우가 사흘 동안 계속 들이불었다.
[pok-pung-u-ga sa-heul dong-an gye-sok deu-ri-bu-reot-da]
狂风暴雨持续了三天。

## 2821 듬뿍
[deum-ppuk]

**副** 满满地 ★★★★

단 맛을 살리려면 설탕을 한 숟가락 듬뿍 첨가해야 한다.
[dan ma-seul sal-li-ryeo-myeon seol-tang-eul han sut-ga-rak deum-ppuk cheom-ga-hae-ya han-da]
为了有甜味，必须加满满一汤匙的砂糖。

## 2822 등교
[deung-gyo]

**名** 上学 ★★★★

개강날에 '첫 등교를 축하합니다'라는 문구가 적힌 어깨띠를 착용하고 학교 앞에서 교통지도를 했다.
[gae-gang-na-re cheot deung-gyo-reul chu-ka-ham-ni-da ra-neun mun-gu-ga jeo-kin eo-kkae-tti-reul cha-gyong-ha-go hak-gyo a-pe-seo gyo-tong-ji-do-reul haet-da]
在开学日佩戴写着"祝贺第一天上学"的肩带，在学校前面指挥交通。

## 2823 따갑다
[tta-gap-da]

**形** 刺痛的 ★★★★

양파를 자를 때 눈이 따갑지 않으려면 뭘 해야 해요?
[yang-pa-reul ja-reul ttae nu-ni tta-gap-ji a-neu-ryeo-myeon mwol hae-ya hae-yo]
切洋葱时如果不想眼睛刺痛，要怎么做？

## 2824 따분하다
[tta-bu-na-da]

**形** 厌烦，无聊，索然无味 ★★★★

작은 소도시에서 생활하면 지독히 따분할 수가 있다.
[ja-geun so-do-si-e-seo saeng-hwa-ra-myeon ji-do-ki tta-bu-nal su-ga it-da]
生活在小城市里可能会觉得极为无聊。

## 2825 딱지
[ttak-ji]

**名** 标签纸，罚单 ★★★★

출근길에 속도 위반 딱지를 받았다.
[chul-geun-gi-re sok-do wi-ban ttak-ji-reul ba-dat-da]
在上班路上收到了超速罚单。

## 2826 때다
[ttae-da]

**动** 烧，生火

장작을 **때**는 벽난로가 있어 고구마나 감자를 굽기도 한다.
[jang-ja-geul ttae-neun byeong-nal-lo-ga i-sseo go-gu-ma-na gam-ja-reul gup-gi-do han-da]
因为有个烧柴火的壁炉，偶尔会烤地瓜或土豆。

## 2827 때우다
[ttae-u-da]

**动** 修补，充当，焊

동생은 텔레비전을 보며 그 날 나머지 시간을 **때웠**다.
[dong-saeng-eun tel-le-bi-jeo-neul bo-myeo geu nal na-meo-ji si-ga-neul ttae-wot-da]
妹妹看电视打发了那一天的剩余时间。

## 2828 떠들썩하다
[tteo-deul-sseo-ka-da]

**形** 吵闹的，喧哗的，翘起来

**떠들썩했**던 방이 갑자기 조용해졌다.
[tteo-deul-sseo-kaet-deon bang-i gap-ja-gi jo-yong-hae-jyeot-da]
原本吵吵闹闹的房间突然变得安静了。

## 2829 떠오르다
[tteo-o-reu-da]

**动** 浮现，想起，升起

이름은 기억나는데 얼굴이 **떠오르**지 않는다.
[i-reu-meun gi-eok-na-neun-de eol-gu-ri tteo-o-reu-ji an-neun-da]
记得名字，但想不起长相了。

## 2830 떼
[tte]

**名** 群，草皮，耍赖

그는 틀린 것을 옳다고 **떼**를 쓴다.
[geu-neun teul-lin geo-seul ol-ta-go tte-reul sseun-da]
他耍赖非要把错的事情说成是对的。

## 2831 떼다
[tte-da]

**动** 取下，分开，拆开，打开，赖账

나는 그 일에서 이미 손을 **뗐**다.
[na-neun geu i-re-seo i-mi so-neul ttet-da]
我已经不管那件事了。

## 2832 뜨끈하다
[tteu-kkeu-na-da]

**形** 热，热呼呼的

**뜨끈하**고 맛있는 삼계탕 한 그릇을 먹고 싶다.
[tteu-kkeu-na-go ma-sit-neun sam-gye-tang han geu-reu-seul meok-go sip-da]
想吃一碗热乎乎的美味参鸡汤。

## 2833 뜻깊다
[tteut-gip-da]

形 意义深远的 ★★☆☆

오늘은 우리 두 사람에게 매우 뜻깊은 날이다.
[o-neu-reun u-ri du sa-ra-me-ge mae-u tteut-gi-peun na-ri-da]
今天是对我们两人非常有意义的日子。

## 2834 띠다
[tti-da]

动 系，佩带，担负，带有 ★☆☆☆

이 문제가 상당한 중요성을 띠게 되었다.
[i mun-je-ga sang-dang-han jung-yo-seong-eul tti-ge doe-eot-da]
这个问题带有极大的重要性。

**MEMO**            T O P I K

本书所有单词均采用三段式，即"单词分解（语速慢）/完整词汇（语速快）/中文解释"的方式录制。
例：춥. 다（单词分解） / 춥다（完整词汇） / 冷（中文解释）

🎧 符号之后的韩语例句由韩籍老师朗读。

---

2835 **마다하다** 动 谢绝，拒绝 ★☆☆☆
[ma-da-ha-da]
🎧 그는 스카웃 제의를 마다했다.
[geu-neun seu-ka-ut je-ui-reul ma-da-haet-da]
他拒绝了邀请。

2836 **마련** 名 准备，打算，必定 ★★☆☆
[ma-ryeon]
🎧 오랫 동안 궁리한 끝에 마련한 것이 바로 이 계획안이다.
[o-raet dong-an gung-ni-han kkeu-te ma-ryeo-nan geo-si ba-ro i gye-hoek-a-ni-da]
思考很久之后，最终得出的结果就是这个计划案。

2837 **마렵다** 形 想要小便或大便 ★★☆☆
[ma-ryeop-da]
🎧 그 아이가 오줌이 마렵다고 했다.
[geu a-i-ga o-ju-mi ma-ryeop-da-go haet-da]
那个孩子说他想尿尿。

2838 **만기** 名 到期，期满 ★★☆☆
[man-gi]
🎧 천 달러짜리 정기 적금이 일주일 후에 만기가 된다.
[cheon dal-leo-jja-ri jeong-gi jeok-geu-mi il-ju-il hu-e man-gi-ga doen-da]
一千美金的定期存款将在一周之后到期。

2839 **망치다** 动 破坏，毁坏，毁 ★☆☆☆
[mang-chi-da]
🎧 그는 남의 성공 기회를 망쳐버렸다.
[geu-neun na-me seong-gong gi-hoe-reul mang-chyeo-beo-ryeot-da]
他毁了别人的成功机会。

2840 **매입하다** 动 买入，买进 ★☆☆☆
[mae-i-pa-da]
🎧 그녀는 은행 융자로 부동산을 매입했다.
[geu-nyeo-neun eu-naeng yung-ja-ro bu-dong-sa-neul mae-i-paet-da]
她用银行融资买了不动产。

2841 **매정하다** 形 冷漠，无情 ★☆☆☆
[mae-jeong-ha-da]
🎧 그 공주가 참 매정하다. 웃기는커녕 우는 모습도 본 적이 없다.
[geu gong-ju-ga cham mae-jeong-ha-da][ut-gi-neun-keo-nyeong u-neun mo-seup-do bon jeo-gi eop-da]
那位公主性情冷淡，别说是笑了，连哭的模样都不曾见过。

2842 **매체** [mae-che]
名 媒体 ★★☆☆
텔레비전과 신문 그리고 다른 대중 매체가 유명인사들의 사생활에 너무 많은 관심을 기울인 것 같다.
[tel-le-bi-jeon-gwa sin-mun geu-ri-go da-reun dae-jung mae-che-ga yu-myeong-in-sa-deu-re sa-saeng-hwa-re neo-mu ma-neun gwan-si-meul gi-u-rin geot gat-da]
电视、报纸以及其他大众媒体好像对名人的私生活过于关心了。

2843 **매혹** [mae-hok]
名 迷惑，着迷，迷住 ★★☆☆
그는 그녀의 아름다움에 매혹되었다.
[geu-neun geu-nyeo-e a-reum-da-u-me mae-hok-doe-eot-da]
他被她的美丽迷住了。

2844 **머리숱** [meo-ri-sut]
名 头发量 ★★☆☆
머리숱이 적어져 이마가 넓어졌다.
[meo-ri-su-chi jeo-geo-jyeo i-ma-ga neol-beo-jyeot-da]
发量变少，额头变宽了。

2845 **명단** [myeong-dan]
名 名单 ★★☆☆
본선 참가자 명단은 홈페이지에서 확인할 수 있다.
[bon-seon cham-ga-ja myeong-da-neun hom-pe-i-ji-e-seo hwa-gin-hal su it-da]
正式比赛参加者名单可以在官网确认。

2846 **명실상부** [myeong-sil-sang-bu]
名 名副其实 ★★☆☆
이 도서관은 명실상부한 국가대표 도서관이다.
[i do-seo-gwa-neun myeong-sil-sang-bu-han guk-ga-dae-pyo do-seo-gwa-ni-da]
这个图书馆是个名副其实的国家代表性图书馆。

2847 **명예** [myeong-ye]
名 名誉 ★★☆☆
'재물을 잃으면 조금 잃은 것이요, 명예를 잃으면 많이 잃은 것이요, 건강을 잃으면 모든 것을 잃은 것'이라는 말이 있다.
[jae-mu-reul i-reu-myeon jo-geum i-reun geo-si-yo, myeong-ye-reul i-reu-myeon ma-ni i-reun geo-si-yo, geon-gang-eul i-reu-myeon mo-deun geo-seul i-reun geo-si-ra-neun ma-ri it-da]
俗话说："失去财物是失去一点点，失去名誉是失去很多，而失去健康则是失去一切。"

### 2848 **모색** [mo-saek]

名 摸索，谋求 ★★☆☆

정부는 이런 태도를 버리고 근본적인 대책을 모색해야 할 것이다.
[jeon-bu-neun i-reon tae-do-reul beo-ri-go geun-bon-jeo-gin dae-chae-geul mo-sae-kae-ya hal geo-si-da]
政府应该摒除这样的态度，谋求根本的对策才行。

### 2849 **모퉁이** [mo-tung-i]

名 转角，拐角处，山脊 ★★☆☆

버스와 택시가 모퉁이에서 충돌했다.
[beo-seu-wa taek-si-ga mo-tung-i-e-seo chung-do-raet-da]
公交车和出租车在转角处发生了冲撞。

### 2850 **몰리다** [mol-li-da]

动 堆，被困，被挤，聚集 ★☆☆☆

사람들이 광장에 몰려 있었다.
[sa-ram-deu-ri gwang-jang-e mol-lyeo i-sseot-da]
人们都聚集到了广场。

### 2851 **몸집** [mom-jip]

名 身材，身躯 ★★☆☆

그녀는 평균 신장보다 작고 몸집이 아담하며 날씬하다.
[geu-nyeo-neun pyeong-gyun sin-jang-bo-da jak-go mom-ji-bi a-da-ma-myeo nal-ssi-na-da]
她比平均身高矮一点，身材小巧而且苗条。

### 2852 **무더기** [mu-deo-gi]

名 堆，群 ★★☆☆

이곳 사과는 맛이 정말 꿀맛 같아서 돌아올 때 한 무더기를 사오려고 했다.
[i-got sa-gwa-neun ma-si jeong-mal kkul-mat ga-ta-seo do-ra-ol ttae han mu-deo-gi-reul sa-o-ryeo-go haet-da]
这里的苹果超好吃，打算买一堆回去。

### 2853 **무선** [mu-seon]

名 无线 ★★☆☆

스마트폰은 소형 컴퓨터 및 무선 인터넷 접속 기능을 가진 휴대전화이다.
[seu-ma-teu-po-neun so-hyeong keom-pyu-teo mit mu-seon in-teo-net jeop-sok gi-neung-eul ga-jin hyu-dae-jeo-nwa-i-da]
智能手机是具备小型电脑与无线上网功能的携带型电话。

## 2854 무심코
[mu-sim-ko]

副 无心地 ★★☆☆

🎧 '애 앞에선 찬물도 못 마신다'는 말은 무심코 하는 부모의 일거수일투족조차 아이에게는 강한 흔적을 남기는 뜻이다.

['ae a-pe-seon chan-mul-do mot ma-sin-da' -neun ma-reun mu-sim-ko ha-neun bu-mo-e il-geo-su-il-tu-jok-jo-cha a-i-e-ge-neun gang-han heun-jeo-geul nam-gi-neun tteu-si-da]

"在孩子面前连冷水都不能喝"这句俗语是指父母无意间的举手投足都会给孩子留下深刻印象。

## 2855 문호
[mu-no]

名 门户，文豪 ★★☆☆

🎧 첨단 산업 분야의 문호를 개방할 때에는 좀 더 신중해야 한다.

[cheom-dan sa-neop bu-nya-e mu-no-reul gae-bang-hal ttae-e-neun jom deo sin-jung-hae-ya han-da]

在开放尖端产业方面的门户时，需要更慎重才行。

## 2856 문지르다
[mun-ji-reu-da]

动 搓揉，磨，揉 ★☆☆☆

🎧 손가락을 손바닥에 문지르며 손톱 밑을 깨끗하게 씻었다.

[son-ga-ra-geul son-ba-da-ge mun-ji-reu-myeo son-top mi-teul kkae-kkeu-ta-ge ssi-seot-da]

手指放在手掌上搓揉，将指甲下面洗干净。

## 2857 물방울무늬
[mul-bang-ul-mu-ni]

名 水珠花纹，圆点花纹 ★★☆☆

🎧 그녀는 흰색 물방울무늬 드레스를 입고 있다.

[geu-nyeo-neun hin-saek mul-bang-ul-mu-ni deu-re-seu-reul ip-go it-da]

她穿着一件白色水滴纹的礼服。

## 2858 물통
[mul-tong]

名 水桶 ★★★☆

🎧 물을 5리터짜리 물통에 가득 채운다.

[mu-reul o ri-teo-jja-ri mul-tong-e ga-deuk chae-un-da]

将五升的水桶装满水。

## 2859 뭉치다
[mung-chi-da]

动 凝结，凝聚，集，团结 ★☆☆☆

🎧 폐지는 뭉쳐 두었다가 재활용되도록 보낸다.

[pye-ji-neun mung-chyeo du-eot-da-ga jae-hwa-ryong-doe-do-rok bo-naen-da]

把废纸收好，到时候送去资源再利用。

| 2860 | **미련** [mi-ryeon] | 名 留恋，眷恋，迷恋 ★★☆☆ |
| --- | --- | --- |
| | | 어릴 적에 가졌던 음악가의 꿈에 아직도 미련이 있다. |
| | | [eo-ril jeo-ge ga-jyeot-deon eu-mak-ga-e kku-me a-jik-do mi-ryeo-ni it-da] |
| | | 对小时候的音乐家梦想仍有眷恋。 |

| 2861 | **미루다** [mi-ru-da] | 动 拖延，推诿 ★★☆☆ |
| --- | --- | --- |
| | | 오늘 할 수 있는 일을 내일로 미루지 마라. |
| | | [o-neul hal su it-neun i-reul nae-il-lo mi-ru-ji ma-ra] |
| | | 今天能完成的事就别拖到明天。（今日事今日毕。） |

| 2862 | **미만** [mi-man] | 名 未满 ★☆☆☆ |
| --- | --- | --- |
| | | 30세 미만의 청년 실업률이 10%를 넘었다. |
| | | [sam-sip se mi-ma-ne cheong-nyeon si-reom-nyu-ri sip peu-ro-reul neo-meot-da] |
| | | 未满三十岁的青年失业率已超过百分之十。 |

| 2863 | **미세먼지** [mi-se-meon-ji] | 名 微粒灰尘，雾霾 ★★☆☆ |
| --- | --- | --- |
| | | 기상청은 오늘 미세먼지 주의보를 발령했어요. 외출하실 때 꼭 마스크를 착용해 주세요! |
| | | [gi-sang-cheong-eun o-neul mi-se-meon-ji ju-i-bo-reul bal-lyeong-hae-sseo-yo] [oe-chu-ra-sil ttae kkok ma-seu-keu-reul cha-gyong-hae ju-se-yo] |
| | | 今天发布了雾霾警报，外出时一定要戴口罩！ |

| 2864 | **미소** [mi-so] | 名 微笑 ★★★☆ |
| --- | --- | --- |
| | | 그녀의 미소를 온종일 지울 수 없네요. |
| | | [geu-nyeo-e mi-so-reul on-jong-il ji-ul su eop-ne-yo] |
| | | 一整天都忘不掉她的微笑。 |

| 2865 | **민망하다** [min-mang-ha-da] | 形 心里难受，怜悯，过意不去，尴尬 ★☆☆☆ |
| --- | --- | --- |
| | | 그의 초라한 모습은 곁에서 보기 민망할 정도였다. |
| | | [geu-e cho-ra-han mo-seu-beun gyeo-te-seo bo-gi min-mang-hal jeong-do-yeot-da] |
| | | 他狼狈的模样令旁人看了都难受。 |

| 2866 | **민물** [min-mul] | 名 淡水 ★★☆☆ |
| --- | --- | --- |
| | | 증류법으로 바닷물에서 민물을 얻다. |
| | | [jeung-ryu-beo-beu-ro ba-dat-mu-re-seo min-mu-reul eot-da] |
| | | 用蒸馏法从海水中取得淡水。 |

## 2867 민화 [mi-nwa]

名 民画，民间故事

도자기, 민화, 보자기는 한국인의 전통적인 삶 속에서 사랑 받아 온 것들이다.
[do-ja-gi, mi-nwa, bo-ja-gi-neun han-gu-gi-ne jeon-tong-jeo-gin sam so-ge-seo sa-rang ba-da on geot-deu-ri-da]
陶瓷、民画、包袱布是韩国人传统生活中深受喜爱的东西。

## 2868 밀집 [mil-jip]

名 密集

건물 밀집 지역에서는 제한 속도를 낮춰야겠다.
[geon-mul mil-jip ji-yeo-ge-seo-neun je-han sok-do-reul nat-chwo-ya-get-da]
在建筑密集地区要降低限速。

MEMO    T O P I K

本书所有单词均采用三段式，即"单词分解（语速慢）/ 完整词汇（语速快）/ 中文解释"的方式录制。
例：춥．다（单词分解）/ 춥다（完整词汇）/ 冷（中文解释）

符号之后的韩语例句由韩籍老师朗读。

---

2869 **반면**
[ban-myeon]
名 反面，相反，半面 ★★☆☆
시어머니가 단독 주택을 좋아하는 반면, 우리는 아파트를 더 좋아한다.
[si-eo-meo-ni-ga dan-dok ju-taek-geul jo-a-ha-neun ban-myeon, u-ri-neun a-pa-teu-reul deo jo-a-han-da]
婆婆喜欢独立住宅，相反，我们更喜欢公寓大楼。

2870 **반짝**
[ban-jjak]
副 闪烁的模样，一下子，轻轻地 ★★☆☆
그 성당의 천장은 금으로 반짝반짝 빛났다.
[geu seong-dang-e cheon-jang-eun geu-meu-ro ban-jjak-ban-jjak bit-nat-da]
那座教堂的屋顶金光闪闪。

同 반작반작 闪烁 / 빤작빤작 闪烁 / 빤짝빤짝 闪烁 / 번쩍번쩍 闪烁

2871 **반짝거리다**
[ban-jjak-geo-ri-da]
动 闪烁，眨眼 ★☆☆☆
공주는 두 눈을 반짝거리며 임금님을 바라보았다.
[gong-ju-neun du nu-neul ban-jjak-geo-ri-myeo im-geum-ni-meul ba-ra-bo-at-da]
公主忽闪着她的双眼，望着国王。

2872 **반하다**
[ba-na-da]
动 着迷，看上，迷住 ★★☆☆
나는 그녀가 웃는 모습에 완전히 반했다.
[na-neun geu-nyeo-ga ut-neun mo-seu-be wan-jeo-ni ba-naet-da]
我被她的笑容完全迷住了。

2873 **발등**
[bal-deung]
名 脚背 ★★★☆
발등에 불이 떨어지다.
[bal-deung-e bu-ri tteo-reo-ji-da]
火烧脚背（比喻迫在眉睫）。

2874 **발밭다**
[bal-bat-da]
形 不失时机，赶巧 ★☆☆☆
그는 기회를 놓치지 않고 발밭게 일을 도와주는 재주가 있다.
[geu-neun gi-hoe-reul no-chi-ji an-ko bal-bat-ge i-reul do-wa-ju-neun jae-ju-ga it-da]
他总是能够不失时机地给予帮助。

**2875 발자국** [bal-ja-guk] ★★☆☆
名 足迹，脚印
🎧 우리는 눈 속에 남아 있는 장화 신은 사람 발자국을 따라갔다.
[u-ri-neun nun so-ge na-ma it-neun jang-hwa si-eun sa-ram bal-ja-gu-geul tta-ra-gat-da]
我们跟着雪地里留下的靴子印走了过去。

**2876 발표** [bal-pyo] ★★★☆
名 发表
🎧 이번 대회에서 발표할 글자수는 제한이 있다.
[i-beon dae-hoe-e-seo bal-pyo-hal geul-ja-su-neun je-ha-ni it-da]
这次比赛的发表字数是有限制的。

**2877 밝히다** [bal-ki-da] ★☆☆☆
动 阐明，表明，熬夜，披露，揭露
🎧 무지개의 일곱 색은 뉴턴에 의해 실험적으로 밝힌 기준이다.
[mu-ji-gae-e il-gop sae-geun nyu-teo-ne ui-hae si-reom-jeo-geu-ro bal-kin gi-ju-ni-da]
彩虹的七种颜色源于牛顿的实验。

**2878 방과** [bang-gwa] ★★★☆
名 放学
🎧 방과 후에 우리는 종종 떡볶이를 같이 먹는다.
[bang-gwa hu-e u-ri-neun jong-jong tteok-bo-kki-reul ga-chi meong-neun-da]
放学后，我们经常一起吃韩式炒年糕。

**2879 방안** [bang-an] ★★☆☆
名 方案
🎧 후속 방안을 정리 중에 있다.
[hu-sok bang-a-neul jeong-ri jung-e it-da]
正在整理后续的方案。

**2880 방앗간** [bang-at-gan] ★★☆☆
名 磨坊，碾米厂
🎧 참새가 방앗간을 그저 지나랴.
[cham-sae-ga bang-at-ga-neul geu-jeo ji-na-rya]
麻雀岂能白白飞过磨坊？（比喻没有猫不吃腥。）

**2881 배꼽** [bae-kkop] ★★☆☆
名 肚脐
🎧 배보다 배꼽이 더 크다.
[bae-bo-da bae-kko-bi deo keu-da]
肚脐比肚子还大。（比喻喧宾夺主。）

2882 **배출** [bae-chul] ★★☆☆
名 排出，辈出
폐수를 함부로 하천에 배출한 업체가 적발되었다.
[pye-su-reul ham-bu-ro ha-cheo-ne bae-chu-ran eop-che-ga jeok-bal-doe-eot-da]
随便将废水排到河流的企业被告发了。
反 흡수 吸收

2883 **버블티** [beo-beul-ti] ★★★☆
名 珍珠奶茶（Bubble tea）
버블티를 많이 마시면 살찔 것 같다.
[beo-beul-ti-reul ma-ni mi-si-myeon sal-jjil geot gat-da]
喝很多珍珠奶茶会发胖。

2884 **벌금** [beol-geum] ★★☆☆
名 罚金
벌금은 과태료가 아니다. 벌금은 형법에 의거한 형벌의 일종이다.
[beol-geu-meun gwa-tae-ryo-ga a-ni-da][beol-geu-meun hyeong-beo-be ui-geo-han hyeong-beo-re il-jong-i-da]
罚金不是疏忽罚款，是刑法中的一种刑罚。

2885 **범벅** [beom-beok] ★☆☆☆
名 充满的状态，谷物糊，乱成一团
온 얼굴이 눈물 범벅이다.
[on eol-gu-ri nun-mul beom-beo-gi-da]
泪流满面。

2886 **법안** [beo-ban] ★★☆☆
名 法案
그건 가결 가능성이 있는 법안이다.
[geu-geon ga-gyeol ga-neung-seong-i it-neun beo-ba-ni-da]
那是具有通过可能的法案。

2887 **벼룩시장** [byeo-ruk-si-jang] ★★☆☆
名 跳蚤市场
벼룩시장은 온갖 중고품을 팔고 사는 곳이다.
[byeo-ruk-si-jang-eun on-gat jung-go-pu-meul pal-go sa-neun go-si-da]
跳蚤市场是买卖二手商品的地方。

2888 **별도** [byeol-do] ★★☆☆
名 另外，其他用途，其他
스마트폰 앱의 음성 통화는 거는 사람과 받는 사람 각각 별도로 요금이 적용된다.
[seu-ma-teu-pon ae-be eum-seong tong-hwa-neun geo-neun sa-ram-gwa bat-neun sa-ram gak-gak byeol-do-ro yo-geu-mi jeo-gong-doen-da]
智能手机应用的语音电话无论是打的人或接的人都需另外计费。

**2889 별자리** [byeol-ja-ri]
名 星座
별자리 연구는 우리의 실 생활과 좀 멀리 있는 듯하다.
[byeol-ja-ri yeon-gu-neun u-ri-e sil saeng-hwal-gwa jom meol-li it-neun deu-ta-da]
星座研究似乎离我们的实际生活有点遥远。

**2890 보수** [bo-su]
名 补修，报酬，保守，步数
보수 공사로 길이 차단되었다.
[bo-su gong-sa-ro gi-ri cha-dan-doe-eot-da]
因为补修工程封路了。

**2891 보자기** [bo-ja-gi]
名 包袱布，包袱
보자기 하나를 펴서 물건을 쌌다.
[bo-ja-gi ha-na-reul pyeo-seo mul-geo-neul ssat-da]
摊开一条包袱布，将东西包了起来。

**2892 보행** [bo-haeng]
名 步行，徒步
노인들이 사용하는 보행 보조차는 인터넷에서 구입할 수 있다.
[no-in-deu-ri sa-yong-ha-neun bo-haeng bo-jo-cha-neun in-teo-ne-se-seo gu-i-pal su it-da]
老人们使用的步行辅助车可以在网上购买。

**2893 본선** [bon-seon]
名 复赛，正式比赛，主线
아무도 그 팀이 월드컵 본선에 진출할 것으로 예상하지 않고 있었다.
[a-mu-do geu ti-mi wol-deu-keop bon-seo-ne jin-chu-ral geo-seu-ro ye-sang-ha-ji an-ko i-sseot-da]
没有人预料到那一队会进入世界杯决赛。

**2894 부과** [bu-gwa]
名 课征，课罚
한국 고속도로에서 전용차로 위반 시 운전자에게는 과태료 6만 원이 부과된다.
[han-guk go-sok-do-ro-e-seo jeo-nong-cha-ro wi-ban si un-jeon-ja-e-ge-neun gwa-tae-ryo yuk ma nwo-ni bu-gwa-doen-da]
在韩国高速公路违规行驶专用道时，会对驾驶员罚款六万韩元。

**2895 부도** [bu-do]
名 倒闭，破产
그 회사는 창업 1년 만에 부도가 났다.
[geu hoe-sa-neun chang-eop il nyeon ma-ne bu-do-ga nat-da]
那家公司创办一年就倒闭了。

| # | 韩语 | 词性/释义 |
|---|---|---|
| 2896 | **부러지다** [bu-reo-ji-da] | 动 断，折 ★★☆☆<br>🎧 그의 부러진 코에 대한 수술을 성공적으로 마쳤다.<br>[geu-e bu-reo-jin ko-e dae-han su-su-reul seong-gong-jeo-geu-ro ma-chyeot-da]<br>他的断鼻成功完成了接合手术。 |
| 2897 | **부실하다** [bu-si-ra-da] | 形 不结实，不健全，不实在，不充裕 ★★☆☆<br>🎧 그 철골조 건물은 기초가 매우 부실하다.<br>[geu cheol-gol-jo geon-mu-reun gi-cho-ga mae-u bu-si-ra-da]<br>那个钢构建筑的基础十分不牢固。 |
| 2898 | **부엉이** [bu-eong-i] | 名 猫头鹰 ★★★☆<br>🎧 부엉이는 유럽이나 일본에서는 행운과 지혜의 상징이라고 한다.<br>[bu-eong-i-neun yu-reo-bi-na il-bo-ne-seo-neun haeng-un-gwa ji-hye-e sang-jing-i-ra-go han-da]<br>据说猫头鹰在欧洲或日本是幸运与智慧的象征。 |
| 2899 | **부작용** [bu-ja-gyong] | 名 副作用 ★★☆☆<br>🎧 이 약은 약효가 빠른 반면 부작용이 있다.<br>[i ya-geun ya-kyo-ga ppa-reun ban-myeon bu-ja-gyong-i it-da]<br>这药虽药效快，但有副作用。 |
| 2900 | **분야** [bu-nya] | 名 领域，层面，方面，板块 ★★☆☆<br>🎧 우리 문화와 학술 분야의 창조 역량이 이제는 세계적인 수준이 되었다.<br>[u-ri mu-nwa-wa hak-sul bu-nya-e chang-jo yeok-ryang-i i-je-neun se-gye-jeo-gin su-ju-ni doe-eot-da]<br>我们在文化与学术层面的创造力，如今已达到了世界水平。 |
| 2901 | **불씨** [bul-ssi] | 名 火苗，火种，导火线 ★★☆☆<br>🎧 작은 불씨 하나도 주의해야 겠다.<br>[ja-geun bul-ssi ha-na-do ju-i-hae-ya get-da]<br>即使是一点点小火苗也要注意。 |
| 2902 | **불안정** [bu-ran-jeong] | 名 不安定，不稳定 ★★☆☆<br>🎧 그 환자 상태가 불안정한 상황이어서 긴장감이 높아지고 있다.<br>[geu hwan-ja sang-tae-ga bu-ran-jeong-han sang-hwang-i-eo-seo gin-jang-ga-mi no-pa-ji-go it-da]<br>那名患者的状况不稳定，所以处在高度紧张的状态。 |

## 2903 비고 [bi-go]
名 备注，备考 ★★☆☆
채용인원은 대졸 20명입니다. 비고 사항을 확인해 주세요.
[chae-yong-i-nwo-neun dae-jol i-sip myeong-im-ni-da][bi-go sa-hang-eul hwa-gin-hae ju-se-yo]
雇用人员是20名大学毕业生，请参考备注事项。

## 2904 비만 [bi-man]
名 肥胖 ★★☆☆
지난 5년간 전체 비만 환자 수는 2배 증가하였다.
[ji-nan o nyeon-gan jeon-che bi-man hwan-ja su-neun du bae jeong-ga-ha-yeot-da]
过去五年，肥胖患者总数增加了两倍。

## 2905 비명 [bi-myeong]
名 尖叫，惊叫，叫苦 ★★☆☆
너무 놀라서 비명 지르며 도망갔다.
[neo-mu nol-la-seo bi-myeong ji-reu-myeo do-mang-gat-da]
吓得尖叫逃跑。

## 2906 비옷 [bi-ot]
名 雨衣 ★★★☆
그는 비가 올 줄 알고 비옷을 가져왔다.
[geu-neun bi-ga ol jul al-go bi-o-seul ga-jyeo-wat-da]
他知道会下雨，带了雨衣。

## 2907 비즈니스 [bi-jeu-ni-seu]
名 商业，商务 ★★★☆
비즈니스 비자 신청시 필요한 서류는 무엇입니까?
[bi-jeu-ni-seu bi-ja sin-cheong-si pi-ryo-han seo-ryu-neun mu-eo-sim-ni-kka]
申请商务签证需要什么材料？

## 2908 비치다 [bi-chi-da]
动 照耀，照射，映照 ★★☆☆
구름 사이로 비치는 햇살에 기분이 너무 좋아졌다.
[gu-reum sa-i-ro bi-chi-neun haet-sa-re gi-bu-ni neo-mu jo-a-jyeot-da]
从云间照射下来的阳光让人心情变得很好。

## 2909 빈정거리다 [bin-jeong-geo-ri-da]
动 挖苦，冷嘲热讽 ★☆☆☆
그녀는 빈정거리는 말투로 동생의 약점을 건드렸다.
[geu-nyeo-neun bin-jeong-geo-ri-neun mal-tu-ro dong-saeng-e yak-jeo-meul geon-deu-ryeot-da]
她用冷嘲热讽的语气触碰了妹妹的弱点。

## 2910 빗자루 [bit-ja-ju]
**名** 扫帚 ★★☆☆
요즘 빗자루와 쓰레받기가 붙어 있는 제품들이 인기가 많다.
[yo-juem bit-ja-ru-wa sseu-re-bat-gi-ga bu-teo it-neun je-pum-deu-ri in-gi-ga man-ta]
最近扫帚和簸箕连在一起的产品很受欢迎。

## 2911 빚 [bit]
**名** 债务 ★★☆☆
5년 전에 자본 없이 사업을 시작했다. 그때부터 빚을 지게 되었다.
[o-nyeon jeo-ne ja-bon eop-si sa-eo-beul si-ja-kaet-da][geu-ttae-bu-teo bi-jeul ji-ge doe-eot-da]
五年前在毫无资本的情况下开始创业,从那时起背负了很多债务。

## 2912 빚다 [bit-da]
**动** 塑,捏,造出,酿(酒) ★★☆☆
오늘 오후에 무려 120개의 왕만두를 빚었다.
[o-nuel o-hu-e mu-ryeo baek-i-sip gae-e wang-man-du-reul bi-jeot-da]
今天下午竟然包了一百二十个大饺子。

## 2913 빼다 [ppae-da]
**动** 拔,抽出,减去,除去。 ★★☆☆
9에서 6을 빼면 3이다.
[gu-e-seo yu-geul ppae-myeon sa-mi-da]
九减六等于三。

## 2914 빼놓다 [ppae-no-ta]
**动** 抽掉,漏掉,除去 ★★☆☆
그는 축구에 빠져서 시합은 빼놓지 않고 구경한다.
[geu-neun chuk-gu-e ppa-jyeo-seo si-ha-beun ppae-no-chi an-ko gu-gyeong-han-da]
他沉迷于足球,不会漏掉任何一场比赛。

## 2915 빽빽하다 [ppaek-ppae-ka-da]
**形** 密压压的,紧密的,密实的 ★★☆☆
비가 오니까 빨래를 빽빽하게 널지 마세요.
[bi-ga o-ni-kka ppal-lae-reul ppaek-ppae-ka-ge neol-ji ma-se-yo]
下雨了,不要把衣服晾得太密。

## 2916 뻐근하다 [ppeo-geu-na-da]
**形** 酸痛,吃力,疲乏 ★☆☆☆
피곤하고 뻐근할 때 요가를 10분 정도 하면 개운해진다.
[pi-go-na-go ppeol-geu-nal ttae yo-ga-reul sip bun jeong-do ha-myeon gae-u-nae-jin-da]
感到疲惫或酸痛时,做十分钟左右的瑜伽会很舒服。

2917 **뻔뻔하다** 形 厚脸皮，不要脸 ★★☆☆
[ppeon-ppeo-na-da] 🎧 그는 부끄러움을 전혀 모르고 뻔뻔하다.
[geu-neun bu-kkeu-reo-u-meul jeo-nyeo mo-reu-go ppeon-ppeo-na-da]
他完全不知羞耻，脸皮特别厚。

# 人

本书所有单词均采用三段式，即"单词分解（语速慢）/完整词汇（语速快）/中文解释"的方式录制。
例：춥．다（单词分解）／춥다（完整词汇）／冷（中文解释）
🎧 符号之后的韩语例句由韩籍老师朗读。

---

**2918 사건** [sa-geon] ★★☆☆
名 事件
🎧 그는 기자회견을 통해 사건의 진상을 밝혔다.
[geu-neun gi-ja hoe-gyeo-neul tong-hae sa-geo-ne jin-sang-eul bal-kyeot-da]
他通过记者会揭露了事件的真相。

**2919 사리사욕** [sa-ri-sa-yok] ★★☆☆
名 私利私欲
🎧 그녀의 동기는 오로지 사리사욕이었다.
[geu-nyeo-e dong-gi-neun o-ro-ji sa-ri-sa-yo-gi-eot-da]
她的动机就是私利私欲。

**2920 사태** [sa-tae] ★★☆☆
名 事态
🎧 당장 눈앞에 보이는 문제만을 해소하려는 태도는 사태를 더욱 악화시킬 것이다.
[dang-jang nun-a-pe bo-i-neun mun-je-ma-neul hae-so-ha-ryeo-neun tae-do-neun sa-tae-reul deo-uk a-kwa-si-kil geo-si-da]
只想解决眼前的问题，会让事态更加恶化。

**2921 산더미** [san-deo-mi] ★★☆☆
名 堆积如山
🎧 오늘 할 일이 산더미처럼 밀려 있다.
[o-neul hal i-ri san-deo-mi-cheo-reom mil-lyeo it-da]
今天要做的事情堆积如山。

**2922 산뜻하다** [san-tteu-ta-da] ★★☆☆
形 轻松，舒爽，清爽，清新
🎧 그녀는 언제나 아이들을 산뜻하게 입히고 있다.
[geu-nyeo-neun eon-je-na a-i-deul-reul san-tteu-ta-ge i-pi-go it-da]
她总是让孩子们穿得很清爽。

**2923 산발적** [san-bal-jeok] ★☆☆☆
冠 散发性的，偶尔发生
🎧 오늘 제주도는 밤에 흐려져 내일 새벽까지 산발적으로 빗방울이 떨어지는 곳이 있겠다.
[o-neul je-ju-do-neun ba-me heu-ryeo-jyeo nae-il sae-byeok-kka-ji san-bal-jeo-geu-ro bit-bang-u-ri tteo-reo-ji-neun go-si it-get-da]
今天晚上济州岛会变阴，直到明天清晨有部分地区会偶尔降小雨。

**2924 살림** [sal-lim] ★★☆☆
名 生计，家务
🎧 그녀는 집안 살림을 돕다 30세에 시집을 갔다.
[geu-nyeo-neun ji-ban sal-li-meul dop-da sam-sip se-e si-ji-beul gat-da]
她一直在分担家中生计，到了三十岁才嫁人。

## 2925 살피다
[sal-pi-da]

动 观察 ★★☆☆

그는 망원경으로 지평선을 살폈다.
[geu-neun mang-won-gyeong-eu-ro ji-pyeong-seo-neul sal-pyeot-da]
他用望远镜观察了地平线。

## 2926 상당히
[sang-dang-hi]

副 相当地 ★★☆☆

아직 상당히 서툰 솜씨라 선생님은 그 그림이 백설공주인 줄 전혀 몰랐었다.
[a-jik sang-dang-hi seo-tun som-ssi-ra seon-saeng-ni-meun geu geu-ri-mi baek-seol-gong-ju-in jul jeo-nyeo mol-la-sseot-da]
因为技巧还很生疏,所以老师完全没看出那张图是白雪公主。

## 2927 생산성
[saeng-san-seong]

名 生产率,生产效益 ★☆☆☆

근무 중 낮잠이 생산성 향상에 도움이 된다고 한다.
[geun-mu jung nat-ja-mi saeng-san-seong hyang-sang-e do-u-mi doen-da-go han-da]
据研究,工作中午睡有利于提升生产效益。

## 2928 생존
[saeng-jon]

名 生存 ★★☆☆

실종자들의 생존 여부는 아직 확인되지 않았다.
[sil-jong-ja-deu-re saeng-jon yeo-bu-neun a-jik hwa-gin-doe-ji a-nat-da]
尚未确认失踪者们还是否存活。

## 2929 서리
[seo-ri]

名 霜 ★★☆☆

여자가 한을 품으면 오뉴월에도 서리가 내린다는 속담은 한을 품으면 그 여파가 많은 영향을 미친다는 뜻이 있다.
[yeo-ja-ga ha-neul pu-meu-myeon o-nyu-wo-re-do seo-ri-ga nae-rin-da-neun sok-da-meun ha-neul pu-meu-myeon geu yeo-pa-ga ma-neun yeong-hyang-eul mi-chin-da-neun tteu-si it-da]
俗话说,女子含恨,六月飞霜,这是比喻怨恨的影响深远。

## 2930 서투르다
[seo-tu-reu-da]

形 不熟练的,陌生的,草率的 ★★☆☆

그는 서투른 연주로 이번 공연을 망쳤다.
[geu-neun seo-tu-reun yeon-ju-ro i-beon gong-yeo-neul mang-chyeot-da]
他不熟练的演奏毁了这场表演。

## 2931 선입견
[seo-nip-gyeon]

**名** 先入为主，成见 ★★★★

여성에 대한 부정적인 선입견 중 하나가 '여자는 수다스럽다'는 것이다.
[yeo-seong-e dae-han bu-jeong-jeo-gin seo-nip-gyeon jung ha-na-ga 'yeo-ja-neun su-da-seu-reop-da' neun geo-si-da]
对于女性的偏见之一是认为"女性都是长舌妇"。

## 2932 설문
[seol-mun]

**名** 问卷 ★★★★

설문 기간에 설문 조사에 참여하면 무료 음료를 주는 행사이다.
[seol-mun gi-ga-ne seol-mun jo-sa-e cha-myeo-ha-myeon mu-ryo eum-nyo-reul ju-neun haeng-sa-i-da]
在问卷期间，参加问卷调查就送免费饮料。

## 2933 설문지
[seol-mun-ji]

**名** 调查问卷 ★★★★

학생 500명을 대상으로 구조화된 설문지를 이용해 온라인 조사로 진행됐다.
[hak-saeng o-baek myeong-eul dae-sang-eu-ro gu-jo-hwa-doen seol-mun-ji-reul i-yong-hae on-ra-in jo-sa-ro ji-naeng-dwaet-da]
以五百名学生为对象，使用勾选式问卷进行了网络调查。

## 2934 설치
[seol-chi]

**名** 设置，安装 ★★★★

횡단보도에 신호등이 설치되었다.
[hoeng-dan-bo-do-e si-no-deung-i seol-chi-doe-eot-da]
在斑马线设置了信号灯（红绿灯）。

## 2935 설치다
[seol-chi-da]

**动** 横扫，乱糟糟，不足 ★★★★

밤새 모기에 시달려 잠을 설쳤다.
[bam-sae mo-gi-e si-dal-lyeo ja-meul seol-chyeot-da]
整夜都被蚊子折磨得无法入睡。

## 2936 섬세하다
[seom-se-ha-da]

**形** 纤细的 ★★★★

그는 섬세한 손길로 수제 동화책을 그렸다.
[geu-neun seom-se-han son-gil-lo su-je dong-hwa-chae-geul geu-ryeot-da]
他以纤细的笔法画了一本手绘的童话书。

## 2937 섭씨
[seop-ssi]

**名** 摄氏 ★★★★

물은 섭씨 100도에서 끓는다.
[mu-reun seop-ssi baek do-e-seo kkeul-leun-da]
水在摄氏一百度沸腾。

## 2938 성나다
[seong-na-da]

动 发脾气，上火，生气

예의 없는 학생들은 선생님을 성나게 했다.
[ye-i eop-neun hak-saeng-deul-eun seon-saeng-ni-meul seong-na-ge haet-da]
这些没礼貌的学生让老师生气了。

## 2939 성수기
[seong-su-gi]

名 需求旺季，盛季

빙수는 이제 본격적인 여름철 성수기에 접어들었다.
[bing-su-neun i-je bon-gyeok-jeo-gin yeo-reum-cheol seong-su-gi-e jeo-beo-deu-reot-da]
从现在起，刨冰正式进入了夏日旺季。

## 2940 세월
[se-wol]

名 岁月

그런 걸 보면 역시 좋은 노래는 세월이 아무리 흘러도 사람들이 다시 찾게 되나 봐요.
[geu-reon geol bo-myeon yeok-si jo-eun no-rae-neun se-wo-ri a-mu-ri heul-leo-do sa-ram-deu-ri da-si chat-ge doe-na bwa-yo]
由此可知，即使岁月流逝，人们也会再去寻找回味好的歌曲。

## 2941 소란
[so-ran]

名 骚乱，骚动，闹哄哄，镶边

그 경매인들은 이런 소란을 유감으로 여기지 않는다.
[geu gyeong-mae-in-deu-reun i-reon so-ra-neul yu-ga-meu-ro yeo-gi-ji an-neun-da]
那些拍卖商们不会对这种骚动感到抱歉。

## 2942 소비
[so-bi]

名 消费

지난해 경기 침체된 가운데 담배와 술 소비만은 크게 늘어난 것으로 나타났다.
[ji-na-nae gyeong-gi chim-che-doen ga-un-de dam-bae-wa sul so-bi-ma-neun keu-ge neu-reo-nan geo-seu-ro na-ta-nat-da]
在去年经济不景气的情况下，只有香烟和酒类消费呈现大幅增加。

## 2943 소심하다
[so-si-ma-da]

形 小心谨慎

그 사람은 아주 소심한 사람이다.
[geu sa-ra-meun a-ju so-si-man sa-ra-mi-da]
他是个非常谨慎的人。

## 2944 소외
[so-oe]

名 疏远，排斥，遭冷落

아무도 나한테 말을 안 걸어서 소외된 느낌이 들었다.
[a-mu-do na-han-te ma-reul an geo-reo-seo so-oe-doen neu-kki-mi deu-reot-da]
没有人跟我说话，有点儿被冷落的感觉。

## 2945 소음 [so-eum]
**名** 噪声 ★★☆☆
🎧 기계에서 발생하는 소음으로 귀가 멍멍했다.
[gi-ge-e-seo bal-saeng-ha-neun so-eu-meu-ro gwi-ga meong-meong-haet-da]
机器发出的噪声导致耳朵嗡嗡作响。

## 2946 속상하다 [sok-sang-ha-da]
**形** 内心难过的 ★★☆☆
🎧 비밀이나 말 못 할 속상한 사건들을 일기장에 썼다.
[bi-mi-ri-na ma mo tal sok-sang-han sa-geon-deu-reul il-gi-jang-e sseot-da]
将秘密或无法说出口的难过事件写在了日记本里。

## 2947 속어 [so-geo]
**名** 俗语，俚语 ★★☆☆
🎧 고생 끝에 낙이 온다는 속어가 있다.
[go-saeng kkeu-te na-gi on-da-neun so-geo-ga it-da]
俗话说，先苦后甜。

## 2948 손실 [son-sil]
**名** 损失 ★★☆☆
🎧 그가 계산을 틀리게 해서 회사는 큰 손실을 입었다.
[geu-ga gye-sa-neul teul-li-geo-hae-seo hoe-si-neun keun son-si-reul i-beot-da]
因为他的计算错误，公司蒙受了很大的损失。

## 2949 수면 [su-myeon]
**名** 睡眠，水面 ★★☆☆
🎧 저는 수면 시간 8시간 잠을 자는 것을 중요하게 생각한다.
[jeo-neun su-myeon si-gan yeo-deol si-gan ja-meul ja-neun geo-seul jung-yo-ha-ge saeng-ga-kan-da]
我认为8小时的睡眠时间很重要。

## 2950 수북이 [su-bu-gi]
**副** 满满 ★☆☆☆
🎧 접시에 음식을 수북이 담았다.
[jeop-si-e eum-si-geul su-bu-gi da-mat-da]
在盘子里装了满满的食物。

## 2951 수상식 [su-sang-sik]
**名** 颁奖典礼 ★★☆☆
🎧 수만 명의 시청자들이 그 수상식을 텔레비전으로 지켜보았다.
[su-man myeong-e si-cheong-ja-deu-ri geu su-sang-si-geul tel-le-bi-jeo-neu-ro ji-kyeo-bo-at-da]
数万名观众在电视机前观看了这场颁奖典礼。

| 单词进度表 | 학습스케줄

2952 **수월하다**
[su-wo-ra-da]
形 容易的，轻而易举的
그녀는 아주 수월하게 교직에 익숙해졌다.
[geu-nyeo-neun a-ju su-wo-ra-ge gyo-ji-ge ik-su-kae-jyeot-da]
她轻而易举地适应了教育工作。

2953 **수익**
[su-ik]
名 收益，收入，受益
소매 시장의 수익 증가는 경제가 호황임을 나타낸다.
[so-mae si-jang-e su-ik jeung-ga-neun gyeong-je-ga ho-hwang-i-meul na-ta-naen-da]
零售市场的收益增加，表示经济情况良好。

2954 **수증기**
[su-jeung-gi]
名 水蒸气
끊임없이 수증기가 피어올라 시야를 가로막는다.
[kkeu-ni-meop-si su-jeung-gi-ga pi-eo-ol-la si-ya-reul ga-ro-mak-neun-da]
不断往上冒出的水蒸气阻碍了视野。

2955 **수치심**
[su-chi-sim]
名 羞耻心
그 사람은 수치심에 얼굴을 붉혔다.
[geu sa-ra-meun su-chi-si-me eol-gu-reul bul-kyeot-da]
那个人因感到羞耻而红了脸。

2956 **숙이다**
[su-gi-da]
动 低下，使垂下
그녀의 말에 그는 고개를 푹 숙였다.
[geu-nyeo-e ma-re geu-neun go-gae-reul puk su-gyeot-da]
她的一番话让他低下了头。

2957 **순조롭다**
[sun-jo-rop-da]
形 顺利
작업이 순조롭게 진행되어서 기쁘다.
[jak-eo-bi sun-jo-rop-ge ji-naeng-doe-eo-seo gi-ppeu-da]
很开心工作进行得顺利。

2958 **스킨십**
[seu-kin-sip]
名 身体接触（skinship）
남자들은 스킨십을 통해 여자에게 호감을 보여준다.
[nam-ja-deu-reun seu-kin-si-beul tong-hae yeo-ja-e-ge ho-ga-meul bo-yeo-jun-da]
男生会通过身体接触对女生表达好感。

| | | |
|---|---|---|
| 2959 | **승용차**<br>[seung-yong-cha] | 名 轿车，小车，小客车 ★★☆☆<br>🎧 자가용 **승용차**의 서울 시내 운행을 줄이기 위해 여러 방안이 있다.<br>[ja-ga-yong seung-yong-cha-e seo-ul si-nae u-neang-eul ju-ri-gi wi-hae yeo-reo bang-a-ni it-da]<br>为了减少自驾车在首尔市区行驶，推行了各种方案。 |
| 2960 | **시속**<br>[si-sok] | 名 时速 ★★☆☆<br>🎧 이 차의 최고 속도는 **시속** 200킬로미터다.<br>[i cha-e choe-go sok-do-neun si-sok i-baek kil-lo-mi-teo-da]<br>这辆车的最高速度是时速两百公里。 |
| 2961 | **시치미**<br>[si-chi-mi] | 名 装作不知道，装蒜 ★★★☆<br>🎧 그는 모른다고 태연스럽게 **시치미**를 떼고 있다.<br>[geu-neun mo-reun-da-go tae-yeon-seu-reop-ge si-chi-mi-reul tte-go it-da]<br>在不动声色地说他就是不知道。 |
| 2962 | **시합**<br>[si-hap] | 名 比赛，竞赛，比试 ★★☆☆<br>🎧 우리 팀이 **시합**에 이길 수 있을까요?<br>[u-ri ti-mi si-ha-be i-gil su i-sseul-kka-yo]<br>我们队能够赢得比赛吗？ |
| 2963 | **식이요법**<br>[si-gi-yo-beop] | 名 食疗法 ★★☆☆<br>🎧 이 병을 치료하는데 있어서 가장 중요한 부분은 **식이요법**이다.<br>[i byeong-eul chi-ryo-ha-neun-de i-sseo-seo ga-jang jung-yo-han bu-bu-neun si-gi-yo-beo-bi-da]<br>治疗这个病最有效的办法是食疗。 |
| 2964 | **신세**<br>[sin-se] | 名 身世，麻烦，苦命，命运 ★★☆☆<br>🎧 나는 2년 넘게 실업자 **신세**다.<br>[na-neun i nyeon neom-ge si-reop-ja sin-se-da]<br>我已两年多处于失业中。 |
| 2965 | **신속하다**<br>[sin-so-ka-da] | 形 迅速，快捷 ★★★☆<br>🎧 지하철이 이렇게 **신속**하고 편리한 줄 몰랐다.<br>[ji-ha-cheo-ri i-reo-ke sin-so-ka-go pyeol-li-han jul mol-lat-da]<br>没想到地铁这么快捷便利。 |

| 单词进度表 | 학습스케줄 |

### 2966 신음 [si-neum]
**名** 呻吟
그가 몹시 괴로워하며 신음했다.
[geu-ga mop-si goe-ro-wo-ha-myeo si-neu-maet-da]
他非常难过地呻吟着。
★★☆☆

### 2967 신체 [sin-che]
**名** 身体
그는 테니스 선수로서 유리한 신체 조건을 가지고 있다.
[geu-neun te-ni-seu seon-su-ro-seo yu-ri-han sin-che jo-geo-neul ga-ji-go it-da]
他具备了作为网球选手非常有利的身体条件。
★★☆☆

### 2968 실명 [sil-myeong]
**名** 真名，真实姓名，失明
그들은 기사에 그들의 실명이 공개되지 않는다는 조건으로 입을 열었다.
[geu-deu-reun gi-sa-e geu-deu-re sil-myeong-i gong-gae-doe-ji an-neun-da-neun jo-geo-neu-ro i-beul yeol-reot-da]
他们开口了，条件是新闻报道时不公开他们的真实姓名。
★★☆☆

### 2969 실업자 [si-reop-ja]
**名** 失业者
실업자 수가 점차적으로 증가되고 있다.
[si-reop-ja su-ga jeom-cha-jeo-geu-ro jeung-ga-doe-go it-da]
失业者越来越多。
★★☆☆

### 2970 심드렁하다 [sim-deu-reong-ha-da]
**形** 漠不关心
관심이 거의 없으니 사람들의 반응이 심드렁하다.
[gwan-si-mi geo-i eop-seu-ni sa-ram-deu-re ba-neung-i sim-deu-reong-ha-da]
因为不感兴趣，所以人们的反应很一般。
★☆☆☆

### 2971 싱긋 [sing-geut]
**副** 微笑貌
그는 이를 드러내고 싱긋 웃었다.
[geu-neun i-reul deu-reo-nae-go sing-geut u-seot-da]
他露出牙齿微笑。
★★☆☆

### 2972 쑥스럽다 [ssuk-seu-reop-da]
**形** 不好意思，难为情，不知趣
그녀는 외국인들 앞에서 영어로 질문하기가 쑥스럽다.
[geu-nyeo-neun oe-gu-gin-deul a-pe-seo yeong-eo-ro jil-mu-na-gi-ga ssuk-seu-reop-da]
她在外国人面前不好意思用英语提问。
★★☆☆

高级 승용차~쑥스럽다

2973 **쑥쑥**
[ssuk-ssuk]

副 冒出，紧接着出现的模样 ★★☆☆

🎧 우리 집 정원의 화초는 쑥쑥 자라고 있다.
[u-ri jip jeong-wo-ne hwa-cho-neun ssuk-ssuk ja-ra-go it-da]
我家庭院的花草生长茂盛。

2974 **씨앗**
[ssi-at]

名 种子 ★★☆☆

🎧 도시 계획을 세울 때 씨앗을 뿌리는 농부의 심정으로 장기적으로 도시 미래를 위하는 계획을 세워야 한다.
[do-si gye-hoe-geul se-ul ttae ssi-a-seul ppu-ri-neun nong-bu-e sim-jeong-eu-ro jang-gi-jeo-geu-ro do-si mi-rae-reul wi-ha-neun gye-hoe-geul se-wo-ya han-da]
作城市规划时，应该以农夫播种的心情考虑城市的未来。

**MEMO**      T O P I K

MEMO　　　　　　　　　　　　　　　　T O P I K

입에 쓴 약이 병을 고친다.
良药苦口。

本书所有单词均采用三段式，即"单词分解（语速慢）/完整词汇（语速快）/中文解释"的方式录制。
例：춥．다（单词分解）/ 춥다（完整词汇）/ 冷（中文解释）
符号之后的韩语例句由韩籍老师朗读。

2975 **아담하다** [a-da-ma-da]
形 雅致，端雅，小巧 ★★☆☆
그녀는 체구가 아담하고 얼굴이 귀엽다.
[geu-nyeo-neun che-gu-ga a-da-ma-go eol-gu-ri gwi-yeop-da]
她体型娇小、脸蛋可爱。

2976 **아역** [a-yeok]
名 儿童角色，童星 ★★☆☆
많은 사람들이 아역 배우를 꿈꾸는 것 때문에 아역 연기 학원들이 계속 늘고 있다.
[ma-neun sa-ram-deu-ri a-yeok bae-u-reul kkum-kku-neun geot ttae-mu-ne a-yeok yeon-gi ha-gwon-deu-ri gye-sok neul-go it-da]
因为许多人梦想当童星，所以童星演技培训班在不断地增多。

2977 **아이디** [a-i-di]
名 账号，识别名称，用户名 ★★★☆
아이디와 비밀번호를 입력하면 확인할 수 있다.
[a-i-di-wa bi-mil-beo-no-reul im-nyeo-ka-myeon hwa-gi-nal su it-da]
输入账号与密码即可确认。

2978 **알뜰하다** [al-tteu-ra-da]
形 细心，精打细算的，节俭的 ★★☆☆
우리 어머니는 알뜰한 가정 주부이다.
[u-ri eo-meo-ni-neun al-tteu-ran ga-jeong ju-bu-i-da]
我母亲是个精打细算的家庭主妇。

2979 **암호** [a-mo]
名 暗号，信号，密码 ★★☆☆
계정 이름 또는 암호가 올바르지 않은 것 같다.
[gye-jeong i-reum tto-neun a-mo-ga ol-ba-reu-ji a-neun geot gat-da]
账号或密码好像不对。

2980 **앙증맞다** [ang-jeung-mat-da]
形 小巧 ★☆☆☆
이 소형차가 너무 앙증맞고 귀엽다. 그러나 가격은 비싸다.
[i so-hyeong-cha-ga neo-mu ang-jeung-mat-go gwi-yeop-da][geu-reo-na ga-gyo-geu bi-ssa-da]
这辆小型车真是小巧可爱，但是价格很高。

2981 **앳되다** [aet-doe-da]
形 稚嫩，孩子气，显得年轻 ★★☆☆
그녀는 앳된 목소리로 대답했다.
[geu-nyeo-neun aet-doen mok-so-ri-ro dae-da-paet-da]
她用稚嫩的声音作了回答。

| 单词进度表 | 학습스케줄

2982 **애쓰다**
[ae-sseu-da]
动 努力，苦费心思 ★★☆☆
그는 취직을 하려고 애쓰는 중이다.
[geu-neun chwi-ji-geul ha-ryeo-go ae-sseu-neun jung-i-da]
他正在努力找工作。

2983 **야심**
[ya-sim]
名 野心 ★★★☆
내 친구들은 내가 야심적인 사람이라고 한다.
[nae chin-gu-deu-reun nae-ga ya-sim-jeo-gin sa-ra-mi-ra-go han-da]
我的朋友们都说我是个很有野心的人。

2984 **양껏**
[yang-geot]
副 尽量地，尽情地 ★★☆☆
회사 일이 아주 힘들었다. 그래서 맛있는 음식을 양껏 먹으며 기분을 풀었다.
[hoe-sa i-ri a-ju him-deu-reot-da][geu-rae-seo ma-sit-neun eum-si-geul yang-geot meo-geu-myeo gi-bu-neul pu-reot-da]
工作很累，所以吃了很多美食让心情好一点。

2985 **어느덧**
[eo-neu-deot]
副 不知不觉间 ★★★☆
한국 최초의 근대 교과서가 발행된 지 어느덧 120년이 지났다.
[han-guk choe-cho-e geun-dae gyo-gwa-seo-ga ba-raeng-doen ji eo-neu-deot baek-i-sip nyeo-ni ji-nat-da]
韩国第一版近代教科书的发行，不知不觉距今已有一百二十年了。

2986 **어수선하다**
[eo-su-seo-na-da]
形 乱，乱七八糟，麻烦 ★☆☆☆
요즘 집안이 좀 어수선하다.
[yo-jeum ji-ba-ni jom eo-su-seo-na-da]
最近家里有点乱。

2987 **어쩌다**
[eo-jjeo-da]
副 偶尔，怎么，不知怎么搞的，意外地，有时 ★★☆☆
나는 딸에게 어쩌다 교통 사고를 당했는지 물었다.
[na-neun tta-re-ge eo-jjeo-da gyo-tong sa-go-reul dang-haet-neun-ji mu-reot-da]
我问了女儿怎么会发生车祸。

2988 **어쩌면**
[eo-jjeo-myeon]
副 也许，偶尔，如何做，不知怎么搞的 ★★☆☆
그것이 어쩌면 행운이었을런지도 모른다.
[geu-geo-si eo-jjeo-myeon haeng-u-ni-eo-sseul-reon-ji-do mo-reun-da]
那也许是幸运。

| 2989 | **어찌하다** [eo-jji-ha-da] | 动 如何做，怎么办<br>🎧 **어찌해**야 좋을지 막막하기만 했다.<br>[eo-jji-hae-ya jo-eul-ji mak-ma-ka-gi-man haet-da]<br>不知如何是好，真叫人茫然。 | ★★☆☆ |

| 2990 | **업무** [eom-mu] | 名 业务<br>🎧 내가 처리해야 할 **업무**가 산더미 같다.<br>[nae-ga cheo-ri-hae-ya hal eom-mu-ga san-deo-mi gat-da]<br>我要处理的业务堆积如山。 | ★★★☆ |

| 2991 | **여건** [yeo-geon] | 名 条件，经济环境<br>🎧 학생들은 이런 교육 **여건** 속에서 행복하다.<br>[hak-saeng-deu-reun i-reon gyo-yuk yeo-geon so-ge-seo haeng-bo-ka-da]<br>学生们在这种教育条件下是幸福的。 | ★★☆☆ |

| 2992 | **여부** [yeo-bu] | 名 与否，能否，疑问<br>🎧 그 일의 가능 **여부**를 알 수 없다.<br>[geu i-re ga-neung yeo-bu-reul al su eop-da]<br>那件事是否成功不得而知。 | ★★☆☆ |

| 2993 | **여전히** [yeo-jeo-ni] | 副 仍然，依然，依旧<br>🎧 그분은 입원 중이신데도 **여전히** 바쁘게 사무실로 중요한 전화 메세지를 보내셔야 한다.<br>[geu-bu-neun i-bwon jung-i-sin-de-do yeo-jeo-ni ba-ppeu-ge sa-mu-sil-lo jung-yo-han jeo-nwa me-se-ji-reul bo-nae-syeo-ya han-da]<br>他即使住院也仍然频繁地往公司发送重要的短信。 | ★★☆☆ |

| 2994 | **여지** [yeo-ji] | 名 余地<br>🎧 아직 생각할 **여지**가 있으니까 최선의 방법을 생각해 보세요.<br>[a-jik saeng-ga-kal yeo-ji-ga i-sseu-ni-kka choe-seo-ne bang-beo-beul saeng-ga-kae bo-se-yo]<br>还有思考的余地，请你想个最妥善的方法吧。 | ★★☆☆ |

| 2995 | **역력하다** [yeong-nyeo-ka-da] | 动 明显露出，历历在目<br>🎧 직원들의 얼굴에는 지친 기색이 너무나도 **역력했**다.<br>[ji-gwon-deu-re eol-gu-re-neun ji-chin gi-sae-gi neo-mu-na-do yeong-nyeo-kaet-da]<br>职员们的脸上露出明显的倦容。 | ★☆☆☆ |

## 2996 연주 [yeon-ju]
名 演奏 ★★☆☆
이 식당의 주인은 오후 한가할 때 가끔 피아노 앞에 앉아 피아노 연주를 한다.
[i sik-dang-e ju-i-neun o-hu han-ga-hal ttae ga-kkeum pi-a-no a-pe an-ja pi-a-no yeon-ju-reul han-da]
这家餐厅的老板在下午不忙的时候，偶尔会坐在钢琴前演奏钢琴。

## 2997 열대 [yeol-dae]
名 热带 ★★☆☆
이것은 단맛과 신맛을 동시에 느낄 수 있는 열대 과일이다.
[i-geo-seun dan-mat-gwa sin-ma-seul dong-si-e neu-kkil su it-neun yeol-dae gwa-i-ri-da]
这是可以同时尝到甜味与酸味的热带水果。

## 2998 열대야 [yeol-dae-ya]
名 热带夜 ★☆☆☆
방 밖의 온도가 25도 이상인 무더운 밤은 열대야라고 한다.
[bang ba-ge on-do-ga i-sip-o-do i-sang-in mu-deo-un ba-meun yeol-dae-ya-ra-go han-da]
室外温度在二十五度以上的闷热夜晚，称为热带夜。

## 2999 열등감 [yeol-deung-gam]
名 自卑感 ★☆☆☆
추하고 못생긴 얼굴을 갖은 사람은 쉽게 열등감을 느낀다.
[chu-ha-go mot-saeng-gin eol-gu-reul ga-jeon sa-ra-meun swip-ge yeol-deung-ga-meul neu-kkin-da]
长得不好看的人很容易自卑。

## 3000 열매 [yeol-mae]
名 果实，成果，结晶 ★★☆☆
나무에는 열매가 주렁주렁 달려 있다.
[na-mu-e-neun yeol-mae-ga ju-reong-ju-reong dal-lyeo it-da]
树上果实累累。

## 3001 열풍 [yeol-pung]
名 热潮，风潮 ★★☆☆
온 나라에 야구 열풍이 불고 있다.
[on na-ra-e ya-gu yeol-pung-i bul-go it-da]
整个国家刮起了棒球风潮。

### 3002 영향 [yeong-hyang] ★★☆☆
**名** 影响
부모의 작은 행동은 아이에게 커다란 영향을 줄 수 있다.
[bu-mo-e ja-geun haeng-dong-eun a-i-e-ge keo-da-ran yeong-hyang-eul jul su it-da]
父母的一个小举动会给孩子带来很大的影响。

### 3003 옆구리 [yeop-gu-ri] ★★☆☆
**名** 腰间，侧腰，肋下
그가 팔꿈치로 내 옆구리를 쿡 찔렀다.
[geu-ga pal-kkum-chi-ro nae yeop-gu-ri-reul kuk jjil-leot-da]
他用手肘戳了一下我的腰部。

### 3004 예물 [ye-mul] ★★☆☆
**名** 结婚礼品，结婚纪念品，信物
신랑 신부가 예물을 교환했다.
[sil-lang sin-bu-ga ye-mu-reul gyo-hwa-naet-da]
新郎、新娘交换了结婚信物。

### 3005 예선 [ye-seon] ★★☆☆
**名** 预选，初选
예선은 원고 심사로 진행한 뒤 본선 참가자 리스트를 결정한다.
[ye-seo-neun won-go sim-sa-ro jin-haeng-han dwi bon-seon cham-ga-ja ri-seu-teu-reul gyeol-jeong-han-da]
先用原稿进行预审，然后决定正式比赛的名单。

### 3006 예전 [ye-jeon] ★★★☆
**名** 以前
요즘 가수들이 예전에 인기 있던 노래를 다시 부르는 게 유행인가 봐요.
[yo-jeum ga-su-deu-ri ye-jeo-ne in-gi it-deon no-rae-reul da-si bu-reu-neun ge yu-haeng-in-ga bwa-yo]
最近很流行歌手翻唱以前受欢迎的歌。

### 3007 오로지 [o-ro-ji] ★★☆☆
**副** 只，全凭
그는 오로지 문학에만 전념했다.
[geu-neun o-ro-ji mu-na-ge-man jeon-nyeo-maet-da]
他全心钻研文学。

### 3008 오줌 [o-jum] ★☆☆☆
**名** 尿
오줌을 누면 오줌 줄기마저 얼어붙을 정도로 아주 추워요.
[o-ju-meul nu-myeon o-jum jul-gi-ma-jeo eo-reo-bu-teul jeong-do-ro a-ju chu-wo-yo]
冷到尿尿都会冻成尿柱的程度。

## 3009 올바르다
[ol-ba-reu-da]

形 正直的，对的

그는 올바른 생각을 갖고 바르게 행동한다.
[geu-neun ol-ba-reun saeng-ga-geul gat-go ba-reu-ge haeng-dong-han-da]
他抱着正直的想法，正直地做事。

## 3010 외교관
[oe-gyo-gwan]

名 外交官

외교관이 되려면 외교관 후보자 선발시험에 합격해야 한다.
[oe-gyo-gwa-ni doe-ryeo-myeon oe-gyo-gwan hu-bo-ja seon-bal-si-heo-me hap-gyeo-kae-ya han-da]
若想成为外交官，必须通过外交官候选人的选拔考试。

## 3011 왼손잡이
[oen-son-ja-bi]

名 左撇子

왼손잡이인 사람들이 비만이 될 가능성이 더 크다.
[oen-son-ja-bi-in sa-ram-deu-ri bi-ma-ni deol ga-neung-seong-i deo keu-da]
左撇子的人肥胖的可能性较大。

## 3012 욕실
[yok-sil]

名 浴室

자취 생활을 할 때는 욕실이 좁아서 불편했다.
[ja-chwi saeng-hwa-reul hal ttae-neun yok-si-ri jo-ba-seo bul-pyeo-naet-da]
自己住时，浴室很窄，很不方便。

## 3013 우려
[u-ryeo]

名 忧虑

교사들은 그런 변화에 대해 우려를 느끼고 있다.
[gyo-sa-deu-reun geu-reon byeo-nwa-e dae-hae u-ryeo-reul neu-kki-go it-da]
教师们对于那样的变化感到忧虑。

## 3014 우스개
[u-seu-gae]

名 笑话，玩笑

그냥 우스개로 해 본 소리에 화를 냈다.
[geu-nyang u-seu-gae-ro heu bon so-ri-e hwa-reul neut-da]
因为随口说的几句笑话而发火。

## 3015 우월감
[u-wol-gam]

名 优越感

그는 자신의 지적 수준에 대한 우월감을 많이 가지고 있다.
[geu-neun ja-si-ne ji-jeok su-ju-ne dae-han u-wol-ga-meul ma-ni ga-ji-go it-da]
他对于自己的知识修养很有优越感。

| | | |
|---|---|---|
| 3016 | **우후죽순**<br>[u-hu-juk-sun] | 名 雨后春笋　★★★★<br>많은 사람들이 가수를 꿈꾸는 것 때문에 가수 학원들이 우후죽순 늘고 있다.<br>[ma-neun sa-ram-deu-ri ga-su-reul kkum-kku-neun geot ttae-mu-ne ga-su ha-gwon-deu-ri u-hu-juk-sun neul-go it-da]<br>因为许多人想当歌手，所以歌唱补习班如雨后春笋般增多。 |
| 3017 | **운영하다**<br>[u-nyeong-ha-da] | 动 经营　★★★★<br>나는 직접 학원을 운영해 본 경험이 있다.<br>[na-neun jik-jeop ha-gwo-neul u-nyeong-hae bon gyeong-heo-mi it-da]<br>我有亲自经营补习班的经验。 |
| 3018 | **울타리**<br>[ul-ta-ri] | 名 篱笆，栅栏　★★★★<br>울타리 저 편 잔디가 더 푸르다. (남의 떡이 커보인다.)<br>[ul-ta-ri jeo pyeon jan-da-ga deo peu-reu-da][na-me tteo-gi keo-bo-in-da]<br>篱笆外面的草地更绿。（别人的年糕看起来比较大，外国的月亮比较圆。） |
| 3019 | **웅덩이**<br>[ung-deong-i] | 名 水坑，洼地　★★★★<br>미꾸라지 한 마리가 온 웅덩이를 흐려 놓는다.<br>[mi-kku-ra-ji han ma-ri-ga on ung-deong-i-reul heu-ryeo not-neun-da]<br>一条泥鳅搅混整塘水。（比喻个人不好的行为对团体其他人造成坏影响。）<br>동 둠벙 农地水坑 |
| 3020 | **웅크리다**<br>[ung-keu-ri-da] | 动 缩，蜷缩　★★★★<br>춥다고 웅크리지 말고 함께 신나게 놀아요.<br>[chup-da-go ung-keu-ri-ji mal-go ham-kke sin-na-ge no-ra-yo]<br>不要因为冷而蜷缩着，一起开心玩耍吧。 |
| 3021 | **웰빙**<br>[wel-bing] | 名 身心健康，有机健康（well-being）　★★★★<br>심신의 안녕과 행복을 추구하는 사람들 사이에 웰빙 식품이 크게 인기를 끌고 있다.<br>[sim-si-ne an-nyeong-gwa haeng-bo-geul chu-gu-ha-neun sa-ram-deul sa-i-e wel-bing sik-pu-mi keu-ge in-gi-reul kkeul-go it-da]<br>在追求身心安宁与幸福的人们中有机健康食品很有人气。 |

## 3022 유감 [yu-gam]
名 遗憾，有感 ★★☆☆
그 친구의 일이 이런 식으로 끝나게 되어서 정말 유감이다.
[geu chin-gu-e i-ri i-reon si-geu-ro kkeut-na-ge doe-eo-seo jeong-mal yu-ga-mi-da]
那朋友的事以这种方式结束，真是令人遗憾。

## 3023 유일무이 [yu-il-mu-i]
名 唯一无二，独一无二 ★☆☆☆
사람 개개인의 지문은 유일무이하다.
[sa-ram gae-gae-i-ne ji-mu-neun yu-il-mu-i-ha-da]
每个人的指纹都是独一无二的。

## 3024 육성 [yuk-seong]
名 培育，抚育，培养 ★★☆☆
아버지는 자신의 자식들을 육성할 책임이 있다.
[a-beo-ji-neun ja-si-ne ja-sik-deu-reul yuk-seong-hal chae-gi-mi it-da]
父亲有责任养育自己的儿女。

## 3025 윤나다 [yun-na-da]
动 使有光泽，使光亮 ★★☆☆
구두를 닦고 윤나게 했다.
[gu-du-reul dak-go yun-na-ge haet-da]
将皮鞋擦得光亮。

## 3026 원대하다 [won-dae-ha-da]
形 远大的 ★★☆☆
원대한 꿈은 우리를 성공의 길로 안내할 것이다.
[won-dae-han kku-meun u-ri-eul seong-gong-e gil-lo an-nae-hal geo-si-da]
远大的梦想会引领我们走向成功之路。

## 3027 웹사이트 [wep-sa-i-teu]
名 网站（website） ★★★☆
웹사이트는 벌써 업데이트 되었다.
[wep-sa-i-teu-neun beol-sseo eop-de-i-teu doe-eot-da]
网站已经更新了。

## 3028 은근하다 [eun-geu-na-da]
形 殷勤的，微小的，隐约的 ★☆☆☆
그녀는 은근한 섹시미가 있다.
[geu-nyeo-neun eun-geu-nan sek-si-mi-ga it-da]
她有一股隐约的性感美。

### 3029 **은은하다** [eu-neu-na-da] ★★★★
形 隐约的，悠扬的，微小的
이 음식은 은은한 불에 익혀야 한다.
[i eum-si-geun eu-neu-nan bu-re i-kyeo-ya han-da]
这道菜必须用小火炖熟才行。

### 3030 **은퇴** [eun-toe] ★★★★
名 退休，隐退
취업과 은퇴에 대한 불안 때문인 것이다.
[chwi-eop-gwa eun-toe-e dae-han bu-ran ttae-mu-nin geo-si-da]
这是因为对就业与退休感到不安。

### 3031 **음속** [eum-sok] ★★★★
名 音速
그 비행기는 음속보다 더 빨리 비행했다.
[geu bi-haeng-gi-neun eum-sok-bo-da deo ppal-li bi-haeng-haet-da]
那架飞机的速度比音速更高。

### 3032 **음주** [eum-ju] ★★★★
名 饮酒
음주 후에 대리 운전을 이용하면 교통 사고를 피할 수 있다.
[eum-ju hu-e dae-ri un-jeo-neul i-yong-ha-myeon gyo-tong sa-go-reul pi-hal su it-da]
饮酒后找代驾，可以避免交通事故。

### 3033 **이다지** [i-da-ji] ★★★★
副 如此，这样，这么
이다지 어려울 줄은 몰랐다.
[i-da-ji eo-ryeo-ul ju-reun mol-lat-da]
没想到会这么困难。

### 3034 **이성** [i-seong] ★★★★
名 理性，异性
그는 화가 나면 이성적으로 행동을 못하고 화가 난 그 상태의 기분으로 마음 가는대로 행동을 한다.
[geu-neun hwa-ga na-myeon i-seong-jeo-geu-ro haeng-dong-eul mo-ta-go hwa-ga nan geu sang-tae-e gi-bu-neu-ro ma-eum ga-neun-dae-ro haeng-dong-eul han-da]
他一生气，就无法理性行动，在生气的状态下冲动行事。

### 3035 **이슬비** [i-seul-bi] ★★★★
名 毛毛雨，细雨
일부 지역에서는 이슬비가 내리고 있다.
[il-bu ji-yeo-ge-seo-neun i-seul-bi-ga nae-ri-go it-da]
部分地区正在下毛毛雨。

## 3036 익충 [ik-chung]
名 益虫 ★★☆☆
🎧 인간에게 이로움을 주는 곤충은 익충이다.
[in-ga-ne-ge i-ro-u-meul ju-neun gon-chung-eun ik-chung-i-da]
带给人类益处的昆虫即益虫。

## 3037 인가 [in-ga]
名 认可，人家，亲家 ★★☆☆
🎧 정부는 대학교의 운영체제, 회계, 재정 등 혁신 계획을 인가했다.
[jeong-bu-neun dae-hak-gyo-e un-yeong-che-je, hoe-ge, jae-jeong deung hyeok-sin gye-hwoe-geul in-ga-haet-da]
政府已经认可关于大学运营体制、会计、财政等的改革计划。

## 3038 인원수 [i-nwon-su]
名 人数 ★★★☆
🎧 이번 세미나 인원수는 대개 40명 전후이다.
[i-beon se-mi-na i-nwon-su-neun dae-gae sa-sip myeong jeo-nu-i-da]
这次研讨会的人数大约为四十。

## 3039 인하다 [in-ha-da]
动 由于，因为 ★★☆☆
🎧 이번 태풍으로 인해 남부 지방에 피해가 엄청난가 봐요.
[i-beon tae-pung-eu-ro i-nae nam-bu ji-bang-e pi-hae-ga eom-cheong-nan-ga bwa-yo]
因为这次台风，南部地区好像受灾严重。

## 3040 일교차 [il-gyo-cha]
名 温差 ★☆☆☆
🎧 아침과 낮의 일교차는 10도 이상이다.
[a-chim-gwa na-je il-gyo-cha-neun sip-do i-sang-i-da]
早晨和白天的温差在十度以上。

## 3041 일쑤 [il-ssu]
名 经常，总是，习惯 ★☆☆☆
🎧 늦게 자기 때문에 아침에 일어나기가 어려워 지각하기가 일쑤였다.
[neut-ge ja-gi ttae-mu-ne a-chi-me i-reo-na-gi-ga eo-ryeo-wo ji-ga-ka-gi-ga il-ssu-yeot-da]
因为晚睡早上起不来，所以经常迟到。

## 3042 임금 [im-geum]

**名** 国王，租金，薪水 ★★☆☆

🎧 임금님에게는 아주 아름다운 딸 안나 공주가 있었다.
[im-geum-ni-me-ge-neun a-ju a-reum-da-un ttal an-na gong-ju-ga i-sseot-da]
国王有个美丽的女儿，叫安娜公主。

## 3043 입대 [ip-dae]

**名** 入伍 ★★★☆

🎧 입대가 몇 시간 안 남으니까 아무런 생각을 하고 싶지 않다.
[ip-dae-ga myeot si-gan an na-meu-ni-kka a-mu-reon saeng-ga-geul ha-go sip-ji an-ta]
只剩几小时就要入伍了，不想思考任何东西。

| 单词进度表 | 학습스케줄

**MEMO**  T O P I K

벼는 익을수록 고개를 숙인다.
越优秀越谦虚。

高级

맨음~맨대

# ㅈ

本书所有单词均采用三段式，即"单词分解（语速慢）/完整词汇（语速快）/中文解释"的方式录制。
例：춥．다（单词分解）／춥다（完整词汇）／冷（中文解释）

🎧 符号之后的韩语例句由韩籍老师朗读。

---

**3044 자급** [ja-geup]
名 自给，自给自足 ★★★★
🎧 그린 홈에서 연료전지 등 이용해서 에너지를 자급할 수 있다.
[geu-rin ho-me-seo yeol-lyo-jeon-ji deung i-yong-hae-seo e-neo-ji-reul ja-geu-pal su it-da]
绿色住宅使用燃料电池等可以做到能源自给自足。

**3045 자아내다** [ja-a-nae-da]
动 引发，引起，抽出 ★★★★
🎧 그 가수는 재치 있는 가사로 사람들의 호평을 자아냈다.
[geu ga-su-neun jae-chi it-neun ga-sa-ro sa-ram-deu-re ho-pyeong-eul ja-a-naet-da]
那名歌手用风趣的歌词获得了人们的好评。

**3046 자외선** [ja-oe-seon]
名 紫外线 ★★★★
🎧 보호 지수가 50인 자외선 차단 로션을 샀다.
[bo-ho ji-su-ga o-si-bin ja-oe-seon cha-dan ro-syeo-neul sat-da]
我买了防护指数为五十的防紫外线乳。

**3047 자원** [ja-won]
名 资源，志愿 ★★★★
🎧 그는 자원 봉사 활동을 통해 정말 도움의 손길을 바라는 사람에게 손을 내밀었다.
[geu-neun ja-won bong-sa hwal-dong-eul tong-hae jeong-mal do-u-me son-gi-reul ba-ra-neun sa-ra-me-ge so-neul nae-mi-reot-da]
他通过志愿服务，向真正需要帮助的人伸出援手。

**3048 자장가** [ja-jang-ga]
名 催眠曲，摇篮曲 ★★★★
🎧 아기에게 자장가를 불러 주었다.
[a-gi-e-ge ja-jang-ga-reul bul-leo ju-eot-da]
给婴儿唱摇篮曲。

**3049 자존심** [ja-jon-sim]
名 自尊心 ★★★★
🎧 자존심이 상했을 때 나타나는 스트레스는 식욕을 늘리는 현상이 일어난다.
[ja-jon-si-mi sang-hae-sseul ttae na-ta-na-neun seu-teu-re-seu-neun sik-yo-geul neul-li-neun hyeon-sang-i i-reo-nan-da]
伤到自尊心时产生的压力会引起食欲增加的现象。

### 3050 자칫 [ja-chit]
副 稍微不慎，稍微 ★★☆☆
자칫 실수를 저지르면 두 사람의 목숨이 위태로울 것이다.
[ja-chit sil-su-reul jeo-ji-reu-myeon du sa-ra-me mok-su-mi wi-tae-ro-ul geo-si-da]
如果稍有不慎，会危及两个人的性命。

### 3051 작업 [ja-geop]
名 作业，工作 ★★☆☆
이번 수색 구조 임무에는 위험한 작업 절차들이 많이 있다.
[i-beon su-saek gu-jo im-mu-e-neun wi-heo-man ja-geop jeol-cha-deu-ri ma-ni it-da]
这次搜救任务有许多危险的作业程序。

### 3052 잡담 [jap-dam]
名 闲谈，杂谈，聊天 ★★☆☆
그는 그녀와 벌써 30분이나 잡담을 하고 있다.
[geu-neun geu-nyeo-wa sam-sip bu-ni-na jap-da-meul ha-go it-da]
他已经和她闲谈了三十分钟。

### 3053 재다 [jae-da]
动 测量，估量 ★★☆☆
우리는 부엌의 크기를 쟀다.
[u-ri-neun bu-eo-ge keu-gi-reul jaet-da]
我们测量了厨房的大小。

### 3054 재배 [jae-bae]
名 栽培 ★★☆☆
우리 토지의 많은 부분이 수출용 작물을 재배하는 데 사용된다.
[u-ri to-ji-e ma-neun bu-bu-ni su-chul-yong jang-mu-reul jae-bae-ha-neun de sa-yong-doen-da]
我们的土地大多被用来栽培出口的农作物。

### 3055 재정 [jae-jeong]
名 财政，财务，裁定 ★☆☆☆
이 학교의 재정 상태는 예전보다 훨씬 나아졌다.
[i hak-gyo-e jae-jeong sang-tae-neun ye-jeon-bo-da hwol-ssin na-a-jyeot-da]
这所学校的财务状态比以前好多了。

### 3056 재킷 [jae-kit]
名 夹克（jacket） ★★★☆
재킷의 치수가 안 맞는 것이었다.
[jae-ki-se chi-su-ga an mat-neun geo-si-eot-da]
夹克的大小不合适。

### 3057 저지르다
[jeo-ji-reu-da]

动 犯错，闯祸 ★★☆☆

자기가 저지른 죄를 남들 앞에서 스스로 고백했다.
[ja-gi-ga jeo-ji-reun joe-reul nam-deul a-pe-seo seu-seu-ro go-bae-kaet-da]
在别人面前坦白了自己犯下的罪行。

### 3058 적금
[jeok-geum]

名 储金，存款 ★★☆☆

정기 적금 만기일이 얼마 남지 않았다.
[jeong-gi jeok-geum man-gi-i-ri eol-ma nam-ji a-nt-da]
定期存款快到期了。

### 3059 적나라하다
[jeong-na-ra-ha-da]

形 赤裸裸的，明白的，毫不掩饰的 ★☆☆☆

좀 더 적나라하게 이야기하자면 뭐에 홀린 듯 그 말을 따라가도록 말하는 기법이다.
[jom deo jeong-na-ra-ha-ge i-ya-gi-ha-ja-myeon mwo-e hol-lin deut geu ma-reul tta-ra-ga-do-rok ma-ra-neun gi-beo-bi-da]
说得更明白一点，就是他说话的技巧会让人着了魔似的跟着他做。

### 3060 적발
[jeok-bal]

名 揭发，检举 ★★☆☆

경찰이 설 연휴 기간 얌체 운전자를 적발하기 위해 헬기를 동원한다.
[gyeong-cha-ri seol yeo-nyu gi-gan yam-che un-jeon-ja-reul jeok-ba-ra-gi wi-hae hel-gi-reul dong-wo-nan-da]
警察为了检查春节假期的违规驾驶将动员直升机。

### 3061 적응
[jeo-geung]

名 适应 ★★☆☆

나는 새로운 환경에 적응을 잘 못한다.
[na-neun sae-ro-un hwan-gyeong-e jeo-geung-eul jal mo-tan-da]
我不太适应新环境。

### 3062 적자
[jeok-ja]

名 赤字，逆差 ★★☆☆

지난 달에는 지출이 수입보다 많아서 적자를 냈다.
[ji-nan da-re-neun ji-chu-ri su-ip-bo-da ma-na-seo jeok-ja-reul naet-da]
上个月支出比收入多，所以出现了赤字。

### 3063 적합하다
[jeo-ka-pa-da]

形 适合的 ★★★☆

이곳은 유원지로서 적합한 지리적 조건을 갖추고 있다.
[i-go-seun yu-won-ji-ro-seo jeo-ka-pan ji-ri-jeok jo-geo-neul gat-chu-go it-da]
此地具备了作游乐园的地理条件。

## 3064 전문가 [jeon-mun-ga]

**名** 专家 ★★☆☆

전문가들은 한결같이 다음과 같은 점들을 강조한다.
[jeon-mun-ga-deu-reun han-gyeol-ga-chi da-eum-gwa ga-teun jeom-deu-reul gang-jo-han-da]
专家们一致强调以下论点。

## 3065 전역 [jeo-nyeok]

**名** 退伍，转役 ★★☆☆

현역에서 예비역으로 편입되는 경우는 전역이라고 한다.
[hyeo-nyeo-ge-seo ye-bi-yeo-geu-ro pyeo-nip-doe-neun gyeong-u-neun jeo-nyeo-gi-ra-go han-da]
从现役军人被编为预备军人称为退伍。

## 3066 점진 [jeom-jin]

**名** 渐进，逐渐向前发展 ★☆☆☆

교류와 협력을 통하여 비정치적인 문제부터 해결해 나가면서 점진적으로 통일로 가야 한다.
[gyo-ryu-wa hyeom-nyeo-geul tong-ha-yeo bi-jeong-chi-jeo-gin mun-je-bu-teo hae-gyeo-rae na-ga-myeon-seo jeom-jin-jeo-geu-ro tong-il-lo ga-ya han-da]
应该通过交流与合作，先解决非政治问题，然后逐渐走向朝韩统一。

## 3067 정돈 [jeong-don]

**名** 整顿，整理 ★☆☆☆

집을 정돈하고 나면 기분이 한결 산뜻해지겠다.
[ji-beul jeong-do-na-go na-myeon gi-bu-ni han-gyeol san-tteu-tae-ji-get-da]
整理好家里，心情会变得非常舒爽。

## 3068 정성 [jeong-seong]

**名** 赤诚，诚恳，关爱 ★★☆☆

조카에게 지극 정성을 쏟는 삼촌이나 이모를 일컬어 요즘 '조카 바보'라고 한다.
[jo-ka-e-ge ji-geuk jeong-seong-eul ssot-neun sam-cho-ni-na i-mo-reul il-keo-reo yo-jeum 'jo-ka ba-bo' ra-go han-da]
最近人们把对侄子或侄女极度关爱的叔叔与阿姨称之为"侄子傻瓜"。

## 3069 정체 [jeong-che]

**名** 停滞，真实面目，政体 ★★☆☆

출근길은 교통 정체가 심해 나는 보통 대중교통을 이용한다.
[chul-geun-gi-reun gyo-tong jeong-che-ga si-mae na-neun bo-tong dae-jung-gyo-tong-eul i-yong-han-da]
上班路上交通阻塞停滞问题严重，所以我通常乘坐公共交通工具。

3070 **제곱** [je-gop] 名 平方 ★★☆☆
도시화된 땅의 양은 6,100 제곱 킬로미터이다.
[do-si-hwa-doen ttang-e yang-eun yuk cheon baek je-gop kil-lo-mi-teo-i-da]
城市化的土地面积有六千一百平方公里。

3071 **제기** [je-gi] 名 提起，提出 ★★☆☆
그 과학자가 아인슈타인의 이론을 반박하는 가설을 제기했다.
[geu gwa-hak-ja-ga a-in-syu-ta-i-ne i-ro-neul ban-ba-ka-neun ga-seo-reul je-gi-haet-da]
那名科学家提出了反驳爱因斯坦理论的假说。

3072 **제대** [je-dae] 名 退伍 ★★☆☆
군대에서 규정된 기한이 차거나 질병 또는 집안 사정으로 현역에서 해제하는 경우는 제대라고 한다.
[gun-dae-e-seo gyu-jeong-doen gi-ha-ni cha-geo-na jil-byeong tto-neun ji-ban sa-jeong-eu-ro hyeo-nyeo-ge-seo hae-je-ha-neun gyeong-u-neun je-dae-ra-go han-da]
在军队里，期满或者因为疾病或家庭因素从现役军人退职，称为退伍。

3073 **조그마하다** [jo-geu-ma-ha-da] 形 小，小小的 ★★☆☆
캥거루 주머니에 숨어있는 아기 캥거루처럼 아주 조그마했다.
[kaeng-geo-ru ju-meo-ni-e su-meo-it-neun a-gi kaeng-geo-ru-cheo-reom a-ju jo-geu-ma-haet-da]
像躲在袋鼠育儿袋里的小袋鼠一样小小的。

3074 **조련사** [jo-ryeon-sa] 名 操练师，驯兽师 ★☆☆☆
그 조련사는 사자로 하여금 몇 가지 묘기를 보이도록 했다.
[geu jo-ryeon-sa-neun sa-ja-ro ha-yeo-geum myeot ga-ji myo-gi-reul bo-i-do-ro kaet-da]
那位驯兽师让狮子表演了好几种特技。

3075 **조사** [jo-sa] 名 调查 ★★★☆
설문 조사 참여하신 분들에게 추첨을 통해 선물을 드리고 있다.
[seol-mun jo-sa-cha-myeo-ha-sin bun-deu-re-ge chu-cheo-meul tong-hae seon-mu-reul deu-ri-go it-da]
参与问卷调查的人可以通过抽奖获得礼物。

## 3076 종사자 [komg-sa-ja]
名 从业者 ★★★☆
공무원은 다른 직업 종사자들에 비해 행복함을 더 느낀다.
[gong-mu-wo-neun da-reun ji-geop jong-sa-ja-deu-re bi-hae haeng-bo-ka-meul deo neu-kkin-da]
公务员比其他职业从业者更能有幸福感。

## 3077 주고받다 [ju-go-bat-da]
动 互相往来，收受，交换，传接 ★★☆☆
세상을 살면서 미소를 주고받는 것은 즐거운 일이다.
[se-sang-eul sal-myeon-seo mi-so-reul ju-go-bat-neun geo-seun jeul-geo-un i-ri-da]
生活中互相给予微笑是件愉快的事。

## 3078 주렁주렁 [ju-reong-ju-reong]
副 累累 ★★☆☆
포도가 주렁주렁 열렸다.
[po-do-ga ju-reong-ju-reong yeol-lyeot-da]
葡萄结了成串的果实。

## 3079 주인공 [ju-in-gong]
名 主角，主人翁 ★★☆☆
연습장에 좋아하는 만화 주인공을 그려 보았다.
[yeon-seup-jang-e jo-a-ha-neun ma-nwa ju-in-gong-eul geu-ryeo bo-at-da]
在练习本上画了自己喜欢的漫画主角。

## 3080 주제 [ju-je]
名 主题，题目 ★★★☆
이번 한국어 말하기 대회의 주제는 '환경보호'이다.
[i-beon han-guk-eo ma-ra-gi dae-hoe-e ju-je-neun hwan-gyeong-bo-ho-i-da]
这次的韩语演讲比赛的题目为"环境保护"。

## 3081 주최 [ju-choe]
名 主办 ★☆☆☆
참가를 원하는 사람은 발표할 내용을 원고지 5장 정도의 글로 써서 주최 측에 보내면 된다.
[cham-ga-reul wo-na-neun sa-ra-meun bal-pyo-hal nae-yong-eul won-go-ji da-seot jang jeong-do-e geul-lo sseo-seo ju-choe cheu-ge bo-nae-myeon doen-da]
欲参加者可将发表内容写在五张左右的稿纸上并寄到主办单位。

| 3082 | **중시** [jung-si] | 名 重视 <br> 말보다는 행동을 중시하라. <br> [mal-bo-da-neun haeng-dong-eul jung-si-ha-ra] <br> 比起言语要更重视行动。 | ★★☆☆ |

| 3083 | **중요시** [jung-yo-si] | 名 重视 <br> 결과보다는 과정을 중요시하라. <br> [gyeol-gwa-bo-da-neun gwa-jeong-eul jung-yo-si-ha-ra] <br> 比起结果要更重视过程。 <br> 近 중시 重视 | ★★☆☆ |

| 3084 | **증가율** [jeung-ga-yul] | 名 增长率 <br> 10세 미만의 경우 증가율 면에서는 평균 증가율보다 높다. <br> [sip-se mi-ma-ne gyeong-u jeung-ga-yul myeo-ne-seo-neun pyeong-gyun jeung-ga-yul-bo-da nop-da] <br> 对于未满十岁的情况，在增长率方面则比平均增长率高。 | ★★☆☆ |

| 3085 | **지수** [ji-su] | 名 指数，积水，平静的水 <br> 연령별로 보면 20대의 행복 지수가 다른 연령대에 비해 낮은 편으로 나타났다. <br> [yeon-ryeong-byeol-lo bo-myeon i-sip dae-e haeng-bok ji-su-ga da-reun yeol-lyeong-dae-e bi-hae na-jeun pyeo-neu-ro na-ta-nat-da] <br> 按年龄来看，二十多岁的人的幸福指数比其他年龄的人低。 | ★★☆☆ |

| 3086 | **지지** [ji-ji] | 名 地支，支持，顶住，地志 <br> 우리는 친구들과 이웃들로부터 많은 지지를 받았다. <br> [u-ri-neun chin-gu-deul-gwa i-ut-deul-lo-bu-teo ma-neun ji-ji-reul ba-bat-da] <br> 我们感受到朋友与邻居们的许多支持。 | ★★☆☆ |

| 3087 | **지지르다** [ji-ji-reu-da] | 动 压制，压，打压 <br> 그는 남의 의견을 모조리 지지르고 있다. <br> [geu-neun na-me ui-gyeo-neul mo-jo-ri ji-ji-reu-go it-da] <br> 他对别人的意见一律予以打压。 | ★☆☆☆ |

| 3088 | **지지하다** [ji-ji-ha-da] | 动 支持 <br> 한국의 인터넷 사용자가 실명제를 지지한다. <br> [han-gu-ge in-teo-net sa-yong-ja-ga sil-myeong-je-reul ji-ji-han-da] <br> 韩国网民支持实名制度。 | ★★☆☆ |

## 3089 지치다 [ji-chi-da]
**动** 没精神，筋疲力尽，拖拉 ★★☆☆
🎧 피곤하고 지치면 맥이 탁 풀린다.
[pi-go-na-go ji-chi-myeon mae-gi tak pul-lin-da]
筋疲力尽时会变得无精打采。

## 3090 진출하다 [jin-chu-ra-da]
**动** 进出，登上，开拓 ★★☆☆
🎧 독일 축구가 아주 수월하게 결승전에 진출했다.
[do-gil chuk-gu-ga a-ju su-wo-ra-ge gyeol-seung-jeo-ne jin-chu-raet-da]
德国足球队轻而易举地进入了决赛。

## 3091 직접 [jik-jeop]
**名** 直接 ★★☆☆
🎧 바게트 빵을 먹고 싶을 때 보통 직접 만들어서 먹어요.
[ba-ge-teu ppang-eul meok-go si-peul ttae bo-tong jik-jeop man-deu-reo-seo meo-geo-yo]
想吃法式长棍面包时，一般会亲手做来吃。

## 3092 질서 [jil-seo]
**名** 秩序 ★★☆☆
🎧 각자가 자기 주장만을 하는 날엔 사회는 질서가 없어질 것이다.
[gak-ja-ga ja-gi ju-jang-man-eul ha-neun na-ren sa-hoe-neun jil-seo-ga eop-seo-jil geo-si-da]
如果每个人都坚持自己的主张，整个社会会失去秩序。

## 3093 짓 [jit]
**名** 行为 ★★☆☆
🎧 우리는 그가 하자는 바보 같은 짓을 다 한다. 우리는 순한 양 같다.
[u-ri-neun geu-ga ha-ja-neun ba-bo ga-teun ji-seul da han-da][u-ri-neun su-nan yang gat-da]
他要我们做的愚蠢行为我们都做了。我们简直像乖巧的羊。

## 3094 짓다 [jit-da]
**动** 做，盖 ★★★☆
🎧 사진 속에는 환하게 미소를 짓고 있는 그 친구의 모습이 담겨 있다.
[sa-jin so-ge-neun hwa-na-ge mi-so-reul jit-go it-neun geu chin-gu-e mo-seu-bi dam-gyeo it-da]
照片里那个朋友高兴地露出微笑的模样。

**3095 쪼다** [jjo-da] — 动 啄 ★★☆☆
암탉이 곡식을 쪼아먹고 있다.
[am-tal-gi gok-si-geul jjo-a-meok-go it-da]
母鸡正在啄食谷物。

**3096 찌푸리다** [jji-pu-ri-da] — 动 皱眉 ★★☆☆
고민에 빠져 얼굴을 찌푸리고 있다.
[go-mi-ne ppa-jyeo eol-gu-reul jji-pu-ri-go it-da]
因为陷入苦恼，皱着眉头。

**3097 찜찜하다** [jjim-jji-ma-da] — 形 心里不踏实，放心不下，不爽口，不舒畅 ★☆☆☆
오늘 너무 더워서 땀을 많이 흘렸다. 그래서 좀 찜찜하다.
[o-neul neo-mu deo-wo-seo tta-meul ma-ni heul-lyeot-da][geu-rae-seo jom jjim-jji-ma-da]
今天太热，流了很多汗，有点不舒服。

**MEMO**

# MEMO

TOPIK

울며 겨자 먹기.
勉为其难。

本书所有单词均采用三段式，即 "单词分解（语速慢）/ 完整词汇（语速快）/ 中文解释" 的方式录制。
例：춥．다（单词分解）/ 춥다（完整词汇）/ 冷（中文解释）
🎧 符号之后的韩语例句由韩籍老师朗读。

---

3098 **차지하다** [cha-ji-ha-da]　动 占，占据　★★☆☆
🎧 프랜차이즈 커피숍들은 큰 대로변에 좋은 자리를 차지하고 있다.
[peu-raen-cha-i-jeu keo-pi-syop-deu-reun keun dae-ro-byeo-ne jo-en ja-ri-reul cha-ji-ha-go it-da]
许多连锁咖啡厅占着马路边的好位置。

3099 **착용하다** [cha-gyong-ha-da]　动 穿戴　★★☆☆
🎧 기상청이 미세먼지 주의보를 발령했어요. 외출하실 때 꼭 마스크를 착용해 주세요!
[gi-sang-chong-i mi-se-meon-ji ju-i-bo-reul bal-lyeong-hae-sseo-yo]
[oe-chu-ra-sil ttae kkok ma-seu-keu-reul cha-gyong-hae ju-se-yo]
气象局发布了雾霾警报，外出时请务必戴口罩！

3100 **착착** [chak-chak]　副 紧紧地，有条不紊　★☆☆☆
🎧 공사가 착착 진행되고 있다.
[gong-sa-ga chak-chak ji-naeng-doe-go it-da]
工程有条不紊地进行着。

3101 **창출** [chang-chul]　名 创造　★★☆☆
🎧 정부는 일자리 창출에 총력을 기울이고 있다.
[jeong-bu-neun il-ja-ri chang-chu-re chong-ryeo-geul gi-u-ri-go it-da]
政府在倾力创造工作机会。

3102 **천생연분** [cheon-saeng-yeon-bun]　名 天生一对　★★☆☆
🎧 지금 만나고 있는 사람은 천생연분일까요?
[ji-geum man-na-go it-neun sa-ra-meun cheon-saeng-yeon-bu-nil-kka-yo]
我和现在交往的那个人是天生一对吗？

3103 **체험** [che-heom]　名 体验　★★☆☆
🎧 한국 드라마 촬영지로 부상하고 있는 만큼 앞으로 역 주변에 특색있는 휴식 체험공간을 추가할 것이다.
[han-guk deu-ra-ma chwa-ryeong-ji-ro bu-sang-ha-go it-neun man-keum a-peu-ro yeok ju-byeo-ne teuk-sae-git-neun hyu-sik che-heom-gong-ga-neul chu-ga-hal geo-si-da]
因为一跃成为韩剧拍摄地点，所以未来会在车站周边增设有特色的休息与体验空间。

🎧 456

| 3104 | **쳐내다**<br>[chyeo-nae-da] | 动 打扫，清除，收拾脏物<br>🎧 일꾼이 도끼로 나뭇가지들을 **쳐냈**다.<br>[il-kku-ni do-kki-ro na-mut-ga-ji-deu-reul chyeo-naet-da]<br>工人用斧头清除了树枝。 | ★★★★ |
|---|---|---|---|
| 3105 | **최후**<br>[choe-hu] | 名 最后<br>🎧 비밀무기는 **최후**의 수단으로 사용할 것이다.<br>[bi-mil-mu-gi-neun choe-hu-e su-da-neu-ro sa-yong-hal geo-si-da]<br>秘密武器会被作为最后的手段使用。 | ★★★★ |
| 3106 | **추구**<br>[chu-gu] | 名 追求<br>🎧 저마다 자기 이익을 **추구**하고 있다. 그도 예외는 아니다.<br>[jeo-ma-da ja-gi i-i-geul chu-gu-ha-go it-da][geu-do ye-oe-neun a-ni-da]<br>每个人都在追求自己的利益，他也不例外。 | ★★★★ |
| 3107 | **추적**<br>[chu-jeok] | 名 追踪，跟踪<br>🎧 택배 회사에 전화해서 **추적**해달라고 하세요.<br>[taek-bae hoe-sa-e jeo-nwa-hae-seo chu-jeo-kae-dal-la-go ha-se-yo]<br>请打电话给快递公司，请他们追踪一下。 | ★★★★ |
| 3108 | **축소**<br>[chuk-so] | 名 缩小，减少<br>🎧 교사들은 학급 인원수의 **축소**를 단호히 요구하고 있다.<br>[gyo-sa-deu-reun hak-geup i-nwon-su-e chuk-so-reul da-no-hi yo-gu-ha-go it-da]<br>教师们坚决要求减少每个年级的学生人数。<br>反 확대 扩大 | ★★★★ |
| 3109 | **축의금**<br>[chu-gi-geum] | 名 祝贺礼金<br>🎧 그의 결혼식에 **축의금**으로 5만 원을 냈다.<br>[geu-e gyeo-ron-si-ge chu-gi-geu-meu-ro o ma nwo-neul naet-da]<br>我为他的婚礼包了五万韩元的礼金。 | ★★★★ |
| 3110 | **축제**<br>[chuk-je] | 名 庆典<br>🎧 지지난달에 **축제**가 있어서 거리에 사람들이 많았다.<br>[ji-ji-nan-da-re chuk-je-ga i-sseo-seo geo-ri-e sa-ram-deu-ri ma-nat-da]<br>上上个月有庆典，所以街上人很多。 | ★★★★ |

**3111 충돌**
[chung-dol]

名 冲突，冲撞 ★★★★
차가 충돌하는 순간 나는 무의식적으로 눈을 감았다.
[cha-ga chung-do-ra-neun sun-gan na-neun mu-i-sik-jeo-geu-ro nu-neul ga-mat-da]
车子冲撞的时候，我下意识地闭上了眼睛。

**3112 충치**
[chung-chi]

名 蛀牙 ★★★★
식후 이를 닦는 습관은 충치 예방에 도움이 된다.
[si-ku i-reul dak-neun seup-gwa-neun chung-chi ye-bang-e do-u-mi doen-da]
饭后刷牙有助于预防蛀牙。

**3113 치수**
[chi-su]

名 尺寸，治水 ★★★★
신발 치수가 어떻게 되세요?
[sin-bal chi-su-ga eo-tteo-ke doe-se-yo]
请问你的鞋子尺寸是多少？

**3114 침묵**
[chim-muk]

名 沉默 ★★★★
나는 그의 침묵을 거절로 받아들였다.
[na-neun geu-e chim-mu-geul geo-jeol-lo ba-da-deu-ryeot-da]
我把他的沉默当作拒绝。

**3115 침수**
[chim-su]

名 浸水 ★★★★
이 스마트폰은 침수 기능이 있어 물속에서 사용이 가능하다.
[i seu-ma-teu-po-neun chim-su gi-neung-i i-sseo mul-so-ge-seo sa-yong-i ga-neung-ha-da]
这款智能手机具有防水功能，可在水中使用。

공자 앞에서 문자 쓴다.
班门弄斧。

例：춥.다（单词分解）/ 춥다（完整词汇）/ 冷（中文解释）

⌒符号之后的韩语例句由韩籍老师朗读。

3116 **카네이션** [ka-ne-i-syeon]  
名 康乃馨 ★★★☆  
⌒ 동생은 어버이날에 부모님께 빨간 카네이션을 드렸다.  
[dong-saeng-eun eo-beo-i-na-re bu-mo-nim-kke ppal-gan ka-ne-i-syeo-neul deu-ryeot-da]  
妹妹在双亲节的时候给爸妈送了红色康乃馨。

3117 **카운터** [ka-un-teo]  
名 柜台，结算处，收银员 ★★★☆  
⌒ 귀중품을 카운터에 맡겨야겠다.  
[gwi-jung-pu-meul ka-un-teo-e mat-gyeo-ya-get-da]  
贵重物品要交给柜台保管。

3118 **카페인** [ka-pe-in]  
名 咖啡因 ★★★☆  
⌒ 카페인은 중독성이 강한 물질이다.  
[ka-pe-i-neun jung-dok-seong-i gang-han mul-ji-ri-da]  
咖啡因是非常容易上瘾的物质。

3119 **캠프** [kaem-peu]  
名 营，营地，营帐 ★★★☆  
⌒ 호숫가에 캠프를 치고 야영을 했다.  
[ho-sut-ga-e kaem-peu-reul chi-go ya-yeong-eul haet-da]  
在湖边搭了帐篷露营。  
近 텐트 小帐篷

3120 **캠핑** [kaem-ping]  
名 露营 ★★★☆  
⌒ 우리의 캠핑 계획은 날씨가 안 좋아서 망쳐 버렸다.  
[u-ri-e kaem-ping gye-hoe-geun nal-ssi-ga an jo-a-seo mang-chyeo beo-ryeot-da]  
我们的露营计划因为天气太差而泡汤了。

3121 **쿡** [kuk]  
副 噗，咚 ★★☆☆  
⌒ 그녀가 팔꿈치로 그를 쿡 찔렀다.  
[geu-nyeo-ga pal-ggum-chi-ro geu-reul kuk ggil-leot-da]  
她用手肘咚地戳了他一下。

3122 **쿨쿨** [kul-kul]  
副 呼呼声，打呼 ★★☆☆  
⌒ 아기 사자가 쿨쿨 잠을 자고 있다.  
[a-gi sa-ja-ga kul-kul ja-meul ja-go it-da]  
小狮子正在打呼熟睡着。

# MEMO

T O P I K

쇠귀에 경 읽기.
对牛弹琴。

本书所有单词均采用三段式，即"单词分解（语速慢）/ 完整词汇（语速快）/ 中文解释"的方式录制。
例：춥．다（单词分解）/ 춥다（完整词汇）/ 冷（中文解释）
🎧符号之后的韩语例句由韩籍老师朗读。

---

**3123 탄탄하다**
[tan-ta-na-da]
形 结实的，牢固的，实力雄厚的，平坦宽广的 ★★☆☆
🎧 새로 개설된 대학 중 재력이 **탄탄하**고 교육 여건이 잘 갖추어진 대학도 있다.
[sae-ro gae-seol-doen dae-hak jung jae-ryeo-gi tan-ta-na-go gyo-yuk yeo-geo-ni jal gat-chu-eo-jin dae-hak-do it-da]
在新设立的大学中，也有财力雄厚而且教育条件优良的大学。

**3124 탓**
[tat]
名 缘故，原因（导致产生负面现象） ★★☆☆
🎧 서둘러 나온 **탓**에 휴대폰을 회사 책상 서랍에 넣어둔 채로 퇴근했다.
[seo-dul-leo na-on ta-se hyu-dae-po-neul hoe-sa chaek-sang seo-ra-be neo-eo-dun chae-ro toe-geu-naet-da]
因为着急出来，把手机放在公司书桌的抽屉里就下班了。

**3125 털다**
[teol-da]
动 抖，掸，脱，用尽，敲 ★☆☆☆
🎧 그는 전 재산을 **털**어 학교를 세웠다.
[geu-neun jeon jae-sa-neul teo-reo hak-gyo-reul se-wot-da]
他耗尽全部的财产建立了学校。

**3126 통계**
[tong-gye]
名 统计 ★★☆☆
🎧 다음은 '연령별 비만 환자의 수'에 관한 **통계** 자료이다.
[da-eu-meun yeol-lyeong-byeol bi-man hwan-ja-e su-e gwa-nan tong-gye ja-ryo-i-da]
以下为"各年龄段肥胖病患人数"的相关统计资料。

**3127 통학**
[tong-hak]
名 通学 ★★☆☆
🎧 학교 앞 횡단보도 등 주요 **통학**로 곳곳에서 등굣길 안내와 교통지도를 했다.
[hak-gyo ap hoeng-dan-bo-do deung ju-yo tong-hang-no got-go-se-seo deung-gyot-gil an-nae-wa gyo-tong-ji-do-reul haet-da]
在学校门口的斑马线、主要通往学校的各个路口进行了道路引导与交通指挥。

**3128 튀어나오다**
[twi-eo-na-o-da]
动 溅出来，凸出来，突出 ★★☆☆
🎧 화가 나면 입이 **튀어나오**고 눈살을 찌푸리게 된다.
[hwa-ga na-myeon i-bi twi-eo-na-o-go nun-sa-reul jji-pu-ri-ge doen-da]
生气时会噘嘴、皱眉头。

3129 **특산물**
[teuk-san-mul]

名 特产

해산물은 그 섬의 대표 **특산물**이다.
[hae-san-mu-reun geu seo-me dae-pyo teuk-san-mu-ri-da]
海产是那座岛屿的主要特产。

★★★

本书所有单词均采用三段式，即"单词分解（语速慢）/ 完整词汇（语速快）/ 中文解释"的方式录制。
例：춥．다（单词分解）／ 춥다（完整词汇）／ 冷（中文解释）
🎧 符号之后的韩语例句由韩籍老师朗读。

---

**3130 판가름**
[pan-ga-reum]
名 判断，决定 ★★★★
🎧 강요된 자백을 죄를 판가름하는 근거로 삼았다.
[gang-yo-doen ja-bae-geul joe-reul pan-ga-reu-ma-neun geun-geo-ro sa-mat-da]
把被迫写下的自白书作为判罪的根据。

**3131 팥죽**
[pat-juk]
名 红豆粥 ★★☆☆
🎧 한국에서는 예로부터 동짓날에 팥죽을 먹는다.
[han-gu-ge-seo-neun ye-ro-bu-teo dong-jit-na-re pat-ju-geul meong-neun-da]
在韩国，自古以来冬至当天要吃红豆粥。

**3132 편차**
[pyeon-cha]
名 偏差 ★★☆☆
🎧 전체적으로 연령별보다는 직업별 행복지수의 편차가 더 큰 것으로 보인다.
[jeon-che-jeo-geu-ro yeol-lyeong-byeol-bo-da-neun ji-geop-byeol haeng-bok-ji-su-e pyeon-cha-ga deo keun goe-seu-ro bo-in-da]
整体而言，相较于各年龄段的幸福指数偏差，各职业类别的幸福指数偏差更大。

**3133 평방**
[pyeong-bang]
名 平方 ★★☆☆
🎧 저 농장의 면적은 100평방 마일이다.
[jeo nong-jang-e myeon-jeo-geun baek pyeong-bang ma-i-ri-da]
那个农场的面积为一百平方英里。

**3134 폐기**
[pye-gi]
名 废弃 ★★☆☆
🎧 북한은 핵 폐기를 조건으로 경제 지원을 요구했다.
[bu-ka-neun haek pye-gi-reul jo-geo-neu-ro gyeong-je ji-wo-neul yo-gu-haet-da]
朝鲜以废核为条件要求经济支援。

**3135 폐지**
[pye-ji]
名 废止，废除 ★★★☆
🎧 한국에서는 사형 제도를 폐지하지 않았다.
[han-gu-ge-seo-neun sa-hyeong je-do-reul pye-ji-ha-ji a-nat-da]
韩国并没有废除死刑制度。

**3136 폴짝**
[pol-jjak]
副 忽地，很快地，跳跃貌 ★★★★
🎧 표범이 높은 곳에서 폴짝 뛰어내렸다.
[pyo-beo-mi no-peun go-se-seo pol-jjak ttwi-eo-nae-ryeot-da]
花豹嗖地从高处跳了下来。

## 3137 표지판
[pyo-ji-pan]

名 告示牌，指示看板 ★★☆☆

🎧 표지판에는 '야생동물 접근 금지'라고 적혀 있었다.
[pyo-ji-pa-ne-neun 'ya-saeng-dong-mul jeop-geun geum-ji'-ra-go jeo-kyeo i-sseot-da]
告示牌上写着"禁止靠近野生动物"。

## 3138 프레젠테이션
[peu-re-jen-te-i-syeon]

名 简报，报告 ★☆☆☆

🎧 프레젠테이션을 할 때 듣는 사람의 머릿속에 생기는 의문에도 답을 줄 수 있어야 한다.
[peu-re-jen-te-i-syeo-neul hal ttae deun-neun sa-ra-me meo-rit-so-ge saeng-gi-neun ui-mu-ne-do da-beul jul su i-sseo-ya han-da]
做报告时，对听报告的人产生的疑问也要予以解答。

本书所有单词均采用三段式，即"单词分解（语速慢）/完整词汇（语速快）/中文解释"的方式录制。
例：춥．다（单词分解）/ 춥다（完整词汇）/ 冷（中文解释）
🎧 符号之后的韩语例句由韩籍老师朗读。

---

3139 **하염없이**
[ha-yeo-meop-si]
副 茫然地，呆愣愣地，怅然地 ★★★★
🎧 왕비님은 두 줄기 눈물이 흘러내리며 하염없이 먼 쪽을 바라보고 있다.
[wang-bi-ni-meun du jul-gi nun-mu-ri heul-leo-nae-ri-myeo ha-yeo-meop-si meon jjo-geul ba-ra-bo-go it-da]
王妃流着两行眼泪，茫然地望着远方。
🔄 망연히 茫然地

3140 **하찮다**
[ha-chan-ta]
形 不起眼的，小小的，不怎么样的 ★★★★
🎧 이렇게 하찮은 일로 여기서 소란 떨지 말아야겠다.
[i-reo-ke ha-cha-neun il-lo yeo-gi-seo so-ran tteol-ji ma-ra-ya-get-da]
不应该以这种小事在这里引发骚动。

3141 **한결**
[han-gyeol]
副 更加，更进一步，一致地 ★★★★
🎧 그 말을 들으니까 한결 마음이 가벼워졌다.
[geu ma-reul deu-reu-ni-kka han-gyeol ma-eu-mi ga-byeo-wo-jyeot-da]
听到那番话，我心里轻松了很多。

3142 **한동안**
[han-dong-an]
名 一段时间，一阵子 ★★★★
🎧 나는 한동안 도서관에서 그의 조수 노릇을 했다.
[na-neun han-dong-an do-seo-gwa-ne-seo geu-e jo-su no-reu-seul haet-da]
我有一阵子在图书馆当他的助理。

3143 **합병**
[hap-byeong]
名 合并 ★★★★
🎧 그 두 회사 합병안이 어제 가결되었다.
[geu du hoe-sa hap-byeong-a-ni eo-je ga-gyeol-doe-eot-da]
那两家公司的合并案昨天表决通过了。

3144 **해롭다**
[hae-rop-da]
形 有害的 ★★★★
🎧 밥을 빨리 먹음은 건강에 해로운 것이다.
[ba-beul ppal-li meo-geu-mun geon-gang-e hae-ro-un geo-si-da]
吃东西时狼吞虎咽有害健康。

3145 **행렬**
[haeng-nyeol]
名 行列，车潮 ★★★★
🎧 오늘부터 귀성 행렬이 시작될 예정이다.
[o-neul-bu-teo gwi-seong haeng-nyeo-ri si-jak-doel ye-jeong-i-da]
预计从今天开始出现返乡潮。

### 3146 헝겊
[heong-geop]

**名** 布，碎布 ★★☆☆

🎧 조각 헝겊 앞치마를 만들었다.
[jo-gak heong-geop ap-chi-ma-reul man-deu-reot-da]
制作了一件拼布围裙。

### 3147 헤매다
[he-mae-da]

**动** 徘徊，彷徨，犹豫 ★★★★

🎧 어제는 기분이 나빠서 하루 종일 거리를 헤매고 다녔다.
[eo-je-neun gi-bu-ni na-ppa-seo ha-ru jong-il geo-ri-reul he-mae-go da-nyeot-da]
昨天心情不好，在街上闲逛了一整天。

### 3148 헤엄치다
[he-eom-chi-da]

**动** 游 ★★★☆

🎧 연어는 알을 낳기 위해 강을 거슬러 헤엄쳐 올라간다.
[yeo-neo-neun a-reul na-ki wi-hae gang-eul geo-seul-leo he-eom-chyeo ol-la-gan-da]
鲑鱼为了产卵，会逆水游往河的上游。

### 3149 헹구다
[heng-gu-da]

**动** 冲洗，漂洗 ★★☆☆

🎧 그는 샴푸로 머리를 감고 헹궜다.
[geu-neun syam-pu-ro meo-ri-reul gam-go heng-gwot-da]
他用洗发精冲洗了头发。

### 3150 현실
[hyeon-sil]

**名** 现实 ★★★☆

🎧 꿈이 도대체 현실 생활에서 어떤 작용을 할까요?
[kku-mi do-dae-che hyeon-sil saeng-hwa-re-seo eo-tteon ja-gyong-eul hal-kka-yo]
梦想会对现实生活起什么作用呢？

### 3151 혈액형
[hyeo-rae-kyeong]

**名** 血型 ★★☆☆

🎧 그들은 모두 혈액형에 따라 성격이 결정된다고 믿고 있다.
[geu-deu-reun mo-du hyeo-rae-kyeong-e tta-ra seon-gyeo-gi gyeol-jeong-doen-da-go mit-go it-da]
他们都相信血型决定每个人的性格。

### 3152 홀딱
[hol-ttak]

**副** 忽地，光光地，一下子就 ★★☆☆

🎧 첫눈에 반해 사랑에 홀딱 빠졌다.
[cheot-nu-ne ba-nae sa-rang-e hol-ttak ppa-jyeot-da]
一见钟情，很快便坠入了爱河。

| 3153 | **화학** [hwa-hak] | 名 化学<br>화학 무기는 국제적으로 금지되고 있다.<br>[hwa-hak mu-gi-neun guk-je-jeo-geu-ro geum-ji-doe-go it-da]<br>化学武器在国际上是被禁止的。 | ★★★★ |
|---|---|---|---|
| 3154 | **환산** [hwan-san] | 名 换算<br>마일을 킬로미터로 환산하기는 쉽지 않다.<br>[ma-i-reul kil-lo-mi-teo-ro hwan-san-ha-gi-neun swip-ji an-ta]<br>把英里换算成公里有点难。 | ★★★★ |
| 3155 | **확대** [hwak-dae] | 名 扩大，放大<br>이 현미경은 물체를 200배로 확대한다.<br>[i hyeon-mi-gyeong-eun mul-che-reul i-baek bae-ro hwak-dae-han-da]<br>这个显微镜将物体放大到两百倍。<br>反 축소 缩小 | ★★★★ |
| 3156 | **확산** [hwak-san] | 名 扩散<br>파업은 전국적으로 확산되었다.<br>[pa-eo-beun jeon-guk-jeo-geu-ro hwak-san-doe-eot-da]<br>罢工已经扩散到全国。 | ★★★★ |
| 3157 | **확장** [hwak-jang] | 名 扩张，拓展<br>그들은 1년 만에 사업을 두 배로 확장시켰다.<br>[geu-deu-reun il lyeon ma-ne sa-eo-beul du bae-ro hwak-jang-si-kyeot-da]<br>他们用一年的时间让生意扩张了两倍。 | ★★★★ |
| 3158 | **회상** [hoe-sang] | 名 回想<br>가끔 사람들은 자신의 어린 시절을 회상한다.<br>[ga-kkeum sa-ram-deu-reun ja-si-ne eo-rin si-jeo-reul hoe-sang-han-da]<br>人们偶尔会回想自己的童年。 | ★★★★ |
| 3159 | **후련하다** [hu-ryeo-na-da] | 形 舒畅，舒坦<br>할 말을 다 하고 났더니 가슴이 후련했다.<br>[hal ma-reul da ha-go nat-deo-ni ga-seu-mi hu-ryeo-naet-da]<br>把要说的话都说完之后，觉得内心很舒畅。 | ★★★★ |

## 3160 훈련
[hul-lyeon]

**名** 训练 ★★☆☆

이 개는 폭발물을 적발하도록 훈련된 경찰견이다.
[i gae-neun pok-pal-mu-reul jeok-ba-ra-do-rok hul-lyeon-doen gyeong-chal-gyeo-ni-da]
这是一只被训练得可以嗅察到爆炸物的警犬。

## 3161 휘날리다
[hwi-nal-li-da]

**动** 飞扬，飘扬，翻卷 ★☆☆☆

태극기가 바람에 휘날리고 있다.
[tae-geuk-gi-ga ba-ra-me hwi-nal-li-go it-da]
太极旗在风中飘扬。

## 3162 휘말리다
[hwi-mal-li-da]

**动** 卷入，缠绕 ★☆☆☆

그 여자는 급류에 휘말려 실종됐다.
[geu yeo-ja-neun geum-nyu-e hwi-mal-lyeo sil-jong-dwaet-da]
那名女子被卷入急流失踪了。

## 3163 휩싸이다
[hwip-ssa-i-da]

**动** 被笼罩，被包围，沉浸 ★☆☆☆

거리는 정적에 휩싸였다.
[geo-ri-neun jeong-jeo-ge hwip-ssa-yeot-da]
街道笼罩在一片寂静中。

## 3164 흡수
[heup-su]

**名** 吸收，吸取，获取 ★★☆☆

식물은 토양으로부터 수분을 흡수한다.
[sing-mu-reun to-yang-eu-ro-bu-teo su-bu-neul heup-su-han-da]
植物从土壤中吸收水分。

**反** 배출 排出

## 3165 흥얼거리다
[heung-eol-geo-ri-da]

**动** 哼歌，哼 ★★☆☆

자장가를 흥얼거리며 아기를 재웠다.
[ja-jang-ga-reul heung-eol-geo-ri-myeo a-gi-reul jae-wot-da]
哼着催眠曲哄小孩睡觉。

版权专有 侵权必究

### 图书在版编目（CIP）数据

新TOPIK韩检单词躺着背+念整句 / 邱敏瑶著. —北京：北京理工大学出版社 2019.7

ISBN 978-7-5682-7233-9

Ⅰ.①新… Ⅱ.①邱… Ⅲ.①朝鲜语—词汇—自学参考资料 Ⅳ.①H553

中国版本图书馆CIP数据核字（2019）第135031号

北京市版权局著作权合同登记号图字：01-2017-2391
简体中文版由我识出版社有限公司授权出版发行
新TOPIK韩检单字躺着背+念整句，邱敏瑶著，2015年，初版
ISBN：9789865785819

| | |
|---|---|
| 出版发行 / 北京理工大学出版社有限责任公司 | |
| 社　　址 / 北京市海淀区中关村南大街5号 | |
| 邮　　编 / 100081 | |
| 电　　话 / （010）68914775（总编室） | |
| 　　　　　（010）82562903（教材售后服务热线） | |
| 　　　　　（010）68948351（其他图书服务热线） | |
| 网　　址 / http://www.bitpress.com.cn | |
| 经　　销 / 全国各地新华书店 | |
| 印　　刷 / 河北鸿祥信彩印刷有限公司 | |
| 开　　本 / 889毫米×1194毫米　1/32 | |
| 印　　张 / 15 | 责任编辑 / 钟 |
| 字　　数 / 570千字 | 文案编辑 / 钟 |
| 版　　次 / 2019年7月第1版　2019年7月第1次印刷 | 责任校对 / 周瑞 |
| 定　　价 / 49.00元 | 责任印制 / 李志 |

图书出现印装质量问题，请拨打售后服务热线，本社负责调